Paul Krugman • Kampf den Zombies

Die Originalausgabe erschien unter dem Titel
Arguing with Zombies: Economics, Politics, and the Fight for a Better Future
ISBN 978-1-324-00501-8

Übersetzung: Matthias Schulz
Gestaltung Cover: Daniela Freitag
Gestaltung, Satz und Herstellung: Timo Boethelt
Lektorat: Sebastian Politz
Druck: GGP Media GmbH, Pößneck

ISBN 978-3-86470-733-9

Bibliografische Information der Deutschen Nationalbibliothek:
Die Deutsche Nationalbibliothek verzeichnet diese Publikation in der
Deutschen Nationalbibliografie; detaillierte bibliografische Daten
sind im Internet über <http://dnb.d-nb.de> abrufbar.

BÖRSEN MEDIEN
AKTIENGESELLSCHAFT

Postfach 1449 • 95305 Kulmbach
Tel: +49 9221 9051-0 • Fax: +49 9221 9051-4444
E-Mail: buecher@boersenmedien.de
www.plassen.de
www.facebook.com/plassenbuchverlage
www.instagram.com/plassen_buchverlage

Im Gedenken an meinen verstorbenen Kollegen und Freund
Uwe Reinhart, der mehr als alle anderen die Debatten
über Gesundheitsökonomie vorangetrieben hat.
Er hat mir sehr geholfen, mich nicht zum Narren zu machen.

WIRTSCHAFTSNOBELPREISTRÄGER

PAUL KRUGMAN

KAMPF DEN ZOMBIES

Warum manche Ideen aus Politik und Wirtschaft nicht totzukriegen sind

PLASSEN
VERLAG

INHALT

3. DER ANGRIFF AUF OBAMACARE

4. EINE BLASE PLATZT

5. KRISENMANAGEMENT

6. DIE KRISE DER WIRTSCHAFTSWISSENSCHAFTEN

7. AUSTERITÄT

8. DER EURO

9. FALSCHE FUFFZIGER IN DER FISKALPOLITIK

10. STEUERSENKUNGEN

11. HANDELSKRIEGE

12. UNGLEICHHEIT

13. KONSERVATIVE

14. IGITT! SOZIALISMUS!

15. KLIMA

16. TRUMP

17. ÜBER DIE MEDIEN

18. GEDANKEN ZUR WIRTSCHAFT

DANKSAGUNG

Der Großteil der Artikel in diesem Buch erschien ursprünglich als Zeitungskolumnen. Beim Schreiben von Kolumnen ist es nahezu unmöglich, sich in Echtzeit zu beraten oder auch nur zusammenzuarbeiten. Man steht auf, trinkt einen Kaffee, entscheidet, worüber man schreiben wird (im Voraus zu planen lohnt sich meistens nicht, weil einen das Tagesgeschehen oft genug überrollt), und gibt bis 17 Uhr seinen Text ab. Bei Blogeinträgen vergeht zum Teil keine Stunde, bis aus einer vagen Idee ein Text wird, der öffentlich zugänglich ist. Hier bleibt also noch weniger Zeit, um Diskussionen zu führen. In den meisten Fällen blieb nur eine Person, bei der ich konstruktive Kritik und ein Echo einholen konnte, und das war meine Frau Robin Wells, deren Rückmeldungen häufig von unschätzbarem Wert waren. Doch die Grundlage des Kolumnenschreibens bilden laufende Diskussionen zu unterschiedlichen Themen. Im Verlauf der hier abgebildeten 15 Jahre habe ich die Intelligenz und das Wissen zahlreicher Personen in Anspruch genommen. Ich werde versuchen, einige wenige hier zu nennen, wohl wissend, dass diese Liste alles andere als vollständig ist – ich habe im Verlauf dieser Zeit buchstäblich Tausende Kolumnen und Blogeinträge verfasst und kann mich in vielen Fällen nicht einmal mehr erinnern, wessen Expertise ich dafür in Anspruch genommen habe – und dass zahlreiche Personen zu Unrecht nicht erwähnt werden.

Beim Thema Gesundheitswesen habe ich viel Hilfe von Uwe Reinhardt erhalten, dem dieses Buch auch gewidmet ist, und von Jonathan Gruber.

Dean Baker verhalf mir zu der Überzeugung, dass wir ein gewaltiges Problem mit einer Blase auf dem Häusermarkt haben.

Brad DeLong und ich agierten im Grunde wie ein Team mit unseren Forderungen, auf die Krise eine keynesianische Antwort zu finden.

Für meinen Artikel über die Probleme mit Finanzen und der Markteffizienzhypothese habe ich mich sehr auf die Arbeit von Justin Fox gestützt.

Mike Konczal half mir, die fehlgeleitete Logik der Austeritätspolitik zu begreifen, und Simon Wren-Lewis half mir zu verstehen, warum diese fehlgeleitete Logik in Großbritannien vorherrschte.

Richard Kogan war, wenn ich mich recht entsinne, die erste Person, die mich darauf hinwies, dass das Problem der Schuldenlawine gar nicht existierte.

Emmanuel Saez und Gabriel Zucman haben uns allen nicht nur enorm viel über Besteuerung beigebracht, sie haben mir auch sehr dabei geholfen, neue Vorschläge der Demokraten zu verstehen, insbesondere die von Warren angeregte Vermögensteuer.

Chad Brown ging mit mir durch, was bei Trumps Strafzöllen geschah. Larry Mishel hat mir fast alles beigebracht, was ich über die Zusammenhänge (oder die fehlenden Zusammenhänge) zwischen Technologie und Ungleichheit weiß. Grundsätzlich habe ich mich häufig auf meine Stone-Center-Kollegin Janet Gornick verlassen, wenn es darum ging, Daten zur Ungleichheit zu interpretieren.

Was ich über die neue konservative Bewegung weiß, stammt größtenteils von Rick Perlstein.

Leslie McCall, eine weitere Kollegin vom Stone Center, half mir, die politikwissenschaftlichen Grundlagen hinter der Wählerhaltung zu Steuern und Haushaltsausgaben korrekt (oder zumindest weniger falsch) zu erfassen.

Meine Korrespondenz mit dem unvergleichlichen Michael Mann half mir, die hässlichen politischen Seiten der Klimawissenschaft zu begreifen.

Und schließlich noch ein Wort des Danks an Drake McFeely von Norton, der bereits lange, bevor ich für die *Times* zu schreiben begann, meine Bücher verlegte. Dank ihm sind sie viel besser, als sie es ansonsten geworden wären.

EINLEITUNG
DER GUTE KAMPF

Ein Leben als Experte war niemals Teil des Plans.

Als ich 1977 graduierte, träumte ich von einem Leben in Lehre und Forschung. Sollte ich überhaupt eine Rolle in öffentlichen Debatten spielen, dann voraussichtlich die als Technokrat – als jemand, der politischen Entscheidern leidenschaftslos Informationen darüber zukommen lässt, was funktioniert und was nicht.

Und tatsächlich ist es so: Sieht man sich an, was aus meiner Forschungsarbeit am meisten zitiert wird, dann handelt es sich vorwiegend um unpolitische Dinge. Es dominieren Arbeiten über Wirtschaftsgeografie und internationalen Handel. Diese Arbeiten sind nicht nur unpolitisch, sie befassen sich größtenteils überhaupt nicht mit Politik. Es geht vielmehr darum, einen Sinn hinter globalen Handelsmustern und den Standorten von Wirtschaftszweigen zu erkennen. In der Fachsprache handelt es sich um „positive Volkswirtschaftslehre" – es wird analysiert, wie die Welt funktioniert – und nicht um „normative Volkswirtschaftslehre" – Rezepte dafür, wie die Welt eigentlich funktionieren sollte.

Doch im Amerika des 21. Jahrhunderts ist alles politisch. In vielen Fällen gilt es bereits als parteiische Handlung, die Faktenlage zu einer bestimmten ökonomischen Frage zu akzeptieren. Ein Beispiel: Wenn die Federal Reserve jede Menge Staatsanleihen kauft, wird die Inflation dann steigen? Empirisch ist die Antwort eindeutig: Nein, wenn sich die

Wirtschaft in einer Depression befindet. Die Fed kaufte nach der Finanzkrise von 2008 für 3.000 Milliarden Dollar Staatsanleihen, aber die Inflation blieb auf niedrigem Niveau. Doch Behauptungen, die Politik der Fed fördere die Inflation, wuchsen sich zur offiziellen Linie der Republikaner aus, insofern galt es schon als liberale Haltung, einfach nur die Realität zu akzeptieren.

In manchen Fällen gilt es schon als parteiisch, bestimmte Fragen zu stellen. Wenn Sie fragen, wie es um die Einkommensungleichheit bestellt ist, rechnen Sie damit, dass nicht wenige Konservative Sie als unamerikanisch anprangern werden. Allein schon die Verteilung der Einkommen zu thematisieren oder zu vergleichen, wie schnell die Einkommen der Mittelschicht und die der Reichen wachsen, ist aus deren Sicht „marxistisches Gerede".

Und selbstverständlich ist bei der Ökonomie nicht Schluss. Im Vergleich zu Klimaforschern haben wir Ökonomen es einfach, denn ihnen droht Verfolgung, weil ihre Schlussfolgerungen mächtigen Interessengruppen nicht gefallen. Oder nehmen Sie die Sozialwissenschaftler, die die Ursachen der Waffengewalt erforschen: Von 1996 bis 2017 war es der Seuchenschutz- und Gesundheitsbehörde Centers for Disease Control buchstäblich verboten, Forschung zu finanzieren, die sich mit Verletzungen und Todesfällen durch Schusswaffen befasste.

Was also tun als angehender Wissenschaftler? Eine Möglichkeit besteht darin, die politischen Grabenkämpfe auszublenden und einfach seine Arbeit zu machen. Eine derartige Entscheidung kann ich respektieren und für die meisten Wissenschaftler (sogar in der Volkswirtschaftslehre) ist es die richtige Entscheidung.

Aber wir benötigen auch öffentliche Intellektuelle: Menschen, die die Forschung verstehen und respektieren, dabei aber bereit sind, sich ins politische Getümmel zu stürzen.

Dieses Buch ist eine Sammlung von Artikeln, in denen ich versucht habe, diese Rolle zu spielen. Sie sind größtenteils für die *New York Times* geschrieben. Ich gehe später darauf ein, wie ich in diese Situation geraten bin und was ich versuche, daraus zu machen. Zunächst jedoch möchte ich eine andere Frage stellen: Was hat es mit all der Politisierung auf sich?

DIE WURZELN DER POLITISIERUNG

In der Politik gibt es zahllose Themen und man kann sich gut vorstellen, dass die Menschen eine Vielzahl von Positionen einnehmen, die sich nicht entlang einer einfachen Links-rechts-Achse einsortieren lassen. Es lassen sich Wähler vorstellen, die sehr für strengere Waffenkontrollen eintreten und aggressivere Maßnahmen gegen die globale Erwärmung fordern, aber wenn es um die Sozialversicherung und den Gesundheitsdienst Medicare geht, befürworten sie eine Privatisierung oder gleich die vollständige Abschaffung dieser Angebote.

In der Praxis dagegen ist die Politik im modernen Amerika ziemlich eindimensional. Das gilt ganz besonders bei den gewählten Volksvertretern. Sagen Sie mir, wo ein Kongressmitglied zu einem Thema wie allgemeine Gesundheitsversorgung steht, und ich kann Ihnen sagen, wo diese Person in Klimafragen steht (und andersherum). Was definiert diese politische Eindimensionalität? Grundsätzlich ist es das traditionelle Links-rechts-Kontinuum: Wie stark sollte der Staat Ihrer Meinung nach in eine freie Marktwirtschaft eingreifen, um Risiken und Ungleichheiten zu reduzieren? Möchten Sie eine Gesellschaft wie im modernen Dänemark mit hohen Steuern, starker sozialer Absicherung und umfangreichem Schutz der Arbeitnehmer, oder möchten Sie eine Gesellschaft wie Amerika im „Gilded Age" [Anm. d. Übers.: die Zeit wirtschaftlichen Aufschwungs nach Ende des Amerikanischen Bürgerkriegs], als „Laissez-faire" das Motto des Tages war?

Auf einer Ebene geht es bei dieser Streitskala um Werte. Im linken Lager herrscht eine Vorstellung sozialer Gerechtigkeit vor, wie sie der Philosoph John Rawls formulierte: Die Menschen sollten für die Art von Gesellschaft eintreten, die sie wählen würden, wenn sie nicht wüssten, wer sie sind und welche Rolle sie zu spielen haben. Diese moralische Haltung lässt sich zusammenfassen als: „Ich habe es nur Gottes Gnade (bei weniger religiöser Neigung auch: dem Schicksal/der Fügung) zu verdanken, dass ich in dieser Lage bin."

Im rechten politischen Lager dagegen halten es viele Menschen für unmoralisch, dass sich der Staat in der Absicht einmischt, Ungleichheit und Risiken zu minimieren. Wenn man die Reichen besteuert, um den Armen zu helfen, kommt das einer Art Diebstahl gleich, und sei die Absicht noch so lohnenswert.

Die Volkswirtschaftslehre gibt uns nicht vor, welchen Werten wir anhängen sollten. Sie kann uns allerdings verraten, was von einer Politik zu erwarten ist, die einem bestimmten Wertekanon entspricht. Da jedoch kommt die Politisierung ins Spiel. Insbesondere Gegner einer größeren Rolle des Staats argumentieren gern, dass eine derartige Rolle nicht nur unmoralisch sei, sondern auch kontraproduktiv, ja, sogar destruktiv. Und wenn die Fakten dies nicht hergeben, werden halt die Fakten attackiert, wie auch jene, die diese Fakten produzieren.

Im Grunde kann diese Form der Politisierung sowohl von links wie auch von rechts kommen. Tatsächlich gab es Fälle, wo mächtige Akteure sich weigerten einzugestehen, dass beispielsweise Preiskontrollen zu Verknappungen führen können oder dass das Drucken von Geld Inflation nach sich zieht – siehe „Venezuela, jüngste Geschichte". Selbst in Amerika gibt es im Lager der Linken einige, die Sie (also mich) als von Unternehmensinteressen gesteuerten Lakai hinstellen, weil Sie darauf hingewiesen haben, dass es mehrere Wege gibt, zu einer allgemeinen Gesundheitsversorgung zu gelangen, und dass sich dies erreichen lässt, ohne Privatversicherer ihrer wichtigen Rolle zu berauben.

Doch dass im modernen Amerika alles politisch aufgeladen ist, hängt angesichts der Realitäten von Geld und Macht vor allem mit Druck von rechts zusammen.

Denn auch wenn sich philosophische Argumente für eine Gesellschaft mit geringen Steuern und minimaler staatlicher Intervention anführen ließen, setzt der moderne Konservatismus doch weniger auf philosophische Überzeugungskraft als vielmehr auf die Tatsache, dass einige Leute persönlich massiv profitieren würden, würden wir Kurs zurück auf das „Gilded Age" nehmen. Diese Gruppe mag nicht sehr groß sein, aber sie ist extrem wohlhabend. Sie hat ein starkes Interesse daran, zu vermitteln, dass eine Entwicklung in die von ihnen präferierte Richtung zum Wohle aller wäre. Und so ist die finanzielle Unterstützung durch rechtsgerichtete Milliardäre eine mächtige Kraft, wenn es darum geht, Zombie-Ideen am Leben zu erhalten – Ideen, die Gegenbeweise längst hätten aus der Welt schaffen müssen, die stattdessen jedoch weiter durch die Gegend schlurfen und sich in den Gehirnen der Menschen festsetzen.

Kein anderer Zombie hält sich so hartnäckig wie die Aussage, dass eine Besteuerung der Reichen verheerende Folgen für die gesamte Wirtschaft hat und Steuersenkungen für Spitzenverdiener deshalb ein wundersames Wirtschaftswachstum nach sich ziehen. Wieder und wieder versagt diese Doktrin in der Praxis, aber das ändert nichts an der stetig wachsenden Unterstützung, die die These in der Republikanischen Partei findet.

Es sind noch andere Zombies unterwegs: Wenn Sie einen Niedrigsteuerstaat mit wenigen staatlichen Leistungen haben wollen, sollten Sie betonen, dass soziale Netze schädlich sind und nicht funktionieren. Mit viel Mühe und Aufwand beharrt man also darauf, dass eine allgemeine Gesundheitsversorgung unmöglich sei, auch wenn es abgesehen von den USA jedes andere fortschrittliche Land der Welt irgendwie dennoch hinbekommt.

Sie verstehen, worauf ich hinauswill. Die Politisierung von Analysen zu Steuern und Ausgaben ist leicht nachvollziehbar, aber warum erstreckt sich die Politisierung auch auf Bereiche, in denen die Klasseninteressen nicht so deutlich auf der Hand liegen? Selbst Milliardäre benötigen einen bewohnbaren Planeten, warum also hat sich der Klimawandel zu solch einem Zankapfel zwischen links und rechts entwickelt? Rezessionen tun allen weh, warum also sperren sich Konservative dagegen, zur Bekämpfung von Wirtschaftsflauten Geld zu drucken? Und warum hängen rassistische Einstellungen so eng mit der Haltung zu Besteuerung und Staatsausgaben zusammen?

Ein Großteil der Antwort hat damit zu tun, dass die politischen Akteure (zu Recht, meine ich) glauben, alle Formen staatlichen Handelns seien durch eine Art Halo-Effekt miteinander verbunden. Sind die Menschen davon überzeugt, dass der Staat aktiv werden muss, um die Treibhausgasemissionen zu reduzieren, dann sind sie auch offener für die Vorstellung, der Staat müsse aktiv werden, um Ungleichheit zu reduzieren. Sind sie überzeugt, dass sich Rezessionen mithilfe der Geldpolitik bekämpfen lassen, sind sie auch offener für politische Maßnahmen, die den Zugang zu medizinischer Versorgung erweitern.

Das war schon immer so. Die amerikanische Rechte kämpfte in den 1940er- und 1950er-Jahren voller Inbrunst gegen den Keynesianismus. Das ging so weit, dass sie versuchte zu verhindern, dass diese Theorien an den Universitäten gelehrt werden – und das, obwohl John Maynard Keynes sie völlig zu Recht als „moderat konservative" Doktrin beschrieb – als Weg, den Kapitalismus zu erhalten, und nicht als Versuch, ihn zu ersetzen. Warum also der Widerstand? Weil die Republikaner die Lehre als Keil ansahen, der die Tür für mehr Staat im Allgemeinen öffnen würde. Heute sind wir viel stärker politisiert als damals, insofern reicht die Politisierung auch weiter.

Neben dem Halo-Effekt wirkt sich noch strategisches Politikdenken aus. Früher einmal besaß die Politiklandschaft in Amerika zwei Dimensionen und nicht bloß eine – es gab eine Links-rechts-Achse, aber auch eine Rassengleichheit-Rassentrennung-Achse. Und bis zum heutigen Tag gibt es eine beträchtliche Zahl von Wählern, denen für ihre eigenen Belange Big Government gefällt, die aber keine Menschen mit dunklerer Haut mögen. (Die gegenteilige, libertäre Position – wenig Staat und Rassentoleranz – ist logisch stimmig, aber außer ein paar Dutzend Typen mit Fliegen um den Hals scheinen sich nur wenige dafür begeistern zu können.) Aber es gibt nahezu keine rassistischen Big-Government-Politiker. Stattdessen versucht die ökonomische Rechte die weiße Arbeiterschaft für sich zu gewinnen, indem sie deren Feindseligkeit gegenüber anderen Rassen bedient (während sie gleichzeitig die Programme angreift, von denen die Arbeiterschaft abhängig ist). Das hat dazu geführt, dass Rassentoleranz und andere Formen von Linksliberalismus wie Geschlechtergleichheit und LGBTQ-Rechte derselben politischen Spaltung unterliegen wie alles andere.

Wozu all das geführt hat, sagte ich bereits: Alles ist politisch. „Jeder hat ein Recht auf seine eigene Meinung, aber nicht auf seine eigenen

Fakten", sagte der demokratische Senator Daniel Patrick Moynihan, doch im modernen Amerika glauben viele Menschen, sie hätten durchaus ein Anrecht auf ihre eigenen Fakten. Das bedeutet, der Traum der Technokraten, als politisch neutrale Analysten politischen Entscheidern zu besserer Regierungsarbeit zu verhelfen, ist tot, zumindest für den Augenblick. Doch Wissenschaftlern, die sich dafür interessieren, in welche Richtung wir uns als Gesellschaft bewegen, stehen noch weitere Möglichkeiten offen.

EXPERTENTUM IM ZEITALTER DER POLARISIERUNG

Angenommen, Sie sind jemand, der sich in einem technischen Thema wie der Volkswirtschaftslehre recht gut auskennt, der aber auch Einfluss auf den öffentlichen Diskurs nehmen möchte, also darauf, wie Menschen, die sich mit den technischen Themen nicht auskennen oder sich dafür nicht interessieren, über dieses Thema debattieren. Offenkundig beschreibt das meinen Status, aber es trifft auch auf eine Reihe anderer Personen zu. Es gibt andere Ökonomen, die sich in den öffentlichen Raum gewagt haben – Leute wie Joseph Stiglitz, ein großartiger Ökonom, der sich als öffentlicher Intellektueller neu erfunden hat, oder Simon Wren-Lewis aus Großbritannien. Zudem gibt es immer mehr Journalisten mit einem guten Hintergrund in Ökonomie, etwa David Leonhardt von der *Times* oder Catherine Rampell von der *Washington Post*. Was ist nötig, um diese Rolle wirksam ausfüllen zu können?

Im letzten Abschnitt des Buchs finden Sie einen Essay („Wie ich arbeite"), den ich 1991 geschrieben habe und der vier Grundregeln für die Forschung enthält. Lassen Sie mich an dieser Stelle meine vier Regeln für eine professionelle Auseinandersetzung mit den Medien vorstellen, die sich auf nahezu alles in diesem Buch auswirken. Die ersten beiden Regeln sollten nicht strittig sein, die anderen beiden schon eher, schätze ich. Hier ist die Liste:

- Bleib bei den einfachen Sachen
- Schreibe auf Englisch
- Sei ehrlich, was Unehrlichkeit angeht
- Habe keine Angst, über Motive zu sprechen

BLEIB BEI DEN EINFACHEN SACHEN

In der Volkswirtschaftslehre gibt es zahlreiche schwierige Fragen – Fragen, bei denen auch ernsthafte, ehrliche Wissenschaftler nicht zu einem Konsens finden. Wie sollten Experten/Ökonomen mit derartigen Fragen umgehen?

Ich empfehle in diesem Fall meistens, dass sie, wo immer es geht, von derartigen Fragen die Finger lassen sollten. In Wirklichkeit dreht sich in der realen Welt die absolute Mehrheit der Ökonomie-Dispute um einfache Fragen, also Fragen, für die ganz eindeutig richtige Antworten vorliegen, bei denen mächtige Interessengruppen diese Antworten aber nicht akzeptieren wollen. Man kann den öffentlichen Diskurs verbessern, indem man sich auf diese Fragen konzentriert und sich bemüht, die richtigen Antworten zu vermitteln. Die kniffligen Fragen verschwinden dadurch nicht, aber die Kommentarseiten von Zeitungen und Zeitschriften sind auch kein guter Platz, um darüber zu diskutieren.

Wenn es beispielsweise um die Auswirkungen von Staatsschulden geht, muss die Öffentlichkeit wissen, dass der Versuch, den Haushalt während einer Wirtschaftsdepression auszugleichen, die Depression verschlimmern wird und dass die Angst, es könne zu einer ausufernden Schuldenspirale kommen, deutlich übertrieben ist. Es gibt andere, kniffligere Themen, etwa die Frage, welcher Zinssatz dazu dienen sollte, Infrastrukturausgaben zu bewerten. Aber die einfachen Fragen liefern reichlich Material, über das es sich zu schreiben lohnt.

SCHREIBE AUF ENGLISCH

Das ist selbstverständlich nicht wortwörtlich zu verstehen. Tatsächlich würde die Welt besser dastehen, wenn mehr Leute grundlegende Konzepte der Wirtschaft auf Deutsch erklären würden. Was ich damit sagen will: Um als Experte effektiv zu sein, müssen Sie mit einer einfachen Sprache arbeiten und nicht voraussetzen, dass die Menschen Konzepte, mit denen sie nicht vertraut sind, schon irgendwie begreifen werden.

Nehmen wir zur Verdeutlichung *Increasing Returns and Economic Geography*, meine am häufigsten zitierte wissenschaftliche Arbeit. In den Jahren, in denen ich ausschließlich forschte (das Paper wurde 1991 veröffentlicht), galt ich unter Ökonomen als jemand, der klar schrieb, der gut Intuitionen vermitteln konnte und der den Mathematikanteil überschaubar hielt. Dennoch finden Sie in dieser Arbeit Aussagen wie diese (und mit den Gleichungen will ich gar nicht erst anfangen): „Bei Vorliegen eines unvollkommenen Wettbewerbs und positiven Feedback-Effekten kommt es auf pekuniäre Externalitäten an." Ob wohl auch nur ein Prozent meiner Leserschaft bei der *Times* eine klare Vorstellung davon hätte, worum es da geht?

Keine Fachausdrücke zu verwenden ist schwieriger, als es klingt. Das liegt zum Teil daran, dass Fachsprache meistens einen Zweck erfüllt – dieses Zitat vermittelt seinem Zielpublikum etwas sehr Wichtiges und ohne die Kunstbegriffe bräuchte es viel Raum und Zeit und Hunderte, wenn nicht Tausende Worte, um denselben Punkt zu vermitteln. Ein weiterer Grund: Wenn man sich seit Jahren mit einem technischen Thema befasst hat, kann es einem schwerfallen, sich zu erinnern, wie normale oder sogar kluge, gebildete Menschen tatsächlich sprechen.

Ich schreibe seit zwei Jahrzehnten für die *Times* und doch bekomme ich noch immer gelegentlich Nachfragen aus dem Lektorat zu der einen oder anderen Passage, weil dort etwas nicht verstanden wurde (und es die Leser nicht verstehen werden), weil ich, ohne nachzudenken, unterstellt habe, dass die allgemeine Leserschaft mit Begrifflichkeiten genauso umgeht, wie es Ökonomen tun. Wenn Ökonomen beispielsweise von Investitionen reden, meinen sie normalerweise den Bau neuer

Fabriken und Bürogebäude, aber das müssen sie auch ausdrücklich dazusagen, wenn sie nicht wollen, dass die Leser glauben, sie würden über Aktienkäufe und dergleichen reden.

Genauso wenig bedeutet das aber auch, dass man seine Leser für dumm halten sollte. Man muss sich nur genau überlegen, wie man kommunizieren möchte. 2019 veröffentlichte ich eine Kolumne („Getting Real About Rural America"), die teilweise eine verkappte Umformulierung von Argumenten aus besagter Arbeit von 1991 war. Ich glaube, die meisten Leser haben begriffen, worauf ich hinauswollte, auch wenn ich viele von ihnen verärgerte.

SEI EHRLICH, WAS UNEHRLICHKEIT ANGEHT

Jetzt kommen wir zu den kontroverseren Bereichen des Expertentums. Wie bereits gesagt, ist heutzutage alles politisch. Das führt dazu, dass viele öffentliche Debatten in der Volkswirtschaftslehre und in allen anderen Bereichen in böser Absicht geführt werden.

Nehmen wir das augenscheinlichste Beispiel: Wer dafür eintritt, dass wir die Steuern für die Reichen senken sollten, mag so tun, als habe er die Faktenlage studiert und sei dann zu diesem Urteil gelangt, aber das stimmt nicht. Es gibt keine Beweise, die jemanden dazu bringen würden, seine Meinung zu ändern. In der Praxis reagiert dieses Lager auf Gegenbeweise, indem es die Messlatte verschiebt. Dieselben Leute, die prognostizierten, dass Bill Clintons Steuererhöhung eine Depression nach sich ziehen würde, erklären nun, dass der Boom der Clinton-Ära eine langfristige Auswirkung der Steuersenkungen gewesen sei, die Ronald Reagan 1981 vornahm. Oder sie lügen einfach und denken sich Zahlen und andere „Fakten" aus.

Wie also sollte ein Ökonom/Experte mit einer derartigen Realität umgehen? Ich kenne eine Antwort, von der ich weiß, dass sie vielen Ökonomen zusagt: weitermachen, als führe man eine Diskussion in guter Absicht. Man präsentiert die Beweise und erklärt, warum es bedeutet, dass die eine Seite recht hat und die andere unrecht. Fertig, aus.

Ich vertrete, wie Sie sich gewiss gedacht haben, einen anderen Standpunkt: Aus meiner Sicht reicht das nicht und ist dem Publikum gegenüber sogar unfair. Wenn Sie sich mit Argumenten auseinandersetzen, die in böser Absicht vorgebracht werden, sollte die Öffentlichkeit nicht nur erfahren, dass diese Argumente falsch sind, sondern auch, dass sie in böser Absicht angeführt werden. Es ist, um ein anderes Beispiel anzuführen, wichtig, darauf hinzuweisen, dass die Menschen falschlagen, die prognostizierten, dass die Anleihekäufe der Fed zu einer galoppierenden Inflation führen würden. Wichtig ist aber auch, darauf hinzuweisen, dass keiner aus diesem Lager bereit war, seine Fehleinschätzung einzugestehen oder zu erklären, wie man auf die falsche Spur geraten war … und dass einige abrupt ihre Haltung in dem Augenblick änderten, als ein Republikaner ins Weiße Haus einzog.

Anders gesagt: Wir sollten ehrlich sein, was die Unehrlichkeit anbelangt, die sich durch politische Debatten zieht. Häufig ist Verlogenheit die Botschaft. Und das bringt mich zu meiner abschließenden Regel.

HABE KEINE ANGST, ÜBER MOTIVE ZU SPRECHEN

Ich wünschte, wir würden in einer Welt leben, in der man davon ausgehen kann, dass politische Argumente in guter Absicht vorgetragen werden. Auf einige Fälle trifft das tatsächlich zu. So gibt es eine echte Debatte zu der Frage, wie wirksam die „quantitative Lockerung“ (das Anleihekaufprogramm der Fed) die Wirtschaft ankurbelt. Ich zähle zu den Skeptikern, kann die Optimisten aber respektieren und denke, beide Seiten sind offen dafür, sich überzeugen zu lassen.

Doch in den meisten wichtigen politischen Debatten, die im 21. Jahrhundert in Amerika geführt werden, argumentiert eine Seite dauerhaft in böser Absicht. Ich habe bereits dafür plädiert, dass man darauf hinweisen und den Lesern erklären muss, dass die abgehobenen Behauptungen über die Wirksamkeit von Steuersenkungen falsch sind, aber nicht nur das: Man muss auch dazu sagen, dass diejenigen, die derartige Behauptungen ins Feld führen, wissentlich unaufrichtig sind. Und ich möchte noch einen Schritt weitergehen: Wer fair mit seiner Leserschaft umgehen möchte, muss auch erklären, warum diese Menschen unehrlich sind.

Das bedeutet hauptsächlich, über das Wesen des modernen amerikanischen Konservatismus zu sprechen und über das verflochtene Netz von Medienorganisationen und Denkfabriken, die die Interessen rechtsgerichteter Milliardäre bedienen, ein Netz, das im Grunde die Republikanische Partei übernommen hat. Es ist dieses Netzwerk namens *Movement Conservatism*, das Zombie-Ideen wie den Glauben an die Magie von Steuersenkungen am Leben erhält. Bei einer echten, in guter Absicht geführten Debatte gehört es sich nicht, die Motive der Gegenseite infrage zu stellen. Debattiert man allerdings mit Widersachern, die in böser Absicht handeln, hat es mit Aufrichtigkeit und dem Umgang mit dem tatsächlichen Geschehen zu tun, auf die Motive der Gegenseite einzugehen.

Ich wünschte, die Welt wäre anders. Manchmal sehne ich mich nach der Naivität meiner beruflichen Jugend zurück, als ich einfach versuchte, die richtige Antwort zu finden, und als ich davon ausgehen konnte, dass die Menschen, mit denen ich debattierte, dasselbe Ziel verfolgten. Aber wenn Sie als öffentlicher Intellektueller Wirkung erzielen wollen, dann befassen Sie sich mit der Welt, in der Sie leben, nicht mit der, in der Sie gern leben würden.

ÜBER DIESES BUCH

Ich habe im Jahr 2000 angefangen, für die *New York Times* zu schreiben. Zuvor hatte ich einige Jahre lang monatliche Kolumnen für *Fortune* und *Slate* verfasst, aber in erster Linie war ich noch immer in der Forschung tätig. Tatsächlich verfasste ich 1998, was ich persönlich für meine wohl beste akademische Arbeit halte: „It's Baaack: Japan's Slump and the Return of the Liquidity Trap".

Die *Times* erwartete von mir, dass ich fast ausschließlich über Wirtschaft und Ökonomie schreibe, aber ich fand mich in einer Situation wieder, die weder ich noch sie so erwartet hätten. Unter George W. Bush war die Regierung in einem Ausmaß unaufrichtig, wie es die amerikanische Politiklandschaft noch nie zuvor erlebt hatte (inzwischen allerdings von den Trumpisten überholt), und sie führte uns mit offensichtlich falschen Behauptungen (zumindest aus meiner Sicht) in einen Krieg. Und doch schien keiner der Kolumnisten in den führenden Zeitungen willens, darauf hinzuweisen. Das war dann wohl meine Aufgabe, hatte ich das Gefühl.

Meine besten Arbeiten aus dieser Zeit veröffentlichte ich 2003 in der Sammlung *The Great Unraveling* [deutsch: *Der große Ausverkauf: Wie die Bush-Regierung Amerika ruiniert*, Campus, 2004]. Insofern musste ich mir diese Zeit nicht noch einmal vornehmen, fand ich.

Von wenigen Ausnahmen abgesehen macht dieser Band also 2004 weiter, nach Bushs Wiederwahl. Zu diesem Zeitpunkt befassten sich viele andere Leute mit dem betrügerischen Marsch in den Krieg. Das erlaubte es mir, Themen zu beleuchten, die mir von Haus aus deutlich mehr lagen – etwa der Versuch, die Sozialversicherung zu privatisieren, und die Bemühungen, den Krankenversicherungsschutz auszuweiten.

Mehr als ein Drittel dieses Buchs behandelt unterschiedliche Aspekte der Finanzkrise von 2008 und ihre Auswirkungen. Abgesehen von Leuten, die ohnehin ständig irgendwelche Krisen prognostizieren, hatte diese Krise niemand wirklich kommen sehen. Mir war klar, dass es auf dem Immobilienmarkt eine gewaltige Blase gab, aber das Ausmaß der Schäden, die das Platzen der Blase anrichtete, schockierte mich. Ich hatte nicht erkannt, wie anfällig unser Finanzsystem durch das Wachstum unregulierter „Schattenbanken" geworden war.

Nach dem Crash allerdings fanden sich Ökonomen, die diese Dinge studiert hatten, auf vertrautem Terrain wieder. Über Finanzkrisen wissen wir viel, sowohl aus der Theorie als auch aus der Geschichte. Wir wissen auch viel darüber, wie Volkswirtschaften nach einer Krise ticken: Meine Arbeit von 1998 befasste sich damit, was geschieht, wenn Nullzins nicht ausreicht, wieder für Vollbeschäftigung zu sorgen. Mit diesem Problem hatten sich bis dato nur die Japaner herumärgern müssen, nun wurde es in der gesamten westlichen Welt zur Norm.

Die rund fünf Jahre nach der Krise von 2008 waren für mich zugleich die besten und die schlimmsten Jahre. Die besten, weil meine Rolle als Zeitungskolumnist und meine akademische Forschung nahezu perfekt ineinandergriffen. Ich konnte viel dazu sagen, was die politischen Entscheider nun zu tun hätten. Die schlimmsten insofern, als die politischen Entscheider sich hartnäckig weigerten, unser Wissen zu nutzen. Stattdessen stritten sie um Haushaltsdefizite, bewaffnet mit schlechten und häufig in schlechter Absicht gegebenen Ratschlägen. Das Ergebnis war gewaltiges und unnötiges Leid.

Im Rest des Buchs geht es vor allem um das, was der Titel schon besagt – ich ärgere mich mit Zombies herum, sei es der Steuersenkungs-Zombie oder der Klimawandel-Zombie, und auch mit der konservativen Bewegung, die dafür sorgt, dass diese Zombies weiterhin in der Gegend herumschlurfen. Natürlich ist auch viel über Donald Trump dabei, aber für mich ist Trump weniger ein Bruch mit der Vergangenheit als vielmehr die Krönung dessen, wohin uns die neue konservative Bewegung seit Jahrzehnten steuert.

Zum Abschluss folgt noch etwas leichtere Lektüre – nun ja, nicht wirklich, aber es sind Sachen, die meine Laune aufhellen. Im letzten Abschnitt empfehle ich eine Auswahl mehr oder weniger stark volkswirtschaftlich geprägter Beiträge, die zu meinen intellektuellen Wurzeln zurückführen. Sie sind etwas anstrengender und enthalten mehr Fachausdrücke als meine *Times*-Kolumnen, aber ich hoffe, dass sich zumindest einige Leser die Mühe machen, herauszufinden, wie ich tatsächlich über das eine oder andere Thema denke.

Dieses Buch schildert die Geschichte eines Kampfs für Wahrheit, Gerechtigkeit und eine Welt ohne Zombies. Ob dieser Kampf wirklich jemals endgültig gewonnen sein wird? Ich weiß es nicht, aber er kann verloren werden. Auf jeden Fall ist es ein Kampf, den auszutragen es sich lohnt.

1

DIE RETTUNG DER SOZIALVERSICHERUNG

NACH DER KHAKI-WAHL

Die Wahlnacht 2004 war kein so gewaltiger Schock, wie es die Wahlnacht 2016 werden sollte, aber Amerikas Liberale waren dennoch zutiefst enttäuscht. Im Rückblick hat sich das Image von George W. Bush verbessert – die Menschen erachten ihn (zu Recht) als besser als Donald Trump und vergessen darüber die Ungeheuerlichkeiten, die sich in seiner Amtszeit zutrugen. An allererster Stelle ist zu nennen, dass er Amerika unter Vorspiegelung falscher Tatsachen in einen Krieg geführt hat, der den Tod Hunderttausender nach sich zog. Mitzuerleben, wie die Wählerschaft ihn für diese Niedertracht noch belohnte, war nicht schön.

Was hinzukommt: Viele Beobachter sahen die Wahl damals nicht als einmaliges Ereignis, sondern als Startschuss für eine dauerhafte Herrschaft der Konservativen. Im Fernsehen (damals schalteten die Menschen noch die normalen Fernsehsender ein) waren überall Menschen zu sehen, die den Tod des amerikanischen Liberalismus verkündeten und Bushs Wahlsieg als Bestätigung der Theorie einordneten, dass wir Amerikaner im Grunde genommen eine konservative Nation sind.

Doch wer genauer hinschaute, erkannte eine andere Geschichte. Die Wahlen von 2004 waren keine Ratifizierung der konservativen Politik, denn die Wahlen waren insofern bemerkenswert gewesen, als es keine politischen Diskussionen gegeben hatte. Zum Teil lag das daran, dass politische Themen es nicht schafften, die Trivialisierung zu durchbrechen, die weite Teile der Nachrichtenmedien erzeugt hatten. Ich habe mir die Aufzeichnungen der Nachrichtensendungen auf den Fernsehsendern angesehen, weil mich interessierte, was dem Publikum über die gesundheitspolitischen Vorschläge der beiden Kandidaten vermittelt worden war, Vorschläge, die sich doch sehr stark unterschieden. Die Antwort war: nichts. Es war ein paarmal darüber berichtet worden, wie die Vorschläge politisch liefen, aber nicht ein einziges Wort darüber, was denn überhaupt im Programm stand.

Stattdessen ging es in dieser Wahl um Image und Wahrnehmung. Bush sonnte sich noch im Nach-9/11-Glanz und der Illusion, im Irak einen Sieg errungen zu haben. Für viele Amerikaner galt er noch als heldenhafte Ikone der nationalen Sicherheit, insofern war es das, was die Briten eine „Khaki-Wahl" nennen [Anm. d. Übers.: eine Wahl, die stark von einem laufenden oder gerade erst beendeten Krieg beeinflusst wird]. Ein weiteres wichtiges, wenn auch nicht ganz so zentrales Thema waren die traditionellen Werte: Erste Stimmen hatten sich für eine Legalisierung der gleichgeschlechtlichen Ehe starkgemacht, was zu heftigen Gegenreaktionen geführt hatte.

Wie ich damals scherzte: Bush wurde wiedergewählt, weil er sich als Beschützer Amerikas vor verheirateten schwulen Terroristen ausgab. Doch was verkündete er unmittelbar nach der Wahl als das dringlichste Mandat seiner Wähler? Die Privatisierung der Sozialversicherung und ihre Umwandlung in ein System privater Rentenkonten.

Warum waren Bush und sein Beraterteam überzeugt, mit diesem Thema einen politischen Sieg erringen zu können? Zum Teil, weil sie – wie so viele wohlhabende Menschen – keine Vorstellung davon hatten, von welch großer Bedeutung die Sozialversicherung für die meisten Amerikaner ist.

Als gut bezahlter politischer Berater, Journalist, Thinktank-Experte oder dergleichen verfügt man vermutlich über eine ordentliche private Altersvorsorge und kann davon ausgehen, mit 65 Jahren über beträchtliche Rücklagen zu verfügen. Doch die meisten Rentner beziehen den Großteil ihres Gelds über die Sozialversicherung, für ein Drittel ist es sogar die einzige Einnahmequelle. Nachdem den Menschen klar wurde, dass Bush das Programm tatsächlich aushöhlen wollte, verloren sie ihre gute Laune.

Doch Bush und seinem Team unterlief nicht nur eine Fehleinschätzung, was die Beliebtheit der Sozialversicherung bei der Wählerschaft insgesamt angeht, man verließ sich auch zu sehr auf den Konsens der Elite. Inzwischen mag sich die Situation ändern, aber während des Zeitraums, den dieses Buch abdeckt, gab es zu jedem Zeitpunkt Dinge, die innerhalb des Beltways jeder, der als klug und gut informiert gelten möchte, „wusste" – aber nicht, weil diese Dinge unbedingt wahr waren, sondern weil jeder andere aus der Elite sie auch sagte. [Anm. d. Übers.: Innerhalb von Washingtons Ringautobahn (englisch *beltway*) arbeiten die Politiker, Lobbyisten und Denkfabriken, kurzum das politische Establishment.] Zu den Dingen, die jeder sagte, gehörte, dass die Sozialversicherung in der Krise steckt und einer umfassenden Reform unterzogen werden müsse. Wer so sprach, hatte sich nicht persönlich damit befasst, wie Amerikas Rentensystem funktioniert und wie die künftige Arithmetik aussah. Wer so sprach, wusste bloß, dass von ihm erwartet wurde, so zu sprechen. Ich schrieb einmal, es sei eine Art „Medaille für Ernsthaftigkeit", wenn man sich hinstelle und erkläre, die Sozialversicherung stecke in der Krise und die Leistungen müssten gekürzt werden.

Der Wunsch, seriös zu klingen, ging mit dem Wunsch einher, „trendy und hip" zu klingen. Zum Zeitpunkt der Privatisierungsdebatten existierte die Sozialversicherung bereits seit 70 Jahren und für viele Kommentatoren war allein schon das Grund genug für Veränderung. Es musste doch etwas geben, das mehr nach 21. Jahrhundert klang.

Schließlich hatte sich auch die betriebliche Altersversorgung drastisch verändert. Die altmodische Variante, bei der man jeden Monat einen festen Betrag einzahlte („festgelegter Leistungsplan"), war durch ein Modell abgelöst worden („beitragsorientierter Leistungsplan"), bei dem man Geld in ein Investmentkonto einzahlte. Warum nicht mit der Sozialversicherung genauso vorgehen?

Es gab sehr gute Gründe dafür, nicht so vorzugehen. Die neue private Altersvorsorge war viel stärker risikoorientiert, was bedeutete, dass es noch wichtiger für die Menschen war, ein stabiles garantiertes Einkommen für den Fall zu besitzen, dass ihre Investitionen sich als Fehlschlag erwiesen. Für Menschen, die es nicht gewohnt waren, ausführlich über die ökonomischen Grundlagen der Verrentung nachzudenken, war dies jedoch nicht offensichtlich.

Und an dieser Stelle kam ich ins Spiel (und eine Reihe weiterer progressiver Nerds). Im Grunde waren es vor allem zwei Sachen, die die Sozialversicherung vor der Privatisierung retteten – der gewaltige Widerstand, den die Öffentlichkeit leistete, nachdem ihr bewusst wurde, was da geschah, und die entschlossene Haltung der demokratischen Führung und insbesondere von Nancy Pelosi, sich diesem elitären Unfug zu widersetzen. (Pelosi auf die Frage, wann sie ihre eigenen Pläne für die Sozialversicherung vorstellen würde: „Niemals. Reicht Ihnen das als Antwort?") Aber Leute wie ich hatten eine Rolle (eine wichtige, wie es damals schien) dabei zu spielen, diesem Unfug die Luft herauszulassen: Uns kam die Aufgabe zu, nachzuweisen, dass die vermeintliche Krise nicht real war, dass Privatisierung keine Lösung für ein echtes Problem ist, dass es eine der Aufgaben des Staats ist, Rentnern eine Grundversorgung zukommen zu lassen, und dass der Staat diese Aufgabe besser erledigen kann als der private Sektor.

Und es geschah etwas Erstaunliches: Zum ersten Mal, seit ich Kolumnist für die *New York Times* geworden war, konnte sich meine Seite tatsächlich in einer politischen Debatte durchsetzen.

SCHRECKGESPENST SOZIALVERSICHERUNG

5. März 2004

Der Jahresbericht, den die Treuhänder der Sozialversicherung vorgelegt haben, zeigt ein System, das finanziell ziemlich gut dasteht. Tatsächlich wären nur bescheidene Kapitalspritzen erforderlich, um zu gewährleisten, dass das derzeitige Niveau an Sozialleistungen mindestens die nächsten 75 Jahre beibehalten werden kann. In anderen Berichten dagegen ist die Rede von einem System in schweren finanziellen Nöten. Die *New York Times* schrieb am Dienstag über eine Studie, die das Finanzministerium 2002 erstellt hatte. Darin heißt es, Sozialversicherung und Medicare stünden mit 44.000 Milliarden Dollar in den roten Zahlen. Was stimmt denn nun? [Anm. d. Übers.: Die Krankenversicherung Medicare ist vor allem für Menschen ab 65 Jahren, für Menschen mit Behinderung oder für Dialysepatienten gedacht.]

Kleiner Hinweis: Selbst rechte Politiker beteuern öffentlich ihren Herzenswunsch, die Sozialversicherung zu retten, aber im Hintergrund sind Ideologen am Werk, denen jeder Vorwand recht ist, das System zu zerschlagen. Wenn also Menschen, die in ideologiegetriebenen Einrichtungen arbeiten (eine Kategorie, zu der man leider mittlerweile auch das US-Finanzministerium zählen muss), einen alarmierenden Bericht produzieren, muss man ihn mit großer Vorsicht genießen.

Erstens machen zwei Worte einen gewaltigen Unterschied – „und Medicare". Der Studie zufolge entfallen von den 44.000 Milliarden Dollar Unterfinanzierung nur 16 Prozent auf die Sozialversicherung. Zweitens beruht die angenommene Unterfinanzierung beider Programme vor allem auf Prognosen für die weit entfernte Zukunft: 62 Prozent der kombinierten Unterdeckung fallen nach 2077 an.

Zeigt der Bericht des Finanzministeriums also, dass wir vor einer Krise bei der Sozialversicherung stehen? Nein. Das Problem der Sozialversicherung ist demografischer Natur: Während die Bevölkerung altert, wird die Zahl der Pensionäre schneller steigen als die Zahl der Arbeitenden. Das führt dazu, dass die Kosten der Sozialleistungen in den nächsten 30 Jahren um ungefähr zwei Prozent des BIP zunehmen werden und anschließend weiter langsam steigen. Zum Vergleich: Schreibt man Bushs Steuersenkungen dauerhaft fest, würden die Einnahmen um mindestens 2,5 Prozent des BIP sinken, und zwar ab sofort. Aus diesem Grund – und weil die Sozialversicherung anders als der Rest der Bundesregierung aktuell einen Überschuss ausweist – sind Bushs Steuersenkungen ein viel größeres Problem für die fiskalische Zukunft des Landes als die Unterfinanzierung der Sozialversicherung.

Medicare wird zwar häufig mit der Sozialversicherung in einen Topf geworfen, aber es handelt sich um ein anderes Programm, das vor anderen Problemen steht. Der prognostizierte Anstieg der Medicare-Ausgaben hängt nicht in erster Linie mit der demografischen Entwicklung zusammen, sondern mit den steigenden Kosten der medizinischen Versorgung. Das wiederum spiegelt vor allem den medizinischen Fortschritt wider, der es den Ärzten erlaubt, immer mehr Krankheiten zu behandeln.

Ob sich dieser Trend fortsetzt, ist auf sehr lange Sicht alles andere als gewiss. Sollte er sich fortsetzen, stehen wir möglicherweise auf lange Sicht vor einem echten Dilemma, das nicht nur die Betreuung der Pensionäre betrifft, sondern die gesamte medizinische Versorgung, und das mehr moralischer als wirtschaftlicher Natur ist. Es könnte der Zeitpunkt kommen, an dem der Staat gezwungen wäre, deutlich mehr Geld als heute aufzuwenden, um allen Amerikanern sämtliche Vorteile der modernen Medizin bieten zu können. Gewährleistet der Staat diese Versorgung nicht, würde das bedeuten, dass er zusieht, wie arme und Mittelschicht-Amerikaner früh sterben oder mit einer stark reduzierten Lebensqualität zu leben hätten, weil sie sich keine umfassende medizinische Betreuung leisten können.

Aber dieses Dilemma wird es unabhängig davon geben, was wir mit der Sozialversicherung machen, ja, es ist nicht einmal klar, dass wir jetzt versuchen sollten, das Dilemma zu lösen. Ich bin dafür, auf lange Sicht zu handeln: Es ist skandalös, wenn die Etatentwürfe der Regierung nur fünf Jahre abdecken, damit sie bekannte Kosten einige weitere Jahre später verstecken kann. Wir sollten für die Zukunft planen, gar keine Frage, aber stecken wir uns doch ein paar Grenzen. Wenn jemand eine ominöse Warnung über die Medicare-Kosten ab 2077 herausgibt, frage ich mich: Warum sollten haushaltspolitische Entscheidungen, die wir heute treffen, berücksichtigen, welche Kosten möglicherweise für noch nicht erfundene medizinische Behandlungen auflaufen, mit denen wir noch nicht geborene Generationen behandeln?

Die größte Gefahr, der sich die Sozialversicherung derzeit ausgesetzt sieht, ist politischer Natur: Werden diejenigen, die die Sozialversicherung hassen, versuchen, sie mit Panikmache und unscharfen Zahlenspielen zu Fall zu bringen?

Nachdem Alan Greenspan [Anm. d. Übers.: Vorsitzender der US-Notenbank von 1987 bis 2006] forderte, die Leistungen der Sozialversicherung zu kürzen, erklärten republikanische Kongressmitglieder, die Lösung seien individuelle Rentenkonten. Erstaunlich, dass sie bis heute mit diesem Schlangenöl hausieren gehen, und noch erstaunlicher, dass es ihnen die Journalisten bis heute durchgehen lassen. Im *Wall Street Journal* schrieb jemand umsichtig: „Individuelle Rentenkonten allein werden die Missstände der Sozialversicherung nicht aus der Welt schaffen." Ich schätze, das stimmt – genauso, wie man nicht abnimmt, wenn man sich ausschließlich von Donuts ernährt. Warum ist es so schwer, klar und deutlich zu erklären, dass eine Privatisierung die finanzielle Lage der Sozialversicherung nicht verbessern, sondern verschlechtern würde?

Sollten wir über bescheidene Reformen nachdenken, die die Kosten der Sozialversicherung senken oder ihre Einnahmequellen ausweiten? Selbstverständlich. Aber Obacht, wenn jemand behauptet, man müsse das System zerstören, um es bewahren zu können.

DIE ERFUNDENE KRISE

7. Dezember 2004

Eine Privatisierung der Sozialversicherung – was bedeuten würde, das derzeitige System komplett oder in Teilen durch private Rentenkonten zu ersetzen – wird nichts zur finanziellen Stärkung des Systems beitragen. Wenn überhaupt, wird die Situation danach nur schlimmer werden. Doch um die Privatisierung auf politischer Ebene durchsetzen zu können, muss der Öffentlichkeit unbedingt vermittelt werden, dass das System kurz vor dem Zusammenbruch steht und dass wir die Sozialversicherung zerstören müssen, um sie zu retten.

Wenn ich im Januar zu meinem üblichen Rhythmus zurückkehre, werde ich zu diesem Thema einiges zu sagen haben, aber hier und heute halte ich es für wichtig, meine Auszeit zu unterbrechen und dem Gerede von einer Krise der Sozialversicherung den Stecker zu ziehen.

An der Arbeitsweise der Sozialversicherung ist nichts Merkwürdiges oder Geheimnisvolles. Es handelt sich schlicht um ein staatliches Programm, das durch eine zweckgebundene Steuer finanziert wird, die auf den Lohn erhoben wird – ähnlich wie die Highway-Wartung durch eine zweckgebundene Kraftstoffsteuer finanziert wird.

Aktuell übersteigen die Einnahmen aus der Lohnsteuer die Beträge, die in Form von Leistungen ausgeschüttet werden. Das ist Absicht und die Folge einer Lohnsteuererhöhung von vor zwei Jahrzehnten … empfohlen von niemand anderem als Alan Greenspan. Ronald Reagan hatte gerade erst Steuern gesenkt, die vor allem die sehr gut Situierten betrafen, nun regte Greenspan an, eine Steuer zu erhöhen, die vor allem Haushalte mit geringem oder mittlerem Einkommen betraf. Seine Begründung: Die zusätzlichen Einnahmen würden benötigt, um einen Treuhandfonds aufzubauen. Auf diesen könne man zurückgreifen und Leistungen erbringen, sobald die Babyboomer [Anm. d. Übers.: die geburtenstarken Jahrgänge, in den USA von etwa 1946 bis 1964] anfingen, in Rente zu gehen.

Aber Behauptungen, die Sozialversicherung stecke in der Krise, enthalten auch ein Körnchen Wahrheit, dass nämlich diese Steuererhöhungen nicht groß genug ausfielen. In einem aktuellen Bericht erklärt das Haushaltsbüro des Kongresses, das vermutlich etwas realistischer in die Zukunft blickt, als es die Sozialversicherung mit ihren sehr vorsichtigen Prognosen tut, dass dem Treuhandfonds voraussichtlich im Jahr 2052 die Mittel ausgehen werden. Das bedeutet nicht, dass das System dann „bankrott" ist, denn selbst nach dem Ableben des Fonds decken die Einnahmen der Sozialversicherung 81 Prozent der zugesagten Leistungen. Doch das ändert nichts daran: Auf lange Sicht gibt es ein Finanzierungsproblem.

Allerdings handelt es sich um ein Problem von bescheidener Größe. Um die Lebenszeit des Treuhandfonds ohne Veränderung der Leistungen bis ins 22. Jahrhundert verlängern zu können, müssten die Einnahmen um gerade einmal 0,54 Prozent des BIP steigen. Das entspricht weniger als drei Prozent der Staatsausgaben und ist weniger als das, was wir derzeit im Irak ausgeben. Es entspricht nur ungefähr einem Viertel der Einnahmen, die uns durch die Steuersenkungen von Präsident Bush entgehen – in etwa so viel wie der Anteil jener Erleichterungen, die Menschen mit einem Jahreseinkommen von über 500.000 Dollar zukommen.

Angesichts derartiger Zahlen fällt es nicht allzu schwer, sich Haushaltsmaßnahmen vorzustellen, die das Pensionsprogramm absichern würden, und zwar ohne grundlegende Veränderungen und auf Generationen hinaus.

Es stimmt, dass die Bundesregierung insgesamt vor einer sehr großen finanziellen Unterdeckung steht. Diese Engpässe haben allerdings deutlich mehr mit Steuersenkungen zu tun – Steuersenkungen, die Bush dennoch unbedingt dauerhaft festschreiben möchte – als mit der Sozialversicherung.

Aber weil die Privatisierungsbemühungen davon abhängen, dass man die Öffentlichkeit von der Existenz einer Krise der Sozialversicherung überzeugt, müssen die Privatisierer ihr Bestes geben, eine derartige Krise zu erfinden.

Mein Lieblingsbeispiel für ihre Hütchenspiel-Logik geht in etwa so: Als erstes beharren sie darauf, man müsse den aktuellen Überschuss von Sozialversicherung und dem mit dem Überschuss aufgebauten Treuhandfonds ignorieren. Die Sozialversicherung, so die Begründung, sei nämlich keine unabhängige Organisation, sondern nur Teil der Bundesregierung.

Übrigens: Sollte der Treuhandfonds tatsächlich bedeutungslos sein, dann handelte es sich bei der von Greenspan propagierten Steuererhöhung in den 1980er-Jahren um nichts anderes als einen Fall von Klassenkampf. Die Besteuerung der amerikanischen Arbeiterklasse stieg, die Steuern der Wohlhabenden sanken und die Arbeiter haben im Gegenzug für ihr Opfer nichts vorzuweisen.

Aber das ist ohnehin egal, denn dieselben Leute, die behaupten, eine Sozialversicherung, die Überschüsse anhäuft, sei keine eigenständige Institution, beteuern, dass es sich um eine Krise handele, wenn zum Ende des nächsten Jahrzehnts hin die Leistungen die Einnahmen aus der Lohnsteuer übersteigen. Warum? Die Sozialversicherung habe ihre eigene zweckgebundene Finanzierung und müsse deshalb auf eigenen Füßen stehen.

Niemand kann aufrichtig beide Positionen gleichzeitig vertreten, aber an der Haltung der Privatisierer ist ohnehin nur sehr wenig aufrichtig. Ihr Ziel ist es nicht, die Sozialversicherung zu retten, sie sind gekommen, sie zu beerdigen. Sie treibt nicht die Möglichkeit um, dass das System eines Tages versagen könnte, sie beunruhigt vielmehr der historische Erfolg des Systems.

Denn die Sozialversicherung ist ein staatliches Programm, das funktioniert, ein Beleg dafür, dass ein moderates Maß an Besteuerung und Ausgaben das Leben der Menschen besser und sicherer machen kann. Genau aus diesem Grund wollen die Rechten es zerstören.

DER GLAUBE ANS SCHEITERN

17. Dezember 2004

Während die Regierung Bush Amerika davon überzeugen will, die Sozialversicherung in einen gewaltigen 401(k)-Plan zu verwandeln, können wir von anderen Ländern lernen, die diesen Weg bereits eingeschlagen haben. [Anm. d. Übers.: Als „401(k) plan“ wird in Amerika ein Modell der privaten Altersvorsorge bezeichnet, das üblicherweise vom Arbeitgeber bezuschusst wird.]

Es ist nicht allzu schwer, etwas über die Erfahrungen anderer Länder in Sachen Privatisierung herauszufinden. Die Century Foundation (www.tcf.org) beispielsweise hält eine Vielzahl weiterführender Links bereit.

Dennoch haben die amerikanischen Nachrichtenmedien ihrem Publikum bislang nur wenig Informationen über internationale Erfahrungen zur Verfügung gestellt, wenn man davon absieht, dass das Cato Institute und andere Organisationen, die sich für eine Privatisierung der Sozialversicherung starkmachen, Gelegenheit bekamen, positive Geschichten aus Chile zu erzählen. Vor allem an zwei offenen Geheimnissen ließ man die Öffentlichkeit bislang nicht teilhaben:

Bei einer Privatisierung wandert ein großer Teil der Beiträge, die die Arbeitnehmer leisten, als Gebühren in die Taschen der Anlageunternehmen.

Viele Pensionäre landen in der Armut.

Jahrzehntelange Marketingarbeit der Konservativen hat die Amerikaner davon überzeugt, dass staatliche Programme immer mit einem Wasserkopf einhergehen, während die Privatwirtschaft immer schlank ist und effizient arbeitet. Geht es allerdings um die Sicherung der Rente, dann gilt das Gegenteil. Mehr als 99 Prozent der Einnahmen der Sozialversicherung fließen in die Leistungen, die Verwaltungskosten liegen bei unter einem Prozent. Im chilenischen System sind die Verwaltungsgebühren etwa 20-mal so hoch und das ist ein typischer Wert für privatisierte Systeme.

Diese Gebühren wirken sich enorm auf die Renditen aus, die die Menschen auf ihren Konten erwarten können. In Großbritannien, wo es seit den Tagen von Margaret Thatcher ein privatisiertes System gibt, haben die staatlichen Regulierer nach einem heftigen Aufschrei über die hohen Gebühren einiger Anlageunternehmen die Gebühren schließlich gedeckelt. Und dennoch verschlingt dieser Posten auch weiterhin einen großen Anteil der britischen Altersvorsorge.

Geht es um die reale Rendite, die die Amerikaner auf ihren privaten Ruhestandskonten erwarten können, wäre „vier Prozent oder weniger" eine vernünftige Prognose. Würden wir ein System einführen, in dem die Verwaltungsgebühren ein ähnliches Niveau wie in Großbritannien betragen, würden die Nettorenditen, die an die Arbeiter zurückfließen, um über ein Viertel reduziert. Wenn man tiefe Einschnitte bei den Garantieleistungen und eine deutliche Zunahme des Risikos hinzunimmt, haben wir es mit einer „Reform" zu tun, die allen wehtut – nur nicht der Investmentbranche.

Verfechter einer Privatisierung beharren darauf, dass die Kosten deutlich niedriger gehalten werden könnten. Es stimmt, die Kosten werden gering sein, wenn die Investitionen sich auf Indexfonds mit geringen Betriebskosten beschränken – wenn also Regierungsvertreter und nicht Einzelpersonen die Investment-Entscheidungen treffen. Aber wenn das System auf diese Weise laufen soll, handelt es sich bei der Behauptung, die Arbeiter würden die Kontrolle über ihr eigenes Geld haben, um unlautere Werbung – vor zwei Jahren taufte Cato sein „Project on Social Security Privatization" um und ersetzte „Privatization" durch „Choice". [Anm. d. Übers.: Das libertäre Cato Institute zählt zu den wichtigsten Denkfabriken Amerikas in wirtschaftspolitischen Fragen.]

Und wenn Arbeiter aufgrund von Bestimmungen gezwungen sind, sich mit kostengünstigen Investitionen zu begnügen, werden Lobbyisten der Investmentbranche versuchen, diese Regeln kippen zu lassen.

Nur damit das klar ist: Ich glaube nicht, dass das zentrale Motiv für eine Privatisierung darin besteht, dass man Finanzunternehmen ordentlich die Taschen füllen möchte. Nein, hier geht es in erster Linie um ideologische Dinge. Aber diese Zusatzeinnahmen sind ein wichtiger Grund dafür, dass die Wall Street eine Privatisierung gutheißt. Alle anderen sollten sehr argwöhnisch sein.

Und dann ist da das Thema Altersarmut.

Was die Privatisierungs-Befürworter, die das chilenische System preisen, niemals erwähnen: Sein Versprechen, die staatlichen Ausgaben zu senken, hat dieses System bislang nicht erfüllt. Mehr als 20 Jahre nach seinem Entstehen pumpt der Staat weiterhin Geld ins System. Warum? Weil Chiles Staat „Arbeiter subventionieren muss, denen es nicht gelingt, ausreichend Kapital für eine Mindestrente anzuhäufen", wie es in einem Bericht der US-Notenbank heißt. Anders gesagt: Eine Privatisierung hätte viele Pensionäre zu bitterer Armut verurteilt und der Staat ist wieder eingesprungen, um sie zu retten.

Dasselbe Bild zeigt sich in Großbritannien. Die dortige Pensions Commission warnt, dass jeder, der glaube, die von Thatcher vorgenommene Privatisierung habe das Rentenproblem gelöst, einer Illusion anhänge. Jede Menge zusätzlicher staatlicher Ausgaben würden nötig werden, um zu verhindern, dass sich unter den älteren Mitmenschen wieder großflächig Armut ausbreitet – ein Problem, von dem Großbritannien genau wie die USA eigentlich dachten, sie hätten es gelöst.

Großbritanniens Erfahrungen sind von unmittelbarer Relevanz für die Pläne der Regierung Bush. Kann man den bisherigen Andeutungen glauben, wird der endgültige Plan vermutlich in Aussicht stellen, durch Kürzung der garantierten Sozialleistungen Geld zu sparen. Diese Ersparnisse werden sich jedoch als Illusion erweisen: In 20 Jahren wird eine amerikanische Form der britischen Kommission warnen, dass der Staat sehr viel Geld wird in die Hand nehmen müssen, um die bevorstehende explosionsartige Zunahme der Altersarmut zu verhindern.

Die Regierung Bush will also ein Rentensystem abschaffen, das funktioniert und das sich mit bescheidenen Reformen auf Generationen hinaus zukunftssicher machen ließe. Stattdessen setzt sie auf gescheiterte, nachgebaute Systeme, die andernorts in der Praxis weder Einsparungen erbrachten noch die alten Mitmenschen vor der Armut schützen konnten.

LEKTIONEN AUS DER SOZIALVERSICHERUNG

15. August 2005

Gestern ist die Sozialversicherung 70 geworden. Und zur Überraschung fast aller ist das erfolgreichste staatliche Programm des Landes weiterhin intakt.

Noch vor wenigen Monaten waren sich alle einig, dass Präsident Bush seinen Willen bekommen würde, was die Sozialversicherung angeht. Stattdessen ist die Privatisierungsinitiative so heftig gefloppt, dass das Thema nahezu komplett aus den landesweiten Diskussionen verschwunden ist.

Ich würde mir die Sozialversicherung aber gern für einen Moment erneut vornehmen, denn es ist wichtig, sich vor Augen zu halten, womit Bush sich durchmogeln wollte.

Viele Fachleute und Kommentatoren loben Bush weiterhin für sein Bemühen, die Sozialversicherung zu „reformieren". Tatsächlich war Bush angetreten, die Sozialversicherung zu beerdigen, und nicht, sie zu retten. Im Laufe der Zeit hätte der Bush-Plan aus einer Sozialversicherung einen offenen Investmentfonds gemacht. Von dem System, das FDR [Anm. d. Übers.: Franklin Delano Roosevelt, US-Präsident von 1933 bis 1945] ins Leben rief, wäre außer dem Namen nichts mehr geblieben.

Bush hat nicht nur seine Ziele falsch dargestellt, er hat auch wiederholt gelogen, was das derzeitige System anbelangt. Oh, Entschuldigung, war das unhöflich von mir? Dennoch ändert das nichts daran, dass Bush wiederholt Dinge gesagt hat, die nachweislich falsch sind und von denen sein Stab gewusst haben muss, dass sie falsch sind. Die Falschangaben reichten von der Behauptung, die Sozialversicherung behandele Afroamerikaner ungerecht, bis zu der Behauptung: „Wenn wir nur ein Jahr warten, steigen die Kosten für die Reparatur der Sozialversicherung um 600 Milliarden Dollar."

Die Regierung hat die Verwaltung der Sozialversicherung politisiert und Steuergelder dafür ausgegeben, parteipolitische Ziele zu verfolgen. Vertreter der Sozialversicherung nahmen an Events teil, bei denen es sich im Grunde um durch Steuergelder finanzierte politische Veranstaltungen handelte, von denen skeptische Mitglieder der Öffentlichkeit ausgeschlossen waren.

Ich schreibe in der Vergangenheitsform, aber einiges ist bis heute zu beobachten. Vergangene Woche schrieb Jo Anne Barnhart, die Leiterin der Sozialversicherung, einen Gastkommentar, in dem sie behauptete, die Sozialversicherung, wie wir sie kennen, sei für eine Gesellschaft ausgelegt, in der die Menschen nicht lang genug leben, um Sozialleistungen in großen Mengen in Anspruch zu nehmen. „Die Zahl der heute lebenden alten Menschen ist größer, als sie sich 1935 irgendjemand hätte vorstellen können", so Barnhart.

Nun steht aber auf der Webseite der Social Security Administration, also Barnharts eigener Behörde, ein Artikel („Life Expectancy for Social Security"), der ganz ausdrücklich die Vorstellung zurückweist, die Sozialversicherung sei ursprünglich „so entwickelt worden, dass nur einige wenige Menschen die Leistungen in Anspruch nehmen können". Ebenfalls zurückgewiesen wird die Vorstellung, dass „eine angebliche dramatische Zunahme der Lebenserwartung in den vergangenen Jahren" das System vor Probleme stelle.

Und die aktuelle Zahl alter Amerikaner als prozentualer Anteil an der Gesamtbevölkerung entspricht in etwa dem, was die Gründer der Sozialversicherung erwartet hatten. 1934 veröffentlichte FDRs Kommission zu ökonomischer Sicherheit einen Bericht, der den Rahmen für das Gesetz zur Schaffung der Sozialversicherung darstellte. In diesem Bericht heißt es, im Jahr 2000 würden 12,7 Prozent der Amerikaner 65 Jahre oder älter sein. Die tatsächliche Zahl: 12,4 Prozent.

Allen Anstrengungen Barnharts zum Trotz scheint das Thema Privatisierung im Augenblick tot zu sein. Die demokratische Führung im Kongress widersetzte sich dem Lager jener, die sich für Privatisierung starkmachten, indem sie sich weigerte, nachzugeben. Und die amerikanische Bevölkerung machte deutlich, dass sie die Sozialversicherung, so wie sie derzeit ist, durchaus mag.

Aber die Kampagne für eine Privatisierung war auch Anschauungsunterricht dafür, wie die Regierung ihre Politik verkauft – indem sie ihre Ziele falsch darstellt, indem sie lügt, was die Fakten angeht, und indem sie ihre Kontrolle über den Staatsapparat missbraucht. Es waren dieselben Taktiken, mit denen auch Steuersenkungen und der Irakkrieg verkauft wurden.

Zwei gute Gründe sprechen dafür, sich genauer mit dieser Lektion zu befassen. Zum einen, um für das gewappnet zu sein, was auch immer als nächster Punkt auf Bushs Tagesordnung steht. Allem knallharten Gerede über den Iran zum Trotz glaube ich nicht, dass er einen weiteren Krieg vorschlagen kann – die Truppen reichen schon für die Kriege, die wir jetzt führen, nicht aus. Aber es bleibt immer noch Spielraum für eine weitere große innenpolitische Initiative, möglicherweise eine Steuerreform.

Vorsicht ist besser als Nachsicht – die wahren Ziele der Reform werden anders sein als die genannten, die Regierung wird Dinge über das aktuelle System behaupten, die nicht wahr sind, und das Finanzministerium wird sich rein parteiisch an den Debatten beteiligen.

Der zweite Grund: Die Öffentlichkeit hat die Privatisierungspläne instinktiv abgelehnt. Im Zusammenspiel mit der wachsenden Unzufriedenheit über das Debakel im Irak eröffnet sich dadurch den Demokraten eine Gelegenheit, die Täuschungsmuster der Regierung zu thematisieren. Aber werden sie sich wirklich trauen, diese Gelegenheit zu nutzen? Schließlich müssten dann einige von ihnen einräumen, dass auch sie sich haben hinters Licht führen lassen.

ERINNERUNGEN AN DIE PRIVATISIERUNG

Blog der *New York Times*, 28. März 2015

Dave Weigel hat eine der interessanteren Harry-Reid-Retrospektiven verfasst. Er konzentriert sich auf Reids Rolle beim Kampf gegen Bushs Anstrengungen, die Sozialversicherung zu privatisieren, und vor allem darauf, wie er ein Bündnis mit liberalen Bloggern einging. [Anm. d. Übers.: Weigel ist ein Journalist, der seit 2015 für die *Washington Post* schreibt. Der Demokrat Harry Reid saß von 1987 bis 2017 für Nevada im Senat, von 2005 bis 2015 als Fraktionsführer seiner Partei.]

Dass ich mich sehr gut an diese Episode erinnere, hat mehrere Gründe. Einer davon war der, dass auch ich damals sehr viel schrieb und ein schlechtes Argument für die Privatisierung nach dem anderen widerlegte. Es war nicht das erste Mal, dass ich so etwas tat, aber dieses Mal war es aus zweierlei Gründen anders als sonst: Es ging wirklich hoch her und zur Abwechslung gewann meine Seite die politische Auseinandersetzung.

Darüber hinaus hat diese Zeit meine Wahrnehmung sehr geprägt, was die Wirkweise politischer Argumente im modernen Amerika anbelangt. Es gibt immer drei Lager: das rechte Lager, das wenig Interesse an Fakten oder Logik hat, das linke Lager (das nicht sonderlich links steht, sondern in den meisten anderen Ländern wohl als Mitte-links gelten würde) und das Lager der selbst ernannten Zentristen, die im Land insgesamt nur über eine sehr geringe Wählerschaft verfügen, aber innerhalb des Washingtoner Beltways viel Einfluss besitzen.

In den Debatten um die Sozialversicherung konnte man sehr früh lernen, dass die Zentristen verzweifelt an eine Symmetrie zwischen links und rechts glauben wollen und daran, dass Demokraten und Republikaner auf ihre Weise gleich extrem sind. Und das bedeutet, sie versuchen stets, etwas Nettes über Republikaner und deren politische Vorschläge zu sagen, egal wie furchtbar diese Vorschläge auch sind. Auf diese Weise schaffte es Paul Ryan zu einer Auszeichnung für die Übernahme finanzpolitischer Verantwortung. [Anm. d. Übers.: Paul Ryan ist republikanischer Kongressabgeordneter und war von 2015 bis 2019 Sprecher des Repräsentantenhauses.]

2005 stellte Bush also eine fragwürdige Behauptung und eine völlig unlogische Schlussfolgerung auf. Erstens, die Behauptung, die Sozialversicherung stecke in der Krise. Zweitens, die Lösung für das Problem sei eine Privatisierung. Dabei hätte das für die Finanzierung des Programms überhaupt keine Erleichterung dargestellt. Wie konnten Zentristen über einen derart offenkundigen Taschenspielertrick Nettigkeiten äußern?

Sehen wir uns an, was Joe Klein 2005 zu sagen hatte: [Anm. d. Übers.: Joe Klein ist Autor und politischer Kommentator, 2005 beim *Time Magazine*]

„Ich stimme mit Paul [Krugman] darin überein, dass private Konten nichts mit Bonität zu tun haben, und um Bonität geht es hier. Ich bin insofern anderer Meinung als Paul, als ich private Konten für eine fantastische Möglichkeit halte und man im Informationszeitalter im Bereich der Leistungsansprüche andere Strukturen benötigt als während des Industriezeitalters. Aber es fällt sehr schwer, einen derartigen Wandel unter diesen politischen Umständen durchzuführen, bei denen sich die Parteien unversöhnlich gegenüberstehen.

Die Demokraten haben in den letzten 10, 15 Jahren dieses Thema eklatant und schamlos demagogisch ausgeschlachtet. Sie haben zur Sozialversicherung oder zu Medicare oder zu Medicaid nichts Positives angeboten. Jetzt ist es an der Zeit, dass sie Kompromisse eingehen."

Wie bitte? Zu seiner Ehrenrettung muss man sagen, dass Klein später eingestand, dass er hier völlig danebengelegen habe. Aber der Punkt ist:

Was wir hier sehen, ist der Instinkt, sich etwas einfallen zu lassen, irgendetwas, das es den Zentristen erlaubt, so zu tun, als gebe es eine Symmetrie zwischen den Parteien.

Und zum Thema „die Demokraten tun nichts in Sachen Medicare und Medicaid“: Es ist interessant, sich einmal die Haushaltsprognosen anzusehen, die etwa während der Zeit der Debatten um die Sozialversicherung erstellt wurden. Damals prognostizierte das Haushaltsbüro des Kongresses, dass die Medicare-Ausgaben bis zum Haushaltsjahr 2014 auf 708 Milliarden Dollar und die Medicaid-Ausgaben auf 361 Milliarden Dollar ansteigen würden. Die tatsächlichen Zahlen für 2014 waren 600 Milliarden und 301 Milliarden Dollar und das, obwohl Medicaid im Rahmen von Obamacare ausgeweitet wurde. Dass die Kosten so unerwartet niedrig ausfielen, lässt sich zumindest teilweise auf Maßnahmen aus dem Affordable Care Act zurückführen. [Anm. d. Übers.: Das 2010 verabschiedete Gesetz *Patient Protection and Affordable Care Act* wird gemeinhin auch als „Obamacare“ bezeichnet und erweiterte die medizinische Versorgung der US-Bevölkerung.] Und seltsamerweise wurde das erreicht, ohne die Programme zu zerstören oder zu privatisieren.

Aber zurück zu 2005: Harry Reid wurde bewusst, dass man nicht länger die „Very Serious People“ umwerben sollte, sondern stattdessen gemeinsame Sache mit den „schmutzigen blöden Hippies“ machen sollte, denn im Gegensatz zu den „Very Serious People“ ergab ihre Haltung zu Politik und politischen Maßnahmen tatsächlich Sinn. Das war ein wichtiger Wendepunkt. [Anm. d. Übers.: Im Auftakt-Essay von Kapitel 7 erklärt Krugman ausführlich, was für ihn „Very Serious People“ sind.]

DIE SCHOKOLADENSEITEN DES STAATS

10. April 2015

Die republikanischen Präsidentschaftskandidaten tragen ihre Maßnahmenpakete vor und fester Bestandteil sind stets Steuersenkungen für die Reichen, während man den Armen und der Mittelklasse die Leistungen kürzt. Auf der anderen Seite des Gangs dagegen halten doch tatsächlich neue Denkweisen Einzug. Man könnte meinen, viele Demokraten hätten plötzlich beschlossen, mit der Lehrmeinung zu brechen, die innerhalb des Washingtoner Beltways gilt und besagt, man müsse die „Leistungsansprüche" kürzen. Stattdessen schlagen Demokraten nun sogar vor, die Leistungen der Sozialversicherung auszuweiten.

Das ist eine in doppelter Hinsicht begrüßenswerte Entwicklung. Zunächst einmal sind die Argumente für eine Ausweitung der Sozialversicherung ziemlich gut. Der zweite Aspekt ist weitreichender: Die Demokraten scheinen sich nun endlich der Anti-Regierungs-Propaganda entgegenzustellen und die Tatsache anzuerkennen, dass es einige Dinge gibt, die der Staat besser bewerkstelligen kann als der private Sektor.

Wie alle fortschrittlichen Nationen verlässt sich auch Amerika stark auf den privaten Markt und private Initiativen, wenn es darum geht, die Bürger mit den Dingen zu versorgen, die sie wollen und benötigen. Wohl niemand aus unserem politischen Diskurs würde vorschlagen, daran etwas zu ändern. Die Zeiten sind lange vorbei, als es nach einer guten Idee klang, weite Teile der Wirtschaft direkt vom Staat leiten zu lassen.

Aber wir wissen auch, dass es Dinge gibt, die mehr oder weniger zwingend vom Staat erledigt werden müssen. In jedem Ökonomie-Lehrbuch ist die Rede von „öffentlichem Gut" wie Landesverteidigung und Flugverkehrskontrolle, das man nicht dem einen zur Verfügung stellen kann und dem anderen nicht, wodurch für gewinnorientiert arbeitende Unternehmen der Reiz wegfällt, diese Dinge anzubieten. Aber sind öffentliche Güter der einzige Bereich, in dem der Staat besser abschneidet als der Privatsektor? Keineswegs.

Ein klassisches Beispiel, in dem der Staat besser ist, ist die Krankenversicherung.

Es stimmt: Konservative agitieren ständig für mehr Privatisierung und vor allem wollen sie Medicare auf etwas zurechtstutzen, das nicht mehr als Gutscheine für den Kauf privaten Versicherungsschutzes wäre. Alle Fakten sprechen jedoch dafür, dass wir uns dadurch in genau die falsche Richtung bewegen würden. Medicare und Medicaid sind deutlich günstiger und effizienter als private Versicherer, sogar der Verwaltungsaufwand ist geringer. International ist das amerikanische Gesundheitssystem einmalig, wenn es um die Abhängigkeit vom privaten Sektor geht, und es ist auch einmalig, was seine unglaubliche Ineffizienz und hohen Kosten anbelangt.

Und es gibt noch ein weiteres Beispiel für einen Bereich, in dem der Staat überlegen ist – wenn es darum geht, für Rentensicherheit zu sorgen.

Vielleicht würden wir die Sozialversicherung nicht benötigen, wenn der Durchschnittsbürger tatsächlich der absolut rationale und weitsichtig handelnde Akteur wäre, den Ökonomen für ihre Modellberechnungen (und Rechte für ihre Propaganda) so gern annehmen. In einer idealisierten Welt würden 25-jährige Arbeitnehmer ihre Entscheidung, wie viel Geld sie sparen möchten, von einer realistischen Einschätzung dessen abhängig machen, was sie benötigen, wenn sie über 70 sind. Sie würden darüber hinaus klug und umsichtig beim Anlegen ihrer Ersparnisse vorgehen und sorgfältig das perfekte Gleichgewicht zwischen Risiko und Rendite einhalten.

In der echten Welt dagegen sparen viele arbeitende Amerikaner – man kann wohl guten Gewissens „die meisten“ sagen – viel zu wenig für ihre Rente. Und was sie an Ersparnissen haben, legen sie schlecht an. In einem aktuellen Bericht des Weißen Hauses beispielsweise war zu lesen, dass Amerikaner jedes Jahr Milliarden Dollar durch Investmentberater verlieren, denen mehr an einer Maximierung ihrer Gebühren liegt als an einer Maximierung des Wohlergehens ihrer Kundschaft.

„Wenn die Arbeitnehmer zu wenig sparen und das Geld auch noch schlecht investieren, sind sie doch selbst schuld“, sagen Sie nun vielleicht. Aber die Menschen haben Jobs und Kinder und sie müssen alle Krisen meistern, die das Leben mit sich bringt. Es ist unfair, von ihnen zu erwarten, dass sie auch noch versierte Investoren sind. Wie auch immer, die Wirtschaft sollte eigentlich für echte Menschen funktionieren, die echte Leben führen, sie sollte kein Hindernisparcours sein, den nur einige wenige bewältigen können.

Und in der realen Welt der Pensionierung ist die Sozialversicherung ein leuchtendes Beispiel eines Systems, das funktioniert. Es ist einfach und klar, die Betriebskosten sind gering, die Bürokratie minimal. Ältere Amerikaner, die ihr Leben lang hart gearbeitet haben, erhalten durch die Sozialversicherung die Möglichkeit, auch als Rentner ein anständiges Leben zu führen, ohne dass sie dabei übermenschliche Fähigkeiten an den Tag legen müssen, Jahrzehnte im Voraus planen können und sich als Genies in Sachen Investitionen erweisen. Das einzige Problem: Private Altersvorsorge ist rückläufig und wird durch unzureichende 401(k)-Pläne ersetzt. Das hat eine Lücke entstehen lassen, die die Sozialversicherung aktuell nicht ausreichend stopfen kann. Warum die Versicherung also nicht größer machen?

Natürlich sorgen derartige Vorschläge schon heute für nahezu hysterische Reaktionen, und zwar nicht nur von den Rechten, sondern auch bei selbst ernannten Zentristen. Schon vor einigen Jahren habe ich geschrieben, es gelte innerhalb des Beltways als eine Art „Medaille für Ernsthaftigkeit“, als „Weg zu zeigen, wie staatsmännisch und knallhart man denkt“, wenn man die Absicht verkündet, die Sozialversicherung zusammenstreichen zu wollen. Und es ist gerade erst ein Jahrzehnt vergangen, seit der damalige Präsident George W. Bush mit reichlich Unterstützung der Zentristen versucht hat, das Programm zu privatisieren.

Aber wahre Ernsthaftigkeit bedeutet, sich anzusehen, was funktioniert und was nicht. Privatisierte Altersvorsorge funktioniert sehr schlecht, Sozialversicherung funktioniert sehr gut. Auf diesem Erfolg sollten wir aufbauen.

2

DER WEG ZU OBAMACARE

EINE POSITIVE AGENDA

Ein echter Experte für die Ökonomie des Gesundheitswesens bin ich nicht, aber ich spiele einen im Fernsehen – und, wichtiger noch, auf den Kommentarseiten der *Times*. Ich habe gelernt, diese Rolle zu spielen, und zwar von den allerbesten Köpfen der Gesundheitsökonomie, allen voran mein inzwischen verstorbener Kollege Uwe Reinhardt aus Princeton.

Warum das Gesundheitswesen? Der Sieg gegen das Lager derer, die die Sozialversicherung hatten privatisieren wollten, war ausgesprochen belebend gewesen, aber nun standen die progressiven Nerds vor einem Problem: Wir hatten gezeigt, *wogegen* wir waren, aber *wofür* waren wir eigentlich? Welche Veränderungen der amerikanischen Politik wünschten wir uns?

Kannte man sich mit den Unterschieden zwischen den Industrienationen aus, lag die Antwort auf der Hand: Wir sollten versuchen, was alle anderen tun: allen Bürgern eine grundlegende medizinische Versorgung anbieten. Unter den wohlhabenden Nationen war Amerika ein Sonderfall, denn Menschen, die keine guten Jobs hatten oder Vorerkrankungen aufwiesen, konnten sich nicht krankenversichern. Benötigten sie eine kostspielige medizinische Behandlung, drohte der finanzielle Ruin oder sogar ein vorzeitiger Tod. Warum also nicht versuchen, uns der zivilisierten Welt anzuschließen?

Doch Mitte der Nullerjahre lebten die Demokraten noch immer im Schatten von Clintons 1993 gescheitertem Versuch einer Gesundheitsreform. Bill Clinton hatte eine umfassende Modernisierung des Gesundheitswesens in Angriff genommen, aber sein Vorhaben scheiterte mit fliegenden Fahnen (im Grunde wie Bushs Sozialversicherungspläne). Bestand die Möglichkeit einer erfolgreichen Generalüberholung?

Ja, die bestand durchaus. Der *Affordable Care Act* („Obamacare") war eine unvollständige und unvollkommene Reform, aber dennoch bescherte sie Dutzenden Millionen Amerikanern Krankenversicherungsschutz. Der Weg dorthin war allerdings alles andere als einfach.

Entscheidend war der Zeitpunkt. Der *Affordable Care Act* wurde während der sehr kurzen Zeitspanne 2009/2010 umgesetzt, während der die Demokraten sowohl im Kongress als auch im Weißen Haus die Kontrolle hatten – eine Kontrolle, die vor allem in der Wirtschaftskatastrophe begründet ist, die sich zum Ende der Amtszeit von George W. Bush hin abspielte. Auch die Arbeit der politischen Führung war entscheidend. Wenn Nancy Pelosi – dieselbe Nancy Pelosi, die den Angriff auf die Sozialversicherung abgewehrt hatte – die Demokraten nicht auf kleiner Flamme geröstet hätte, wäre diese Chance ungenutzt verstrichen.

Aber auch durchdachtes Handeln war entscheidend. Dass die Demokraten halbwegs bereit waren, am Gesundheitswesen zu arbeiten, lag daran, dass Lobbyisten und Politik-Nerds in den Jahren davor Vorarbeiten geleistet hatten. Sie hatten für Reformen des Gesundheitswesens geworben und politische Maßnahmen und Strategien zum Erreichen dieser Ziele umrissen.

Dass die Reformpläne der Demokraten absichtlich so viel wie möglich vom bestehenden Gesundheitssystem bewahren wollten, war ein zentraler Aspekt dieser Strategie.

Eines sollte man sich deutlich machen, wenn es um ein modernes Gesundheitswesen geht: Es muss sich in erster Linie über irgendeine Form der Krankenversicherung finanzieren. Warum? Weil Gesundheitskosten ungleichmäßig verteilt auftreten, aber wenn sie auftreten, sind sie enorm. Eine Routinekontrolle beim Hausarzt oder ein rezeptfreies Medikament kosten nicht viel. Das große Geld ist mit Dialysen zu machen, mit Operationen am offenen Herzen und derartigen Dingen. In den meisten Jahren stehen die meisten Menschen nicht vor derart großen Ausgaben, was bedeutet, dass in den meisten Jahren ein geringer Prozentsatz der Bevölkerung den Großteil der Gesundheitskosten verursacht. Aber Sie können nicht wissen, ob Sie zu diesen Unglücksraben gehören. Zählen Sie dazu, werden Sie sich eine Behandlung nur dann leisten können, wenn Sie unglaublich reich sind – oder über eine gute Versicherung verfügen.

Wie also gelangen die Menschen an Versicherungsschutz? Mitte der Nullerjahre war das System ein verrückter Flickenteppich mit einigen enormen Löchern (und ist es in weiten Teilen bis heute geblieben). Ältere Mitmenschen sind über Medicare versichert und viele der Ärmeren, wenn auch nicht alle, sind über Medicaid versichert, staatliche Programme also, die anfallende Rechnungen direkt bezahlen. Dass der Rest von uns größtenteils über unsere Arbeitgeber versichert ist, hängt zum einen mit steuerlichen Vorteilen zusammen, zum anderen damit, dass der Arbeitgeber, wenn er einem seiner Arbeitnehmer eine Krankenversicherung anbietet, allen seinen Arbeitnehmern eine Krankenversicherung anbieten muss. Doch Millionen Menschen fallen durch die Maschen – zu jung für Medicare, nicht arm genug für Medicaid und ihr Job nicht gut genug für Gesundheitsvorsorgeleistungen.

Wie könnte man diese Löcher stopfen? Aus ökonomischer Sicht ist das nicht schwer: Wir könnten das Medicare-Angebot problemlos auf alle Bürger ausweiten. Das machen schließlich zahlreiche andere Länder genauso – auch unser Nachbar Kanada. Und die meisten gesundheitspolitischen Nerds, die ich kenne, wären mit diesem „Single-Payer-System", einer allgemeinen Gesundheitsversorgung, absolut glücklich.

Das Problem dabei: Wie gelangt man von A nach B? Der Umstieg auf ein Single-Payer-System würde bedeuten, die Versicherung über den Arbeitgeber durch ein staatliches Programm zu ersetzen. Und dafür müsste aus zweierlei Gründen politisch sehr viel Gewicht gestemmt werden.

Der weniger gewichtige Grund ist die Macht der Einzelinteressen. Richtig gelesen, es ist der weniger gewichtige Grund, dabei ist er schon alles andere als trivial. Als Bill Clinton 1993 versuchte, eine umfassende Reform des Gesundheitswesens verabschieden zu lassen, trug der Widerstand der Versicherungsunternehmen, die eine üppige Schmierenkampagne gegen das Vorhaben finanzierten, stark dazu bei, dass Clinton scheiterte.

Doch lassen wir die Interessen der Branche einmal außen vor: Ein Wechsel zu einem Single-Payer-System würde bedeuten, man müsste 156 Millionen Amerikanern – der Hälfte der Bevölkerung – erklären, sie hätten ihre jetzige Versicherung aufzugeben. Natürlich würde ihr Schutz durch eine andere Form von Schutz ersetzt und man könnte zu Recht argumentieren, dass das neue Programm die große Mehrheit derer, die bislang über ihren Arbeitgeber versichert sind, besserstellt. Aber würden die Menschen das glauben? Wie viele würden durch die Parolen der konservativen Reformgegner ins Schwanken gebracht? Zwischen 2005 und 2008 stürzten sich progressive Politik-Nerds und Politiker gleichermaßen auf die B-Lösung: Die Versicherung über den Arbeitgeber würde weiter Bestand haben, aber mit einer Mischung aus Regulierung und Subventionen sollten auch Unversicherte in den Genuss einer Krankenversicherung kommen. Die Erfahrung im Ausland hat gezeigt, dass das funktionieren kann – die Schweiz beispielsweise arbeitet mit einem dezentralisierten System, um eine allgemeine Krankenversicherung zu erreichen. Dieser Ansatz schien politisch deutlich eher machbar zu sein als die Variante „Medicare für alle".

Deshalb der *Affordable Care Act*, auch bekannt als Obamacare. Die Kolumnen in diesem Kapitel dokumentieren den Verlauf der Debatten, die Umsetzung des Vorhabens und was geschah, nachdem Obamacare in Kraft trat.

DER PATIENT KRANKENVERSICHERUNG

11. April 2005

Diejenigen von uns, die der Regierung vorwerfen, sie habe eine Krise der Sozialversicherung erfunden, bekommen im Gegenzug oftmals zu hören, wir würden ja bloß die Hände in den Schoß legen und uns den Problemen des Landes nicht stellen. Ich plädiere auf „nicht schuldig“ – Amerika steht in der Tat vor einer echten Krise, aber sie hat nichts mit der Sozialversicherung zu tun, sondern mit dem Gesundheitswesen.

Gut informierte Spitzenkräfte aus der Wirtschaft sehen das genauso. Bei einer aktuellen Umfrage unter Finanzvorständen großer Unternehmen gaben 65 Prozent an, sofortiges Handeln sei „sehr wichtig“, wenn es um das Gesundheitswesen gehe. Nur 31 Prozent sagten dasselbe über eine Reform der Sozialversicherung.

Aber eine ernste Reform des Gesundheitswesens steht nicht zur Debatte und könnte es angesichts der derzeit herrschenden politischen Klimas wahrscheinlich auch gar nicht. Denn wissen Sie, die Krise im Gesundheitswesen kommt aus ideologischer Sicht unpassend.

Beginnen wir mit einigen grundlegenden Fakten zum Gesundheitswesen.

Vielleicht haben Sie bemerkt, dass ich von einer „Reform des Gesundheitswesens“ sprach, nicht von einer „Reform Medicares“. Medicares steigende Kosten mögen in politischen Diskussionen viel Raum einnehmen, denn es handelt sich um ein staatliches Programm (das die Schwarzmaler zudem häufig, aber zu Unrecht, mit der Sozialversicherung in einen Topf werfen), doch hier geht es nicht um staatliche Ausgaben, die aus dem Ruder laufen. Die Kosten für Medicare und private Krankenversicherer steigen beide deutlich schneller als das Pro-Kopf-BIP und in vergleichbarem Maß pro angemeldeter Person.

Womit wir es also zu tun haben, ist die Aussicht auf rasch steigende Kosten der Gesundheitsversorgung insgesamt und nicht nur bei dem Teil des Gesundheitswesens, für das aktuell der Steuerzahler aufkommt.

Steigende Gesundheitskosten sind nicht primär das Ergebnis inflationärer Preise, sondern haben primär mit Innovation zu tun – die Spanne an Dingen, die die Medizin zu leisten imstande ist, wächst weiter und weiter. Medicare beispielsweise bezahlt seit Kurzem bei vielen Patienten mit Herzproblemen implantierbare Kardioverter/Defibrillatoren, nachdem Untersuchungen gezeigt haben, dass diese Geräte sehr wirksam sind. Das ist eine gute Nachricht, keine schlechte.

Wo liegt dann das Problem? Warum freuen wir uns nicht über den medizinischen Fortschritt und verbuchen es als gut angelegte Ausgaben? Darauf gibt es drei Antworten.

Erstens: Amerikas traditionelles System privater Krankenversicherer, bei dem Arbeitnehmer über ihren Arbeitgeber versichert sind, geht in die Brüche. Nach Schätzungen der Kaiser Family Foundation gab es 2004 mindestens fünf Millionen Arbeitsplätze weniger als 2001, die mit einer Krankenversicherung einhergingen. Und für diejenigen Unternehmen, die weiterhin Versicherungsschutz anbieten, haben sich die Gesundheitskosten zu einer enormen Belastung ausgewachsen: General Motors gibt inzwischen bei jedem Auto, das der Konzern herstellt, rund 1.500 Dollar für die medizinische Versorgung der Belegschaft aus.

Zweitens mögen die steigenden Medicare-Ausgaben ein Anzeichen für Fortschritt sein, aber bezahlt werden müssen sie trotzdem – und momentan sind nur die wenigsten Politiker bereit, die Steuererhöhungen zu thematisieren, die erforderlich werden, soll das Programm allen älteren Amerikanern medizinische Fortschritte zur Verfügung stellen.

Und schließlich: Amerikas Gesundheitssystem arbeitet extrem ineffizient. Die Amerikaner glauben gern, sie würden über das beste Gesundheitssystem der Welt verfügen. (Ich habe Mitglieder der journalistischen Elite kennengelernt, die sich schlicht weigern zu glauben, dass

Frankreich bei den meisten Indikatoren für die Qualität des Gesundheitswesens deutlich besser abschneidet als die Vereinigten Staaten.) Aber das stimmt nicht. Wir geben pro Kopf deutlich mehr Geld für die medizinische Versorgung aus (75 Prozent mehr als Kanada oder Frankreich), aber bei Messzahlen wie der Lebenserwartung oder der Kindersterblichkeit rangieren wir unter den Industrienationen am hinteren Ende der Tabelle.

Dieser letzte Punkt ist auf gewisse Weise eine gute Nachricht. Langfristig könnte uns der medizinische Fortschritt vor eine radikale Wahl stellen: Wollen wir zu einer Gesellschaft werden, in der die Reichen lebensrettende medizinische Maßnahmen erhalten und der Rest von uns nicht? Wollen wir das nicht, müssen wir deutlich höhere Steuern bezahlen. Die große Verschwendung in unserem derzeitigen System bedeutet allerdings, dass effektive Reformen die Qualität verbessern und die Kosten senken könnten und der Tag der Abrechnung dadurch in weitere Ferne rücken würde.

Für eine wirksame Reform werden wir uns von einigen vorgefassten Meinungen verabschieden müssen – insbesondere von der ideologisch getriebenen Ansicht, dass stets der Staat das Problem ist und dass freier Wettbewerb stets die Lösung darstellt.

Tatsächlich ist im Gesundheitswesen der Privatsektor häufig aufgebläht und bürokratisch, während einige staatliche Einrichtungen schlank sind und effektiv arbeiten (hier ist insbesondere das Kriegsveteranenministerium zu nennen). Im Gesundheitswesen können Wettbewerb und persönliche Wahlfreiheit zu höheren Kosten und schlechterer Qualität führen. Die Vereinigten Staaten verfügen über das am stärksten privatisierte und wettbewerbsintensivste Gesundheitssystem aller Industrienationen, aber es weist auch die mit deutlichem Abstand höchsten Kosten aus, und das bei den nahezu schlechtesten Ergebnissen.

MUSTERSCHÜLER IM GESUNDHEITSWESEN

27. Januar 2006

Das amerikanische Gesundheitswesen muss dringend überholt werden. Aber welcher Art sollten die Reformen sein? Gibt es keine nützlichen Beispiele, bei denen wir uns Anregungen holen können?

Nun, ich kenne ein Gesundheitssystem, das sehr erfolgreich darin war, die Kosten im Griff zu behalten, während es gleichzeitig hervorragende Arbeit leistet. Die Geschichte hinter diesem Erfolg bietet zudem ein hilfreiches Korrektiv bei einer ablehnenden Haltung gegenüber dem Staat, denn in diesem System zahlt der Staat nicht nur die Rechnungen, er betreibt auch die Krankenhäuser und Kliniken.

Nein, ich spreche nicht über ein weit entferntes Land, ich spreche von unserem eigenen Kriegsveteranenministerium (Veteran Health Administration, VHA), dessen Erfolgsgeschichte eines der am besten gehüteten Geheimnisse in den politischen Debatten Amerikas ist.

Laut einem Artikel im *American Journal of Managed Care* hatte die Behörde in den 1980er- und frühen 1990er-Jahren „einen schlechten Ruf wegen Bürokratie, Ineffizienz und mittelmäßiger Betreuung". Ab Mitte der 1990er-Jahre wurde das System reformiert und „der Erfolg des Veteranenministeriums bei der Verbesserung der Qualität, der Sicherheit und des Werts hat bewirkt, dass es immer mehr als führend im Gesundheitswesen angesehen wird", heißt es im Artikel.

Das National Quality Research Center führt jährlich Umfragen zur Kundenzufriedenheit durch, was das Gesundheitssystem für Veteranen angeht. Vergangenes Jahr schnitt das System das sechste Jahr in Folge besser als das System der privaten Krankenversicherer ab. Dieses hohe Maß an Qualität (das sich auch durch objektive Leistungskriterien belegen lässt) wurde erreicht, ohne dass dazu der Haushalt groß aufgestockt wurde. Tatsächlich konnte das Veteranensystem einen Großteil der Kostenexplosion umschiffen, von der das restliche Gesundheitswesen der USA heimgesucht wurde.

Wie gelingt das dem VHA?

Das Geheimnis des Erfolgs: Es handelt sich um ein universelles und integriertes System. Weil es alle Veteranen abdeckt, sind keine Heerscharen von Beamten erforderlich, die kontrollieren, welchen Versicherungsschutz die Patienten haben, und die mit den jeweiligen Versicherern abrechnen. Das System deckt sämtliche Aspekte der medizinischen Betreuung ab, wodurch es ihm gelungen ist, eine Führungsposition bei elektronischen Krankenakten und anderen Innovationen zu übernehmen, die Kosten senken, eine effektive Behandlung garantieren und dazu beitragen, Behandlungsfehler zu vermeiden.

Hinzukommt ein Faktor, den Phillip Longman in *Washington Monthly* so formuliert: Das VHA „führt eine nahezu lebenslange Beziehung mit seinen Patienten“. Das führe dazu, „dass die Behörde tatsächlich einen Anreiz hat, in Prävention und ein effektiveres Disease-Management zu investieren. Wenn sie das tut, spart sie nicht einfach nur Geld für jemand anderen, sie maximiert ihre eigenen Ressourcen. Kurz gesagt: Ihr gelingt, wozu der restliche Gesundheitssektor offenbar nicht imstande ist, nämlich systematisch nach Qualität zu streben, ohne die eigene finanzielle Überlebensfähigkeit zu gefährden.“

Oh, und noch etwas: Die Krankenversicherung der Veteranen verhandelt hart mit den medizinischen Ausrüstern und zahlt deutlich weniger für Medikamente als die meisten privaten Versicherer.

Ich will das Veteranensystem nicht zum Ideal hochstilisieren, denn tatsächlich gibt es beim Blick in die Zukunft auch Grund zur Besorgnis: Wird die Behörde die Mittel erhalten, die sie benötigt, um mit der Flut an verwundeten und traumatisierten Veteranen aus dem Irak fertigwerden zu können? Aber die Umwandlung des VHA ist ganz offenkundig die positivste Geschichte des vergangenen Jahrzehnts aus dem Gesundheitssektor. Warum also haben Sie davon nichts gehört?

Meine Vermutung: Experten und politische Entscheider sprechen nicht über das Veteranensystem, weil sie die kognitive Dissonanz nicht verkraften. (Ein prominenter Kommentator begann mich anzuschreien, als ich in einem Privatgespräch die Erfolge des Systems aufzählen wollte.) Eine staatliche Behörde kann zu geringeren Kosten bessere Versorgung liefern als der Privatsektor – diese Erfolgsgeschichte des VHA steht im massiven Widerspruch zur gängigen Meinung (Pro-Privatisierung, Anti-Staat), die heutzutage in Washington vorherrscht. Die Dissonanz zwischen der dominanten Ideologie und den Realitäten des Gesundheitswesens ist ein Grund dafür, warum Gesetze zur Medikamentenpolitik bei Medicare so aussehen, als habe sich jemand eine Checkliste aller Dinge gegriffen, die das Veteranensystem richtig hinbekommt, und habe dann in jedem einzelnen Fall das genaue Gegenteil getan. Ein Beispiel: Das VHA vermeidet den Umgang mit Versicherern. Das Medikamentengesetz dagegen zwingt dem Programm Versicherer auf, obwohl sie dort keinerlei echte Funktion ausüben. Das VHA verhandelt die Arzneimittelpreise effektiv, das Gesetz untersagt es Medicare, dasselbe zu tun.

Doch die Ideologie wird nicht endlos die Augen vor der Realität verschließen können. Auch das laute Klagen über eine „sozialisierte Medizin“ konnte Medicare letztlich nicht verhindern. Und weitsichtige Denker empfehlen schon heute das Kriegsveteranenministerium als wahre Zukunft des amerikanischen Gesundheitswesens – und nicht die unrealistische Vision von Präsident Bush, wonach die Menschen künftig bei ihrer medizinischen Versorgung genauso Preise vergleichen gehen, wie sie es beim Kauf von Fliesen machen (sein Vergleich, nicht meiner).

TERROR IM GESUNDHEITSWESEN

9. Juli 2007

Terrorismus ist dieser Tage die erste Zuflucht von Ganoven. Wir hätten also ahnen können, was kommt, als britische Behörden erklärten, hinter dem gescheiterten Bombenattentat stehe eine Gruppe muslimischer Ärzte, die beim National Health Service beschäftigt sind. [Anm. d. Übers.: Gemeint ist der fehlgeschlagene Anschlag auf den Flughafen Glasgow vom 30. Juni 2007.]

„Nationales Gesundheitssystem – Brutstätte des Terrors?“ lautete die Schlagzeile auf dem Bildschirm, während *Fox News*-Moderator Neil Cavuto und Kommentator Jerry Bowyer getragen erörterten, inwieweit eine allgemeine Gesundheitsversorgung den Terrorismus fördere.

Selbst für den politischen Diskurs der Bush-Ära war das ziemlich krass, aber *Fox* reiht sich da schlicht in eine lange Tradition ein. Seit über 60 Jahren arbeiten der medizinisch-industrielle Komplex und seine politischen Verbündeten mit Panikmache, um zu verhindern, dass Amerika seinem Gewissen folgt und Zugang zu medizinischer Versorgung zum Recht all seiner Bürger erklärt.

Ich spreche bewusst von Gewissen, denn bei diesem Thema geht es in allererster Linie um moralische Fragen.

Das lernen wir aus der überwältigenden Reaktion auf Michael Moores Film *Sicko*. Befürworter einer Reform des Gesundheitswesens sollten sich unbedingt mit den Ängsten der amerikanischen Mittelklasse befassen, mit ihrer zunehmenden und gerechtfertigten Sorge, ohne Versicherung dazustehen oder von ihrem Versicherer Leistungen verweigert zu bekommen, wenn sie diese am dringendsten benötigen.

Aber Reformer sollten sich nicht ausschließlich auf Eigeninteressen konzentrieren, sie sollten auch an den Sinn für Anstand und Menschlichkeit der Amerikaner appellieren.

Was Menschen, die sich *Sicko* ansehen, in Wut bringt, sind die blanke Grausamkeit und die Ungerechtigkeit des amerikanischen Gesundheitssystems: Menschen, die ihre Krankenhausrechnung nicht bezahlen, setzt man wortwörtlich vor die Tür; ein Kind stirbt, weil eine Notfallklinik mit Verweis darauf, nicht am Gesundheitsplan der Mutter teilzunehmen, die Behandlung verweigert; hart arbeitende Amerikaner werden durch Arztrechnungen in erniedrigende Armut getrieben.

Sicko ist ein mächtiger Weckruf – aber die Verteidiger des Status quo sollte man deshalb noch nicht abschreiben. Die Geschichte lehrt uns, dass sie sehr gut darin sind, Reformen abzuwenden, indem sie immer neue Wege finden, uns Angst einzujagen.

Teil dieser Panikmache waren häufig völlig überzogene Behauptungen, was die Gefahren einer staatlichen Krankenversicherung angeht. *Sicko* enthält einen Teil einer Aufnahme, die Ronald Reagan einstmals für die amerikanische Ärztevertretung American Medical Association machte und in der er warnte, dass die vorgeschlagene Krankenversicherung für Ältere (die Rede ist vom inzwischen als Medicare bekannten Programm) zu Totalitarismus führen würde.

Aktuell wird übrigens Medicare – das enorm viel Gutes bewirkte, ohne dabei zur Diktatur zu führen – durch Privatisierung untergraben.

Doch in erster Linie wollen Ihnen die finanzstarken Interessengruppen, die am aktuellen System verdienen, weismachen, dass eine allgemeine Gesundheitsversorgung eine erdrückende Steuerlast und eine lausige medizinische Versorgung nach sich ziehen würde.

Inzwischen verfügt bis auf die Vereinigten Staaten jedes wohlhabende Land in der einen oder anderen Form über eine allgemeine Gesundheitsversorgung. Die Bürger dieser Länder zahlen infolgedessen zusätzliche Steuern – machen das aber wieder wett, indem sie bei den Beiträgen zur Versicherung und den selbst zu zahlenden Behandlungskosten sparen. In Ländern mit einer allgemeinen Gesundheitsversorgung sind die Gesamtkosten der medizinischen Betreuung deutlich niedriger als hier.

Gleichzeitig spricht jede verfügbare Kennzahl zur Qualität, dem Zugang zu notwendiger Versorgung und zu den Gesundheitsfolgen dafür, dass das amerikanische Gesundheitssystem nicht besser, sondern schlechter abschneidet als die Systeme anderer Industrienationen. Das gilt sogar für Großbritannien, wo man pro Kopf gerechnet nur ungefähr 40 Prozent dessen ausgibt, was wir ausgeben.

Es stimmt, dass Kanadier länger als versicherte Amerikaner auf nicht zwingend medizinisch erforderliche Operationen warten, aber alles in allem ist der Zugang des durchschnittlichen Kanadiers zur medizinischen Versorgung genauso gut wie die des durchschnittlichen versicherten Amerikaners – und viel besser als die Versorgung unversicherter Amerikaner, von denen viele eine notwendige Betreuung gar nicht erst erhalten.

Und den Franzosen gelingt es, die wohl beste gesundheitliche Versorgung weltweit zu stellen, und zwar ohne ellenlange Wartelisten. In *Sicko* gibt es eine Szene, in der in Paris lebende Amerikaner das französische System loben. Den harten Fakten zufolge zeichnen sie kein verklärtes Bild – das System ist tatsächlich so gut.

Und all das wirft die Frage auf, die Moore zu Beginn von *Sicko* stellt: Wer sind wir?

„Wir haben immer gewusst, dass achtloses Eigeninteresse moralisch schlecht ist. Jetzt wissen wir, dass es auch wirtschaftlich schlecht ist." Das sagte Franklin Delano Roosevelt 1937 und seine Aussage lässt sich perfekt auf das heutige Gesundheitswesen übertragen. Wir haben es hier nicht mit einem jener Fälle zu tun, wo man zwischen Pest und Cholera wählen muss – hier senkt richtiges Handeln sogar die Kosten. Eine allgemeine Gesundheitsversorgung würde jedes Jahr Tausenden Amerikanern das Leben retten und gleichzeitig Geld sparen.

Insofern haben wir es hier mit einer Prüfung zu tun: Auf dem Weg zur allgemeinen Gesundheitsversorgung stehen uns nur die Panikmache und der gekaufte Einfluss der Interessengruppen im Weg. Gelingt es uns nicht, diese Kräfte in ihre Schranken zu weisen, gibt es nicht viel Hoffnung für Amerikas Zukunft.

BITTE WARTEN SIE

16. Juli 2007

Sie sind nicht krankenversichert? Macht nichts. Fragen Sie nur Präsident Bush: „In Amerika haben die Leute Zugang zu medizinischer Versorgung", erklärte er vergangene Woche. „Schließlich geht man doch einfach in die Notaufnahme."

„Gefühllosigkeit mit Konsequenzen" könnte man so etwas wohl nennen. Das Weiße Haus hat angekündigt, Bush werde sein Veto einlegen gegen einen überparteilichen Plan zur Ausweitung der Krankenversicherung und damit auch gegen grundlegende Dinge wie regelmäßige Kontrolluntersuchungen und Präventivmedizin. Nutznießer wären schätzungsweise 4,1 Millionen Kinder gewesen, die derzeit keinerlei Versicherungsschutz genießen. Aber den brauchen sie schließlich auch gar nicht, oder? Sie können doch einfach in die Notaufnahme gehen!

Zugegeben: Dass Bush für Menschen, die weniger Glück als er hatten, keine Empathie aufbringt, ist keine echte Neuigkeit. Aber die vorsätzliche Ignoranz, die er hier an den Tag legt, ist Teil eines größeren Bilds: Gegner einer allgemeinen Gesundheitsversorgung neigen dazu, das amerikanische System in schillernden Farben darzustellen, die ebenso wenig mit der Realität zu tun haben wie die Gruselgeschichten, die uns dieselben Leute über die Gesundheitssysteme in Frankreich, Großbritannien und Kanada erzählen.

Die Aussage, Unversicherte könnten in Notaufnahmen alles an Behandlung erhalten, was sie benötigen, ist erst der Anfang. Dahinter steht der Mythos, dass Amerikaner, die das Glück haben, krankenversichert zu sein, niemals lang auf medizinische Betreuung warten müssten.

Warum sich dieser Mythos dermaßen lange hält, kann ich mir nicht erklären. Ich kann nachvollziehen, warum Menschen wie Bush oder Fred Thompson [Anm. d. Übers.: von 1994 bis 2003 republikanischer Senator], der vor Kurzem erklärte, die ärmsten Amerikaner würden deutlich besser versorgt als Kanadier oder Briten, die Verzweiflung der nicht versicherten Amerikaner, die häufig arm und ohne Stimme sind, einfach so abtun. Aber wie können sie damit durchkommen, so zu tun, als ob krankenversicherte Amerikaner stets unverzüglich behandelt würden, wenn die meisten von uns Beweise für das Gegenteil vorlegen können? In einem Artikel in der *Business Week* war kürzlich unverblümt zu lesen: „In der Realität zeigen Daten und Anekdoten, dass die Menschen in Amerika schon jetzt mindestens genauso lang warten wie Patienten, die in einem System mit allgemeiner Gesundheitsversorgung leben."

Der Commonwealth Fund hat bei einer länderübergreifenden Umfrage festgestellt, dass Amerika unter den Industrienationen am unteren Ende liegt, wenn es darum geht, kurzfristig medizinische Betreuung zu erhalten (Kanada war allerdings ein klein wenig schlechter). Und Amerika ist von den Industrienationen der schlimmste Ort von allen, wenn man außerhalb der üblichen Sprechzeiten oder am Wochenende medizinische Versorgung benötigt.

Wir stehen besser da, wenn es um Besuche beim Facharzt oder um freiwillige Operationen geht. Aber selbst bei diesen Kriterien hängt uns Deutschland ab – Frankreich war nicht Teil der Studie, aber ich vermute, dass die Franzosen mit den Deutschen mithalten können.

Zudem sind medizinische Verzögerungen auch nicht gleichmäßig verteilt. In Kanada und Großbritannien sind Verzögerungen auf Ärzte zurückzuführen, die sich bemühen, die begrenzten medizinischen Ressourcen den dringendsten Fällen zukommen zu lassen. In den Vereinigten Staaten dagegen hängen Verzögerungen häufig mit Versicherern zusammen, die Geld sparen wollen.

Das kann zu Martyrien wie dem führen, das UCLA-Professor Mark Kleiman kürzlich beschrieb. Er wäre fast an Krebs gestorben, weil sein Versicherer immer wieder die Zustimmung zu einer notwendigen

Biopsie verweigerte. „Erst später fand ich heraus, warum das Versicherungsunternehmen auf Zeit spielte“, schrieb Kleiman in seinem Blog. „Ich besaß eine Option – von der ich nicht wusste, dass ich sie hatte –, zu ‚Stufe II‘ zu wechseln. Dann hätte ich nicht auf Zustimmungen warten müssen, hätte dafür aber einen höheren Eigenanteil zahlen müssen.“

„Ich weiß nicht, wie viele Menschen mein Krankenversicherer in jenem Jahr zu Tode wartete, aber ich bin überzeugt, dass die Zahl nicht null ist“, so Kleiman weiter.

Gerechterweise muss man dazu sagen, dass Kleiman nur spekuliert, sein Versicherer habe sein Leben riskiert, um ihn dazu zu bewegen, einen größeren Anteil seiner Behandlungskosten zu übernehmen. Aber es steht außer Frage, dass einige Amerikaner trotz vermeintlich guter Krankenversicherung sterben, weil Versicherer bemüht sind, ihre „medizinischen Verluste“ (der Branchenbegriff dafür, tatsächlich für eine Behandlung bezahlen zu müssen) gering zu halten.

Andererseits stimmt es, dass Amerikaner schneller an neue Hüften kommen als Kanadier. Dieses Beispiel wird ständig als vermeintlicher Beleg dafür angeführt, dass eine private Krankenversicherung einem staatlichen System überlegen sei, aber das Lustige daran ist: Wer zahlt den absoluten Großteil der künstlichen Hüften in den USA? Tja, das ist Medicare.

Ganz genau: Vergleicht man die Unterschiede beim Austausch von Hüftgelenken, vergleicht man in Wahrheit zwei staatliche Gesundheitssysteme. Bei Amerikas Medicare sind die Wartezeiten kürzer als bei Kanadas Medicare (ja, so heißt bei denen das System), weil es finanziell besser ausgestattet ist. Das ist der einzige Grund. Die angeblichen Tugenden privater Krankenversicherungen haben nicht das Geringste damit zu tun.

Unter dem Strich steht, dass den Gegnern einer allgemeinen Gesundheitsversorgung offenbar die ehrlichen Argumente ausgegangen sind und ihnen nur noch Fantasien geblieben sind: Gruselgeschichten von der medizinischen Versorgung in anderen Ländern und Märchen über die medizinische Versorgung hier in Amerika.

HOFFNUNG IM GESUNDHEITSWESEN

21. September 2007

Endlich ist es politisch möglich, den Amerikanern das zu geben, was die Bürger jeder anderen Industrienation bereits besitzen – eine garantierte Krankenversicherung. Alle Fakten sprechen dafür. Die wirtschaftlichen Grundlagen einer allgemeinen Gesundheitsversorgung sind solide und Umfragen belegen starken öffentlichen Zuspruch für eine garantierte Versorgung. Das Einzige, was wir fürchten müssen, ist die Furcht selbst.

Doch an der herrscht leider kein Mangel.

Zugegeben, eine Art Furcht scheinen wir vorläufig überwunden zu haben: die Ängstlichkeit demokratischer Politiker, die Narben davongetragen hatten, als Clintons ursprünglicher Plan für das Gesundheitswesen scheiterte.

Will man sich vor Augen führen, wie sehr sich die Dinge geändert haben, sollte man sich die Entwicklung Hillary Clintons vor Augen führen. Noch vor 15 Monaten schrieb die *New York Times*, Clintons „Pläne zur Ausweitung des Versicherungsschutzes sind gemäßigt und erfolgen schrittweise“ und Clinton „scheut weiterhin vor der endgültigen Herausforderung zurück – zu beschreiben, wie ein umfassender Gesundheitsplan der Demokraten aussehen würde“.

Tatsächlich zögerte sie, als sie gefragt wurde, wie man die Kosten kontrollieren könne: „Das hängt davon ab, was für eine Art System man entwickelt. Und mir ist immer noch überhaupt nicht klar, was das Staatswesen ertragen wird.“

Aber das ist Vergangenheit.

John Edwards [Anm. d. Übers.: seit 1996 für die Demokraten im US-Senat] stieß das Thema „Reform des Gesundheitswesens“ im Februar an, als er einen klugen und ernsthaften Plan für eine allgemeine Gesundheitsversorgung vorlegte – und dabei wagemutig erklärte, er sei bereit, den Plan dadurch zu bezahlen, dass man einige von Bushs Steuersenkungen nicht verlängere. Auf einen Schlag war eine allgemeine Gesundheitsversorgung keine progressive Utopie mehr, sondern etwas, von dem man sich vorstellen konnte, dass es die nächste Regierung tatsächlich umsetzt.

Senatorin Clinton zögerte sehr lang, bis sie ihren eigenen Plan vorlegte – eine Verzögerung, die bei den Reformbefürwortern viel Sorge verursachte und die, wie ich gleich erklären werde, ein schlechtes Omen für die Zukunft sein könnte. Wie auch immer: Sie legte diese Woche einen Plan vor und er ist genauso stark wie der Edwards-Plan – denn wenn man nicht allzu sehr ins Kleingedruckte einsteigt, ist der Clinton-Plan im Grunde der Edwards-Plan.

Das soll keine Kritik sein. Gute Gesundheitspolitik zu betreiben ist viel wichtiger, als Punkte für Originalität einzuheimsen. Senatorin Clinton mag politisch vorsichtig agieren, aber sie begreift die ökonomischen Hintergründe des Gesundheitswesens und erkennt, wenn sie etwas Gutes vor sich hat.

Die Pläne von Edwards und Clinton wie auch der etwas schwächere, aber ähnliche Plan von Obama sorgen durch eine gut durchdachte Kombination von Versicherungsregulierung, Subventionen und Wettbewerb zwischen Staat und Privatsektor für eine allgemeine oder nahezu allgemeine Gesundheitsversorgung. Befürworter eines saubereren und einfacheren Single-Payer-Systems werden von diesen Plänen möglicherweise enttäuscht sein, aber es ist nur schwer vorstellbar, wie „Medicare für alle“ in näherer Zukunft alle Hürden im Kongress nehmen könnte. Die Pläne à la Edwards dagegen bieten eine vernünftige zweitbeste Lösung, bei der man sich tatsächlich vorstellen könnte, dass sie in gerade einmal zwei Jahren ein demokratischer Kongress umsetzt und ein demokratischer Präsident sie unterschreibt.

Bis es so weit ist, müssten allerdings noch viele weitere Ängste überwunden werden.

Eine ernst zu nehmende republikanische Alternative wird es nicht geben. Wenn die führenden republikanischen Kandidaten überhaupt gesundheitspolitische Pläne haben, dann haben wir es mit der gleichen alten Leier wie immer zu tun: Steuersenkungen, von denen vor allem die Wohlhabenden profitieren, die aber vermeintlich die Märkte dazu bewegen werden, ihren Zauber zu bewirken. Ezra Klein vom American Prospect formuliert es brutal, aber zutreffend: „Die republikanische Vision ist die einer Welt, in der die Kranken und Sterbenden die Kosten ihrer Krankenversicherung, die sie nicht haben und auch nicht bekommen, teilweise steuerlich geltend machen können."

Aber wer auch immer Präsidentschaftskandidat der Republikaner wird, er wird nicht versuchen, die Öffentlichkeit von den Vorzügen seines eigenen Plans zu überzeugen. Stattdessen wird er versuchen, der schwindenden Gruppe von Amerikanern, die noch gut krankenversichert sind, Angst zu machen, indem er erklärt, die Demokraten wollten ihnen die Krankenversicherung wegnehmen.

Das Verbreiten von Angst und Unwahrheiten hat bereits begonnen. Die demokratischen Pläne ähneln allesamt sehr stark dem Gesetz, das [der Republikaner] Mitt Romney als Gouverneur von Massachusetts erließ. Der Hauptunterschied besteht darin, dass die Amerikaner mehr Wahlmöglichkeiten hätten. Aber das hielt Romney nicht davon ab, den Clinton-Plan als „staatliches Gesundheitssystem europäischen Stils" anzuprangern. Fred Thompson behauptet, der Clinton-Plan würde die Wahlmöglichkeiten beschneiden – dabei bietet der Plan jede Menge davon – und stattdessen auf „Bestrafung" setzen.

Diese Angriffe werden vermutlich nicht effektiv genug sein, um den Sieg eines Demokraten im kommenden Jahr zu verhindern. Aber damit ist das Thema trotzdem nicht abgeschlossen: Selbst wenn die Demokraten das Weiße Haus erobern und ihre Mehrheit im Kongress ausbauen, werden die Lobbyisten der Krankenkassen und der Pharmaindustrie Druck ausüben, eventuelle Wahlversprechen zurückzunehmen.

Und aus diesem Grund reagierten Befürworter einer allgemeinen Gesundheitsversorgung (darunter auch ich) nervös, als sich Senatorin Clinton so dermaßen viel Zeit ließ, bevor sie ihre Pläne für das Gesundheitswesen vorlegte. Dass sie schließlich doch etwas präsentiert hat, konnte diese Nervosität nicht vollständig aus der Welt schaffen. Aber es ist gut zu wissen, dass die Person, die die Demokraten letztlich aufstellen, über sehr gute Pläne für das Gesundheitswesen verfügen wird. Bleibt die Frage, ob er/sie die Entschlossenheit aufbringen wird, diese Pläne in die Tat umzusetzen.

ANGST IM ABSEITS

21. März 2010

Einen Tag, bevor am Sonntag über das Gesundheitswesen abgestimmt werden sollte, redete Präsident Obama frei vor den Demokraten im Repräsentantenhaus. Zum Ende hin sprach er darüber, warum seine Partei die Reformpläne verabschieden sollte: „Mitunter ergibt sich ein Moment, bei dem man Gelegenheit hat, alle guten Hoffnungen wahr werden zu lassen, die man in Bezug auf sich selbst und auf dieses Land hatte, und bei dem man Gelegenheit erhält, all die Versprechen umzusetzen, die man gegeben hat. Jetzt ist der Zeitpunkt gekommen, dieses Versprechen umzusetzen. Wir sind nicht verpflichtet, zu gewinnen, aber wir sind verpflichtet, wahrhaftig zu sein. Wir sind nicht verpflichtet, Erfolg zu haben, aber wir sind verpflichtet, das Licht, das wir besitzen, leuchten zu lassen."

Im Vergleich dazu Newt Gingrich, ehemaliger republikanischer Sprecher des Repräsentantenhauses, ein Mann, den viele in seiner Partei als intellektuellen Vordenker feiern: Sollten die Demokraten die Gesundheitsreform umsetzen, „haben sie ihre Partei ähnlich zerschlagen, wie es Lyndon B. Johnson auf 40 Jahre hinaus tat", als er Bürgerrechtsgesetze verabschiedete. [Anm. d. Übers.: Der Demokrat Johnson war von 1963 bis 1969 US-Präsident.]

Ich behaupte, dass Gingrich falschliegt: Vorschläge für eine garantierte Krankenversicherung sind vor ihrem Inkrafttreten häufig umstritten – von Ronald Reagan stammt der berühmte Ausspruch, Medicare werde das Ende der amerikanischen Freiheit bedeuten –, aber die Maßnahmen erweisen sich stets als beliebt, sind sie erst einmal in Kraft getreten.

Aber darauf will ich heute gar nicht hinaus. Stattdessen möchte ich, dass Sie über den Gegensatz nachdenken: Auf der einen Seite ist das Schlussplädoyer ein Appell an die guten Seiten. Die Politiker werden gedrängt, das Richtige zu tun, und sollte es auch ihrer Karriere schaden. Auf der anderen Seite? Abgestumpfter Zynismus. Wie kann man eine Gesundheitsreform verurteilen, indem man sie mit dem *Civil Rights Act* gleichsetzt? Wer stellt sich im modernen Amerika hin und sagt, LBJ habe falsch gehandelt, als er sich für Rassengleichheit einsetzte? (Diese Frage lässt sich sogar beantworten: Die Teilnehmer der Protestaktion der Tea Party, die demokratische Kongressmitglieder am Vorabend der Abstimmung rassistisch angingen.)

Dieser Zynismus zieht sich durch die gesamte Kampagne gegen die Reform.

Einige konservative Intellektuelle haben einen großen Zinnober darum gemacht, dass sie sich alle Aspekte sehr gründlich durch den Kopf gehen ließen, bevor sie zu Protokoll gaben, die haushaltspolitischen Auswirkungen der Reform würden ihnen Sorge bereiten – dass das Haushaltsbüro des Kongresses keine Kritikpunkte hatte, ließ sie seltsamerweise unberührt. Auch gehe man bei den Kosten nicht weit genug – dabei trägt diese Reform mehr dazu bei, die Kosten im Gesundheitswesen einzudämmen, als jedes frühere Gesetz. Größtenteils jedoch taten die Reformgegner nicht einmal so, als würden sie sich mit den Realitäten des bestehenden Gesundheitssystems oder dem moderaten, zentristischen Plan beschäftigen, den die Demokraten vorschlugen und der sehr stark dem ähnelte, was Mitt Romney in Massachusetts einführte.

Tatsächlich bestand der emotionale Kern des Reformwiderstands aus unverhohlener Panikmache, die sich weder von Fakten noch irgendeinem Gefühl des Anstands aufhalten ließ.

Und damit meine ich nicht nur die verleumderische Behauptung von den „Todesausschüssen". Ich meine rassistische Hasspredigten wie den Beitrag im *Investor's Business Daily*, in dem es hieß, Gesundheitsreform sei „positive Diskriminierung hoch drei, denn alles wird auf der Grundlage der Hautfarbe entschieden, von der Entscheidung, wer Arzt wird, bis zur Entscheidung, wer behandelt wird". Ich meine die wilden Behauptungen zur Finanzierung von Abtreibungen. Ich meine das Beharren darauf, es habe etwas Tyrannisches, wenn man jungen amerikanischen Arbeitnehmern die Zusage gibt, sollten sie medizinische Versorgung benötigen, würden sie sie auch bekommen – eine Zusage, in deren Genuss ältere Amerikaner kommen, seit Lyndon Johnson (für Gingrich als Präsident gescheitert) dem Geheul der Konservativen zum Trotz Medicare durchdrückte.

Und lassen Sie mich eines deutlich sagen: Hinter dieser Kampagne der Angst stand keineswegs ein radikaler Flügel, der mit dem republikanischen Establishment nichts zu tun hat. Ganz im Gegenteil: Das Establishment war die ganze Zeit beteiligt, und zwar bereitwillig. Politiker wie Sarah Palin – wir wollen nicht vergessen, dass die Republikaner sie zur Vizepräsidentin küren wollten – verbreiteten eifrig die Lüge von den Todesausschüssen, während vermeintlich vernünftige, gemäßigte Politiker wie Senator Chuck Grassley sich weigerten, derartige Behauptungen für falsch zu erklären. Noch am Vorabend der großen Abstimmung warnten republikanische Kongressmitglieder, dass „heute die Freiheit ein klein wenig stirbt", und warfen den Demokraten „totalitäre Taktiken" vor. Ich glaube, sie beziehen sich damit auf den Vorgang, der allgemein als „Abstimmung" bekannt ist.

Die Kampagne der Angst war erfolgreich, das steht außer Frage: War die Reform des Gesundheitswesens zunächst ausgesprochen beliebt, kippte die Stimmung deutlich ins Gegenteil, auch wenn sich die Zahlen zuletzt wieder erholt haben. Aber die Frage war: Würde das ausreichen, um eine Reform tatsächlich zu verhindern?

Und die Antwort lautet: Nein. Die Demokraten haben es geschafft. Das Repräsentantenhaus hat die Senats-Fassung der Gesundheitsreform verabschiedet und durch das Reconciliation-Verfahren wird man zu einer verbesserten Fassung kommen. [Anm. d. Übers.: Das Reconciliation-Verfahren ist ein komplexen Regeln unterliegendes Prozedere, das es erlaubt, Gesetze mit einfacher Mehrheit zu verabschieden.]

Für Präsident Obama ist es natürlich ein politischer Sieg und ein Triumph für Nancy Pelosi, die Sprecherin des Repräsentantenhauses.

Aber ist es auch ein Triumph für Amerikas Seele. Ein bösartiger, skrupelloser Feldzug der Angst konnte letztlich die Reformpläne nicht verhindern. Dieses Mal hat sich die Angst ins Abseits manövriert.

ANMERKUNG DER REDAKTION (23. März 2010):

Bei Paul Krugmans Kolumne vom Montag über das Gesundheitsgesetz wurde Newt Gingrich mit den Worten zitiert: „Lyndon Johnson hat die Demokratische Partei auf 40 Jahre hinaus zerschlagen", als er Bürgerrechtsgesetze verabschiedete. Das Zitat erschien ursprünglich in der *Washington Post*, die, nachdem die Kolumne bereits im Druck war, erklärte, laut Gingrich habe sich die Aussage nicht auf den *Civil Rights Act* von 1964 bezogen, sondern auf Johnsons Reformprogramm „Great Society".

OBAMACARE WILL UND WILL NICHT SCHEITERN

13. Juli 2014

Wie viele Amerikaner wissen, wie es um die Gesundheitsreform bestellt ist? Und wenn wir schon dabei sind: Wie viele Leute aus den Nachrichtenmedien verfolgen die positiven Entwicklungen?

„Nicht viele", dürfte die Antwort auf die erste Frage lauten, während die Antwort auf die zweite Frage „Möglicherweise noch weniger" lautet. Auf die Gründe dafür gehe ich später ein. Sollte ich richtigliegen, wäre das erstaunlich: Ein enormer politischer Erfolg verbessert das Leben von Millionen Amerikanern, aber das findet größtenteils abseits der öffentlichen Wahrnehmung statt.

Wie kann das angehen? Ich gebe Ihnen einen Tipp: unermüdliche Negativität, für die einen niemand zur Rechenschaft zieht. Der *Affordable Care Act* war schier endlosen Angriffen von rechten Politikern und Medien ausgesetzt, während die Mainstream-Nachrichten sich auch eher mit den Schwierigkeiten des Gesetzes befassten. Viele Angriffe gingen mit der Prognose einher, man steuere auf eine Katastrophe zu, doch keine dieser Prophezeiungen hat sich bisher bewahrheitet. Aber das Ausbleiben einer Katastrophe taugt nicht für eine griffige Schlagzeile und die Leute, die zuvor fälschlicherweise den Untergang prophezeit haben, fahren einfach die nächsten Schwarzmalereien auf.

Sehen wir uns einmal an, wie sich Obamacare auf die Zahl der Amerikaner ohne Krankenversicherung ausgewirkt hat. Das Debakel rund um die Webseite sorgte für reichlich Hohn und Spott von rechts und viele negative Berichte von der Mainstream-Presse. Anfang 2014 stellten viele Beobachter in Aussicht, die Zahl der Anmeldungen im ersten Jahr werde weit hinter den Prognosen des Weißen Hauses zurückbleiben.

Dann kam es spät zu einem erstaunlichen Anstieg der Anmeldungen. Mussten sich die Pessimisten deswegen peinliche Nachfragen gefallen lassen, warum sie so sehr danebenlagen? Selbstverständlich nicht. Stattdessen servierten dieselben Leute als Nächstes eine Mischung aus Verschwörungstheorien und neuen Weltuntergangsprognosen. Die Regierung „manipuliert die Bücher“, sagte Wyomings Senator John Barrasso. Die Leute, die sich anmelden, würden ihre Beiträge gar nicht bezahlen, erklärte eine Ansammlung von „Experten“. Mehr Menschen würden ihren Versicherungsschutz verlieren als ihn bekommen, erklärte der texanische Senator Ted Cruz.

Aber die große Mehrheit derer, die sich anmeldete, bezahlte tatsächlich, und inzwischen liegen mehrere unabhängige Umfragen (Gallup, Urban Institute, Commonwealth Fund) vor, die alle zeigen, dass die Zahl der Amerikaner ohne Versicherung seit Herbst vergangenen Jahres deutlich gefallen ist.

Nun behaupten einige Rechte, dass die Zahl der Menschen ohne Versicherung so dramatisch gefallen ist, hänge mit der Erholung der Wirtschaft zusammen und nicht mit der Gesundheitsreform (Jetzt loben die Konservativen also Obamas Wirtschaft?). Aber das ist nicht nur dürftig, es ist auch nachweislich falsch.

Zum einen ist der Rückgang viel zu stark, um sich durch etwas erklären zu lassen, was bestenfalls eine moderate Aufhellung am Arbeitsmarkt ist. Zum anderen zeigte die Umfrage des Urban Institute einen deutlichen Unterschied zwischen jenen Bundesstaaten, die Medicaid ausweiteten – Staaten, die im Allgemeinen auch ihr Bestes getan haben, um die Reform zum Laufen zu bringen –, und solchen Staaten, die sich dagegen verwehrten, dass die Bundesregierung ihre ärmsten Bürger versichert. Die Zahl der unversicherten Bürger sank in den Staaten, die sich aktiv an einer Ausweitung von Medicaid beteiligten, dreimal so schnell wie in den Staaten, die Medicaid ablehnten. Es ist nicht die Wirtschaft, Dummkopf, es ist die Politik.

Und was ist mit den Kosten? Letztes Jahr war viel die Rede von einem „Ratenschock“ durch explosionsartig steigende Versicherungsbeiträge. Doch das Gesundheitsministerium meldete vergangenen Monat, dass der Nettobeitrag jener Versicherten, die staatliche Zuschüsse erhalten (also die große Mehrheit jener, die sich angemeldet haben), im Schnitt gerade einmal 82 Dollar monatlich beträgt.

Natürlich gibt es auch Menschen, die durch Obamacare verloren haben. Sie sind jung, gesund und wohlhabend genug, um keinen Anspruch auf einen Zuschuss zu haben (und Sie sind nicht über Ihren Arbeitgeber versichert)? Dann dürfte Ihr Beitrag gestiegen sein. Und wenn Sie reich genug sind, um die zusätzlichen Steuern bezahlen zu müssen, mit denen die Zuschüsse finanziert werden, dann dürfte es Ihnen finanziell spürbar wehgetan haben. Aber es ist bezeichnend, dass nicht einmal die Reformgegner die Aufmerksamkeit auf derartige Geschichten lenken. Sie suchen stattdessen nach älteren, schwerer erkrankten Opfern aus der Mittelschicht, gehen dabei aber immer wieder leer aus.

Und übrigens: Laut Commonwealth ist die überwältigende Mehrheit der Neuversicherten (auch 74 Prozent der Republikaner) mit ihrem Versicherungsschutz zufrieden.

Da fragt man sich doch: Wenn die Gesundheitsreform so ein Erfolg ist, warum schneidet sie dann in den Umfragen noch immer so schlecht ab? Ich würde sagen, es hängt sehr damit zusammen, dass Obamacare bewusst Amerikaner außen vor lässt, die bereits über eine gute Krankenversicherung verfügen. Das führt dazu, dass sich viele Personen von der hauptsächlich negativen Berichterstattung in den Medien beeinflussen lassen. Aber die jüngste Umfrage der Kaiser Family Foundation zeigt, dass eine wachsende Zahl von Amerikanern durch Angehörige und Freunde Geschichten über die Reform erfahren. Das bedeutet, sie fangen an, von Menschen zu hören, denen das Programm Nutzen bringt.

Und wie bereits angedeutet: Die Menschen in den Medien – und allen voran die elitären Fachleute – sind möglicherweise die letzten, die die frohe Kunde zu hören bekommen, denn sie befinden sich in einer sozioökonomischen Gruppe, in der die Menschen üblicherweise gut krankenversichert sind.

Für die weniger Begünstigten hingegen hat der *Affordable Care Act* schon einen großen Unterschied zum Besseren bewirkt. Die üblichen Verdächtigen werden weiterhin von einem Scheitern sprechen, aber die Wahrheit ist, dass die Gesundheitsreform – Schockschwerenot – funktioniert!

FANTASIEGESPINSTE IM GESUNDHEITSWESEN

30. März 2015

Mit den Grundregeln der Mathematik hat man es in der amerikanischen Politik noch nie sonderlich genau genommen, aber der Vorsitzende des House Rules Committee, der Texaner Pete Sessions, drang kürzlich in völlig neue Dimensionen vor, als er die Kosten von Obamacare als „unverschämt" anprangerte. [Anm. d. Übers.: Das House Rules Committee ist der Ausschuss, der die Geschäftsordnung des amerikanischen Repräsentantenhauses festlegt.] Wenn man einfach die Zahlen multipliziere, so Sessions, gelange man zu dem Ergebnis, dass die Ausweitung des Versicherungsschutzes fünf Millionen Dollar pro Empfänger koste. Aber er hatte sich ein wenig verrechnet – um mehr als den Faktor 1.000, um genau zu sein, denn die tatsächlichen Kosten pro neu versichertem Amerikaner betragen rund 4.000 Dollar.

Nun, Fehler passieren. Aber hier handelt es sich nicht um einen entschuldbaren Fehler. Egal welche Meinung Sie insgesamt zum *Affordable Care Act* auch haben, eines ist völlig unstrittig: Das Programm kostet die Steuerzahler weniger als erwartet – etwa 20 Prozent weniger, sagt das Haushaltsbüro des Kongresses. Das sollte ein erfahrenes Kongressmitglied wissen, und wenn sich der Mann nicht die Mühe macht, die Haushaltsberichte zu lesen, sollte er sich zu diesem Thema besser gar nicht erst äußern.

Aber so war es natürlich schon die ganze Zeit bei Obamacare. Bevor das Gesetz in Kraft trat, predigten die Gegner, es werde sich auf sämtlichen Ebenen als Katastrophe erweisen. Stattdessen funktioniert das

Gesetz ziemlich gut. Und wie reagieren die Schwarzmaler? Indem sie tun, als wären die schlimmen Dinge, die sie hatten kommen sehen, tatsächlich eingetreten.

Und Kosten sind nicht der einzige Bereich, in dem die Reformgegner lieber über eingebildete Katastrophen sprechen als über echte Erfolgsgeschichten. Wir erinnern uns: Obamacare sollte angeblich auch Arbeitsplätze in großem Stil vernichten. 2011 stimmte das Repräsentantenhaus sogar für einen Gesetzesentwurf mit dem Titel „Aufhebung des Jobs vernichtenden *Health Care Law Acts*". Die Gesundheitsreform werde die Wirtschaft lähmen und insbesondere dazu führen, dass Unternehmen ihre Belegschaft in die Teilzeitarbeit zwingen, so die Reformgegner.

Voll und ganz in Kraft trat Obamacare mit Jahresbeginn 2014 – und das Jobwachstum im Privatsektor beschleunigte sich sogar, und zwar auf ein Tempo, das wir seit den Clinton-Jahren nicht mehr gesehen haben. Die Zahl unfreiwillig Teilzeitbeschäftigter – also der Menschen, die gern Vollzeit arbeiten würden, aber keine entsprechende Stelle bekommen – ist dabei übrigens im selben Zeitraum deutlich zurückgegangen. Aber wenn man den üblichen Verdächtigen so zuhört, könnte man meinen, ihre schlimmsten Befürchtungen hätten sich bewahrheitet. Jeb Bush erklärte vor einigen Wochen, Obamacare sei „die größte Jobbremse in der sogenannten Erholung". [Anm. d. Übers.: Jeb Bush, Bruder von George W. Bush und Sohn von George Bush, war republikanischer Gouverneur Floridas von 1999 bis 2007 und bewarb sich 2016 um die Präsidentschaftskandidatur der Republikaner.]

Und dann hätten wir noch die niemals endende Suche nach Snarks und Boojums – nach gewöhnlichen, hart arbeitenden Amerikanern, die infolge der Gesundheitsreform in Not geraten sind. [Anm. d. Übers.: Snarks und Boojums sind Figuren aus der Ballade *The Hunting of the Snark* von Lewis Carroll und stehen für etwas sehr Seltenes.] Wie wir gerade gesehen haben, haben es die Obamacare-Gegner mit der Mathematik nicht so (und wenn sie es doch einmal versuchen, bereuen sie es). Aber sie brauchen ja auch nicht mehr als ein paar rührselige Geschichten, ein paar sympathische Personen nur, die durch irgendeinen Aspekt des Gesetzes in die Armut getrieben wurden.

Erstaunlicherweise gelang es ihnen jedoch nicht, derartige Geschichten auszugraben. Anfang letzten Jahres schaltete Americans for Prosperity, eine von den Koch-Brüdern unterstützte Gruppe, Anzeigen mit vermeintlichen Opfern Obamacares – doch nicht eine dieser Leidensgeschichten hielt einer Überprüfung statt. [Anm. d. Übers.: Die Milliardäre Charles und David Koch sind die Inhaber von Koch Industries, einem der größten nicht börsennotierten Konzerne der USA, und zählen zu den wichtigsten Geldgebern der Republikaner. David Koch starb 2019.] Und vor Kurzem rief die Kongressabgeordnete Cathy McMorris Rodgers aus dem Bundesstaat Washington auf Facebook dazu auf, ihr Horrorgeschichten über Obamacare zukommen zu lassen. Was über sie hereinbrach, war jedoch eine Flut an Berichten von Menschen, deren Lebensumstände sich durch die Gesundheitsreform verbessert haben, ja, deren Leben teilweise sogar durch die Reform gerettet wurde. In Wirklichkeit sind die einzigen Menschen, denen die Gesundheitsreform zugesetzt hat, Amerikaner mit sehr hohen Einkommen (ihre Steuern sind gestiegen) und eine vergleichsweise kleine Gruppe von Menschen, deren Beiträge höher wurden, weil sie jung und gesund sind (weshalb Versicherer sie bis dahin als positives Risiko erachtet hatten) und wohlhabend (weshalb sie keinen Anspruch auf Zuschüsse haben). Keine Gruppe eignet sich besonders gut, um in Verleumdungskampagnen als Opfer hingestellt zu werden.

Kurzum: Wenn es um die Fakten geht, stehen die Gegner der Gesundheitsreform mit leeren Händen da. Aber das weiß die Öffentlichkeit nicht. Die gute Nachricht von der Kostenentwicklung ist bislang überhaupt nicht durchgedrungen. Laut einer aktuellen Umfrage von Vox.com wissen nur fünf Prozent der Amerikaner, dass Obamacare weniger kostet als prognostiziert, während 42 Prozent glauben, der Staat müsse tiefer in die Tasche greifen als erwartet.

Die öffentliche Wahrnehmung wurde durch die positiven Erfahrungen der rund 16 Millionen Amerikaner, die zusätzlich in den Genuss einer Krankenversicherung gekommen sind, bislang nur wenig beeinflusst. Das liegt zum Teil daran, dass der *Affordable Care Act* – mit Vorsatz – praktisch gar nichts für diejenigen Menschen verändert hat, die von vornherein eine gute Krankenversicherung besaßen. Bereits vor dem Gesetz war eine große Mehrheit der Amerikaner über ihren Arbeitgeber, über Medicare oder über Medicaid versichert und an ihrem Status hat sich nichts geändert.

Auf einer tieferen Ebene allerdings können wir hier beobachten, wie sich die postfaktische Politik auswirkt. Wir leben in einem Zeitalter, in dem Politiker und die vermeintlichen Experten, die ihnen dienen, niemals das Gefühl haben, sie müssten Fakten eingestehen, die ihnen unbequem sind, oder ein Argument fallen lassen, und sprechen noch so viele Beweise dafür, dass dieses Argument falsch ist.

Die Folge: Eingebildete Katastrophen können echte Erfolge in den Schatten stellen. Obamacare ist nicht perfekt, aber es hat das Leben von Millionen Menschen dramatisch verbessert. Jetzt müsste das bloß jemand den Wählern sagen.

3

DER ANGRIFF AUF OBAMACARE

EIN AKT DER GRAUSAMKEIT

Wo waren Sie im Juni 2012, als der Oberste Gerichtshof sein Urteil zur Verfassungsmäßigkeit von Obamacare fällte? Sie wissen es nicht mehr? Dann sind Sie vermutlich – im Gegensatz zu mir – kein echter Freak in Sachen Gesundheitspolitik. Ich war damals in England im Urlaub, saß mit meiner Frau im Pub (mit WLAN) und verfolgte die Berichte.

Zunächst waren die Meldungen unklar und es schien, als habe das Gericht die Gesundheitsreform gekippt. Zum Glück traf das nicht zu. Nachdem klar wurde, dass die Reform überlebt hatte, blieb mir nur noch eines zu tun – ich bestellte einen doppelten Scotch und stürzte ihn rasch herunter.

Die Reform überlebte, aber das Gericht schränkte den *Affordable Care Act* in einem Punkt ein: Die Bundesstaaten konnten fortan selbst entscheiden, ob sie Medicaid allen Bürgern bis zu 133 Prozent oberhalb der Armutsgrenze anbieten wollten.

Man sollte meinen, dass das keinen großen Unterschied macht, schließlich würde die Bundesregierung im Rahmen des Gesetzes zunächst die Rechnung komplett begleichen. Nach einigen Jahren sollte Washingtons Anteil dann auf 90 Prozent fallen, aber es war noch immer ein unglaubliches Angebot. Welche Regierung eines Bundesstaats würde es schon ablehnen, praktisch zum Nulltarif Krankenversicherung für weite Teile ihrer Bürger zu bekommen, während gleichzeitig Dollar aus Washington hereinfließen und die Wirtschaft des Bundesstaats ankurbeln?

Die Regierungen praktisch sämtlicher republikanischen Bundesstaaten, wie sich herausstellte. Einige änderten ihre Meinung noch, aber

Mitte 2019 gibt es weiterhin 14 Bundesstaaten, die sich weigern, einigen ihrer anfälligsten Bürger eine medizinische Grundversorgung anzubieten, obwohl es den Bundesstaat nichts kosten würde.

„Okay, vermutlich handelt es sich um einen strategischen Schachzug, um einen Versuch, Obamacare insgesamt in Verruf zu bringen", mag der eine oder andere als Begründung dafür vermutet haben, eine Ausweitung von Medicaid abzulehnen. Aber der *Affordable Care Act* ist mittlerweile seit Jahren in Kraft. Hätte eine Weigerung das gesamte Vorhaben zu Fall bringen können, wäre das bereits vor langer Zeit geschehen. Also müssen wir inzwischen akzeptieren, dass unschönere Gründe dahinterstecken.

Es ist eine Sache, sich über Pläne aufzuregen, die Reichen zu besteuern und den Armen zu helfen. Man könnte das rechtfertigen, indem man sagt, eine Besteuerung der Reichen werde das Jobwachstum hemmen oder etwas in der Art, oder es hängt schlicht damit zusammen, dass man die Reichen mehr mag als die Armen. Aber Geldgeschenke nicht anzunehmen, die den Armen helfen würden, hat eine andere Qualität – das ist Grausamkeit um der Grausamkeit willen.

Die amerikanische Politiklandschaft zeigt uns seit 2012, dass es jede Menge Leute gibt, die etwas für diese Art Grausamkeit übrig haben. Noch stellen sie meiner Meinung nach einen vergleichsweise geringen Anteil an der Wählerschaft insgesamt, aber es ist ein umso größerer Anteil an der Basis der Republikaner und eine klare Mehrheit der republikanischen Berufspolitiker.

Das bringt mich zu der Anti-Obamacare-Kampagne, zu der es kam, nachdem die Wahlen von 2016 den Republikanern kurzfristig erneut die Kontrolle über Kongress und Weißes Haus einbrachten. Endlich hatten die Republikaner Gelegenheit, Barack Obamas wichtigste innenpolitische Initiative zu kippen und den gesamten *Affordable Care Act* rückgängig zu machen. Das hätte aus ihrer Sicht durchaus Sinn ergeben, denn es hätte bedeutet, die Besteuerung hoher Einkommen zurückzunehmen, durch die die Ausweitung von Medicaid und die Bezuschussung von Familien mit mittlerem Einkommen finanziert wurde. Aber nachdem deutlich wurde, dass eine Rücknahme des Gesetzes

Dutzende Millionen Menschen um ihre Krankenversicherung bringen würde, sträubte sich sogar die Republikanische Partei.

Was blieb, war ein Sabotagefeldzug: Man griff die Regeln von Obamacare so an, dass den Menschen der Versicherungsschutz nicht allzu offensichtlich weggenommen wurde, aber der Zugang zum Versicherungsschutz schwieriger, teurer oder beides wurde. Ermöglicht wurde dies durch exakt jene Kompromisse, die die Demokraten eingegangen waren, um die Gesundheitsreform überhaupt erst verabschieden zu können. Der *Affordable Care Act* ist nämlich ein Hybrid, eine Mischung aus staatlich und privatwirtschaftlich, und kein simples staatliches Versicherungsprogramm. Aus diesem Grund verfügt das System über einige bewegliche Teile und es ist nicht allzu kompliziert, Sand ins Getriebe zu streuen.

Das Interessante bei dieser Sabotagekampagne ist, dass niemand direkten Nutzen davon hatte – die Reichen mussten weiterhin genauso viel an Steuern bezahlen. Ähnlich wie bei der Aktion, die Ausweitung von Medicaid zu verweigern, ging es also einzig darum, den Nutznießern des Gesetzes wehzutun. In einigen Fällen hat dieses Vorgehen sogar mehr Geld gekostet, als es gekostet hätte, das Gesetz einfach nicht anzurühren.

Die gute Nachricht: Obamacares Architekten haben bessere Arbeit geleistet, als es sich die meisten – darunter auch ich – vor Augen geführt hatten. Das Gesetz war alles andere als immun gegenüber Sabotage, aber es erwies sich als robuster, als es viele befürchteten. In den Kolumnen in diesem Kapitel beschreibe ich die Angriffe auf das Gesetz und wie es größtenteils überlebt hat.

DREI BEINE GUT, KEIN BEIN SCHLECHT

10. Juli 2017

Werden 50 republikanische Senatoren bereit sein, ihrer Wählerschaft schweren Schaden zuzufügen, weil es die Loyalität gegenüber der Partei erfordert? Ich kann es nicht sagen.

Aber es erscheint mir ein guter Zeitpunkt, sich einmal anzusehen, warum es den Republikanern nicht gelingt, eine Alternative zu Obamacare vorzulegen, die keine Katastrophe darstellt. Es liegt nicht daran, dass sie dumm wären (obwohl sie erstaunlich anti-intellektuell geworden sind). Nein, es liegt daran, dass man zentrale Elemente des *Affordable Care Act* nicht verändern kann, ohne das gesamte Konstrukt zum Einsturz zu bringen.

Nehmen wir an, Sie möchten allen Menschen, auch jenen mit Vorerkrankungen, eine Krankenversicherung anbieten. Die meisten Gesundheitsökonomen, die ich kenne, hätten liebend gern ein Single-Payer-System – „Medicare für alle". Realistisch betrachtet wäre das aber zum jetzigen Zeitpunkt eine Nummer zu groß.

Zum einen hätten die Versicherer vermutlich etwas dagegen, abgeschafft zu werden, und diese Branche hat mächtig Gewicht. Ein Umstieg auf ein Single-Payer-System würde zudem eine deutliche Steuererhöhung erfordern. Die meisten Menschen würden durch den Wegfall von Versicherungsbeiträgen mehr gewinnen als sie die Steuererhöhung kosten würde, aber in einem Wahlkampf lässt sich so etwas nur schwerlich verkaufen.

Darüber hinaus sind die meisten Amerikaner unter 65 über ihren Arbeitgeber versichert und halbwegs zufrieden mit ihrem Versicherungsschutz. Verständlicherweise wären sie nervös, wenn der Vorschlag käme, diese Versicherung durch etwas Anderes zu ersetzen, egal wie wahrheitsgemäß man beteuert, dass das neue System besser wäre.

Der *Affordable Care Act* setzte also auf Inkrementalismus – den sogenannten dreibeinigen Schemel.

Es beginnt damit, dass die Versicherer verpflichtet werden, allen, und zwar unabhängig von ihrer Krankenakte, dieselbe Abdeckung zu denselben Beiträgen anzubieten. Damit wäre das Problem der Vorerkrankungen abgedeckt. Für sich genommen würde dies jedoch eine „Todesspirale" nach sich ziehen – gesunde Menschen würden abwarten und sich erst dann anmelden, wenn sie krank werden. Diejenigen Menschen, die sich anmelden, wären also vergleichsweise ungesund, was die Beiträge in die Höhe treiben würde. Das wiederum würde mehr gesunde Menschen in die Flucht schlagen und so weiter.

Insofern muss eine Regulierung der Versicherung vom individuellen Mandat begleitet werden, also der Auflage, dass die Menschen sich für Versicherungsschutz anmelden, und zwar auch dann, wenn sie zum aktuellen Zeitpunkt gesund sind. Und die Versicherung muss Mindestbedingungen erfüllen: Eine billige Versicherung zu kaufen, die kaum etwas abdeckt, ist praktisch dasselbe, als wenn man überhaupt keinen Versicherungsschutz erwirbt.

Aber was geschieht, wenn sich Menschen keine Versicherung leisten können? Als drittes Bein des Schemels fungieren Subventionen, die für Geringverdiener die Kosten begrenzen. Bei jenen mit den geringsten Einkommen beläuft sich die Subvention auf 100 Prozent und stellt eine Ausweitung Medicaids dar.

Der entscheidende Punkt hier ist, dass alle drei Beine des Schemels benötigt werden. Nimmt man ein Bein weg, kann das Programm nicht mehr funktionieren.

Aber funktioniert es denn mit allen drei Beinen überhaupt? Tut es.

Um zu begreifen, was bislang beim *Affordable Care Act* geschehen ist, muss man sich verdeutlichen, dass das Funktionieren des Gesetzes, so wie es geschrieben ist (und wie es vom Obersten Gerichtshof ausgelegt wird), davon abhängt, dass die Bundesstaaten kooperieren. In den

Bundesstaaten, die kooperierten, die Medicaid ausweiteten, die ihre eigenen Versicherungsbörsen betrieben und die bei den Versicherern Beteiligung und Wettbewerb förderten, hat das System verflixt gut funktioniert.

Vergleichen wir beispielsweise die Erfahrungen von Kentucky und seinem Nachbarstaat Tennessee. 2013, vor dem vollständigen Inkrafttreten des *Affordable Care Acts*, war in Tennessee der Anteil der Unversicherten etwas geringer (13 im Vergleich zu 14 Prozent). Doch 2015 lag der Wert in Kentucky, wo das Gesetz in Gänze umgesetzt wurde, bei nur noch sechs Prozent, während Tennessee elf Prozent meldete.

Oder nehmen wir das Problem mit Landkreisen, in denen es nur einen (oder gleich gar keinen) Versicherer und entsprechend auch keinen Wettbewerb gab. Laut einer aktuellen Studie handelt es sich ausschließlich um ein Problem der „roten", also republikanischen Staaten. In Staaten, in denen die Republikaner den Gouverneur stellen, leben 21 Prozent der Bevölkerung in derartigen Landkreisen. In demokratisch regierten Staaten sind es weniger als zwei Prozent.

Auch wenn es niemand glauben mag: Obamacare ist ein gut durchdachtes Gesetz, das dort, wo die Staaten möchten, dass es funktioniert, tatsächlich funktioniert. Man könnte und sollte Verbesserungen vornehmen, aber die Republikaner zeigen daran nicht das geringste Interesse. Ihre Ideen drehen sich ausschließlich darum, diesem dreibeinigen Schemel eines oder mehrere Beine abzusägen. An allererster Stelle geht es ihnen darum, das individuelle Mandat abzuschaffen, das bei gesunden Menschen unbeliebt, aber zwingend notwendig ist, damit das System für diejenigen funktionieren kann, die es benötigen.

Zweitens sind sie entschlossen, die Subventionen zu kürzen, unter anderem durch eine drastische Beschneidung von Medicaid. Auf diesem Weg soll Geld freigesetzt werden, das sie dazu nutzen können, die Steuern für die Reichen zu senken. Das Resultat wäre für die meisten Familien ein drastischer Anstieg der Nettobeiträge.

Und schließlich hören wir auch viel über den Cruz-Zusatz, der es den Krankenversicherern erlauben würde, aufs Allernötigste eingedampfte Pläne mit minimalem Versicherungsschutz und hoher Selbstbeteiligung anzubieten. Für Menschen mit Vorerkrankung wäre dieses Angebot nutzlos, sie würden in einen kostenintensiven Markt abgedrängt. Das dritte Bein des Schemels wäre damit praktisch auch abgesägt.

Welche Teile ihrer Pläne müssten die Republikaner also aufgeben, wenn sie vermeiden wollen, dass die Zahl der Menschen ohne Versicherung enorm ansteigt? Alle.

Jahrelang haben die Republikaner Obamacare angeprangert, aber sie haben keine Idee, wie sie es besser machen können. Genauer gesagt haben sie überhaupt keine Ideen.

DIE GENIALE STABILITÄT VON OBAMACARE

9. April 2018

Die Titelseiten befassen sich weiterhin mit den grob geschätzt 130.000 Skandalen, die die Regierung Trump derzeit plagen. Aber so intensiv es auch nach Korruption riechen mag, Umfragen zufolge wird dieses Thema nicht die Zwischenwahlen dominieren. Am meisten scheint die Wähler vielmehr das Gesundheitswesen umzutreiben.

Und wissen Sie was? Die Wählerschaft hat recht. Behalten die Republikaner die Kontrolle über beide Kammern des Kongresses, können wir uns sicher sein, dass sie erneut versuchen werden, Obamacare zu kippen und auf diesem Weg 25 Millionen oder 30 Millionen Amerikaner um ihre Krankenversicherung zu bringen. Warum? Weil ihre Bemühungen, das Programm zu sabotieren, nicht zum gewünschten Ziel führen und ihnen die Zeit davonläuft.

Ein völliger Fehlschlag waren die Sabotagebemühungen nicht, so weit würde ich nicht gehen. Die Regierung Trump hat erfolgreich die Versicherungsbeiträge in die Höhe treiben können – und ja, ich spreche ausdrücklich von „erfolgreich", denn das war definitiv das Ziel.

Auch die Einschreibungszahlen bei den Versicherungsbörsen des *Affordable Care Acts* sind seit 2016 rückläufig – wobei der Rückgang nahezu vollständig bei denjenigen Börsen verzeichnet wurde, die von der Regierung Trump betrieben werden, und nicht bei den von den einzelnen Bundesstaaten verantworteten Börsen. Auch die Gesamtzahl an Amerikanern ohne Krankenversicherung steigt wieder, nachdem sie unter Obama dramatisch gesunken war.

Doch was sich die Republikaner erhofft hatten (und was sie geplant hatten), war eine „Todesspirale" rückläufiger Beteiligung und steigender Kosten. Die ständigen Behauptungen, eine derartige Todesspirale stehe kurz bevor, blieben nicht ohne Folgen: Eine Mehrheit der Allgemeinheit glaubt, dass die Börsen zusammenbrechen. Doch von einer Todesspirale weit und breit keine Spur. Tatsächlich hat sich das Programm als bemerkenswert stabil erwiesen, wenn man berücksichtigt, dass es von Menschen verantwortet wird, die es scheitern sehen wollen.

Was ist das Geheimnis hinter der Stabilität von Obamacare? Die Antwort wird niemand glauben wollen, aber die Leute, die das Programm entwickelt haben, waren ausgesprochen klug. Die politischen Realitäten zwangen sie dazu, eine Rube-Goldberg-Maschine zu bauen, ein komplexes Gebilde, das im Grunde einfache Aufgaben erfüllen soll. [Anm. d. Übers.: Rube Goldberg war ein amerikanischer Cartoonist, dessen Figur Professor Butts absurd komplexe Maschinerien für simpelste Aufgaben erdachte.] Jeder progressive Gesundheitsexperte, den ich kenne, hätte nur zu gern Medicare auf die gesamte Bevölkerung ausgedehnt, aber das ging schlichtweg nicht. Was den Machern jedoch gelungen ist, ist die Entwicklung eines Systems, das einige Schläge einstecken kann – auch von einem Weißen Haus, das es darauf anlegt, das System zu zerstören.

Ursprünglich sollte Obamacare auf einem „dreibeinigen Schemel" basieren: Private Krankenversicherungen durften nicht aufgrund von Vorerkrankungen diskriminieren. Einzelpersonen hatten Versicherungen abzuschließen, die gewisse Minimalbedingungen erfüllten (das „individuelle Mandat"), auch wenn sie zum Zeitpunkt des Vertragsabschlusses gesund waren. Und es wurden Subventionen bereitgestellt, um die Beiträge bezahlbar zu halten.

Die Republikaner haben ihr Bestes gegeben bei dem Versuch, eines dieser Beine abzusägen. Noch bevor sie das Mandat kippten, fuhren sie die Öffentlichkeitsarbeit drastisch zurück, um gesunde Amerikaner davon abzuhalten, sich anzumelden.

Das hat zur Folge, dass die Gruppe der Menschen, die sich tatsächlich Versicherungsschutz holen, sowohl kleiner als auch kränker ist, als es normalerweise der Fall gewesen wäre. Versicherer mussten deshalb die Beiträge erhöhen.

Aber da kommen die Zuschüsse ins Spiel.

Im Rahmen des *Affordable Care Acts* sind die ärmsten Amerikaner durch Medicaid abgedeckt, die Beitragsforderungen der privaten Versicherer sind ihnen also egal. Gleichzeitig sind viele Menschen mit höheren Einkommen anspruchsberechtigt, was die Subventionen angeht. Für eine vierköpfige Familie liegt die Grenze bei bis zu 400 Prozent oberhalb der Armutsgrenze oder über 95.000 Dollar. Das betrifft 59 Prozent der Bevölkerung, aber da viele Arbeitnehmer mit besserem Einkommen über ihren Arbeitgeber versichert sind, liegt der Anteil unter denjenigen, die sich anmelden, bei 83 Prozent. Und hier ist der Knackpunkt: Diese Subventionen sind nicht fix. Die Formel setzt die Bezuschussung so hoch an, dass es für den prozentualen Anteil der Beiträge am Einkommen eine Obergrenze gibt.

Das bedeutet: Von den 27 Millionen Amerikanern, die durch die Ausweitung von Medicaid eine Krankenversicherung bekamen oder sich an der Börse Versicherungsschutz kauften, sind nur etwa zwei Millionen von den Beitragserhöhungen betroffen, die die Regierung Trump zu verantworten hat. Das sind immer noch sehr viele Menschen, doch es reicht nicht aus, um eine Todesspirale in Gang zu bringen. Tatsächlich sind die Beiträge nach Subventionen für zahlreiche Menschen sogar gesunken (Stichwort „silver-loading“ … fragen Sie lieber nicht).

Und aus diesem Grund ist die Republikanische Partei sehr, sehr frustriert.

Obamacare hassten die Republikaner von Anfang an – nicht, weil sie mit seinem Scheitern rechneten, sondern weil sie befürchteten, es könne ein Erfolg werden und dadurch beweisen, dass der Staat tatsächlich Dinge tun kann, die das Leben der Menschen verbessern. Und ihr Albtraum wird langsam wahr: Es hat lange gedauert, aber der *Affordable Care Act* wird schließlich doch noch populär. Die Sorge der Allgemeinheit, die Republikanische Partei könne Obamacare zerstören, wächst sich zur ernst zu nehmenden politischen Belastung aus.

Was sagt mir das? Sollte es den Republikanern gelingen, den Kongress zu behalten, werden sie ein weiteres Mal sämtliche Kräfte mobilisieren, um das Gesetz zu zerstören – wohl wissend, dass es vermutlich ihre letzte Gelegenheit ist. Schaffen sie Obamacare nicht rasch aus der Welt, wäre der nächste Schritt vermutlich ein ausgeweitetes Programm, das es Amerikanern allen Alters ermöglicht, sich bei Medicare einzukaufen.

Insofern glauben die Wähler also zu Recht, dass das Gesundheitswesen bei den Zwischenwahlen durchaus ein Thema ist. Vielleicht ist es nicht das wichtigste Thema, um das es geht – es lässt sich mit Fug und Recht behaupten, dass das Überleben der amerikanischen Demokratie auf dem Spiel steht –, aber es ist dennoch ein sehr bedeutsames Thema.

KRANK WERDEN, PLEITEGEHEN, STERBEN

3. September 2018

Seien wir mal ehrlich: Obwohl er im Ruf stand, ein Querdenker zu sein, lebte John McCain den Großteil des letzten Jahrzehnts als sehr orthodoxer Republikaner, der den Kurs seiner Partei mitging, egal welch unverantwortliche Richtung diese auch einschlug. So gab er seine Bemühungen auf, den Klimawandel einzudämmen. Aber mit einer einzigen Handlung machte er vieles wieder gut – er durchkreuzte bei der entscheidenden Abstimmung mit seiner Stimme die Bemühungen der Republikanischen Partei, den *Affordable Care Act* zu kippen. Dieses einzelne „Nein" sorgte dafür, dass zig Millionen Amerikaner ihre Krankenversicherung behalten können – zumindest für den Augenblick. Jetzt ist McCain tot [Anm. d. Übers.: McCain starb am 25. August 2018] und mit ihm, soweit wir es beurteilen können, der letzte Republikaner, der ansatzweise so etwas wie Rückgrat besaß. Das bedeutet: Sollten die Republikaner im November ihre Mehrheit im Kongress verteidigen können, werden sie Obamacare in der Tat kippen. Das ist keine Kaffeesatzleserei, sondern ein ausdrückliches Versprechen, gegeben in der vergangenen Woche von Vizepräsident Mike Pence.

Aber was ist denn aus den Schwierigkeiten geworden, die ähnliche Bemühungen 2017 vereitelten? Natürlich werden die Republikaner während des vergangenen Jahrs über ihre politischen Ideen nachgedacht und sich überlegt haben, wie sie den *Affordable Care Act* zu Fall bringen können, ohne dass gewöhnliche Amerikaner enormen Schaden davontragen werden. Und ganz besonders werden sie darauf achten, dass Menschen mit Vorerkrankungen nicht leiden müssen. Richtig?

Haha, war nur ein Scherz.

Natürlich haben die Republikaner ihre Haltung in der Gesundheitspolitik (oder bei genauerer Betrachtung *irgendeiner* Politik) nicht überdacht. Das liegt zum Teil daran, dass die moderne Republikanische Partei mit Sachen wie Politikanalyse nichts am Hut hat. Demokraten verfügen über ein Netzwerk an Denkfabriken und unabhängigen, ihnen wohlgesonnenen Fachleuten, die kritische Blicke auf Fakten werfen, die versuchen, Lösungen für echte Probleme zu entwickeln, und deren Rückmeldungen gelegentlich tatsächlich Gesetzesentwürfe beeinflussen. Die Republikaner besitzen nichts Vergleichbares. Ihre handzahmen „Fachleute" verdienen ihr Geld in erster Linie damit, dass sie sagen, was ihre politischen Meister hören wollen.

In Sachen Gesundheitswesen reichen die Probleme allerdings noch tiefer. Die Republikanische Partei kann keine Alternative zum *Affordable Care Act* vorlegen, denn es gibt schlichtweg keine Alternative. Obamacare ist der politisch konservativste Weg, will man auch weiterhin Menschen mit Vorerkrankungen schützen – und das ist das Gesundheitsthema, das den Wählern am wichtigsten ist, darunter auch der Hälfte der Republikaner. Die einzigen anderen Optionen wären Dinge wie „Medicare für alle", aber die würden einen deutlichen Linksruck und keinen Ruck nach rechts erfordern.

Gesundheitsökonomen haben das im Laufe der Jahre immer wieder erklärt, aber wie immer ist es schwierig, das jemandem begreiflich zu machen, dessen Gehaltsscheck davon abhängt, es nicht zu begreifen. Aber ich möchte es dennoch ein weiteres Mal versuchen.

Sie wollen, dass eine private Krankenversicherung auch Menschen mit Vorerkrankungen versichert? Dann müssen Sie verbieten, dass aufgrund der medizinischen Vorgeschichte diskriminiert wird. Aber das reicht nicht, denn wenn der Versicherungsschutz für alle gleich viel kostet, werden sich mehr Kranke als Gesunde versichern. Es häufen sich hohe Risiken an und die Beiträge müssen steigen. So geschehen in New York, wo vor Inkrafttreten des Affordable Care Acts die Beiträge für einzelne Versicherungen sehr hoch waren – und nach Inkrafttreten prompt um die Hälfte fielen.

Denn Obamacare ist es gelungen, auch gesunden Menschen einen Anreiz zu geben, eine Krankenversicherung abzuschließen. Zum einen gab es eine Strafe dafür, keinen Versicherungsschutz zu haben (das individuelle Mandat), zum anderen sollten Zuschüsse die medizinischen Ausgaben als Prozentsatz des Einkommens deckeln. Bei ihren Bemühungen, das Gesundheitswesen zu sabotieren, haben die Republikaner das Mandat abgeschafft und erfolgreich die Beiträge steigen lassen. Doch dank dieser Subventionen steht das System noch immer. Noch einmal: Obamacare ist die konservativste Option, Vorerkrankungen zu versichern. Wären den Republikanern die vielen Millionen Amerikaner mit derartigen Erkrankungen wirklich wichtig, würden sie Obamacare unterstützen und sogar versuchen, das System zu stärken.

Stattdessen werden sie ihm den Hahn abdrehen, wenn sie sich in zwei Monaten an der Macht halten sollten. Aber „Versicherungsschutz bei Vorerkrankungen" ist populär, insofern tun sie, als würden sie in dieser Richtung etwas tun, während ihre Vorschläge in Wahrheit nichts dergleichen tun.

Wieso glauben sie, mit einem derart offenkundigen Betrug, denn um nichts anderes handelt es sich hier, durchkommen zu können? Halten sie die Wähler tatsächlich für dumm?

Nun … ja, das tun sie. Bei Wahlkampfveranstaltungen hat Donald Trump verkündet, die Demokraten wollen „Medicare plündern, um für Sozialismus bezahlen zu können".

Das wichtigere Ziel sind jedoch die Nachrichtenmedien. Viele ihrer Mitglieder haben bis heute nicht gelernt, mit der alles durchdringenden Arglist des modernen Konservatismus umzugehen.

Wenn beispielsweise Senator Dean Heller aus Nevada einen Gesetzesentwurf mitträgt, der so tut, als würde er Vorerkrankungen schützen, in Wahrheit aber nichts dergleichen tut, dann hofft Heller auf Schlagzeilen wie: „Heller verkündet Plan zum Schutz von Amerikanern mit Vorerkrankungen." Die alles entscheidende Tatsache – dass sein Gesetz nichts dergleichen bewirken würde – ist irgendwo im 17. Absatz begraben.

Oder besser noch (aus Sicht Hellers): In diesem 17. Absatz heißt es, „einige Demokraten“ würden dieses Gesetz als Täuschungsversuch anprangern, was Republikaner zurückweisen. Man muss ja beide Seiten berücksichtigen, Sie wissen schon …

Als Amerikaner mit bestehender Vorerkrankung oder der Sorge, chronisch zu erkranken, müssen Sie sich der Realität stellen: Die Republikaner haben es auf Ihre Krankenversicherung abgesehen. Setzen sie sich im November durch, wird Krankenversicherung zu bezahlbaren Preisen (vielleicht sogar egal zu welchem Preis) schon in wenigen Monaten der Vergangenheit angehören.

SO KÖNNEN DIE DEMOKRATEN BEI DER KRANKENVERSICHERUNG ABLIEFERN

22. November 2018

New Jersey zeigt, wie es geht. Was dagegen? „Demokraten müssen eine positive Agenda haben und nicht nur gegen Donald Trump sein." Wie oft haben Sie Kommentatoren im Vorfeld der Zwischenwahlen etwas in dieser Art sagen hören? Tatsächlich hört man es weiterhin von Leuten wie Seth Moulton, der (offenbar vergeblich) die Anstrengungen anführt, Nancy Pelosis Wiederwahl zur Sprecherin des Repräsentantenhauses zu verhindern. [Anm. d. Übers.: Moulton zog 2015 für die Demokraten ins Repräsentantenhaus ein.]

Dieser gedankenfaule Vorwurf ist deshalb so nervig, weil er nachweislich und arithmetisch falsch ist. Ja, es stimmt, Trump hat bei allen eine Rolle gespielt, aber in der Wahlwerbung der Demokraten war er erstaunlich abwesend. Eine Befragung des Wesleyan Media Project zeigt, warum die Wahlen von 2018 so besonders waren – nicht, weil es darum ging, wie *viel* die Demokraten über den Chef-Tweeter gesprochen haben, sondern wie *wenig*. Seit 2002 hat keine Oppositionspartei mehr in ihren Anzeigen derart wenige Angriffe auf den Bewohner des Weißen Hauses gefahren.

Worum ging es dann in den Kampagnen, die zu einem Erstarken der Blauen führten? Nun, es ging vor allem um das Gesundheitswesen, dieser Themenkomplex spielte in mehr als der Hälfte aller demokratischen Wahlspots die Hauptrolle. Was uns zu der Frage führt: Die Demokraten haben im Repräsentantenhaus einen großen Erfolg eingefahren und sie waren auf Ebene der Bundesstaaten sehr erfolgreich.

Können sie jetzt mit Blick auf ihr zentrales Wahlkampfthema etwas bewegen?

Ja, können sie.

Tatsächlich haben die Demokraten ein wichtiges Ziel allein dadurch erreicht, dass sie im Repräsentantenhaus die Mehrheit holten – die Abschaffung des *Affordable Care Acts* ist vom Tisch. Okay, die Klage der Republikanischen Partei gegen den Schutz, den das Gesetz bei Vorerkrankungen einräumt, ist weiterhin anhängig und das lange Schweigen des eher zu den Republikanern tendierenden Richters wirkt seltsamer und seltsamer. Aber es wird keine weiteren Versuche durch die Legislative geben, das Gesetz zu kippen.

Andererseits kontrollieren die Republikaner weiterhin Senat und Weißes Haus. Das bedeutet, es wird auch keine großen neuen Gesundheitsgesetze geben. Die Demokraten könnten ihre künftige Agenda erörtern, die wahrscheinlich auch umfasst, dass man Amerikanern unter 65 Jahren in irgendeiner Form anbietet, sich bei Medicare einkaufen zu können.

Es ist wichtig, dass die Demokraten diese Debatte führen. Dass sie 2009/10 eine große Gesundheitsreform stemmen konnten, lag auch daran, dass sie in den zwei Jahren zuvor zentrale Fragen geklärt hatten – anders als die Republikaner 2017, die überhaupt keinen Gedanken daran verschwendet hatten, was es in der Praxis bedeuten würde, dieses Gesetz tatsächlich zu kippen. Für den Moment steckt zumindest Washington in einer Pattsituation (was besser ist als der vorige Zustand!), auf Ebene der Bundesstaaten hingegen kann durchaus etwas geschehen.

Genau genommen hat der *Affordable Care Act* kein landesweites Programm ins Leben gerufen, er hat vielmehr die Regeln für 50 bundesstaatliche Programme festgelegt und die finanziellen Mittel dafür bereitgestellt. Die Staaten wurden ermutigt, eigene Börsen für Krankenversicherungen ins Leben zu rufen, sie konnten sich aber auch mit der Seite des Bunds (www.healthcare.gov) begnügen. 2012 urteilte das Oberste Gericht, die Bundesstaaten könnten eine Ausweitung von Medicaid ablehnen, und tatsächlich entschieden sich viele Staaten gegen die Dollar aus Washington und brachten so ihre eigenen Bürger um die Möglichkeit, eine Krankenversicherung abzuschließen.

Das hat dazu geführt, dass sich – abhängig von der politischen Ausrichtung des jeweiligen Bundesstaats – medizinische Schicksale unterschiedlich entwickelten. 2013, also vor Inkrafttreten des *Affordable Care Acts*, waren in Kalifornien 17,2 Prozent der Bevölkerung ohne Versicherung, was überdurchschnittlich viel war. North Carolina stand etwas besser da, dort lebten „nur“ 15,6 Prozent ohne Krankenversicherung. Bis zum vergangenen Jahr jedoch sank der Anteil in Kalifornien um zehn Prozentpunkte auf 7,2 Prozent, während North Carolina noch immer einen Anteil von über zehn Prozent meldete.

Wie lässt sich der Unterschied erklären? Nun, Kalifornien ist fest in der Hand der Blauen, die Demokraten stellen den Gouverneur und kontrollieren die Legislative. Kalifornien unternahm alles in seinen Kräften Stehende, Obamacare zum Erfolg zu verhelfen: Man weitete Medicaid aus, man betrieb eine eigene Börse und man warb stark dafür, dass sich die Menschen anmelden. Das republikanisch regierte North Carolina tat nichts dergleichen.

Während der vergangenen zwei Jahre ist es noch wichtiger geworden, auf Ebene der Einzelstaaten aktiv zu werden, denn weil die Regierung Trump und ihre Verbündeten im Kongress den *Affordable Care Act* nicht in Gänze kippen konnten, haben sie alles in ihrer Macht Stehende getan, um das Gesetz zu sabotieren. Sie haben das individuelle Mandat eliminiert, das die Menschen zwang, sich auch dann zu versichern, wenn sie noch gesund waren. Sie haben Rückversicherungen gestrichen, die den Krankenversicherern beim Umgang mit ihren eigenen Risiken halfen. Sie haben die Öffentlichkeitsarbeit drastisch zurückgefahren.

All diese Maßnahmen trieben die Beiträge in die Höhe und die Zahl der Neukunden in den Keller.

Aber wenn sie es wollen, können die Bundesstaaten dieses Loch in Trump-Größe schließen.

Wie das gelingen kann, zeigt sich am dramatischsten in New Jersey, wo die Demokraten Ende 2017 die vollständige Kontrolle erlangten und umgehend auf Staatsebene eigene Versionen des Mandats und der Rückversicherung einführten. Die Ergebnisse waren beeindruckend: 2019 sind die Beiträge in New Jersey 9,3 Prozent niedriger als 2018 und liegen nun deutlich unter dem landesweiten Durchschnitt. Trumps Sabotagemaßnahmen zu heilen scheint dem Durchschnittsversicherten Einsparungen von etwa 1.500 Dollar im Jahr gebracht zu haben.

Die Demokraten haben in mehreren Staaten die Kontrolle errungen. Nun können und sollten sie dem Vorbild von New Jersey nacheifern und es, wenn möglich, übertreffen. Warum nicht zum Beispiel auf Staatsebene öffentliche, aus versicherungsmathematischer Sicht vernünftige Alternativen zu privaten Krankenversicherungen einführen?

Worauf ich hinauswill: Die neue Mehrheit im Repräsentantenhaus wird für den Augenblick nicht mehr leisten können, als Obamacare zu verteidigen. Ihre Verbündeten in den Bundesstaaten dagegen können deutlich mehr leisten und die Ziele umsetzen, mit denen die gesamte Partei dieses Jahr geworben hat. Wie man in New Jersey sagt: „Hast du damit etwa ein Problem?“

4

EINE BLASE PLATZT

DIE SUMME ALLER FURCHT

Erinnert sich noch jemand an die Finanzkrise in Asien Ende der 1990er-Jahre? Inzwischen ist so viel geschehen, dass man meinen könnte, wir reden hier über graue Vorzeit. Doch wer sie damals mitverfolgt hat, für den war das ein zutiefst Furcht einflößendes Ereignis, und zwar nicht nur wegen der unmittelbaren Folgen – Billionen Dollar an Werten wurden vernichtet und das Leben von zig Millionen Menschen wurde auf den Kopf gestellt –, sondern auch als Omen.

Gegen 1996 vertrat eine große Mehrheit der Ökonomen (einer davon war ich) die Ansicht, dass die Welt zwar voller Risiken sei, eine ganz bestimmte Art Risiko dank der Fortschritte, die das Wissen der Ökonomen erzielt hatte, jedoch ausgemerzt sei – das Risiko einer Depression wie in den 1930er-Jahren. Das war schließlich auch mit anderen sozialen Missständen so. 1854 erkannte Dr. John Snow, dass sich die damals in London grassierende Cholera zu einem einzigen öffentlichen Brunnen zurückverfolgen ließ. Nachdem den Seuchenforschern klar war, dass die Krankheit über verunreinigtes Wasser übertragen wurde, gehörten Cholera-Epidemien fortan der Vergangenheit an.

Und 1936 erkannte John Maynard Keynes, dass ungenügende Ausgaben und kaskadierende Bankenpleiten Massenarbeitslosigkeit verursachten. Nachdem die politischen Entscheider diese Diagnose endlich verstanden hatten, gehörten Konjunkturrückgänge wie während der Weltwirtschaftskrise fortan der Vergangenheit an.

Natürlich kam es weiterhin zu Rezessionen, sogar zu bösen. 1982 stieg die Arbeitslosenquote in Amerika auf fast elf Prozent. Aber wie die meisten Konjunktureinbrüche seit dem Zweiten Weltkrieg war auch die Rezession eher ein therapeutischer Schock als ein Herzinfarkt. Politische Entscheider hatten sie mehr oder weniger vorsätzlich herbeigeführt, um eine Inflation in den Griff zu bekommen, die aus ihrer Sicht außer Kontrolle zu geraten drohte. Niemand rechnete damit, dass es noch einmal zu „Panikausbrüchen" im alten Stil kommen würde, zu Anstürmen auf die Banken und Firmen, die Bankrott gingen, weil die Leute sich ihr Geld unters Kopfkissen legten, anstatt es zu investieren.

Doch genau das geschah Ende der 1990er-Jahre in Thailand, Malaysia, Indonesien und Südkorea. Japan wurde von einer Krise in Zeitlupe befallen, einer anhaltenden Malaise, dabei galt Japan nur wenige Jahre zuvor noch als aufstrebende wirtschaftliche Supermacht. Viele Beobachter – darunter, wie ich leider eingestehen muss, viel zu viele westliche Ökonomen – taten diese Krisen als Sonderfälle ab, aus denen man keine Lehren ziehen müsse.

Wir anderen dagegen waren zutiefst erschüttert, schließlich handelte es sich bei einigen um vergleichsweise moderne und fortschrittliche Nationen und auch wenn die politischen Entscheider nicht perfekt waren (welche sind das schon?), hatten in diesen Ländern gewiss keine Idioten das Sagen. Vor allem Japan ähnelte uns auf einer sehr grundlegenden Ebene sehr – ein großes, reiches, gebildetes, technologisch fortschrittliches und politisch stabiles Land mit Geldmarkt- und Steuerbehörden, die vielleicht nicht brillant, aber doch kompetent waren. Wenn Japan ein ganzes Jahrzehnt durch Stagnation und Deflation verlieren konnte, warum nicht auch wir?

Ich schrieb damals etwas zu diesen Sorgen, vor allem in einer akademischen Arbeit aus dem Jahr 1998 („It's Baaack: Japan's Slump and the Return of the Liquidity Trap"), die aus meiner Sicht die Zeit gut überdauert hat, und 1999 in dem Buch *The Return of Depression Economics* (dt.: *Die große Rezession: Was zu tun ist, damit die Weltwirtschaft nicht kippt*, Campus, 1999). Andere schlugen ebenfalls Alarm, darunter ein Princeton-Professor namens Ben Bernanke [Anm. d. Übers.: Bernanke war von 2006 bis 2014 Präsident der US-Notenbank]. Aber nicht viele wollten seinerzeit etwas davon hören.

Und trotzdem nahmen mit der Zeit die Parallelen zwischen uns und Japan weiter zu. Um das Jahr 2005 wuchs bei mir und vielen anderen (aber nicht ausreichend vielen) die Sorge, es könnte sich eine gewaltige Immobilienblase gebildet haben. Sollte diese Blase platzen, würde es schlimm werden, so viel war offensichtlich – doch wie sich herausstellen sollte, kam es deutlich schlimmer, als es die allermeisten erwartet hätten. Jahrelange Deregulierung der Finanzmärkte und die finanztechnischen „Innovationen" (häufig handelte es sich vor allem um Wege, die Regulierung zu umgehen) hatten zu einem Bankensystem geführt, das auf seine eigene moderne Hightech-Weise genauso panikanfällig war, wie es das Bankensystem am Vorabend der Weltwirtschaftskrise gewesen war.

Und die Panik brach aus.

In den Kolumnen in diesem Abschnitt beschreibe ich, wie mich und andere immer stärker das Gefühl befiel, dass etwas ganz furchtbar schieflief, und welche Trugschlüsse wir überwinden mussten, als die von uns befürchteten Dinge tatsächlich eintraten. Die Frage lautete nun: Was ist zu tun? Aber mehr dazu im anschließenden Kapitel.

BLASEN SIND AUS

27. Mai 2005

Erinnern Sie sich noch an die Blase am Aktienmarkt? Seit 2000 ist dermaßen viel geschehen, dass es gefühlte Ewigkeiten her ist. Aber eine Handvoll Pessimisten, allen voran Stephen Roach von Morgan Stanley, vertritt die Ansicht, wir hätten für unsere früheren Exzesse noch nicht ausreichend Buße getan.

Ich konnte diese Einschätzung niemals völlig teilen, aber wenn ich mir den Immobilienmarkt ansehe, komme ich doch ins Grübeln.

Im Juli 2001 prognostizierte Paul McCulley, Ökonom beim gewaltigen Anleihefonds Pimco, dass die US-Notenbank schlicht eine Blase durch eine andere ersetzen werde. McCulley schrieb: „Falls erforderlich, kann die Fed bei den Hauspreisen eine Blase erschaffen, die den amerikanischen Hedonismus am Leben erhält. Der Platz ist da und ich glaube, die Fed hat auch den Willen dazu, auch wenn die politische Korrektheit es erfordern würde, dass Greenspan derartige Absichten bestreitet."

Und genau wie McCulley es vorhergesagt hat, ließen Zinssenkungen die Immobilienpreise in die Höhe schießen. Das wiederum führte nicht nur zu einem Bauboom, sondern auch zu hohen Verbraucherausgaben, denn die Hausbesitzer nutzten das Mittel der Hypothekenrefinanzierung dazu, sich noch weiter zu verschulden. All dies schuf Jobs, die die Arbeitsplatzverluste wettmachten, die beim Platzen der Aktienmarktblase entstanden waren.

Bleibt die Frage, wodurch die Immobilienblase ersetzt werden kann.

Niemand hat geglaubt, dass sich die Wirtschaft ewig auf Hauskäufer und Rückfinanzierer verlassen kann, aber es bestand zumindest die

Hoffnung, dass man, sollte der Immobilienboom enden, auch nicht mehr so stark auf ihn angewiesen sein würde.

Doch obwohl der Immobilienboom länger gedauert hat, als es sich irgendjemand hatte vorstellen können, würde die Wirtschaft doch arg ins Schlingern geraten, käme er zum Ende. Sollte sich das hektische Tempo beim Hausbau abkühlen und sollten die Verbraucher nicht mehr ihre Heime beleihen, würde sich das Wirtschaftswachstum drastisch verlangsamen. Sollten die Hauspreise sogar fallen, hätten wir es mit einem sehr unschönen Szenario zu tun, bei dem sowohl die Bauaktivität als auch die Verbraucherausgaben einbrechen würden. Die Wirtschaft würde sofort wieder in eine Rezession stürzen.

Aus diesem Grund sind auch die Anzeichen dafür, dass Amerikas Immobilienmarkt ähnlich wie der Aktienmarkt zum Ende des vorigen Jahrzehnts in die abschließenden, fieberhaften Phasen einer Spekulationsblase eintritt, dermaßen unheilvoll.

Noch beharren einige Analysten darauf, dass an den Hauspreisen nichts ungewöhnlich sei, aber irgendjemand wird sich immer einen Grund überlegen, warum vermeintlich absurde Preise Sinn ergeben sollen. Erinnern Sie sich noch an „Dow 36.000"? [Anm. d. Übers.: James Glassman und Kevin Hassett prognostizierten 1999 in ihrem Buch *Dow Jones 36.000: Warum die Aktien weiter steigen* ein Ansteigen des Dow Jones Index auf 36.000 Punkte innerhalb weniger Jahre.] Robert Shiller, der in seinem Buch *Irrationaler Überschwang* derartige Überlegungen kritisierte und die Aktienmarktblase zu Recht anprangerte, hat die Neuauflage um eine unheilvolle Analyse des Immobilienmarkts ergänzt. Er sagt, bei der Blase auf dem Immobilienmarkt könnte es sich um „die größte Blase der amerikanischen Geschichte" handeln.

In Teilen des Landes grassiert ein Spekulationsfieber bei Menschen, die nicht spekulieren sollten – ein Phänomen, das aus früheren Blasen allzu vertraut scheint: In den 1920er-Jahren waren es die Schuhputzer mit den Aktientipps, in den 1990er-Jahren waren es die Bier-und-Pizza-Läden, in denen auf den Fernsehern nicht etwa Sportübertragungen liefen, sondern Finanzberichterstattung.

Selbst Alan Greenspan räumt inzwischen ein, auf dem Immobilienmarkt seien „Charakteristika von Blasen“ zu beobachten, jedoch „nur in bestimmten Bereichen“. Und es stimmt, dass sich die verrücktesten Signale auf einige wenige Gebiete wie die Küstenregionen Floridas und Kaliforniens konzentrieren.

Aber wir sprechen hier nicht von kleinen Ecken des Landes, sondern von großen, wohlhabenden Regionen, insofern sieht der nationale Immobilienmarkt insgesamt doch recht stark nach einer Blase aus. Viele Hauskäufe erfolgen spekulativ. Der Verband der Immobilienmakler schätzt, dass 23 Prozent der im vergangenen Jahr verkauften Häuser als Investition erworben wurden und nicht, um darin zu leben. Und das Magazin *Business Week* schreibt, 31 Prozent der neuen Hypotheken sind Festhypotheken, was dafürspricht, dass die Menschen ihre Finanzen ausreizen.

In diesem Zusammenhang ist es wichtig, sich in Erinnerung zu rufen, dass das Platzen der Aktienmarktblase vielen Menschen Schaden zufügte, nicht nur jenen, die Aktien kurz vor deren Höchststand kauften. Im Sommer 2003 arbeiteten drei Millionen Menschen weniger im privaten Sektor als 2001 während des Höchststands. Und die Jobverluste wären deutlich schlimmer ausgefallen, wäre die Aktienmarktblase nicht rasch durch eine Immobilienblase abgelöst worden.

Was wird geschehen, wenn die Immobilienblase platzt? Es wird wieder ganz genauso ablaufen, sofern die Fed nicht etwas findet, was den Platz der Blase einnehmen kann. Schwer vorstellbar, was das sein könnte, schließlich beruht die Fähigkeit der Fed, die Wirtschaft zu steuern, vor allem auf ihrer Fähigkeit, für Auf- und Abschwünge auf dem Immobilienmarkt zu sorgen. Rutscht der Immobilienmarkt nach einer Blase in eine Krise, was bleibt dann?

Roach glaubt, der vermeintliche Erfolg der Fed nach 2001 sei nichts als ein Trugbild gewesen und habe die Probleme einfach nur in die Zukunft verschoben. Ich hoffe, er irrt sich, aber der Fed gehen offenbar die Blasen aus.

DIESES ZISCHEN

8. August 2005

So wird die Blase enden: nicht mit einem Knall, sondern mit einem Zischen.

Die Immobilienpreise bewegen sich viel langsamer als die Aktienkurse. Es gibt keine Schwarzen Montage, an denen die Preise um 23 Prozent einbrechen. Tatsächlich steigen die Preise häufig auch dann eine Zeit lang weiter, wenn die Immobilienblase längst geplatzt ist.

Dass die Blase auf dem amerikanischen Immobilienmarkt nicht mehr existiert, wird sich also nicht an nachgebenden Preisen ablesen lassen, sondern an fallenden Verkäufen und steigenden Lagerbeständen, während die Verkäufer Preise aufrufen, die die Käufer nicht länger zu zahlen bereit sind. Dieser Prozess hat möglicherweise bereits begonnen.

Natürlich bestreiten einige Leute weiterhin, dass es auf dem Immobilienmarkt überhaupt eine Blase gibt. Ich möchte Ihnen nun erklären, woher wir wissen, dass diese Menschen sich irren.

Ein Beweis ist das rauschartige Gefühl rund um das Thema Immobilien, ein Gefühl, das unausweichlich an die Börsenraserei von 1999 erinnert. Selbst einige der Akteure sind dieselben. Die Autoren des Bestsellers *Dow Jones 36.000* aus dem Jahr 1999 gehören nun zu den lautstärksten Vertretern der Ansicht, es gebe keine Immobilienblase.

Dann sind da die Zahlen. Viele Leugner von Immobilienblasen verweisen auf die durchschnittlichen Preise für das Land insgesamt, die zwar beunruhigend aussehen, aber nicht komplett verrückt. Wenn es um den Immobilienmarkt geht, sind die Vereinigten Staaten in Wirklichkeit aber zwei eigenständige Länder – „Flatland“ und die „Zoned Zone“.

Flatland bedeckt die Mitte des Landes und es ist dort einfach, ein Haus zu bauen. Steigt die Nachfrage nach Immobilien, breiten sich Flatlands Metropolregionen, in denen es so etwas wie eine traditionelle Innenstadt nicht gibt, einfach ein wenig weiter aus. Das führt dazu, dass Hauspreise vor allem durch die Baukosten vorgegeben werden. In Flatland könnte so etwas wie eine Immobilienblase gar nicht erst entstehen.

Die Zoned Zone hingegen liegt an den Küsten und hier kommen eine hohe Bevölkerungsdichte und Einschränkungen der Nutzung des potenziellen Baulands zum Tragen und erschweren den Bau neuer Häuser. [Anm. d. Übers.: Ein Flächennutzungsplan heißt im Englischen „zoning plan", deshalb „Zoned".] Sind die Menschen bereit, mehr Geld für Häuser auszugeben, weil beispielsweise die Hypothekenzinsen gefallen sind, werden einige Häuser gebaut, aber es steigt auch der Preis bestehender Häuser. Und glauben die Menschen, dass der Preisanstieg anhalten wird, sind sie bereit, mehr auszugeben. Damit treiben sie die Preise noch höher und so weiter. Anders gesagt: In der Zoned Zone ist man anfällig für Immobilienblasen.

Und die Immobilienpreise in der Zoned Zone sind nicht nur deutlich rascher angestiegen als der landesweite Durchschnitt, sie sprechen auch ganz deutlich für eine Blase.

Im Land insgesamt sind die Immobilienpreise zwischen dem ersten Quartal 2000 und dem ersten Quartal 2005 um etwa 50 Prozent gestiegen. Aber in dieser Rechnung werden die Ergebnisse aus Flatland-Metropolregionen wie Houston und Atlanta, wo die Preise um 26 beziehungsweise 29 Prozent geklettert sind, mit den Zahlen aus Zoned-Zone-Regionen wie New York, Miami und San Diego vermischt, wo die Preise um 77, 96 und 118 Prozent zulegten.

Niemand würde San-Diego-Preise bezahlen, wenn er nicht daran glauben würde, dass die Preise weiter steigen werden. Die Mieten kletterten deutlich langsamer als die Kaufpreise. Laut dem Bureau of Labor Statistics, einer Abteilung des Arbeitsministeriums, ist der Faktor „Owners' Equivalent Rent" („kalkulatorische Eigenmieten") zwischen Ende 1999 und Ende 2004 nur um 27 Prozent gestiegen. *Business Week* schreibt, 2004 hätten die Mietkosten für ein Haus in San Diego bloß 40 Prozent dessen betragen, was für den Besitz eines vergleichbaren Hauses fällig geworden wäre – sogar unter Berücksichtigung der niedrigen Hypothekenzinsen. Insofern ergibt es nur dann Sinn, sich in San Diego etwas zu kaufen, wenn man glaubt, dass die Preise weiterhin rasch ansteigen werden und große Kapitalgewinne zu erwarten sind. Das ist ziemlich genau die Definition einer Blase.

Blasen enden, wenn die Menschen nicht länger fest an große Kapitalgewinne glauben. Das war auch am Ende der vorigen Immobilienblase in San Diego der Fall: Nachdem die Hauspreise rasch angestiegen waren, erreichten sie 1990 ihren Höhepunkt. Schon bald gab es auf dem Markt ein Überangebot und die Preise begannen zu fallen. 1996 waren sie inflationsbereinigt etwa 25 Prozent niedriger.

Und das passiert gerade jetzt in San Diego nach einem Anstieg der Hauspreise, der den Boom der 1980er-Jahre deutlich in den Schatten stellt. Die Zahl der Einfamilienhäuser und Eigentumswohnungen auf dem Markt hat sich im Verlauf des vergangenen Jahrs verdoppelt. „Immobilien, die sich vor ein, zwei Jahren buchstäblich noch über Nacht verkauften – in vielen Fällen begleitet von Bieterkriegen –, werden nun wochenlang angeboten", schreibt die *Los Angeles Times*. Und Ähnliches geschieht auf anderen, ehemals heißen Märkten.

Die amerikanische Wirtschaft ist mittlerweile stark abhängig von der Blase auf dem Immobilienmarkt. Die wirtschaftliche Erholung verlief seit 2011 in vielerlei Hinsicht enttäuschend, aber ohne die stark gestiegenen Ausgaben im Wohnungsbau und eine vor allem auf der Hypothekenrefinanzierung basierende Zunahme der Verbraucherausgaben wäre überhaupt nichts passiert. Hatte ich bereits erwähnt, dass die Sparrate auf null gefallen ist?

Wenn wir jetzt ein Zischen hören, dann liegt es daran, dass die Luft aus der Blase entweicht. Das sollte nicht nur jenen, die eine Immobilie in der Zoned Zone besitzen, Sorge bereiten, sondern uns allen.

WIR INNOVIEREN UNS IN DIE FINANZKRISE

3. Dezember 2007

Die Finanzkrise, die im vergangenen Spätsommer begann und im September und Oktober eine kurze Pause eingelegt hatte, ist wieder da – mit richtig Schwung.

Wie schlimm steht es? Nun, ich habe noch nie gesehen, dass Finanz-Insider dermaßen erschreckt durch die Gegend liefen – nicht einmal während der Asienkrise 1997/98, als scheinbar rund um die Welt Volkswirtschaften wie Dominosteine zu fallen begannen.

Die Marktakteure scheinen dieses Mal wirklich entsetzt zu sein – denn plötzlich ist ihnen klar geworden, dass sie das komplexe Finanzsystem, das sie erschaffen haben, nicht begreifen.

Bevor ich darauf eingehe, möchte ich jedoch darüber sprechen, was gerade geschieht. Für die Finanzmärkte sind Kredite – Leihgeschäfte zwischen Marktteilnehmern – das, was für Automotoren das Motorenöl ist. Für die Märkte und die Wirtschaft insgesamt ist die Fähigkeit, sich kurzfristig Geld borgen zu können (das, was manche Leute meinen, wenn sie von „Liquidität" sprechen), ein zentraler Schmierstoff.

Aber die Liquidität wird knapper. Einige Kreditmärkte haben praktisch den Laden dichtgemacht. Auf anderen Märkten – wie dem in London, auf dem sich Banken gegenseitig Geld leihen – sind die Zinsen gestiegen, obwohl die Zinssätze für amerikanische Staatsschulden (die weiterhin als sicher gelten) in den Keller gerauscht sind.

„Im Grunde beobachten wir hier den Zusammenbruch unseres modernen Bankensystems, einem Komplex gehebelter Kreditgeschäfte, die dermaßen schwer zu begreifen sind, dass der Federal-Reserve-Chairman Ben Bernanke Mitte August sein Wissen persönlich bei Hedgefonds-Managern auffrischen musste", sagt Bill Gross vom Anleihemanager Pimco.

Sollte der Stillstand der Finanzmärkte länger Bestand haben, wird es zu einer deutlichen Reduzierung der gesamten Darlehenstätigkeit kommen, was dazu führt, dass sich die Investitionsaktivitäten der Unternehmen in dieselbe Richtung entwickeln wie das Baugeschäft. Das Resultat wäre eine Rezession, möglicherweise eine hässliche.

Dem Austrocknen der Liquidität liegt ein Zusammenbruch des Vertrauens zugrunde: Die Marktakteure wollen sich gegenseitig kein Geld mehr leihen, weil sie nicht sicher sind, ob sie es auch tatsächlich zurückerhalten.

Dieser Wegfall des Vertrauens lässt sich unmittelbar auf das Platzen der Immobilienblase zurückführen. Die Explosion der Hauspreise ergab noch weniger Sinn als die Dotcom-Blase – es gab ja noch nicht einmal eine glanzvolle technische Neuerung, mit der sich argumentieren ließ, dass alte Regeln nicht mehr gelten –, aber irgendwie akzeptierten die Finanzmärkte verrückte Hauspreise als das neue Normal. Und als die Blase platzte, erwiesen sich jede Menge Investitionen, die mit der höchsten Bonität ausgewiesen worden waren, als Ramsch. Dadurch haben „Super-Senior"-Ansprüche auf Subprime-Hypotheken seit Juli ein Drittel ihres Marktwerts eingebüßt, dabei handelt es sich um Investitionen, die ein Erstzugriffsrecht auf alle Zahlungen haben, die Nehmer von Immobiliendarlehen leisten, insofern hatte man geglaubt, man würde selbst dann sein Geld in Gänze zurückbekommen, wenn ein ansehnlicher Anteil dieser Schuldner in Zahlungsverzug gerät.

Doch was das Vertrauen wirklich untergraben hat, ist, dass niemand weiß, wo der finanzielle Giftmüll vergraben liegt. Die Citigroup hätte nicht mit zweistelligen Milliardenbeträgen im Subprime-Geschäft investiert sein sollen. War sie aber. Floridas Local Government Investment Pool, eine Einrichtung, die als Bank für die Schuldistrikte des Bundesstaats fungiert, sollte risikofrei sein. War sie aber nicht und jetzt fehlt den Schulen das Geld, um ihre Lehrkräfte zu bezahlen.

Wie konnte die Lage so undurchsichtig werden? Wegen der „Finanzinnovationen" – ein Begriff, der Investoren künftig eine Heidenangst einjagte.

Der Gerechtigkeit halber muss man dazu sagen, dass einige Finanzinnovationen gut sind. Ich würde nicht gern zu den Zeiten zurückkehren, als Gehaltskonten keine Zinsen brachten und man am Wochenende kein Geld abheben konnte.

Aber die Innovationen der jüngeren Vergangenheit, diese Buchstabensuppe aus CDOs, SIVs, RMBS und ABCP, hat man uns mit falschen Behauptungen untergejubelt. Auf diese Weise könne man Risiken streuen und Investitionen sicherer machen, hieß es. Stattdessen sorgten sie dafür, dass sich Konfusion breitmachte und Investoren dazu verleitet wurden, mehr Risiken einzugehen, als ihnen bewusst war – während sie ihren Schöpfern Reichtümer bescherten, die diese nicht zurückzahlen mussten, als alles in die Brüche ging.

Warum ließ man das zu? Auf einer abstrakten Ebene war das Problem ideologischer Natur, glaube ich: Weil sie sich der Ansicht verschrieben hatten, der Markt habe immer recht, ignorierten politische Entscheider einfach die Alarmsignale. Wir wissen, dass Alan Greenspan Warnungen von Fed-Vorstand Edward Gramlich bezüglich einer möglichen Subprime-Krise ignorierte.

Der Glaube an die Magie der freien Marktwirtschaft stirbt nur langsam aus. Erst vor wenigen Wochen räumte Finanzminister Henry Paulson gegenüber dem Magazin *Fortune* ein, dass Finanzinnovationen zu schnell für eine Regulierung gewesen seien … nur um dann hinzuzufügen: „Ich glaube nicht, dass wir es andersherum würden haben wollen." Ist das Ihre endgültige Antwort, Herr Minister?

Paulsons neuer Vorschlag soll Kreditnehmern helfen, ihre Hypothekenzahlungen neu zu verhandeln und Zwangsvollstreckungen zu vermeiden. Das klingt grundsätzlich nach einer guten Idee, allerdings kennen wir noch keine Einzelheiten. Realistisch betrachtet wird diese Maßnahme am Subprime-Problem jedoch so gut wie gar nichts ändern.

Unterm Strich steht, dass die Politik der Finanzbranche freie Hand beim Innovieren ließ – und die Finanzbranche diese Freiheit genutzt hat, um sich und uns alle in ein gewaltiges, hässliches Schlamassel zu innovieren.

DIE MADOFF-WIRTSCHAFT

19. Dezember 2008

Dass sich Bernard Madoff, der brillante Investor (zumindest hielt ihn fast jeder dafür) und Säule der Gemeinschaft, als Betrüger erwies, schockierte die Welt, was verständlich ist. 50 Milliarden Dollar – das Ausmaß seines angeblichen Schneeballsystems ist nur schwer zu begreifen.

Höchstwahrscheinlich bin ich nicht der Einzige, der sich nun die naheliegende Frage stellt: Inwieweit unterscheidet sich Madoffs Geschichte von der Geschichte der Investmentbranche als solche?

Die Branche der Finanzdienstleister hat im Verlauf der vergangenen Generation einen immer größeren Anteil des nationalen Einkommens in Beschlag genommen und die Menschen, die in der Branche das Sagen haben, dabei unglaublich reich gemacht. Aber zum jetzigen Zeitpunkt wirkt es, als hätten weite Teile der Branche eher Wert vernichtet als ihn erschaffen. Und es geht hier nicht allein um Geld: Die gewaltigen Reichtümer, die diejenigen angehäuft haben, die anderer Leute Geld verwalteten, hatten einen korrumpierenden Effekt auf unsere Gesellschaft insgesamt.

Fangen wir mit diesen Gehaltsschecks an. Der durchschnittliche Verdienst der Beschäftigten im Bereich „Wertpapiere, Warenverträge und Investitionen“ war im vergangenen Jahr mehr als vier Mal so hoch wie der durchschnittliche Verdienst in der restlichen Wirtschaft. Eine Million zu machen war nichts Besonderes, und selbst Einkommen von 20 Millionen Dollar oder mehr waren nicht allzu ungewöhnlich. Die Einkommen der reichsten Amerikaner sind während der vergangenen Generation explodiert, während die Löhne der gewöhnlichen Arbeiter stagnierten. Die hohen Gehälter an der Wall Street trugen entscheidend zu dieser Entwicklung bei.

Aber diese Finanzcracks waren doch ihre Millionen gewiss wert, oder? Nein, nicht unbedingt. Das Lohnsystem an der Wall Street belohnt bereits üppig für den Anschein von Profit, und zwar selbst dann, wenn sich dieser Anschein im Nachhinein als Illusion erweisen sollte.

Nehmen wir als hypothetisches Beispiel einen Finanzverwalter, der das Vermögen seines Kunden mit reichlich Schulden hebelt und die auf diese Weise aufgepumpte Summe in hochrentable, aber riskante Vermögenswerte steckt, beispielsweise in durch Hypotheken gesicherte Wertpapiere fraglicher Bonität. Er (und in nahezu allen Fällen handelt es sich um einen „Er“) wird eine Zeit lang enorme Gewinne machen und enorme Boni einstreichen – etwa während sich eine Immobilienblase weiter aufbaut. Dann platzt die Blase und seine Investition verwandelt sich in Giftmüll. Seine Anleger verlieren in großem Stil – er aber behält seine Boni.

Okay, vielleicht war mein Beispiel doch nicht so hypothetisch.

Inwiefern unterscheidet sich das, was die Wall Street insgesamt tat, also von der Madoff-Affäre? Nun, Madoff hat angeblich einige Schritte ausgelassen und das Geld seiner Kunden einfach gestohlen, anstatt hohe Gebühren dafür einzustreichen, dass er Investoren Risiken aussetzte, die diese nicht verstanden. Und während es sich bei Madoff anscheinend um jemand handelt, der wusste, dass er betrügt, glauben viele Leute an der Wall Street ihrem eigenen Hype. Das Endergebnis ist allerdings (abgesehen vom Hausarrest) dasselbe: Die Geldverwalter wurden reich, das Geld der Investoren war futsch.

Wir sprechen hier über viel Geld. Der Finanzsektor machte in den vergangenen Jahren acht Prozent des amerikanischen BIP aus, eine Generation davor lag der Anteil noch bei fünf Prozent. Wenn diese zusätzlichen drei Prozentpunkte für die Katz waren – und das waren sie vermutlich – reden wir hier über jährlich 400 Milliarden Dollar an Verschwendung, Betrug und Missbrauch.

Aber die Kosten für das amerikanische Zeitalter der Schneeballsysteme reichten zweifelsfrei über die direkte Verschwendung von Dollar- und Cent-Beträgen hinaus.

Auf ihrer primitivsten Stufe haben die unrechtmäßig erworbenen Gewinne der Wall Street die politische Landschaft korrumpiert und tun es bis zum heutigen Tag, wobei sich das brav auf beide Parteien verteilt. In der Regierung Bush war es Christopher Cox, der als Vorsitzender der Börsenaufsicht SEC die Augen vor zunehmenden Belegen für Finanzbetrug verschloss, aber die Demokraten haben das empörende Steuerschlupfloch auch noch nicht gestopft, das Managern bei Hedgefonds und Beteiligungsgesellschaften bevorteilt (Hallo, Senator Schumer). Kurzum: Wenn das große Geld gesprochen hat, hat die Politik gekuscht. [Anm. d. Übers.: Der Demokrat Charles „Chuck" Schumer sitzt für den Bundesstaat New York im US-Senat.]

Und wer kann sagen, wie sehr die magnetische Anziehungskraft der Vorstellung, rasch zu persönlichem Wohlstand zu gelangen, der Zukunft unserer Nation geschadet hat? Jahrelang hat dieser Traum unsere besten und klügsten jungen Menschen ins Investmentbanking gelockt, was zulasten von Wissenschaft, öffentlichem Dienst und so ziemlich allem anderen ging.

Vor allem jedoch haben die gewaltigen Reichtümer, die in unserer aufgeblähten Finanzindustrie verdient wurden (vielleicht sollte man „unverdient verdient" sagen), unser Gefühl für Realität untergraben und unser Urteilsvermögen geschwächt.

Bedenken Sie allein, wie nahezu jede wichtige Person die Warnsignale einer aufziehenden Krise nicht erkannte. Wie war das möglich? Wie konnte sich beispielsweise ein Alan Greenspan noch vor wenigen Jahren hinstellen und erklären: „Das Finanzsystem insgesamt ist widerstandsfähiger geworden" – noch dazu ausgerechnet durch Derivate?! Ich glaube, selbst die Elite ist nicht immun dagegen, Männer zu vergöttern, die viel Geld verdienen, und ihnen automatisch zu unterstellen, sie wüssten schon, was sie tun.

Schließlich war genau das der Grund, warum so dermaßen viele Menschen Madoff vertrauten. Nun stehen wir vor den Trümmern und versuchen zu begreifen, wie die Dinge so rasch so enorm aus dem Ruder laufen konnten. Dabei ist die Antwort ganz einfach: Die Welt hat den Madoff gemacht und jetzt sehen wir, wohin das führt.

DIE IGNORANZ-STRATEGIE

Blog der *New York Times*

27. April 2013

Vor einiger Zeit beschrieb Noah Smith eine weitverbreitete Strategie für den Fall, dass man gegen die keynesianische Ökonomielehre im Allgemeinen und mich im Speziellen argumentieren wolle: „Geben Sie sich einfach stur als ignoranter Einfaltspinsel." Am besten funktioniert diese Strategie wie immer natürlich dann, wenn Sie gar nicht so tun müssen, als ob, sondern tatsächlich ein ignoranter Einfaltspinsel sind.

Das bringt mich zur Wutrede von Ken Langone, der auf meine Argumentation wie folgt reagiert: „Lassen wir doch den ganzen Mist mit diesen großtönenden Gedanken und Ideen weg. Sie wissen doch, was sonst mit den Leuten geschieht – ihr Blick wird ganz glasig. Ich habe verdammt noch mal nicht die geringste Ahnung, wovon er da spricht." [Anm. d. Übers.: Kenneth Langone ist ein milliardenschwerer Geschäftsmann und Großspender der Republikaner.]

Ich glaube, abgesehen von alten Schwarz-Weiß-Western ist dies das erste Mal, dass ich jemanden „großtönend" habe sagen hören.

Autsch, meine Eitelkeit ist getroffen. Ich gebe mich gern dem Glauben hin, dass ich recht gut darin bin, ökonomisch so einfach wie möglich zu argumentieren und meine Argumente in verständlicher Sprache zu vermitteln. Zugegeben, so etwas Einfaches wie „Die Menschen müssen den Gürtel enger schnallen, deshalb sollte auch der Staat seinen Gürtel enger schnallen" werde ich niemals hinbekommen, aber das liegt daran, dass die Welt nicht so einfach ist und einige Sätze zwar hervorragend klingen, aber schlicht falsch sind.

Ich weiß nicht, ob Langone tatsächlich so dumm ist, wie er sich anhört, aber ich würde vermuten, dass er es nicht ist. Ihn verrät, dass er versucht, wie „der Mann von der Straße" zu klingen, er sich dabei aber wie ein Schauspieler in einem 1950er-Jahre-B-Movie anhört. Aber vielleicht ist es trotz alledem eine gute Gelegenheit, noch einmal darzulegen, was tatsächlich in der Wirtschaft vor sich geht und warum ich mich für bestimmte Dinge starkmache.

Also, der Reihenfolge nach:

1. Die Wirtschaft ist nicht wie eine eigenständige Familie, welche die Summe X verdient und die Summe Y ausgibt, ohne dass zwischen den beiden Summen ein Zusammenhang besteht. Meine Ausgaben sind Ihr Einkommen und Ihre Ausgaben sind mein Einkommen. Geben Sie weniger Geld aus und gebe ich weniger Geld aus, dann verdienen Sie weniger und ich verdiene weniger.
2. Wir befinden uns jetzt in einer Situation, in der viele Menschen ihre Ausgaben zurückgefahren haben, entweder aus freiem Willen oder weil sie von ihren Gläubigern dazu gezwungen wurden. Parallel dazu sind vergleichsweise wenig Menschen willens, mehr Geld auszugeben. Das Ergebnis: gesunkene Einkommen und eine angeschlagene Konjunktur, in der Millionen Menschen keine Arbeit finden, obwohl sie gern welche hätten.
3. Diese Situation ist kein Dauerzustand, aber solange wir uns in diesem Zustand befinden, *steht der Staat nicht in Konkurrenz zum privaten Sektor*. Kauft der Staat etwas, verbraucht er dabei keine Ressourcen, die ansonsten Waren für die Privatwirtschaft produzieren würden. Der Staat setzt vielmehr ungenutzte Ressourcen ein. Nimmt der Staat Kredite auf, verdrängt er dabei nicht privates Kreditgeschäft, sondern er setzt ungenutzte Mittel ein. Infolgedessen befinden wir uns jetzt in einer Situation, in der der Staat mehr Geld ausgeben sollte, nicht weniger. Ignorieren wir diese Erkenntnis und senken stattdessen die Staatsausgaben, dann wird die Wirtschaft schrumpfen und die Arbeitslosigkeit zunehmen. Tatsächlich werden dann auch die privaten Ausgaben schrumpfen, weil die Einkommen sinken.

4. Diese Betrachtungsweise unserer Probleme hat während der vergangenen vier Jahre zu korrekten Prognosen geführt, während abweichende Einschätzungen völlig danebenlagen. Haushaltsdefizite haben keineswegs zu einem rasanten Anstieg der Zinsen geführt (und das „Gelddrucken" der Fed hat keine Inflation ausgelöst). Sparpolitik hat fast überall, wo sie ausprobiert wurde, Konjunkturrückgänge nur noch stark verschlimmert.
5. Stimmt, auch der Staat muss irgendwann einmal seine Rechnungen begleichen. Aber Ausgabenkürzungen und/oder Steuererhöhungen sollten warten, bis die Wirtschaft nicht länger in der Krise steckt und die Privatwirtschaft bereit ist, ausreichend Geld auszugeben, um für Vollbeschäftigung zu sorgen.

Ist das unglaublich kompliziert? Nein, finde ich nicht. Ich schätze, jemand wie Langone würde jetzt erwidern, dass er dieses ganze Gewäsch nicht kapiert. Aber sofern er nicht wirklich dumm ist (was ich, wie gesagt, bezweifele), würde er das nur sagen, weil er es nicht begreifen will.

KEINER VERSTEHT SCHULDEN

9. Februar 2015

Viele Ökonomen, darunter auch Janet Yellen, sehen in den wirtschaftlichen Problemen, die die Welt seit 2008 plagen, vor allem eine Geschichte des „Deleveraging" – einen gleichzeitigen Versuch nahezu aller Schuldner, ihre Verbindlichkeiten zu reduzieren. [Anm. d. Übers.: Janet Yellen leitete von 2014 bis 2018 die Fed.]

Warum ist Deleveraging ein Problem? Weil meine Ausgaben Ihr Einkommen darstellen und Ihre Ausgaben mein Einkommen. Wenn alle gleichzeitig ihre Ausgaben kappen, sinken rund um die Welt die Einkommen.

Yellen formulierte es 2009 so: „Vorsichtsmaßnahmen, die für Einzelpersonen und Firmen klug sein mögen – und tatsächlich entscheidend dazu beitragen, dass die Wirtschaft zu einem Normalzustand zurückkehren kann –, verstärken dessen ungeachtet die Notlage der Volkswirtschaft insgesamt."

Wieviel Fortschritt haben wir denn überhaupt bei der Rückkehr zu diesem viel beschworenen „Normalzustand" erzielt? Überhaupt keinen, denn wissen Sie: Die politischen Entscheider machen ihr Handeln von einer falschen Einschätzung dessen abhängig, worum es beim Verschulden überhaupt geht, und ihre Versuche, das Problem zu verkleinern, haben es nur noch schlimmer gemacht.

Zunächst einmal die Fakten: Vergangene Woche veröffentliche das McKinsey Global Institute einen Bericht („Debt and (Not Much) Deleveraging"), in dem kurz gesagt festgestellt wurde, dass keine Nation ihre Gesamtverschuldung als Anteil des BIP verringert hat. In einigen

Ländern ist die Haushaltsverschuldung gesunken, insbesondere in den Vereinigten Staaten, aber in anderen ist sie gestiegen und selbst dort, wo im privaten Sektor Schuldenabbau in signifikantem Ausmaß betrieben wurde, sind die Staatsschulden rascher gestiegen, als die private Verschuldung gesunken ist.

Vielleicht glauben Sie nun, dass wir das Schuldenverhältnis nicht reduzieren konnten, zeige doch, dass wir uns nicht ausreichend angestrengt haben – dass Familien und Regierungen sich nicht ernst genug darum bemüht haben, den Gürtel enger zu schnallen, und dass die Welt jetzt in Sachen Austerität noch eine Schippe drauflegen müsse. Doch tatsächlich erleben wir einen Sparkurs, wie es ihn nie zuvor gegeben hat. Der Internationale Währungsfonds hat errechnet, dass in den wohlhabenden Nationen die realen Staatsausgaben ohne Zinsen gefallen sind – die angeschlagenen Schuldner im Süden Europas haben tiefe Einschnitte vorgenommen, aber es gab auch Einschnitte in Ländern wie Deutschland und den Vereinigten Staaten, die Geld so günstig aufnehmen können wie kaum jemals zuvor.

All dieses Sparen hat die Dinge jedoch nur verschlimmert – und zwar mit Ansage, denn die Forderungen, nun müssten alle die Gürtel enger schnallen, basierten auf einer Fehlannahme, was die Rolle von Schulden in der Wirtschaft anbelangt.

In der Praxis ist diese Fehleinschätzung immer dann zu beobachten, wenn jemand mit einem Slogan wie „Hört auf, unseren Kindern alles wegzunehmen" gegen Defizite wettert. Klingt doch auch richtig, wenn man nicht allzu genau darüber nachdenkt – eine Familie, die Schulden anhäuft, macht sich selbst ärmer, also gilt das doch auch, wenn wir die Staatsverschuldung betrachten, richtig?

Nein, nicht richtig. Eine verschuldete Familie schuldet anderen Leuten Geld, die Weltwirtschaft als Ganzes schuldet sich selbst Geld. Und wenngleich es zutrifft, dass sich Länder Geld von anderen Ländern leihen können, nimmt Amerika seit 2008 weniger Kredit im Ausland auf als früher und Europa ist unter dem Strich ein Kapitalgeber für den Rest der Welt.

Weil Schulden Geld sind, das wir uns selbst schulden, machen sie die Wirtschaft nicht direkt ärmer (und Schulden zu begleichen macht uns nicht reicher). Natürlich können Schulden die finanzielle Stabilität bedrohen – aber die Lage wird nicht dadurch verbessert, dass man im Zuge des Schuldenabbaus die Konjunktur tiefer in Deflation und Depression stürzt.

Und das bringt uns zu den aktuellen Ereignissen, denn zwischen dem allgemeinen Scheitern beim Schuldenabbau und der aufziehenden politischen Krise in Europa besteht eine direkte Verbindung.

Europas Anführer haben sich voll und ganz der Vorstellung verschrieben, die Wirtschaftskrise sei auf ein Übermaß an Ausgaben zurückzuführen und darauf, dass Nationen über ihre Verhältnisse gelebt hätten. Deutschlands Bundeskanzlerin Angela Merkel beharrt darauf, dass eine Rückkehr zur Sparsamkeit aus der Krise führen könne. Europa solle sich an der für ihre Sparsamkeit berühmten schwäbischen Hausfrau orientieren, erklärte Merkel.

Damit war eine im Zeitlupentempo ablaufende Katastrophe vorprogrammiert. Europas Schuldner mussten tatsächlich die Gürtel enger schnallen, aber der Sparkurs, der ihnen aufgezwungen wurde, war unglaublich hart. Deutschland und andere Kern-Wirtschaften bemühten sich ebenfalls, weniger auszugeben – dabei hätten sie mehr ausgeben müssen, um die enger geschnallten Gürtel in der Peripherie wettzumachen. Das Resultat war ein Klima, in dem es unmöglich war, das Schuldenverhältnis zu reduzieren: Das reale Wachstum verlangsamte sich auf ein Schneckentempo, die Inflation fiel praktisch auf null und in den am schwersten betroffenen Nationen hat sich sogar eine Deflation festgesetzt.

Erstaunlich lang haben die leidenden Wähler dieses politische Desaster über sich ergehen lassen, denn sie glaubten den Versprechungen der Elite, dass sich all ihre Mühe schon bald bezahlt machen werde. Aber als das Leiden immer weiter anhielt und keine sichtbaren Fortschritte erzielt wurden, war eine Radikalisierung unvermeidbar. Wen der Sieg der Linken in Griechenland oder das Erstarken der Anti-Establishment-Fraktion in Spanien überrascht, der hat nicht aufgepasst.

Was als Nächstes geschieht, kann niemand sagen. Den Buchmachern zufolge wird Griechenland im Euro bleiben, aber liegen sie falsch, haben wir das Ende vom Lied noch nicht gehört – ein Ausstieg der Griechen würde aller Wahrscheinlichkeit nach das gesamte Währungsprojekt bedrohen. Und sollte der Euro scheitern, stünde auf seinem Grabstein: „An einem schlechten Vergleich gestorben".

KORREKTUR (19. Februar 2015):

In seiner Kolumne von Montag behauptete Paul Krugman, den Buchmachern zufolge werde Griechenland in der Eurozone bleiben. Das war falsch, die Quoten sprechen für einen Ausstieg.

5

KRISENMANAGEMENT

DER TRIUMPH DER MAKROÖKONOMIE

Die Krise von 2008 überraschte im Grunde genommen uns alle. Es stimmt, dass einige Leute – darunter auch ich – dunkle Wolken aufziehen sahen, aber das Ausmaß verblüffte sogar uns. Es stimmt zudem, dass tatsächlich einige wenige Leute eine schwere Krise vorhersagten, aber größtenteils handelte es sich dabei um Leute, die auch zahlreiche andere Krisen kommen sahen, die dann nicht stattfanden.

Die Krise mag ein Schock gewesen sein, aber ein beträchtlicher Prozentsatz der Ökonomen – nicht alle, wie wir im nächsten Abschnitt sehen werden, aber es waren doch schon einige – war intellektuell darauf vorbereitet, was für ein Klima nach der Krise herrschen würde. Wir verfügten über ein Grundgerüst, ein Modell davon, wie die Dinge in einer schweren Wirtschaftskrise laufen. Dieses Grundgerüst entstand ursprünglich während der Weltwirtschaftskrise und wurde dann während der Asienkrise der 1990er-Jahre und Japans langer Stagnationsphase überarbeitet und verbessert.

In „IS-LMentar" erkläre ich dieses Grundgerüst. Es zählt wie kaum ein anderer Essay in diesem Buch zur Kategorie „Nur für Nerds" und enthält eine Reihe leicht abstruser Diagramme. Tut mir leid, überspringen Sie den Text notfalls einfach. Aber ich wollte ihn dabeihaben, um die Logik verständlich zu machen, mit der einige von uns in den Jahren direkt nach der Krise arbeiteten. Es handelt sich nur um eine reduzierte und vereinfachte Version der Story, aber wie sich zeigen sollte, reichte das schon ganz gut aus, um die Welt nach 2008 begreifen zu können.

Dieses einfache makroökonomische Grundgerüst besagt nämlich, dass sich alles ändert, wenn eine Wirtschaft tief in der Krise steckt –

insbesondere dann, wenn sie beispielsweise durch die Folgen einer Finanzkrise so tief im Dreck steckt, dass eine Rückkehr zur Vollbeschäftigung nicht einmal dann in Gang gebracht werden kann, wenn man die Zinsen ganz bis auf null absenkt.

In normalen Zeiten (oder dem, was früher als normale Zeiten durchging) war die Bekämpfung von Rezessionen vor allem eine Aufgabe der Federal Reserve und ihren ausländischen Gegenstücken wie EZB, Bank of England, Bank of Japan und so weiter. Diese „Zentralbanken" haben das Recht und die Macht, „Geld zu drucken" (nicht im wortwörtlichen Sinne, aber nah dran) und mit diesem neu geschaffenen Geld Staatsanleihen zu kaufen. Das wiederum erlaubt es ihnen, die Zinsen für kurzfristige Darlehen wirksam zu kontrollieren, also für Tagesgelder, die sich Banken gegenseitig leihen, die einmonatigen und dreimonatigen Schuldtitel, mit deren Hilfe Regierungen den kurzfristigen Betrieb finanzieren, und so weiter. Zentralbanken können Rezessionen normalerweise abwehren, indem sie mehr Geld drucken. Das führt dazu, dass diese Zinssätze sinken, was wiederum dazu führt, dass mehr private Kredite aufgenommen werden und mehr Geld ausgegeben wird.

Geschieht allerdings etwas wirklich Schlimmes, dann kann es passieren, dass die Zentralbanken die Zinsen bis auf null senken und es noch immer nicht ausreicht. Tritt dieser Fall ein, kommt es so, wie ich gesagt habe, und es gelten ganz neue Regeln. Wie es in der ersten Kolumne in diesem Abschnitt heißt: „Tugend wird zur Sünde, Umsicht ist riskant und Vorsicht ist Torheit." Haushaltsdefizite sind hilfreich, nicht schädlich, und sie treiben nicht einmal die Zinsen in die Höhe. Zu wenig zu tun ist ein viel größeres Risiko, als zu viel zu tun. Und vermeintlich verantwortungsbewusstes Handeln – man beschneidet mit Blick auf große Defizite die Staatsausgaben und sieht davon ab, viel Geld zu drucken – erweist sich letztlich als Methode, die Wirtschaftskrise weiter zu verschlimmern.

Diese Überlegungen waren Nicht-Ökonomen wie Politikern, Geschäftsleuten und einflussreichen Medienpersönlichkeiten nicht gerade leicht zu verkaufen. Die Ökonomen der neuen Regierung Obama verstanden diese Grundlagen sehr gut, ebenso Fed-Chairman Ben Bernanke. Und sowohl die Regierung Obama als auch die Fed agierten entsprechend: Die Regierung Obama legte ein Konjunkturpaket auf, die Fed weitete ihre Anlagenbestände aggressiv aus. Aber das Konjunkturpaket war nur eine halbgare Geschichte – von Anfang an war klar, dass die Maßnahme nicht ausreichen würde.

Das alles erkläre ich in „Eine Mathematik des Konjunkturpakets", einem Beitrag, der mit einer Warnung an die Politik endet:

„Ich rechne mit folgendem Szenario: Um den Republikanern diese zusätzlichen Stimmen abzujagen, wird ein schwaches Konjunkturpaket entwickelt, vielleicht sogar noch schwächer als das, über das wir aktuell reden. Der Plan deckelt den Anstieg der Arbeitslosigkeit, aber die Lage ist dennoch ziemlich schlimm, die Arbeitslosenquote wird bei etwa neun Prozent ihre Spitze erreichen und nur langsam wieder sinken. Und dann wird Mitch McConnell erklären: „Seht ihr, der Staat kriegt es mit seinen Ausgaben nicht hin." [Anm. d. Übers.: Mitch McConnell ist ein republikanischer Senator und seit 2015 Fraktionsführer im Senat.]

„Hoffen wir, dass ich falschliege."

Leider lag ich nicht falsch, genauso ist es gekommen. Und es wurde sogar schlimmer: 2010 war es so weit, dass die meisten einflussreichen Personen Ratschläge, die sie von Personen wie mir bekamen, in den Wind schlugen.

Aber als Analysewerkzeug hat sich die Makroökonomie absolut bewährt. Die Ereignisse ab 2008 bestätigten auf spektakuläre Weise Prognosen, die auf der Grundlage in der Wirtschaftskrisen-Ökonomie erstellt worden waren. Die gewaltigen Haushaltsdefizite haben keineswegs die Zinsen in die Höhe gejagt und Regierungen, die ihre Ausgaben beschnitten, weil sie umsichtig handeln wollten, gerieten dadurch nur noch tiefer in die Krise.

Anders formuliert: Die Erfahrungen nach 2008 waren ein intellektueller Triumph für makroökonomische Analysen. Natürlich war es ein durchwachsener Erfolg, denn die Politik nahm die guten Empfehlungen erst halbherzig an und lehnte sie dann schließlich komplett ab. Doch ich hoffe, die Kolumnen in diesem Kapitel werden zeigen, dass wir bei den Analysen der großen Dinge richtiggelegen haben.

RÜCKKEHR DER DEPRESSIONSÖKONOMIE

14. November 2008

Falls Sie gerade nicht aufgepasst haben sollten: Die Nachrichten aus der Wirtschaft klingen schlimmer und schlimmer. So übel es sein mag, ich rechne nicht mit einer neuen Weltwirtschaftskrise. Tatsächlich glaube ich nicht, dass die Arbeitslosenquote ihren höchsten Wert seit der Weltwirtschaftskrise (10,7 Prozent im Jahr 1982) überschreiten wird, allerdings wünschte ich, ich könnte dies mit Gewissheit sagen.

Wir befinden uns jedoch bereits tief im Reich dessen, was ich Depressionsökonomie (*depression economics)* nenne. Damit meine ich Zustände wie während der 1930er-Jahre, als das übliche Handwerkszeug der Wirtschaftspolitik – und insbesondere die Fähigkeit der Federal Reserve, die Konjunktur durch Zinssenkungen anzuschieben – überhaupt nicht mehr griff. In der Depressionsökonomie verlieren die üblichen Regeln der Wirtschaftspolitik ihre Gültigkeit: Tugend wird zur Sünde, Umsicht ist riskant und Vorsicht ist Torheit.

Damit Sie verstehen, wovon ich spreche, lassen Sie uns über die jüngste furchtbare Nachricht aus der Wirtschaft sprechen: Am Donnerstag wurde bekannt, dass die Neuanträge auf Arbeitslosenversicherung die Marke von einer halben Million überschritten haben. Das klingt schlimm, aber für sich genommen noch nicht nach einer Katastrophe, schließlich wurden während der Rezession 2001 und der Rezession 1990/91 ähnliche Zahlen erreicht. Beide Rezessionen verliefen nach historischen Maßstäben vergleichsweise mild (obwohl es in beiden Fällen lange dauerte, bis sich der Arbeitsmarkt wieder erholt hatte).

Doch in beiden Fällen war die übliche Reaktion der Politik auf eine schwächelnde Wirtschaft vorhanden: Senkung der Federal Funds Rate, also des Zinssatzes, der von der Fed am unmittelbarsten beeinflusst wird. Heute ist dieser Pfeil verschossen – die effektive Federal Funds Rate (im Gegensatz zum offiziellen Ziel, das aufgrund technischer Gründe praktisch bedeutungslos geworden ist) lag in den vergangenen Tagen im Schnitt bei unter 0,3 Prozent. Was soll man da noch groß senken?

Ohne die Möglichkeit weiterer Zinssenkungen gibt es nichts, was den Abwärtsschwung der Wirtschaft aufhalten könnte. Steigende Arbeitslosigkeit wird zu einem weiteren Absinken der Verbraucherausgaben führen, dabei warnte der Elektronikgroßhändler Best Buy diese Woche, die Verbraucherausgaben hätten bereits einen „seismischen" Rückgang erlitten. Schwache Verbraucherausgaben werden dazu führen, dass die Unternehmen ihre Investmentpläne beschneiden. Die Wirtschaft wird schwächer, weitere Arbeitsplätze fallen weg und die nächste Runde beginnt.

Um uns aus dieser Abwärtsspirale zu ziehen, wird die Bundesregierung Anreize für die Wirtschaft bereitstellen müssen, und zwar Anreize in Form von höheren Ausgaben und mehr Unterstützung für in Not Geratene. Gelingt es Politik und Wirtschaftsbeamten jedoch nicht, mehrere konventionelle Vorurteile abzulegen, wird das Konjunkturpaket weder früh genug kommen noch ausreichend groß ausfallen.

Eines dieser Vorurteile ist die Angst vor roten Zahlen. In normalen Zeiten ist es gut, sich wegen des Haushaltsdefizits Sorgen zu machen – und haushaltspolitisches Verantwortungsbewusstsein ist eine Tugend, die wir uns nach dem Ende der Krise rasch wieder aneignen müssen. Herrscht allerdings eine Depressionsökonomie, wird diese Tugend zur Sünde. Als Franklin D. Roosevelt 1937 vorzeitig versuchte, den Haushalt ins Gleichgewicht zu bringen, hätte er um ein Haar den New Deal zunichtegemacht.

Ein weiteres Vorurteil ist der Glaube, die Politik müsse vorsichtig agieren. In normalen Zeiten ist das in der Tat vernünftig – große politische Umwälzungen sollte man erst anpacken, wenn klar ist, dass sie erforderlich sind. Unter den aktuellen Umständen hingegen ist Zurückhaltung riskant, denn es finden bereits große Veränderungen hin zum Schlimmeren statt. Je länger man zögert, zu handeln, desto größer ist die Wahrscheinlichkeit einer noch weiter reichenden wirtschaftlichen Katastrophe. Die Reaktion der Politik sollte möglichst durchdacht sein, doch der entscheidende Faktor hier ist die Zeit.

In normalen Zeiten sind Bescheidenheit und Umsicht bei den politischen Zielen eine gute Sache. Unter den derzeitigen Umständen jedoch ist es besser, notfalls zu viel getan zu haben als zu wenig. Sollte sich das Konjunkturpaket als zu groß erweisen, besteht das Risiko, dass die Wirtschaft überhitzt und es zur Inflation kommt – aber dieser Gefahr kann die Federal Reserve jederzeit mit Zinserhöhungen entgegenwirken. Ist das Paket hingegen zu klein, verfügt die Fed in ihrem Arsenal über kein Mittel, diese Lücke zu stopfen. In Zeiten der Depressionsökonomie ist Vorsicht also Torheit.

Was sagt uns das über die unmittelbar vor uns liegende Wirtschaftspolitik? Wenn die Regierung Obama ihre Arbeit aufnimmt, wird das mit hoher Wahrscheinlichkeit vor dem Hintergrund einer Wirtschaft sein, die noch schlechter dasteht als jetzt schon. Goldman Sachs beispielsweise prognostiziert, dass die Arbeitslosenquote bis Ende des kommenden Jahres von derzeit 6,5 Prozent auf 8,5 Prozent klettern wird.

Alle Anzeichen sprechen dafür, dass die neue Regierung ein großes Konjunkturpaket auflegen wird. Nach meiner Überschlagsrechnung sollte das Paket ein gewaltiges Ausmaß haben und einen Umfang von etwa 600 Milliarden Dollar erreichen.

Es stellt sich die Frage: Werden Obamas Leute wagen, etwas in dieser Größenordnung vorzuschlagen?

Hoffen wir, dass die Antwort darauf „Ja" lautet und dass die neue Regierung tatsächlich so mutig vorgehen wird, denn wir befinden uns jetzt in einer Situation, in der es ausgesprochen gefährlich wäre, den konventionellen Zwängen der Umsicht nachzugeben.

IS-LMENTAR

Blog der *New York Times*
9. Oktober 2011

Sowohl auf diesem Blog als auch an anderer Stelle haben diverse Leser um eine Erklärung gebeten, worum es bei „IS-LM" eigentlich geht. In Ordnung – bei diesem Gespräch in der Blogosphäre haben sich vor allem Insider ausgetauscht und es dürfte für normale Menschen etwas verwirrend geklungen haben (aus diesem Grund habe ich meine Beiträge auch mit dem Label „Nur für Nerds" versehen).

[Update: „IS-LM" steht für „Investment-Saving/Liquidity-Money". Lesen Sie einfach weiter, es wird dann hoffentlich schon Sinn ergeben.]

Als Erstes sollten Sie wissen, dass es zahlreiche Wege gibt, IS-LM korrekt zu erklären. Das liegt daran, dass es sich um ein Modell mehrerer, miteinander interagierender Märkte handelt. Man kann sich dem Thema aus mehreren Richtungen nähern und sie alle sind ein zulässiger Ausgangspunkt.

Bei meinem bevorzugten Ansatz stellt man sich IS-LM als Möglichkeit vor, zwei scheinbar nicht zueinander passende Ansichten zur Frage, was Zinsen ausmacht, miteinander zu vereinen. Einer Ansicht zufolge sind es das Angebot an Ersparnissen und die Nachfrage nach Ersparnissen, die den Zinssatz bestimmen. Man spricht hier von „Loanable Funds", „ausleihbaren Fonds". Einer anderen Ansicht zufolge werden die Zinssätze bestimmt durch den Ausgleich zwischen Anleihen, die Zinsen abwerfen, und Geld, das keinen Zins abwirft, das man aber für Transaktionen verwenden kann und das deswegen aufgrund seiner Liquidität einen besonderen Wert hat. Man spricht hier von der Liquiditätsprämientheorie. (Ja, richtig, einige geldähnliche Dinge werfen Zinsen ab, aber normalerweise nicht so viel wie weniger liquide Vermögenswerte.)

Wie können beide Ansichten richtig sein? Das geht, weil wir hier nicht über eine, sondern mindestens über zwei Variable sprechen – das BIP genauso wie den Zinssatz. Und die Korrektur des BIP sorgt dafür, dass Loanable Funds wie auch Liquiditätsprämien gleichzeitig Bestand haben.

Sehen wir uns zunächst die Loanable Funds an. Angenommen, es herrscht derzeit ein Gleichgewicht zwischen erwünschten Ersparnissen und erwünschten Investitionen. Dann führt etwas dazu, dass die Zinsen sinken. Müssen sie anschließend wieder auf ihr ursprüngliches Niveau steigen? Nicht unbedingt. Ein Plus an erwünschten Investitionen gegenüber erwünschten Ersparnissen kann zu einer Expansion der Wirtschaft führen und das treibt die Einkommen in die Höhe. Von diesem Anstieg wird ein Teil angespart. Vorausgesetzt, die Nachfrage nach Investitionen steigt nicht im selben Maß, kann ein ausreichend großes BIP-Wachstum auch auf dem neuen Zinsniveau ein Gleichgewicht zwischen erwünschten Ersparnissen und erwünschten Investitionen herbeiführen.

Das bedeutet, dass die Loanable Funds nicht per se den Zinssatz bestimmen. Sie bestimmen eine Reihe möglicher Kombinationen von Zinssatz und BIP, wobei niedrigere Zinssätze einem höheren BIP entsprechen. Und das ist die IS-Kurve.

Menschen, die über die Verteilung ihres Wohlstands nachdenken, nehmen unterdessen Ausgleiche zwischen Geld und Anleihen vor. Es gibt eine rückläufige Nachfrage nach Geld – je höher die Zinsen, desto mehr Menschen werden zugunsten höherer Renditen bei der Liquidität knausern. Nehmen wir einen Moment an, dass die Fed die Geldversorgung unverändert belässt. In diesem Fall muss der Zinssatz dieser Nachfrage nach Geldmenge entsprechen. Und die Fed kann beschließen, durch Veränderung der Geldmenge an den Zinsen zu drehen: Erhöht sie die Geldmenge, müssen die Zinsen nachgeben, um die Menschen dazu zu bringen, mehr Geld zu halten.

Aber auch hier muss man das BIP berücksichtigen. Wenn alles andere unverändert bleibt, bedeutet ein höheres BIP mehr Transaktionen und insofern eine höhere Nachfrage nach Geld. Ein höheres BIP wiederum bedeutet, dass der Zinssatz, der benötigt wird, um Angebot und Nachfrage nach Geld ins Gleichgewicht zu bringen, steigen muss. Das bedeutet, dass „Loanable Funds/Liquiditätsprämie" den Zinssatz per se nicht bestimmt, sondern eine Reihe möglicher Kombinationen aus Zinssatz und BIP definiert – die LM-Kurve.

Und das ist IS-LM:

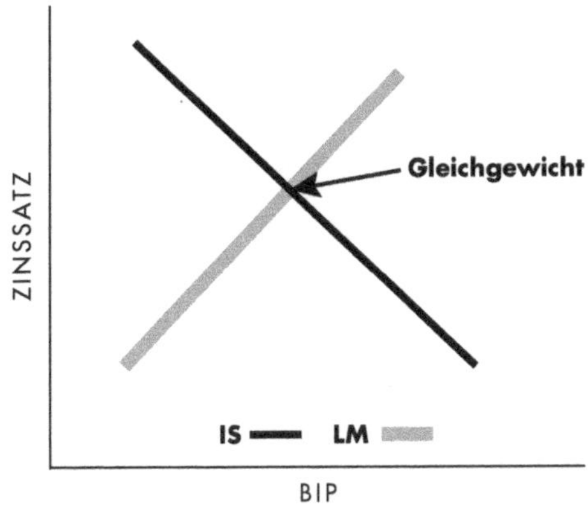

Der Punkt, an dem sich die Kurven kreuzen, bestimmt sowohl BIP als auch Zinssatz und an diesem Punkt sind sowohl Loanable Funds wie auch Liquiditätsprämie valide.

Wozu dient dieses Grundgerüst? Zunächst einmal hilft es, Trugschlüsse zu vermeiden wie den, dass Staatsausgaben nicht zu einem Anstieg der Gesamtausgaben führen können, da Ersparnisse und Investitionen gleich sein müssen. Das führt uns auf einen Schlag über das Argumentationsniveau hinaus, das berühmte Professoren aus Chicago aus irgendeinem Grund überzeugend finden. Außerdem führt es uns an Verwirrungen vorbei wie der Vorstellung, Haushaltsdefizite könnten die Wirtschaft schrumpfen lassen, indem sie die Zinsen hochtreiben.

Vor allem aber erweist sich IS-LM als ausgesprochen nützlich, wenn man über extreme Umstände wie die derzeitigen nachdenkt, in denen die private Nachfrage so weit zurückgegangen ist, dass die Wirtschaft selbst bei Nullzins weiter in einer Depression steckt. In so einem Fall sieht das Bild wie folgt aus:

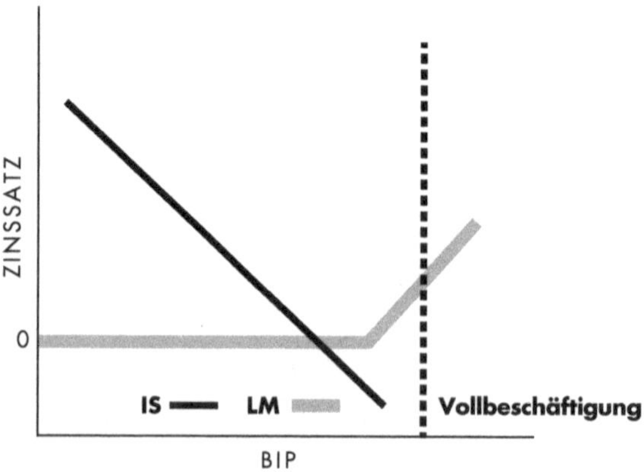

Warum stagniert die LM-Kurve bei null? Weil die Menschen, wenn die Zinsen unter null fielen, statt Anleihen einfach Bargeld halten würden. Bei dieser Marge wird Geld schlicht als Wertanlage gehalten und Veränderungen an der Geldmenge bleiben wirkungslos. Wir sprechen hier natürlich von der Liquiditätsfalle.

IS-LM stellt einige Prognosen an, was in der Liquiditätsfalle geschieht: Haushaltsdefizite verschieben IS nach rechts, was sich in der Liquiditätsfalle nicht auf den Zinssatz auswirkt. Erhöhungen der Geldmenge bewirken überhaupt nichts.

Das ist der Grund, warum diejenigen, die IS-LM begreifen, Anfang 2009, als das *Wall Street Journal*, die Vertreter der Österreichischen Schule und die anderen üblichen Verdächtigen Warnungen vor explodierenden Zinsen und unaufhaltsamer Inflation in die Welt setzten, prognostizierten, dass die Zinsen niedrig bleiben würden und dass sich selbst eine Verdreifachung der Geldbasis nicht inflationär auswirken würde. Die Ereignisse seit damals haben sich aus meiner Sicht als enorme Rechtfertigung des IS-LM-Lagers erwiesen (auch wenn die Rohstoffpreise die Gesamtinflation etwas getrieben haben) und als gewaltiger Fehlschlag für das „Zinsen und Inflation werden explodieren"-Lager.

Es stimmt: IS-LM vereinfacht die Dinge sehr und man sollte es nicht für das abschließende Wort halten. Aber es hat geleistet, was gute Wirtschaftsmodelle leisten sollen – es soll uns erklären, was wir sehen, und es soll hochgradig nützliche Prognosen zur Frage liefern, was unter ungewöhnlichen Umständen geschehen würde. Die Ökonomen, die IS-LM begreifen, haben beim Beobachten unserer aktuellen Krise deutlich besser abgeschnitten als die anderen.

EINE MATHEMATIK DES KONJUNKTURPAKETS (NERDKRAM, ABER WICHTIG)

Blog der *New York Times*

6. Januar 2009

Immer mehr Einzelheiten über Obamas Konjunkturpaket werden bekannt, sodass sich erste Überschlagsrechnungen zu den Auswirkungen anstellen lassen.

Unter dem Strich steht: Es handelt sich voraussichtlich um einen Plan, der die durchschnittliche Arbeitslosenrate für die nächsten zwei Jahre um weniger als zwei Prozentpunkte senken wird, wahrscheinlich sogar um deutlich weniger. Das weckt echte Besorgnis: Hält die künftige Regierung ihre Pläne absichtlich klein, um parteiübergreifend Zustimmung zu erheischen?

In diesem ausführlicheren Eintrag möchte ich Ihnen meine Berechnungen vorstellen.

Ausgangspunkt ist das okunsche Gesetz, das Verhältnis zwischen Veränderungen des realen BIP und Veränderungen der Arbeitslosenquote. Schätzungen zum Koeffizienten des okunschen Gesetzes reichen von 2 bis 3. Ich arbeite hier mit 2, was für die aktuellen Zwecke einer optimistischen Schätzung entspricht. Sie besagt, dass man das BIP um zwei Prozent über das ansonsten erreichte Ergebnis hinaus steigern muss, um die Arbeitslosenquote um einen Prozentpunkt unter das ansonsten erreichte Ergebnis zu drücken. Das BIP beläuft sich auf ungefähr 15.000 Milliarden Dollar, insofern müsste man das BIP um 300

Milliarden Dollar im Jahr steigern, um die Arbeitslosigkeit um einen Prozentpunkt abzusenken.

Nach dem, was wir zu Obamas Plan hören, werden dafür 775 Milliarden Dollar für zwei Jahre erforderlich werden, davon 300 Milliarden Dollar an Steuersenkungen und der Rest an Ausgaben. Sagen wir 150 Milliarden Dollar jährlich an Steuersenkungen und 240 Milliarden Dollar jährlich an Ausgaben. Wie sehr steigern Steuersenkungen und Ausgaben das BIP? Viel zitiert werden die Schätzungen von Mark Zandi von Economy.com. Dort ist die Rede von einem Multiplikator in der Größenordnung 1,5 für Ausgaben, während die Schätzungen zur Wirksamkeit der Steuersenkungen stark schwanken. Senkungen der Lohnsteuer – ein Posten, der bei Obamas Vorschlag ungefähr die Hälfte ausmacht – sind viel weniger wirksam.

Ein zentraler Baustein des Plans besteht offenbar darin, dass Unternehmen basierend auf aktuellen Verlusten Erstattungen auf bereits geleistete Steuern erhalten. Das wirkt doch arg wie ein Einmaltransfer ohne irgendeinen Anreiz.

Nehmen wir großzügig an, dass der Multiplikator für Steuersenkungen alles in allem bei 1 liegt. Die Auswirkungen des Plans auf das BIP berechnen sich demnach wie folgt: (150 Milliarden x 1) + (240 Milliarden x 1,5) = 510 Milliarden Dollar. Da 300 Milliarden Dollar dafür erforderlich wären, die Arbeitslosenquote um einen Prozentpunkt zu senken, würde der Plan die Arbeitslosenquote um 1,7 Prozentpunkte unter den Wert senken, den sie ansonsten erreicht hätte.

Vergleichen wir dies abschließend mit der Konjunkturprognose. „Vollbeschäftigung“ bedeutet offenkundig eine Arbeitslosenquote nahe 5 – das Haushaltsbüro des Kongresses nennt 5,2 Prozent als Wert für die inflationsstabile Arbeitslosenquote (non-accelerating-inflation rate of unemployment, NAIRU), was mir viel erscheint. Die Arbeitslosigkeit liegt aktuell bei etwa sieben Prozent und wird vom Trend her noch deutlich zulegen. Obama selbst hat erklärt, dass sie den zweistelligen Prozentbereich erreichen könnte, wenn es kein Konjunkturpaket gibt. Nehmen wir an, dass in den kommenden zwei Jahren die Arbeitslosigkeit ohne Maßnahme durchschnittlich neun Prozent betragen würde.

Durch den Plan würde das auf 7,3 Prozent gesenkt, was helfen würde, was Kritiker aber auch leicht als Fehlschlag anprangern könnten.

Was uns zur Politik bringt. Alles deutet auf einen Plan hin, der deutlich hinter dem zurückbleibt, was sich Befürworter einer starken Konjunkturmaßnahme erhofft hatten – und es scheint, als sei dies geschehen, um Stimmen von den Republikanern zu erhalten. Doch selbst wenn der Plan die erhofften 80 Stimmen im Senat erhält (was fraglich erscheint), wird man die Verantwortung für ein vermeintliches Scheitern der Maßnahme den Demokraten aufbürden.

Ich rechne mit folgendem Szenario: Um den Republikanern diese zusätzlichen Stimmen abzujagen, wird ein schwaches Konjunkturpaket entwickelt, vielleicht sogar noch schwächer als das, über das wir aktuell reden. Der Plan deckelt den Anstieg der Arbeitslosigkeit, aber die Lage ist dennoch ziemlich schlimm, die Arbeitslosenquote wird bei etwa neun Prozent ihre Spitze erreichen und nur langsam wieder sinken. Und dann wird Mitch McConnell erklären: „Seht ihr, der Staat kriegt es mit seinen Ausgaben nicht hin.

Hoffen wir, dass ich falschliege.

DIE OBAMA-LÜCKE

8. Januar 2009

„Es ist meiner Ansicht nach noch nicht zu spät für einen Kurswechsel. Aber das wird es sein, wenn wir nicht schnellstmöglich dramatische Schritte ergreifen. Unternehmen wir nichts, könnte sich diese Rezession über Jahre hinziehen."

So sprach der designierte Präsident Barack Obama am Donnerstag, als er erklärte, warum das Land eine extrem aggressive Antwort der Regierung auf den Konjunkturabschwung benötigt. Obama hat recht. Seit den Zeiten der Weltwirtschaftskrise war die wirtschaftliche Lage nicht mehr dermaßen gefährlich und die aktuelle Krise könnte sich nur allzu leicht in eine anhaltende wirtschaftliche Flaute verwandeln.

Doch Obamas Rezept wird seiner Diagnose nicht gerecht. Das von ihm angebotene Konjunkturpaket ist nicht so stark wie seine Sprache zur wirtschaftlichen Bedrohung. Tatsächlich greift es deutlich zu kurz.

Wir dürfen bei alledem nicht vergessen, wie enorm groß die US-Wirtschaft ist. Bei ausreichender Nachfrage nach seinen Produkten würde Amerika in den kommenden zwei Jahren Waren und Dienstleistungen im Wert von über 30.000 Milliarden Dollar produzieren. Aber da sowohl die Haushaltsausgaben als auch die Unternehmensinvestitionen stark absacken, tut sich eine enorme Kluft auf zwischen dem, was die amerikanische Wirtschaft produzieren kann, und was sie imstande ist, zu verkaufen.

Der Obama-Plan ist nicht einmal ansatzweise groß genug, diese „Produktionslücke" zu schließen. Das Haushaltsbüro des Kongresses (CBO) hat diese Woche seine jüngste Haushaltsanalyse und Wirtschaftsprognose vorgestellt. Die Kongressbehörde sagt, ohne eine Konjunkturmaßnahme werde Anfang 2010 die Arbeitslosenquote über neun Prozent steigen und auf Jahre hinaus hoch bleiben.

So trüb diese Prognose auch ist, so erscheint sie verglichen mit einigen Vorhersagen aus unabhängiger Quelle sogar optimistisch. Obama höchstpersönlich hat gesagt, dass die Arbeitslosenquote zweistellige Werte erreichen könnte, wenn es kein Maßnahmenpaket gibt.

Aber selbst das CBO sagt: „Die Wirtschaftsleistung wird in den kommenden zwei Jahren durchschnittlich 6,8 Prozent unter ihrem Potenzial bleiben.“ Das entspricht 2.100 Milliarden Dollar an entgangener Produktion. „Unsere Wirtschaft könnte 1.000 Milliarden Dollar hinter ihrer vollen Kapazität bleiben“, sagt Obama am Donnerstag. Tatsächlich hat er sogar untertrieben.

Zum Schließen einer Lücke von über 2.000 Milliarden Dollar – und möglicherweise sogar noch viel mehr, sollten die Prognosen des Haushaltsbüros sich als zu optimistisch erweisen – bietet Obama einen 775-Milliarden-Dollar-Plan an. Das reicht nicht.

Zugegeben, steuerliche Anreize können gelegentlich einen „Multiplikatoreffekt“ erzeugen. Neben den direkten Auswirkungen von beispielsweise bedarfsgetriebenen Infrastrukturinvestitionen kann es indirekte Auswirkungen geben, da höhere Einkommen höhere Verbraucherausgaben nach sich ziehen. Nach üblichen Schätzungen erhöht jeder Dollar, den die öffentliche Hand ausgibt, das BIP um etwa 1,50 Dollar.

Doch öffentliche Ausgaben machen nur etwa 60 Prozent des Obama-Plans aus, der Rest besteht aus Steuersenkungen. Dabei sind viele Ökonomen skeptisch, inwieweit diese Steuersenkungen – und insbesondere die für Unternehmen – tatsächlich die Ausgaben ankurbeln können. (Eine Skepsis, die offenbar von einer Reihe demokratischer Senatoren geteilt wird.) Howard Gleckman vom überparteilichen Tax Policy Center fasste es in seiner Überschrift zu einem Blogeintrag kürzlich so zusammen: „Viel Knete, nicht viel Bums.“

Alles in allem ist es unwahrscheinlich, dass der Obama-Plan die drohende Produktionslücke mehr als zur Hälfte wird schließen können.

Gut vorstellbar, dass er nicht einmal ein Drittel seiner Aufgabe erledigen wird.

Warum bemüht sich Obama nicht, mehr zu erreichen?

Ist es die Angst vor Schulden, die ihn in seinen Plänen einschränkt? Staatliche Mittelaufnahme in großem Stil ist nicht ohne Gefahren – der CBO-Bericht aus dieser Woche stellt für das laufende Jahr ein Defizit von 1.200 Milliarden Dollar in Aussicht. Aber noch gefährlicher wäre es, sich bei der Rettung der Wirtschaft nicht genügend anzustrengen. Der designierte Präsident sprach am Donnerstag eloquent und zutreffend darüber, was für Folgen es hätte, nichts zu tun – es besteht ein reales Risiko, in eine lang gezogene Deflationsfalle zu rutschen, wie sie die Japaner erlebten –, aber wenn man nicht angemessen handelt, werden die Folgen nicht sehr viel besser sein.

Ist es ein Mangel an Ausgabemöglichkeiten, die ihn in seinen Plänen einschränkt? Die Zahl öffentlicher Investitionsprojekte, die sich rasch genug anschieben lassen, um der Wirtschaft kurzfristig zu helfen, ist begrenzt. Aber es gibt andere Formen öffentlicher Ausgaben, insbesondere im Gesundheitswesen, die Gutes bewirken könnten, während sie der Wirtschaft in ihrer Stunde der Not zur Seite stehen.

Oder ist es politische Vorsicht, die ihn in seinen Plänen einschränkt? In der Presse war vergangenen Monat zu lesen, Berater Obamas seien angeblich sehr daran interessiert, das Preisschild für den Plan unter der politisch heiklen Marke von 1.000 Milliarden Dollar zu halten. Außerdem wurde spekuliert, ob die Steuersenkungen für Großunternehmen einen Versuch darstellen, republikanische Stimmen im Kongress zu gewinnen, da sie die Kosten erhöhen, der Wirtschaft aber nur wenig bringen.

Egal was der Grund sein mag: Obamas Plan wirkt schlicht nicht so, als würde er die Bedürfnisse der Wirtschaft erfüllen können. Natürlich ist ein Drittel Laib Brot besser als überhaupt kein Brot, aber im Augenblick scheinen wir vor zwei großen wirtschaftlichen Klüften zu stehen – der Kluft zwischen Potenzial und tatsächlicher Entwicklung der Wirtschaft und der Kluft zwischen Obamas strenger Rhetorik zur Wirtschaft und seinem doch etwas enttäuschenden Wirtschaftsplan.

DIE TRAGÖDIE DES KONJUNKTURPROGRAMMS

20. Februar 2014

Fünf Jahre sind vergangen, seit Präsident Obama den *American Recovery and Reinvestment Act* unterzeichnete. Im Rückblick ist deutlich geworden, dass das Gesetz enorm viel Gutes bewirkt hat. Es stoppte den freien Fall der Wirtschaft, es schuf oder rettete Millionen Arbeitsplätze und es hinterließ ein wichtiges Erbe staatlicher und privatwirtschaftlicher Investitionen.

Gleichzeitig war das Gesetz politisch eine Katastrophe. Die Auswirkungen dieser politischen Katastrophe – allen voran die Einschätzung, das Konjunkturprogramm sei ein Fehlschlag gewesen – verfolgen seit damals die Wirtschaftspolitik.

Sehen wir uns zunächst an, was das Programm an Gutem bewirkte.

Die Notwendigkeit eines Konjunkturprogramms ergab sich dadurch, dass wir an einem enormen Rückgang der Gesamtausgaben litten. Die Finanzkrise und das Platzen der Immobilienblase hatten der Wirtschaft so stark zugesetzt, dass die Federal Reserve, die Rezessionen normalerweise durch eine Senkung der kurzfristigen Zinsen bekämpft, dieses Mal die Flaute aus eigener Kraft nicht besiegen konnte. Daraufhin kam die Idee auf, der Wirtschaft vorübergehend Schub zu verleihen, indem man den Staat selbst mehr Geld ausgeben ließ und mithilfe von Steuersenkungen und öffentlichen Hilfsprogrammen etwas für die Familieneinkommen tat und die Haushalte dazu verleitete, mehr Geld auszugeben.

Kritiker des Vorhabens monierten lautstark, dass Defizitfinanzierung die Zinssätze in die Höhe schießen lässt und private Ausgaben „verdrängen“ würde. Befürworter erwiderten, dass dieses Verdrängen ein echtes Problem sei, wenn nahezu Vollbeschäftigung in der Wirtschaft herrscht, aber in einer stark geschwächten Wirtschaft mit Unmengen an überschüssigen Kapazitäten und überschüssigen Ersparnissen kein Thema sei. Und dieses Lager behielt recht – anstatt in die Höhe zu schießen, fielen die Zinsen auf historische Tiefstände.

Und wie sieht es mit positiven Belegen für den Nutzen des Konjunkturprogramms aus? Da wird es kniffliger, denn die Auswirkungen des *Recovery Acts* lassen sich nur schwer von allem anderen entflechten, was damals vor sich ging. Dennoch haben die meisten sorgfältigen Studien Belege dafür gefunden, dass sich das Gesetz sehr positiv auf die Beschäftigungslage und die Produktion ausgewirkt hat.

Noch wichtiger ist aus meiner Sicht das gewaltige natürliche Experiment, das Europa zu der Frage durchgeführt hat, was geschieht, wenn sich die Staatsausgaben drastisch verändern. Einige, aber nicht alle Mitglieder der Eurozone wurden nämlich zu einer drakonischen Sparpolitik gezwungen, einem negativen Konjunkturprogramm. Hätten die Kritiker des US-Programms mit ihrer Sichtweise zur Funktionsweise der Welt recht behalten, hätten sich diese Sparmaßnahmen nicht stark negativ auf die Wirtschaft auswirken dürfen, denn die Senkung der Staatsausgaben wäre durch einen Anstieg der privaten Ausgaben wettgemacht worden. Stattdessen führte das Sparprogramm zu unschönen, in einigen Fällen sogar katastrophalen Rückgängen von Produktion und Beschäftigung. Und in den meisten Ländern, denen strenge Austerität verordnet wurde, fielen die privaten Ausgaben letztlich, anstatt zu steigen. Dadurch verstärkten sie die direkten Folgen des staatlichen Sparkurses zusätzlich.

Alle Fakten sprechen demzufolge dafür, dass Obamas Konjunkturprogramm für eine kurze Zeit beträchtliche positive Folgen hatte. Und gewiss gab es auch längerfristigen Nutzen: große Investitionen in allen Bereichen – von grüner Energie bis hin zu digitalen Krankenakten. Warum also glauben alle (beziehungsweise, um genauer zu sein, alle bis auf die, die sich ernsthaft mit dem Thema befasst haben), dass das Programm ein Fehlschlag war? Weil sich die US-Wirtschaft, nachdem das Programm in Kraft getreten war, weiterhin schlecht entwickelte (nicht desaströs, aber schlecht).

Warum das so ist, ist kein Geheimnis: Amerika kämpfte mit den Folgen einer gewaltigen Immobilienblase. Bis heute hat sich der Häusermarkt nur teilweise erholt, während die Verbraucher noch immer von den gewaltigen Schulden gebremst werden, die sie während der Blase aufgehäuft hatten. Und das Konjunkturprogramm war sowohl zu klein als auch zu kurzfristig angelegt, als dass es dieses schwere Erbe hätte aus der Welt schaffen können.

Das soll kein Versuch einer nachträglichen Rechtfertigung sein. Regelmäßige Leser wissen, dass ich mir Anfang 2009 ordentlich die Haare raufte und warnte, dass der *Recovery Act* nicht ausreiche – und dass er aus diesem Grund die gesamte Idee von Konjunkturprogrammen in Verruf bringen werde. Und so kam es dann auch. Seit Langem wird darüber diskutiert, ob die Regierung Obama mehr hätte herausschlagen können. Sie verschlimmerte den Schaden durch übermäßig optimistische Prognosen, die auf der falschen Annahme beruhten, die Wirtschaft werde sich schon rasch erholen, wenn das Vertrauen ins Finanzsystem erst einmal wiederhergestellt sei.

Doch das ist Schnee von gestern. Der wichtige Punkt ist folgender: Nach 2010 entwickelte sich die Finanzpolitik der USA in eine völlig falsche Richtung. Weil das Konjunkturprogramm als Fehlschlag erachtet wurde, verschwand das Thema Arbeitsplatzschaffung beinahe vollständig aus dem Diskurs innerhalb des Washingtoner Beltways und wurde abgelöst von einer Obsession für Haushaltsdefizite. Der *Recovery Act* und Sozialprogramme wie Lebensmittelmarken und Arbeitslosenhilfe hatten die staatlichen Ausgaben kurzfristig anschwellen lassen, nun sanken sie wieder. Insbesondere die öffentlichen Investitionen wurden in Mitleidenschaft gezogen. Dieses Anti-Konjunkturprogramm hat Millionen Arbeitsplätze vernichtet.

Anders gesagt: Unter dem Strich ist das Narrativ des Konjunkturprogramms ein tragisches. Das politische Vorhaben war gut, aber nicht gut genug, und wurde deshalb letztlich als Fehlschlag eingestuft. Das wiederum ebnete den Weg für einen ungemein destruktiven Kurswechsel.

6

DIE KRISE DER WIRTSCHAFTSWISSENSCHAFTEN

DIE KOSTEN SCHLECHTER IDEEN

Dass sich Ökonomen angeblich auf gar nichts einigen können, ist Gegenstand zahlreicher Witze, die meisten davon unfair. Für meinen Geschmack ist Herdenverhalten (vermeintlich vernünftige Ideen zu akzeptieren, nur weil alle anderen sie akzeptieren) in den meisten Fällen ein größeres Problem als Uneinigkeit. Aber es stimmt, dass sich innerhalb der Makroökonomie, also dem Feld, in dem Rezessionen, Erholungen, Inflationen und andere die gesamte Volkswirtschaft betreffende Ereignisse studiert werden, tiefe Gräben auftun.

Im Essay zum Auftakt des vorigen Kapitels habe ich erklärt, dass in den Jahren nach der globalen Finanzkrise ein Zweig der Makroökonomie sehr gut abgeschnitten hat, und zwar der Zweig, der sich auf die Schriften von John Maynard Keynes aus den 1930er-Jahren zurückführen lässt. Aber es gab noch einen weiteren Zweig mit völlig anderen Vorstellungen. Der Zwist zwischen diesen Gedankenschulen entwickelte sich binnen weniger Monate nach dem Untergang von Lehman Brothers zu einer sehr lauten und meiner Meinung nach sehr destruktiven Angelegenheit.

Innerhalb des Berufszweigs werden diese Schulen häufig in eine „Salzwasser"-Schule und eine „Süßwasser"-Schule unterteilt, denn zufällig arbeiten die Ökonomen, die mehr oder weniger stark den Lehren Keynes' anhängen, vor allem an den Universitäten der Ost- und der Westküste Amerikas, während die Keynes-Gegner im Inland sitzen. In dem Artikel „Wie konnten Ökonomen dermaßen danebenliegen?" gehe ich ausführlich auf die Unterschiede zwischen diesen Schulen ein, deshalb möchte ich mich an dieser Stelle kurzfassen.

Diese Geschichte beginnt mit der Weltwirtschaftskrise, einem katastrophalen Wirtschaftsereignis, das viele Intellektuelle zu dem Urteil verleitete, der Kapitalismus sei gescheitert. Einige Ökonomen jedoch, allen voran John Maynard Keynes, argumentierten, dass die Gründe für das Scheitern deutlich weniger tiefgreifend seien, als es beispielsweise die Marxisten behaupteten. Es habe sich vielmehr um recht eng abgesteckte Gründe gehandelt, die man technokratisch lösen könne. Die Lichtmaschine sei defekt, nicht der gesamte Motor, so Keynes.

Weiter behauptete er, seine Analyse sei in ihren Auswirkungen „moderat konservativ". Wirtschaftsflauten ließen sich mit entsprechenden politischen Maßnahmen bekämpfen – niedrigen Zinsen bei vergleichsweise milden Rezessionen, Defizitfinanzierung bei stärkeren Abschwüngen. Und bei dieser politischen Ausrichtung könne man den Rest der Wirtschaft größtenteils dem Spiel der Märkte überlassen. Tatsächlich wurde diese Einschätzung, eine Art „Keynesianismus der freien Märkte", mehr oder weniger zur Standardhaltung der amerikanischen Ökonomen, umso mehr, nachdem Paul Samuelson 1948 sein bahnbrechendes Lehrbuch *Economics* veröffentlicht hatte.

Die Konservativen jedoch waren mit dieser Formulierung keineswegs glücklich. Für sie war keynesianische Ökonomie das dünne Ende eines Keils – akzeptierte man erst einmal, dass der Staat bei der Bekämpfung einer Rezession eine Rolle spielen kann, könnte dies eine stärkere Beteiligung des Staats insgesamt nach sich ziehen. Während der 1940er- und 1950er-Jahre führten die Konservativen Rückzugsgefechte, in der Absicht, zu verhindern, dass Keynes' Lehren an den Universitäten vermittelt wurden.

Schließlich fanden sie jedoch einen besseren Vorkämpfer, um den sie sich scharen konnten: Milton Friedman akzeptierte Keynes' Einschätzung, dass ungenügende Nachfrage das Problem hinter der Weltwirtschaftskrise gewesen sei. Er argumentierte jedoch, mit einer noch enger gehaltenen und technokratischeren Politik, als Keynes sie empfohlen hatte, hätte sich die Krise verhindern lassen. Würde sich die Federal Reserve als Hüterin der Geldmenge des Landes einfach verpflichten, diese Geldmenge in einem langsamen, stetigen Tempo wachsen zu lassen, so Friedman, würden massive Flauten der Vergangenheit angehören.

Friedman argumentierte zudem, dass die Politik zwar Phasen sehr hoher Arbeitslosigkeit verhindern könne, sie jedoch nicht für dauerhaft niedrige Arbeitslosigkeit sorgen könne, da dies zu einer Beschleunigung der Inflation führe. Die Stagflation der 1970er-Jahre galt gemeinhin als Bestätigung seiner These.

Aber selbst das reichte den Ökonomen, die für freie Marktwirtschaft eintraten, nicht aus. Sie argumentierten – logisch korrekt –, dass selbst Friedmans Ökonomie nicht funktionieren würde, wenn sich die Menschen absolut rational verhielten: Änderungen der Geldmenge sollten sich kurzfristig nicht auf die Arbeitslosigkeit auswirken und vor allem sollten Bemühungen, die Inflation einzudämmen, nicht, wie sogar von Friedman beteuert, dazu führen, dass die Arbeitslosigkeit vorübergehend ansteigt.

Leider jedoch weigerten sich die Fakten einfach, sich in diese Analyse einzufügen. In „Diese 80er-Show" spreche ich darüber, dass die große Desinflation der frühen 1980er-Jahre eine sehr schwere Rezession anstieß – die schlimmste seit den 1930er-Jahren und übertroffen erst wieder von der Krise 2008.

Daraufhin geschah etwas Lustiges: Die eine Hälfte der Makroökonomen (das Salzwasser-Lager) wertete dies als Beleg dafür, dass Keynes nicht mehr auf dem neuesten Stand sei, aber noch immer zahlreiche nützliche Erkenntnisse biete. Die andere Hälfte sagte im Grunde: „Wenn die Fakten nicht zu unserer Theorie passen, dann müssen wir die Fakten neu interpretieren und alles auf uns nehmen, was an intellektuellen Verrenkungen nötig ist, um den Glauben an die freie Marktwirtschaft zu bewahren."

Sind intellektuelle Dispute wie diese von Bedeutung? Die Süßwasser-Ökonomie hatte bislang erstaunlich wenig direkten Einfluss auf die Politik. In „Schlechte Absichten, Pathos und die Ökonomie der Republikaner" erkläre ich, dass sich das politisch konservative Lager ungern von echten Forschern (egal welcher Couleur) beraten lässt, sondern lieber gleich zu irgendwelchen Schreiberlingen geht. Aber das Süßwasser-Lager war erfolgreich darin, das Wasser zu trüben. Es war eine Zeit, in der die politischen Entscheider Klarheit über das weitere Vorgehen benötigten, doch zu hören bekamen sie nur eine Kakophonie.

Ach, und dann finden Sie hier auch noch einen Artikel über die Modern Monetary Theory. Dabei handelt es sich um eine ungewöhnliche Doktrin, die in erster Linie einen Sonderfall von IS-LM (im vorigen Kapitel beschrieben) darstellt, ergänzt um eine Handvoll neuer Verwirrungen. Aber das wissen die Befürworter nicht. Sie glauben, sie hätten profunde und radikale Erkenntnisse gewonnen. Tatsächlich haben sich einige wenige progressive Politiker halbwegs davon überzeugen lassen – ich versuche, ihnen diese Überzeugung wieder auszutreiben.

DIE SAGENHAFTEN 70ER

Blog der *New York Times*

19. Mai 2013

Wenn Matt O'Brien sagt, die Probleme von Michael Kinsley (und einer Reihe weiterer Leute, darunter einige, die echten Einfluss auf die Politik haben) würden vermutlich darauf beruhen, dass er noch immer in den 1970er-Jahren lebt, hat er wohl recht. [Anm. d. Übers.: Matt O'Brien ist ein Autor und Journalist, Michael Kinsley ein Journalist und Kommentator.] Ich finde es allerdings gemein, so etwas über 60-jährige Männer zu sagen … [Anm. d. Übers.: Krugman ist Jahrgang 1953.]

Tatsächlich ist es jedoch sogar schlimmer, als Matt behauptet. Denn die 1970er-Jahre, die diese Menschen als Lektion anführen, haben mit den tatsächlichen 1970er-Jahren nur wenig zu tun.

Glaubt man der Mythologie der Elite, liegen die Wurzeln der Krise der 1970er genau wie die vermeintlichen Wurzeln der Krise, in der wir uns aktuell befinden, im Exzess: zu viele Schulden und zu viel Verhätscheln arbeitsscheuen Gesindels durch einen starken Sozialstaat. Das Leiden der Jahre 1979 bis 1982 war ein notwendiger Ausgleich.

Nichts davon ist auch nur ansatzweise richtig.

Ein Defizitproblem existierte schlicht nicht: Die Staatsverschuldung war niedrig und als Anteil am BIP gemessen blieb sie während der 1970er-Jahre stabil oder ging zurück. Die steigenden Sozialausgaben mögen politisch ein großes Problem gewesen sein, aber ein überbordender Sozialstaat war schlicht kein Thema – hey, nicht umsonst führen die Rechten, die sich heutzutage über ein Land voller Absahner beschweren, gern die 1970er-Jahre mit ihrer geringen Abhängigkeit der Menschen vom Staat als Vorbild an!

Was wir damals hatten, war eine Lohn-Preis-Spirale: Die Arbeitnehmer forderten große Lohnerhöhungen (damals konnten Arbeitnehmer tatsächlich noch Forderungen aufstellen), weil sie mit hoher Inflation rechneten und damit, dass die Firmen wegen steigender Kosten die Preise erhöhen würden und dass all das durch große Ölschocks verschlimmert werden würde. Es war in erster Linie ein Beispiel für selbst erfüllende Prophezeiungen und das Problem bestand darin, den Kreislauf zu durchbrechen. Warum benötigten wir dann eine schreckliche Rezession? Nicht als Strafe für Sünden der Vergangenheit, sondern als Weg, die Dinge etwas abzukühlen. Ich bin mir nicht sicher, aber ich glaube, es war Martin Baily, der das Inflationsproblem mit der Situation verglich, dass bei einem Football-Spiel alle aufstehen, um das Geschehen auf dem Spielfeld besser verfolgen zu können, was natürlich dazu führt, dass sich alle unwohl fühlen, aber niemand einen besseren Blick erhaschen kann. [Anm. d. Übers.: Der Ökonom Martin Baily leitete unter Präsident Clinton den Rat der Wirtschaftsberater.] Um im Bild zu bleiben: Die Rezession war die Spielunterbrechung, die andauerte, bis sich alle wieder hingesetzt hatten.

Der Unterschied: Dieses Time-out vernichtete Millionen Arbeitsplätze und verschwendete zig Milliarden Dollar.

Hätte es einen besseren Weg gegeben? Im Idealfall hätte man alle relevanten Parteien in einem Raum versammeln und ihnen sagen müssen: „Hört mal, Leute, diese Inflation muss aufhören. Ihr Arbeiter, schraubt eure Lohnforderungen zurück. Ihr Unternehmen, setzt eure Preiserhöhungen aus. Und wir, wir sagen zu, dass wir kein Geld mehr drucken werden. Damit wäre die Geschichte erledigt." Auf diese Weise bekäme man Preisstabilität ohne die Rezession. In einigen kleinen, in sich geschlossenen Ländern ist es tatsächlich in etwa so abgelaufen (Sehen Sie sich beispielsweise an, wie Israel 1985 seine Wirtschaft stabilisiert hat.)

Aber Amerika war so nicht gestrickt, deshalb traf man die Entscheidung, es auf die harte, brutale Tour zu machen. Das war kein Triumph der Politik, es war auf gewisse Weise eher ein Eingeständnis der Verzweiflung.

Was die Inflation angeht, hat es funktioniert, allerdings sind einige der anderen Mythen zu diesen Themen genauso falsch wie die Mythen über die 1970er-Jahre. Nein, Amerika kehrte nicht zu kräftigem Produktivitätswachstum zurück, das geschah erst Mitte der 1990er-Jahre. 60-jährige Männer sollten sich daran erinnern, dass das Land ein Jahrzehnt nach der Volcker-Desinflation noch immer im Tief steckte. Erinnern Sie sich an den alten Witz? „Der Kalte Krieg ist vorbei und Japan hat gewonnen."

Insofern wäre es schlimm genug, heutige politische Entscheidungen auf Lektionen aus den 1970ern zu basieren. Noch schlimmer jedoch ist es, dass wir heutige politische Entscheidungen auf verklärten 1970ern basieren, die es so nie gegeben hat.

DIESE 80ER-SHOW

Blog der *New York Times*

19. Mai 2014

Ich habe hier in Oxford mehrere Reden und Kamingespräche gehalten und komme dabei immer wieder auf einen Punkt zurück: die entscheidende Rolle, die die 1980er-Jahre für die Gedankenwelt der Ökonomie gespielt haben.

Das ist eine ungewöhnliche Aussage – die 1970er-Jahre haben inzwischen Legendenstatus eingenommen und werden immer wieder von Inflationsfürchtern heraufbeschworen, während die 1980er-Jahre, wenn überhaupt, als Zeit erwähnt werden, in der die angebotsorientierte Wirtschaftspolitik irgendwie ihre Existenzberechtigung unter Beweis stellte. Tatsächlich jedoch wurde in den frühen 1980er-Jahren die Makroökonomie nach Robert Lucas entscheidend widerlegt – auch wenn dies von vielen geleugnet wurde.

Wer sich jetzt fragt, wovon ich spreche: In den 1970er-Jahren argumentierten Makroökonomen mit rationalen Erwartungen, ein Lager, das insbesondere von Robert Lucas aus Chicago angeführt wurde, sehr einflussreich gegen jede Form von politischem Aktionismus. Nur unerwartete Veränderungen der Geldpolitik würden reale Auswirkungen haben, lautete die auf Modellen im Lucas-Stil basierende zentrale Aussage. Ein Beispiel: War den Menschen klar, dass die Zentralbank auf eine niedrigere Inflationsrate hinarbeitet, würden sich Preise und Löhne korrigieren, ohne dass die Notwendigkeit anhaltend hoher Arbeitslosigkeit bestünde.

Tatsächlich jedoch passierte in den 1980ern Folgendes: Die Zentralbanken – allen voran die Fed, aber auch Thatchers Bank of England und andere – beschnitten die Geldpolitik drastisch, um auf diese Weise die Inflation in den Griff zu bekommen. Und tatsächlich sank die Inflation auch – nach einer Weile. Doch bis es so weit war, gab es schwere Rezessionen und explodierende Arbeitslosigkeit, eine Phase, die deutlich länger anhielt, als man es mit einem unerwarteten Schock hätte glaubwürdig begründen können.

Im Großen und Ganzen bestätigte sich damit Keynes' Sicht auf die Volkswirtschaft sehr deutlich und tatsächlich waren die 1980er-Jahre von einem Comeback des neuen Keynesianismus geprägt. Doch zu diesem Zeitpunkt hatten sich viele Ökonomen bereits zu tief verschanzt, hatten keynesianische Ökonomie als Unfug verteufelt und für tot erklärt. Zurückzurudern ging nun nicht mehr, also gruben sie sich noch tiefer ein und auch wenn allem Anschein nach die Geldpolitik keinerlei reale Auswirkungen hatte, beharrten sie darauf, dass es sich ausschließlich um technologische Schocks handele.

Aber wenn wir diesen Teil der Berufs-Makroökonomen einmal außen vor lassen, dann waren die 1980er für uns andere genauso wichtig wie die 1970er-Jahre, was den Einfluss auf die Politik anbelangt. Wenn Sie so wollen, könnte man sagen, dass die 1970er-Jahre die Grenzen der Politik aufdeckten, während die 1980er-Jahre zeigten, dass auch diese Grenzen ihre Grenzen hatten – und Geldpolitik (und unter gewissen Bedingungen auch die Fiskalpolitik) weiterhin ein mächtiges Werkzeug war, wenn es darum ging, die Wirtschaft zu stabilisieren. Und diese Erkenntnis hat die Zeit überdauert.

WIE KONNTEN ÖKONOMEN DERMASSEN DANEBENLIEGEN?

New York Times Magazine

2. September 2009

I. WENN MAN SCHÖNHEIT IRRTÜMLICH FÜR WAHRHEIT HÄLT

Schwer zu glauben, aber es ist nicht allzu lang her, dass sich Ökonomen gegenseitig dafür beglückwünschten, wie erfolgreich ihr Feld doch sei. Diese (vermeintlichen) Erfolge waren sowohl theoretischer wie auch praktischer Natur und läuteten ein goldenes Zeitalter dieses Berufsstands ein. Auf der theoretischen Ebene glaubte man alle internen Zwistigkeiten beigelegt. So erklärte 2008 Olivier Blanchard, damals am MIT, heute Chefökonom des Internationalen Währungsfonds, in der Arbeit „The State of the Macro" (gemeint ist die Makroökonomie, also das Studium umfassender Themen wie Rezessionen): „Der Zustand der Makroökonomie ist gut." Die Schlachten vergangener Zeiten seien geschlagen und man erlebe ein „breites Verschmelzen der Ansichten". Und in der realen Welt glaubten die Ökonomen, sie hätten die Dinge unter Kontrolle: Das „zentrale Probleme der Depressionsprävention wurde gelöst", erklärte Robert Lucas von der Universität Chicago 2003 in seiner Grußansprache als Präsident der American Economic Association. Und Ben Bernanke, ehemaliger Professor in Princeton und mittlerweile Vorsitzender der US-Notenbank, feierte 2004 die „Great Moderation" in der wirtschaftlichen Leistung der vorangegangenen zwei Jahrzehnte. Diese Entwicklung führte er zum Teil auf eine verbesserte Wirtschaftspolitik zurück.

Letztes Jahr flog uns das alles um die Ohren.

Nur wenige Ökonomen sahen die aktuelle Krise kommen, aber dieses Scheitern der Prognosen war nur das kleinste der Probleme, mit denen sich das Forschungsfeld nun auseinandersetzen muss. Wichtiger war die Blindheit des Berufsstands für die Möglichkeit, es könne in einer freien Marktwirtschaft zu derartigen Katastrophen kommen. Während der goldenen Jahre wuchs bei den Finanzökonomen der Glaube, die Märkte seien von Natur aus stabil, Aktien und andere Wertpapiere wären also stets richtig bepreist für den jeweiligen Moment. Nichts in den vorherrschenden Modellen deutete auf die Möglichkeit eines Zusammenbruchs hin, wie er letztes Jahr erfolgte. Die Makroökonomen wiederum waren geteilter Meinung, doch die wichtigste Kluft verlief zwischen jenen, die darauf beharrten, dass die freie Marktwirtschaft niemals vom Kurs abkommt, und jenen, die die Ansicht vertraten, ab und zu könne so ein Schlenker schon mal auftreten, aber die omnipotente Fed könne und werde alle stärkeren Abweichungen vom Pfad des Wohlstands schon korrigieren. Keiner wollte sich auf die Vorstellung einer Wirtschaft einlassen, die trotz der besten Anstrengungen der Fed völlig vom Kurs abkommt.

Seit der Krise klaffen die Verwerfungslinien im Feld der Ökonomie deutlicher denn je auseinander. Lucas sagt, bei den Konjunkturplänen der Regierung Obama handele es sich um „ökonomischen Schund", sein Kollege John Cochrane aus Chicago sagt, sie würden auf diskreditierten „Märchen" beruhen. Im Gegenzug schrieb Brad DeLong von der Universität von Kalifornien in Berkeley über den „intellektuellen Kollaps" der Chicago School, und ich habe geschrieben, dass Kommentare Chicagoer Ökonomen das Produkt eines dunklen Zeitalters der Makroökonomie seien, einer Zeit, in der mühsam erarbeitetes Wissen verloren gegangen sei.

Was ist aus der Ökonomie geworden? Und wie soll es weitergehen?

So wie ich das sehe, ist die Ökonomie vom rechten Weg abgekommen, weil sämtliche Ökonomen Schönheit, die in beeindruckend wirkende Mathematik gekleidet war, fälschlicherweise für Wahrheit hielten. Bis zur Weltwirtschaftskrise hingen die meisten Ökonomen einer

Vision an, wonach der Kapitalismus ein perfektes oder nahezu perfektes System darstellte. Diese Vision konnte angesichts von Massenarbeitslosigkeit keinen Bestand mehr haben, aber als die Erinnerungen an die Weltwirtschaftskrise verblassten, verliebten sich die Ökonomen erneut in das alte, idealisierte Bild einer Volkswirtschaft, in der rational handelnde Individuen in perfekten Märkten interagieren, wobei das Bild dieses Mal mit schicken Gleichungen aufgehübscht wurde. Die erneute Romanze mit dem idealisierten Markt ging zum Teil natürlich darauf zurück, dass sich der politische Wind drehte, zum Teil auch auf finanzielle Anreize. Nun sind Sabbaticals bei der Hoover Institution und Stellenangebote von der Wall Street nichts, worüber man die Nase rümpfen sollte, aber der Hauptgrund für das Scheitern des Berufsstands war das Sehnen nach einem alles umfassenden, intellektuell eleganten Ansatz, der den Ökonomen gleichzeitig Gelegenheit gab, ihre mathematischen Fähigkeiten in den Vordergrund zu rücken.

Diese romantisierte und gesäuberte Vision der Volkswirtschaft führte leider dazu, dass die meisten Ökonomen all die Dinge, die schiefgehen konnten, ignorierten. Sie sahen über die Einschränkungen der menschlichen Vernunft hinweg, die so oft zu Blasen und geplatzten Blasen führen. Sie sahen über die Probleme von Institutionen hinweg, die Amok laufen. Sie sahen über die Defekte von Märkten hinweg – insbesondere von Finanzmärkten –, die dazu führen können, dass das Betriebssystem der Volkswirtschaft plötzlich und unvorhersehbar abstürzt. Und sie sahen über die Gefahren hinweg, die entstehen, wenn Regulierer nicht an Regulierung glauben.

Sehr viel schwerer zu sagen ist es, wohin sich der Berufsstand der Ökonomen von hier aus entwickelt. Mit ziemlicher Sicherheit lässt sich allerdings sagen, dass die Ökonomen lernen müssen, mit Unordnung zu leben. Was ich damit meine: Sie werden eingestehen müssen, wie wichtig irrationales und oftmals unvorhersehbares Verhalten ist, sie werden sich den häufig idiosynkratischen Mängeln der Märkte stellen müssen und sie werden akzeptieren müssen, dass wir von einer eleganten „Weltformel der Ökonomie“ sehr weit entfernt sind. Auf die Praxis übertragen bedeutet dies mehr Vorsicht bei Empfehlungen an die Politik – und weniger Bereitschaft, ökonomische Schutzmaßnahmen in dem Glauben abzuschaffen, der Markt werde schon alle Probleme lösen.

II. VON SMITH ZU KEYNES UND ZURÜCK

Als Geburtshelfer der Wirtschaftswissenschaften gilt allgemein Adam Smith, der 1776 sein Werk *Wohlstand der Nationen* veröffentlichte. Im Verlauf der folgenden 160 Jahre entstand eine Vielzahl an Wirtschaftstheorien, deren zentrale Botschaft lautete: „Vertraut dem Markt." Die Ökonomen räumten ein, dass es Fälle geben könnte, in denen Märkte scheitern. Das wichtigste Beispiel war der Fall der externen Effekte – Kosten, die Menschen ihren Mitmenschen aufbürden, ohne den Preis dafür zu bezahlen, etwa in Form von Verkehrsstaus oder Umweltverschmutzung. Aber die Grundannahme der „neoklassischen" Ökonomie (benannt nach Theoretikern aus dem späten 19. Jahrhundert, die auf den Konzepten ihrer „klassischen" Vorgänger aufsetzten) war trotz alledem die, dass wir Vertrauen in das Marktsystem haben sollten.

Dieses Vertrauen wurde durch die Weltwirtschaftskrise vernichtet. Doch selbst angesichts eines kompletten Zusammenbruchs beharrten einige Ökonomen darauf, dass alles, was in einer Marktwirtschaft geschieht, mit rechten Dingen zugehe: „Depressionen sind nicht einfach nur böse", erklärte Joseph Schumpeter 1934 (1934!). Vielmehr handele es sich um „Formen einer Angelegenheit, die erledigt werden muss". Viele Ökonomen – im Laufe der Zeit schließlich die meisten – wandten sich jedoch auf der Suche nach einer Erklärung für die Geschehnisse und einer Lösung für künftige Wirtschaftsdepressionen John Maynard Keynes zu.

Trotz allem, was Sie möglicherweise gehört haben, wollte Keynes keineswegs, dass der Staat die Wirtschaft steuert. In seinem Meisterwerk *Allgemeine Theorie der Beschäftigung, des Zinses und des Geldes* aus dem Jahr 1936 bezeichnet er seine Analyse als „gemäßigt konservativ in ihren Auswirkungen". Keynes wollte den Kapitalismus reparieren, nicht ihn ersetzen. Aber er hinterfragte die Auffassung, die freie Marktwirtschaft könne ohne Aufpasser funktionieren. Besondere Verachtung brachte er den Finanzmärkten entgegen, denn aus seiner Sicht wurden sie von kurzfristigen Spekulationsgeschäften dominiert, die für die Fundamentaldaten wenig übrig hatten. Und er forderte, dass der Staat während Wirtschaftsflauten aktiv eingriff und die Arbeitslosigkeit bekämpfte. Der Staat sollte mehr Geld drucken und, sofern erforderlich, in großem Stil in öffentliche Bauvorhaben investieren, so Keynes.

Keynes tat viel mehr, als nur kühne Annahmen aufzustellen, und es ist wichtig, sich das begreiflich zu machen. Die Allgemeine Theorie ist eine tiefgreifende und weitreichende Analyse – eine Analyse, die die besten jungen Ökonomen der damaligen Zeit überzeugte. Und dennoch ist die Geschichte der Ökonomie der letzten 50 Jahre größtenteils die Geschichte von der Abkehr vom Keynesianismus und der Rückkehr zum Neoklassizismus. Anfänglich war es Milton Friedman von der Universität Chicago, der das Comeback des Neoklassizismus anführte. Schon 1953 stellte er die These auf, die neoklassische Ökonomie sei als Beschreibung der tatsächlichen Funktionsweise der Wirtschaft dermaßen zutreffend, dass sie sowohl ausgesprochen fruchtbar sei als auch viel Vertrauen verdiene. Aber was war mit Depressionen?

Friedmans Gegenangriff auf Keynes begann mit der als Monetarismus bekannten Doktrin. Monetaristen lehnten die Vorstellung, eine Marktwirtschaft bedürfe einer vorsätzlichen Stabilisierung, nicht grundsätzlich ab. „Wir sind jetzt alle Keynesianer“, sagte Friedman einmal, behauptete später allerdings, das Zitat sei aus dem Zusammenhang gerissen worden. Die Monetaristen erklärten allerdings, dass eine sehr stark begrenzte und deutlich umrissene Form staatlicher Intervention ausreiche, eine Depression zu verhindern – genauer gesagt müsse man nur die Notenbanken instruieren, für ein stetes Wachstum der Geldmenge des Landes zu sorgen, also der Summe aus Bargeldumlauf und Bankeinlagen. Friedman und seine Mitarbeiterin Anna Schwartz stellten das berühmte Argument auf, hätte die Federal Reserve ihre Arbeit ordnungsgemäß erledigt, wäre es niemals zur Weltwirtschaftskrise gekommen. Später argumentierte Friedman überzeugend gegen jedwede vorsätzlichen staatlichen Bestrebungen, die Arbeitslosenquote unter ihre „natürliche“ Grenze zu drücken (diese Grenze liegt aktuellen Annahmen zufolge in den Vereinigten Staaten bei 4,8 Prozent). Exzessiv expansive politische Maßnahmen würden zu einer Kombination aus Inflation und hoher Arbeitslosigkeit führen, so seine Prognose – die sich während der Stagflation der 1970er-Jahre bestätigte und die Glaubwürdigkeit der Keynes-Gegner massiv stärkte.

Im Laufe der Zeit schoss die antikeynesianische Gegenrevolution jedoch weit über Friedmans Position hinaus, bis Friedman schließlich im Vergleich zu dem, was seine Nachfolger sagten, vergleichsweise moderat wirkte. Keynes abfälliger Blick auf die Finanzmärkte als „Kasino“ wurde von Finanzökonomen durch die Markteffizienzhypothese abgelöst, wonach die Anlagepreise alle verfügbaren Informationen korrekt wiedergeben. Keynes Annahmen zu Wirtschaftsflauten wurden von vielen Makroökonomen pauschal abgelehnt. Einige kehrten zu den Ansichten von Schumpeter und anderen Apologeten der Weltwirtschaftskrise zurück, wonach Rezessionen eine gute Sache seien und dazugehörten, wenn sich Volkswirtschaften an Veränderungen anpassen. Selbst diejenigen, die nicht ganz so weit gehen wollten, erklärten, der Versuch, gegen eine Wirtschaftsflaute anzukämpfen, würde mehr schaden als Gutes bewirken.

Nicht alle Makroökonomen waren willens, diesen Weg mitzugehen – viele wurden selbst ernannte Neukeynesianer, die auch weiterhin an eine aktive Rolle des Staats glaubten. Doch selbst sie akzeptierten größtenteils die Annahme, dass Anleger und Verbraucher rational handeln und dass es die Märkte im Allgemeinen gut hinbekommen. Natürlich gab es bei diesen Trends Ausnahmen: Einige wenige Ökonomen hinterfragten die Annahme, man habe es mit rationalem Verhalten zu tun, und stellten die Annahme infrage, dass man den Finanzmärkten vertrauen könnte. Sie verwiesen auf die lange Historie von Finanzkrisen mit verheerenden Auswirkungen auf die Wirtschaft. Aber sie schwammen gegen den Strom und es gelang ihnen nicht, angesichts einer allumfassenden und im Rückblick törichten Selbstzufriedenheit durchzudringen.

III. PANGLOSSIANISCHE FINANZEN

Aus naheliegenden Gründen erhielten die Finanzmärkte in den 1930er-Jahren nicht viel Respekt. Keynes verglich sie mit einem der damals beliebten Wettbewerbe, die von den Zeitungen veranstaltet wurden, bei denen die Teilnehmer aus hundert Fotos die sechs schönsten Gesichter heraussuchen sollten. Den Preis gewann der Teilnehmer, dessen Auswahl den durchschnittlichen Präferenzen aller Teilnehmenden am ehesten entsprach. Das bedeutet, jeder Teilnehmer konnte sich also nicht einfach die sechs seiner Meinung nach schönsten Gesichter heraussuchen, er musste sich vielmehr überlegen, welche Teilnehmer wohl am ehesten dem Geschmack der anderen Teilnehmer entsprechen könnten. Dass Märkte, auf denen die Teilnehmer ihre Zeit damit verbrachten, den Rockschößen der anderen hinterherzujagen, wichtige Geschäftsentscheidungen vorschreiben sollten, hielt Keynes für eine ausgesprochen schlechte Idee: „Wenn die Kapitalentwicklung eines Landes zum Nebenprodukt der Tätigkeit eines Kasinos wird, ist die Aufgabe wahrscheinlich schlecht erledigt worden."

Um das Jahr 1970 herum jedoch übernahm, was das Studium der Finanzmärkte anbelangte, Dr. Pangloss aus Voltaires *Candide* das Kommando und bestand darauf, dass wir in der besten aller möglichen Welten leben. Diskussionen über irrationales Verhalten der Anleger? Über Blasen? Über destruktive Spekulationsgeschäfte? Fand im akademischen Diskurs praktisch nicht mehr statt. Dominiert wurde das Feld von der Markteffizienzhypothese, die Eugene Fama von der Universität Chicago aufgestellt hatte. Sie besagt, dass die Anlagepreise alle öffentlich verfügbaren Informationen korrekt wiedergeben. (Ein Beispiel: Der Preis einer Unternehmensaktie bildet stets den Wert des Unternehmens korrekt ab, der sich aus den Informationen ergibt, die zu den Gewinnen des Unternehmens, seinen wirtschaftlichen Aussichten und so weiter vorliegen.) In den 1980er-Jahren argumentierten Finanzökonomen – insbesondere Michael Jensen von der Harvard Business School – so: Die Aktienmärkte liegen immer richtig, was die Preise angeht, insofern können Unternehmenslenker nichts Besseres tun (sowohl für sich selbst als auch für die Volkswirtschaft insgesamt), als die Aktienkurse ihrer Firmen zu maximieren. Anders gesagt: Finanzökonomen glaubten, wir sollten die Kapitalentwicklung einer Nation in die Hände von etwas legen, das Keynes als „Kasino" bezeichnet hatte.

Es wäre übertrieben, zu behaupten, dass dieser Wandel des Berufsbilds das Resultat früherer Ereignisse war. Natürlich verblassten die Erinnerungen an 1929 schrittweise, aber es gab weiterhin Bullenmärkte, bei denen spekulative Exzesse an der Tagesordnung waren und auf die Bärenmärkte folgten. 1973/74 beispielsweise büßten die Aktien 48 Prozent ihres Werts ein. Und als 1987 der Dow Jones Index innerhalb eines Tages ohne klaren Grund um fast 23 Prozent einbrach, hätte das zumindest leichte Zweifel an der Rationalität der Märkte wecken sollen.

Keynes hätte diese Vorfälle als Beleg für die Unzuverlässigkeit der Märkte gewertet, aber sie trugen nur wenig dazu bei, einer wunderschönen Idee an Kraft zu nehmen. Mit dem „Capital Asset Pricing Model" (CAPM, ausgesprochen „Cap-M") entwickelten die Finanzökonomen ein wunderbar elegantes theoretisches Modell, das auf der Annahme basiert, jeder Investor wäge Risiko und Chancen rational ab. Akzeptiert man diese Grundannahme, dann ist dieses Modell auch noch ausgesprochen nützlich. CAPM erklärt einem nicht nur, wie man sein Portfolio auswählen sollte, es erklärt einem auch, wie man Finanzderivate bepreist, was aus Sicht der Finanzindustrie sogar noch wichtiger ist. Die Eleganz und der vermeintliche Nutzen der neuen Theorie brachte ihren Schöpfern einige Nobelpreise ein und viele Meister der Lehre erhielten eher weltliche Belohnungen: Freundlich gestimmte Professoren von Business Schools verwandelten sich in Superhirne der Wall Street (inklusive Wall-Street-Gehaltsschecks), im Gepäck ihre neuen Modelle und formidable Mathefähigkeiten (für die obskureren Anwendungen von CAPM waren Berechnungen eines Schweregrads erforderlich, wie man ihn sonst in der Physik findet).

Um fair zu sein, muss man dazu sagen, dass Finanztheoretiker die Markteffizienzhypothese nicht bloß deshalb übernahmen, weil sie elegant, praktisch und lukrativ war. Sie produzierten zudem eine große Menge statistischer Beweise, die auf den ersten Blick sehr für ihre

Hypothese zu sprechen schienen. Aber diese Beweise waren seltsam begrenzt. Nur selten stellten Finanzökonomen die scheinbar naheliegende (aber nicht leicht zu beantwortende) Frage, ob die Vermögenspreise angesichts von Kennzahlen aus der realen Welt wie beispielsweise den Gewinnen Sinn ergaben. Stattdessen gingen die Wissenschaftler der Frage nach, ob Vermögenspreise mit Blick auf andere Vermögenspreise Sinn ergaben. Larry Summers, heute der oberste Wirtschaftsberater der Regierung Obama, machte sich einmal über Finanzprofessoren lustig, indem er eine Parabel über „Ketchup-Ökonomen" erzählte. Diese hätten nachgewiesen, dass sich 2-Liter-Flaschen-Ketchup stets zum exakt doppelten Preis von 1-Liter-Flaschen-Ketchup verkauft. Ihre Schlussfolgerung angesichts dieser Sachlage: Der Ketchupmarkt ist vollkommen effizient.

Aber weder dieser Spott noch höflichere Kritik von Ökonomen wie Yale-Professor Robert Shiller zeigten große Wirkung. Finanztheoretiker glaubten weiterhin, dass ihre Modelle im Großen und Ganzen richtig seien, ebenso viele Menschen, die in der echten Welt Entscheidungen trafen. Nicht der Geringste unter ihnen war Alan Greenspan, der damalige Chairman der Fed und ein langjähriger Befürworter einer finanziellen Deregulierung. Dass er sich Forderungen widersetzte, die Vergabe von Subprime-Krediten einzudämmen und etwas gegen die sich immer weiter aufblähende Immobilienblase zu unternehmen, hing vor allem mit der Auffassung zusammen, die moderne Finanzökonomie habe die Lage vollkommen unter Kontrolle. 2005 kam es zu einem bezeichnenden Moment, und zwar auf einer Konferenz, bei der Greenspan für seine Zeit bei der Fed geehrt wurde. Ein Teilnehmer, Raghuram Rajan (überraschenderweise von der Universität Chicago), war so mutig, eine Arbeit vorzulegen, in der er warnte, dass das Finanzsystem Risiken in einem Ausmaß anhäufe, das gefährlich werden könne. Nahezu alle Anwesenden überschütteten ihn dafür mit Spott – übrigens auch Larry Summers, der die Mahnung als „fehlgeleitet" abtat.

Im Oktober vergangenen Jahres räumte Greenspan dann aber ein, dass er sich in einem Zustand „schockierten Unglaubens" befinde, denn „das gesamte intellektuelle Gebäude ist eingestürzt". Da mit dem

Einsturz des intellektuellen Gebäudes auch ein Einsturz der Märkte in der realen Welt einherging, war das Resultat eine schwere Rezession – nach vielen Maßstäben die schlimmste seit der Weltwirtschaftskrise. Was sollten die politischen Entscheider tun? Hier hätte die Makroökonomie klare Handlungsempfehlungen zum Umgang mit der Wirtschaftsflaute liefern sollen, aber leider befand sie sich selbst in einem Zustand fortgeschrittener Unordnung.

IV. DAS PROBLEM MIT DER MAKROÖKONOMIE

„Aber heute haben wir uns in einem riesigen Wirrwarr verstrickt, haben gefehlt in der Herrschaft über eine feinfühlige Maschinerie, deren Arbeitsweise wir nicht verstehen. Das Ergebnis ist, dass unsere Wohlfahrtsmöglichkeiten ins Leere laufen, vielleicht für eine lange Zeit." [Deutsches Zitat aus John Maynard Keynes, *Der große Wirtschaftssturz von 1930*, in: Politik und Wirtschaft, ausgewählte Abhandlungen von John Maynard Keynes, Tübingen-Zürich 1956 (erstmals 1930), S. 193 f.] Das schrieb John Maynard Keynes in dem Aufsatz *Der große Wirtschaftssturz von 1930*. Darin bemüht er sich, die Katastrophe zu erklären, die damals die Welt ergriffen hatte. Und tatsächlich liefen die Wohlfahrtsmöglichkeiten der Welt für eine lange Zeit ins Leere. Es bedurfte des Zweiten Weltkriegs, um die Weltwirtschaftskrise zu einem definitiven Ende zu bringen.

Warum war Keynes' Diagnose von der Weltwirtschaftskrise als „riesigem Wirrwarr" zunächst so faszinierend? Und warum spalteten sich die Ökonomen ab etwa 1975 in unterschiedliche Lager auf, wenn es um die Bewertung von Keynes' Ansichten geht?

Die Essenz des Keynesianismus möchte ich anhand einer wahren Geschichte erklären, die gleichzeitig als Parabel dient, als Westentaschenversion des Wirrwarrs, der ganze Volkswirtschaften packen kann. Dazu sehen wir uns die Mühsal der Capitol Hill Baby-Sitting Coop an.

Das *Journal of Money, Credit and Banking* erzählte 1977 die Probleme dieser Kooperative, zu der sich rund 150 junge Paare in der Absicht zusammengeschlossen hatten, sich gegenseitig beim Babysitten auszuhelfen, wenn Eltern mal einen Abend für sich haben wollten. Damit gewährleistet war, dass jeder seinen gerechten Anteil an Babysitting leistete, führte die Kooperative eine Art Anrechtsschein ein, auf dickem Papier gedruckte Coupons, die den Inhaber berechtigten, eine halbe Stunde lang einen Babysitter in Anspruch zu nehmen. Beim Eintritt in die Kooperative erhielt man 20 Coupons und man war verpflichtet, beim Verlassen der Kooperative dieselbe Menge an Coupons zurückzugeben.

Leider stellte sich heraus, dass die Mitglieder der Kooperative durchschnittlich mehr als 20 Coupons in Reserve behalten wollten, möglicherweise für den Fall, dass sie beabsichtigten, mehrmals hintereinander auszugehen. Das führte dazu, dass vergleichsweise wenig Eltern ausgehen und dadurch ihre Anrechtsscheine verlieren wollten. Gleichzeitig boten sich viele als Babysitter an, um ihre Rücklagen aufstocken zu können. Doch da sich Möglichkeiten zum Babysitten nur dann auftun, wenn tatsächlich jemand abends ausgeht, wurde es schwierig, Jobs als Babysitter zu bekommen. Die Mitglieder der Kooperative taten sich infolgedessen noch schwerer, auszugehen, wodurch die Angebote, als Babysitter arbeiten zu können, noch knapper wurden …

Kurzum: Die Kooperative rutschte in eine Rezession.

Okay, was halten Sie von der Geschichte? Tun Sie sie nicht als albern und trivial ab, denn seit Adam Smith in einer Stecknadelfabrik die Wurzeln des wirtschaftlichen Fortschritts erkannte, haben Ökonomen kleinteilige Beispiele dafür genutzt, Licht auf große Fragen zu werfen und das völlig zu Recht. Die Frage ist, ob dieses spezielle Beispiel, bei dem die Rezession aus einer ungenügenden Nachfrage resultiert (die Nachfrage nach Babysitting-Jobs reicht nicht aus, um jedem, der arbeiten möchte, Arbeit zu geben), den Kern dessen trifft, was in einer Rezession geschieht.

Vor 40 Jahren hätten die meisten Ökonomen dieser Betrachtungsweise zugestimmt, doch seitdem hat sich das Feld der Makroökonomie gespalten. Auf der einen Seite steht das „Salzwasser"-Lager (Ökonomen vor allem aus den an den Küsten der USA gelegenen Universitäten) und sein mehr oder weniger keynesianischer Blick darauf, um was es bei Rezessionen geht. Auf der anderen Seite haben wir das „Süßwasser"-Lager (Ökonomen vor allem von Universitäten im Inneren des Landes), das diese Betrachtungsweise für Blödsinn hält.

Die Süßwasser-Ökonomen sind im Grunde neoklassische Puristen. Für sie beginnt lohnende Wirtschaftsanalyse mit der Voraussetzung, dass die Menschen rational handeln und die Märkte funktionieren, eine Prämisse, die der Geschichte der Babysitter-Kooperative zuwiderläuft. Nach ihrer Lesart ist ein allgemeiner Mangel an ausreichender Nachfrage nicht möglich, da die Preise stets in Bewegung sind und ein Gleichgewicht zwischen Angebot und Nachfrage herstellen. Wollen die Menschen mehr Coupons für das Babysitten, wird der Wert dieser Coupons steigen, sodass sie fortan beispielsweise 40 statt 30 Minuten wert sind – oder dass entsprechend eine Stunde Babysitten nicht mehr zwei Coupons kosten würde, sondern anderthalb. Und damit wäre das Problem gelöst: Die Kaufkraft der im Umlauf befindlichen Coupons wäre gestiegen, die Leute würden nicht länger das Bedürfnis verspüren, diese Scheine bunkern zu müssen, und es käme nicht zu einer Rezession.

Aber erscheinen Rezessionen nicht wie Phasen, in denen die Nachfrage schlicht nicht ausreicht, allen Arbeitswilligen auch tatsächlich Arbeit zu geben? Der Anschein kann täuschen, sagen die Süßwasser-Theoretiker. In ihrer Welt solider Wirtschaftspolitik kann es keinen Gesamtausfall der Nachfrage geben – also gibt es ihn auch nicht. Die keynesianische Wirtschaftslehre hat sich als „falsch erwiesen", sagt John Cochrane von der Universität Chicago.

Und dennoch kommt es zu Rezessionen, wie kann das sein? Der führende Süßwasser-Makroökonom der 1970er-Jahre, Nobelpreisträger Robert Lucas, führte Rezessionen auf vorübergehende Phasen der Verwirrung zurück: Arbeitnehmer und Unternehmen hätten Schwierigkeiten, auf Inflation oder Deflation zurückgehende grundlegende Veränderungen des Preisniveaus von Veränderungen in ihrer eigenen wirtschaftlichen Lage zu unterscheiden. Jeder Versuch, gegen diesen Wirtschaftszyklus anzukämpfen, werde kontraproduktiv verlaufen, warnte Lucas, aktives Eingreifen der Politik werde die Verwirrung nur noch vergrößern.

Doch zahlreiche Süßwasser-Ökonomen lehnten ab den 1980er-Jahren selbst diese stark eingeschränkte Akzeptanz der Vorstellung von einer Rezession als schlechte Sache ab. Die neuen Anführer der Bewegung, allen voran Edward Prescott, der damals an der Universität Minnesota war (Sie verstehen vielleicht so langsam, woher die Bezeichnung „Süßwasser" kommt), argumentierten vielmehr, dass Preisschwankungen und Veränderungen der Nachfrage eigentlich überhaupt nichts mit dem Konjunkturzyklus zu tun hätten. Der Konjunkturzyklus bilde vielmehr Schwankungen bei der Geschwindigkeit des technischen Fortschritts ab und diese Schwankungen würden durch die rationale Reaktion der Arbeiterschaft verstärkt, die freiwillig mehr arbeite, wenn das Umfeld günstig sei, und weniger, wenn das Umfeld ungünstig sei. Arbeitslosigkeit sei die vorsätzliche Entscheidung von Arbeitnehmern, sich eine Auszeit zu nehmen.

Derart nüchtern formuliert klingt diese Theorie albern – war die Weltwirtschaftskrise tatsächlich nur so etwas wie die großen Ferien? Um ehrlich zu sein: Ich finde diese Theorie tatsächlich albern. Doch die grundlegende Prämisse von Prescotts „realem Konjunkturzyklus" kam mit clever konstruierten mathematischen Modellrechnungen daher, die dann mithilfe ausgeklügelter statistischer Methoden auf reale Daten übertragen wurden. Und so kam es dazu, dass diese Theorie in vielen Fakultäten die Lehre der Makroökonomie dominierte. Welchen Einfluss die Theorie hatte, zeigt allein schon, dass Prescott 2004 zusammen mit Finn Kydland von der Carnegie Mellon University der Nobelpreis zugesprochen wurden.

Die Salzwasser-Ökonomen grummelten unterdessen vor sich hin. Wo die Süßwasser-Ökonomen puristisch waren, waren die Salzwasser-Fraktion pragmatisch. Ökonomen wie N. Gregory Mankow von der Universität Harvard, Oliver Blanchard vom MIT und David Romer von der Universität Berkeley räumten ein, dass sich die keynesianische nachfragegetriebene Sicht auf Rezessionen nur schwer mit neoklassischen Theorien vereinbaren ließen, aber die Beweise dafür, dass Rezessionen tatsächlich von der Nachfrageseite getrieben wurden, waren einfach zu bestechend, als dass sie sie ignorieren konnten. Dafür waren sie auch bereit, von der Annahme abzurücken, dass perfekte Märkte oder perfekte Vernunft bestehen (oder beides). Sie fügten ausreichend Mängel hinzu, bis ein mehr oder weniger deutlich keynesianischer Blick auf die Rezession herauskam. Und nach Ansicht der Salzwasser-Fraktion blieb es erstrebenswert, dass die Politik aktiv in den Kampf gegen Rezessionen eingriff.

Aber die selbst ernannten Neukeynesianer waren auch nicht immun gegen den Reiz vernünftiger Individuen und perfekter Märkte. Sie versuchten, ihre Abweichung von der neoklassischen Lehre so begrenzt wie möglich zu halten. Das bedeutete, in den vorherrschenden Modellen gab es keinen Platz für Dinge wie Blasen und einen Zusammenbruch des Bankensystems. Dass derartige Ereignisse in der realen Welt auch weiterhin vorkamen – weite Teile Asiens erlebten 1997 eine furchtbare Finanz- und Makroökonomiekrise –, schlug sich auf den Mainstream des neukeynesianischen Denkens nicht nieder.

Nun sollte man meinen, dass sich Süßwasser- und Salzwasser-Ökonomen wegen ihrer unterschiedlichen Weltsicht beim Thema Wirtschaftspolitik ständig an die Gurgel gegangen wären. Etwas überraschend beschränkten sich zwischen etwa 1985 und 2007 die Dispute zwischen dem Süßwasser-Lager und der Salzwasser-Fraktion vor allem auf die Theorie, die Praxis spielte kaum eine Rolle. Ich glaube, das hängt damit zusammen, dass die Neukeynesianer im Gegensatz zu den ursprünglichen Keynesianern Fiskalpolitik (Veränderungen an den Ausgaben des Staats oder der Besteuerung) für überflüssig hielten, wenn es um die Bekämpfung von Rezessionen ging. Sie waren der Ansicht, die von den Technokraten der Fed verantwortete Geldpolitik halte alles an Maßnahmen bereit, was die Wirtschaft benötigen könnte. Bei einer Feier zu Milton Friedmans 90. Geburtstag sagte Ben Bernanke, in Princeton ein mehr oder weniger eingefleischter Neukeynesianer, zum damaligen Zeitpunkt aber Mitglied im Direktorium der Fed, zum Thema Weltwirtschaftskrise: „Sie haben recht. Wir haben es getan. Es tut uns sehr leid. Aber dank Ihnen wird es nicht noch einmal vorkommen." Die klare Botschaft: Alles, was man benötigt, um Wirtschaftsdepressionen zu vermeiden, ist eine klügere Fed.

Die Süßwasser-Ökonomen hatten wenig Grund zur Klage, solange die makroökonomische Politik in den Händen von Maestro Greenspan lag und es keine Konjunkturprogramme im keynesianischen Stil gab. (Sie glaubten nicht, dass die Geldpolitik irgendetwas Gutes bewirkt, aber sie schadete ihrer Meinung nach auch nicht.)

Es bedurfte einer Krise, zu erkennen, wie wenig Gemeinsamkeiten es gab und wie panglossianisch sogar der Blick der Neukeynesianer auf die Wirtschaft geworden war.

V. „NIEMAND HÄTTE VORHERSEHEN KÖNNEN …"

Bei den von Reumütigkeit geprägten Ökonomiedebatten der jüngeren Vergangenheit hat sich die Phrase „Niemand hätte vorhersehen können, dass …" zur Allzweckwaffe entwickelt. Dergleichen sagt man über Katastrophen, die man hätte vorhersehen können, die man hätte vorhersehen müssen und die tatsächlich von einigen wenigen Ökonomen vorhergesagt wurden, was ihnen jedoch außer Hohn und Spott wenig einbrachte.

Nehmen wir beispielsweise den sprunghaften Anstieg und Absturz der Häuserpreise. Einige Ökonomen, allen voran Robert Shiller, erkannten die Blase und warnten, dass ein Platzen dieser Blase schmerzhaft werden würde. Dennoch erkannten die zentralen politischen Entscheider nicht, was sich direkt vor ihrer Nase tat. Alan Greenspan tat im Jahr 2004 Gerede von einer Immobilienblase ab und erklärte: „Eine nationale ernste Preisverzerrung ist höchst unwahrscheinlich." Und Ben Bernanke sagte 2005, die steigenden Immobilienpreise würden „größtenteils starke wirtschaftliche Fundamentaldaten widerspiegeln".

Wie konnten sie die Blase übersehen? Um der Gerechtigkeit willen sei erwähnt, dass die Zinsen ungewöhnlich niedrig waren, was möglicherweise den Preisanstieg zum Teil erklärt. Vielleicht wollten Greenspan und Bernanke auch feiern, dass es der Fed gelungen war, die Wirtschaft aus der Rezession von 2001 zu holen. Hätte man eingestanden, dass dieser Erfolg in weiten Teilen darauf basierte, dass man eine gewaltige Blase erschaffen hatte, hätte das die Feierstimmung gewiss gedämpft.

Aber da gab es noch einen weiteren Aspekt – die weitverbreitete Auffassung nämlich, dass Blasen einfach nicht existieren. Liest man sich Greenspans Beteuerungen heute durch, fällt auf, dass sie nicht auf Fakten basierten – sie basierten vielmehr auf der Annahme, so etwas wie eine Blase auf dem Immobilienmarkt könne es schlicht nicht geben. Die Finanztheoretiker waren noch unerbittlicher in diesem Punkt. Eugene Fama, der Vater der Markteffizienzhypothese, sagte in einem Interview 2007: „Das Wort ‚Blase' treibt mich in den Wahnsinn." Anschließend erklärte er, warum wir dem Immobilienmarkt vertrauen könnten: „Immobilienmärkte sind weniger liquide, aber die Menschen sind sehr vorsichtig, wenn sie Häuser kaufen. Üblicherweise ist das die größte Investition, die sie je tätigen werden, also sehen sie sich sehr gründlich um und vergleichen Preise. Der Bieterprozess ist sehr detailreich."

Tatsächlich vergleichen Hauskäufer im Allgemeinen die Preise sehr sorgfältig – und zwar den Preis ihres Wunschobjekts mit dem Preis anderer Immobilien. Aber das sagt nichts darüber aus, ob die Hauspreise an sich gerechtfertigt sind. Da wären wir wieder bei der Ketchup-Ökonomie: Weil eine 2-Liter-Flasche Ketchup doppelt so viel kostet wie eine 1-Liter-Flasche, gelangen die Finanztheoretiker zu dem Schluss, dass der Preis von Ketchup gerechtfertigt sein muss.

Kurzum: Der Glaube an die Effizienz der Finanzmärkte machte viele, wenn nicht gar die meisten Ökonomen blind für das Entstehen der größten Finanzblase der Geschichte. Im Übrigen spielte die Markteffizienzhypothese schon damals, als es um das Entstehen der Blase ging, eine zentrale Rolle.

Mittlerweile ist die nicht diagnostizierte Blase geplatzt und es ist deutlich geworden, wie gefährlich die vermeintlich sicheren Vermögenswerte sind und wie anfällig das Finanzsystem ist. Amerikanische Haushalte mussten mitansehen, wie Werte in Höhe von 13.000 Milliarden Dollar vernichtet wurden. Mehr als sechs Millionen Arbeitsplätze gingen verloren, die Arbeitslosenquote scheint in Richtung des höchsten Stands seit 1940 zu gehen. Welche Ratschläge also hält die moderne Wirtschaftswissenschaft für unsere derzeitige Notlage bereit? Und inwieweit sollten wir ihr trauen?

VI. GEZANKE UM KONJUNKTURANREIZE

Zwischen 1985 und 2007 machte sich im Feld der Makroökonomie ein falscher Friede breit. Es hatte kein echtes Verschmelzen der Ansichten von Süßwasser- und Salzwasser-Ökonomen gegeben, aber dies waren die Jahre der „Great Moderation" – eine lange Phase, in der die Inflation gedämpft war und Rezessionen vergleichsweise mild verliefen. Das Salzwasser-Lager glaubte, die Fed habe alles im Griff, während die Süßwasser-Ökonomen dem Handeln der Fed keinen echten Nutzen beimaßen, aber bereit waren, die Dinge laufen zu lassen.

Doch die Krise machte diesen trügerischen Frieden zunichte. Die eng gesteckte technokratische Politik, die beide Seiten zu akzeptieren bereit gewesen waren, reichte schlagartig nicht mehr aus – und die Notwendigkeit, politisch breiter aktiv werden zu müssen, führte dazu, dass die alten Konflikte nun wieder offen ausgetragen wurden, und zwar heftiger denn je.

Warum reichte diese eng gesteckte, technokratische Politik nicht mehr aus? Die Antwort darauf ist kurz gesagt „null".

Bei einer normalen Rezession reagiert die Fed, indem sie bei Banken Schatzwechsel kauft, also Staatsschulden mit kurzer Laufzeit. Dadurch sinken die Zinsen auf Staatsschulden und auf der Suche nach höheren Renditen schichten Investoren ihre Mittel in andere Vermögenswerte um. Dadurch sinken auch dort die Zinsen. Normalerweise führen diese geringeren Zinssätze früher oder später dazu, dass sich die Wirtschaft wieder erholt. Bei der Rezession, die 1990 einsetzte, reagierte die Fed, indem sie die kurzfristigen Zinssätze von neun auf drei Prozent drückte. Bei der Rezession, die 2001 einsetzte, drückte die Fed die Zinssätze von 6,5 auf ein Prozent. Und bei der derzeitigen Rezession versuchte sie zu reagieren, indem sie die Zinsen von 5,25 Prozent auf null drückte.

Doch wie sich herausstellte, ist null nicht tief genug, um dieser Rezession den Garaus zu bereiten. Die Fed kann die Zinsen jedoch nicht unter null drücken, denn wenn die Zinssätze knapp über null liegen, horten die Investoren einfach Barmittel, anstatt sie zu verleihen. Ende 2008 lagen die Zinssätze mehr oder weniger deutlich in dem Bereich, bei dem die Makroökonomen von der „Nullzinsgrenze" sprechen, und dennoch verschlimmerte sich die Rezession sogar. Das zeigte, dass die althergebrachte Geldpolitik nicht mehr griff.

Und nun? Zum zweiten Mal stößt Amerika an die Nullzinsgrenze, beim vorigen Mal geschah das während der Weltwirtschaftskrise. Und genau diese Feststellung, dass es eine Untergrenze für Zinsen gibt, brachte Keynes dazu, sich für eine Erhöhung der Staatsausgaben einzusetzen. Wenn die Geldpolitik unwirksam ist und sich der private Sektor nicht dazu bewegen lässt, mehr Geld auszugeben, dann muss der öffentliche Sektor einspringen und die Wirtschaft stützen. Konjunkturprogramme sind die keynesianische Antwort auf die depressionsartige wirtschaftliche Lage, in der wir uns aktuell befinden.

Derartiges keynesianisches Denken beeinflusst die Wirtschaftspolitik der Regierung Obama – und die Süßwasser-Fraktion schäumt deshalb vor Wut. 25 Jahre oder mehr haben sie voller Toleranz mitangesehen, wie sich die Fed abmühte, die Wirtschaft zu steuern, aber ein ausgewachsenes Comeback von Keynes, das ist dann doch noch mal ein ganz anderes Thema. 1980 schrieb Lucas von der Uni Chicago, Keynesianismus sei dermaßen aberwitzig, dass „die Leute bei Forschungsseminaren die keynesianischen Theorien überhaupt nicht mehr ernst nehmen. Das Publikum beginnt zu tuscheln und zu kichern." Wie peinlich wäre es da auch, jetzt eingestehen zu müssen, dass Keynes größtenteils richtiglag.

Und so verkündete Chicagos Cochrane in seiner Empörung angesichts der Vorstellung, der Staat könne mit seiner Ausgabenpolitik die jüngste Rezession abschwächen: „Das ist nicht Teil dessen, was seit den 1960er-Jahren irgendjemand die Graduierten gelehrt hat. [Keynes' Ideen] sind Märchen, die sich als falsch erwiesen haben. In Zeiten großer Belastung ist es sehr tröstlich, auf die Märchen zurückzugreifen, die wir als Kinder gehört haben, aber das macht sie nicht weniger falsch." (Wie tief der Graben zwischen Süßwasser und Salzwasser ist, lässt sich allein schon daran ablesen, dass Cochrane nicht glauben mag, „irgendjemand" könne diese Ideen lehren. Tatsächlich gehören sie an Universitäten wie Princeton, dem MIT oder Harvard zum Lehrplan.)

Salzwasser-Ökonomen, die sich mit dem Glauben getröstet hatten, die große Kluft in der Makroökonomie sei im Schwinden begriffen, stellten nun schockiert fest, dass ihnen die Süßwasser-Ökonomen überhaupt nicht zugehört hatten. Süßwasser-Ökonomen, die über das Konjunkturpaket schimpften, klangen nicht wie Gelehrte, die das Für und Wider der keynesianischen Lehre abgewogen hatten und zu dem Schluss gekommen waren, die Argumente würden sie nicht überzeugen. Stattdessen klangen sie wie Leute, die nicht die geringste Ahnung davon hatten, worum es in Keynes' Wirtschaftslehre ging, und die nun in der Hoffnung, etwas Neues und Profundes zu verkünden, Irrtümer aus der Zeit vor den 1930er-Jahren hervorzerrten.

Und offenkundig waren nicht nur die Ideen von Keynes in Vergessenheit geraten. In seinem Klagelied über den „intellektuellen Kollaps" der Chicago-Schule wies Brad DeLong von der Universität Berkeley darauf hin, dass die aktuelle Haltung dieser Schule im Grunde auch einer vollständigen Abkehr von den Ideen Milton Friedmans gleichkommt. Friedman vertrat zwar die Ansicht, statt Änderungen an der Ausgabepolitik des Staats vorzunehmen, solle die Fed die Wirtschaft stabilisieren, aber er hatte auch nie behauptet, dass höhere Staatsausgaben unter keinerlei Umständen imstande sein könnten, für mehr Beschäftigung zu sorgen. Liest man sich heute *A Theoretical Framework for Monetary Analysis* noch einmal durch, Friedmans 1970 verfasste Zusammenfassung seiner Ideen, so springt einen die Ähnlichkeit zum Keynesianismus an.

Und Friedman hing zweifelsohne niemals der Idee an, Massenarbeitslosigkeit stehe für eine freiwillige Reduzierung der Arbeitsbemühungen, und auch nicht der Vorstellung, Rezessionen seien tatsächlich gut für die Wirtschaft. Doch die aktuelle Generation der Süßwasser-Ökonomen hat beide Argumente vorgetragen. Casey Mulligan aus

Chicago etwa deutet an, dass die Arbeitslosigkeit so hoch sei, weil viele Arbeitnehmer sich dagegen entscheiden, eine neue Beschäftigung anzunehmen: „Arbeitnehmer haben es mit finanziellen Anreizen zu tun, die sie ermutigen, nicht zu arbeiten … der Rückgang der Beschäftigung erklärt sich eher durch eine Reduzierung des Arbeitskräfteangebots (die Bereitschaft der Menschen, zu arbeiten) und weniger durch die Arbeitskräftenachfrage (die Zahl der Arbeitnehmer, die Arbeitgeber einstellen müssen).“ Insbesondere hat Mulligan behauptet, dass Arbeitnehmer freiwillig arbeitslos bleiben würden, weil das ihre Aussichten verbessere, bei ihren Hypotheken staatliche Unterstützung zu bekommen. Und Cochrane erklärt, dass hohe Arbeitslosigkeit in Wahrheit eine gute Sache sei: „Wir sollten eine Rezession haben. Leute, die ihr Leben damit verbringen, in Nevada Nägel einzuschlagen, sollten etwas anderes zu tun bekommen.“

Wenn Sie mich fragen: Ich halte das für verrückt. Warum brauchen wir Massenarbeitslosigkeit im ganzen Land, damit Zimmermänner aus Nevada wegziehen? Will wirklich jemand allen Ernstes behaupten, wir hätten 6,7 Millionen Arbeitsplätze verloren, weil weniger Amerikaner arbeiten gehen wollen? Aber es war unvermeidlich, dass sich die Süßwasser-Ökonomen in diese Sackgasse manövrieren. Wer mit der Grundannahme arbeitet, dass Menschen vollkommen vernünftig sind und Märkte vollkommen effizient, kann nur zu der Schlussfolgerung gelangen, dass Arbeitslosigkeit eine freiwillige Entscheidung ist und Rezessionen ein erstrebenswerter Zustand sind.

Die Krise mag Süßwasser-Ökonomen in das Reich des Absurden getrieben haben, aber sie hat auch dazu geführt, dass Salzwasser-Ökonomen sehr viel Selbstanalyse betreiben. Anders als bei der Chicagoer Schule lässt ihr Grundgerüst die unfreiwillige Arbeitslosigkeit nicht nur zu, sie hält sie auch für schlecht. Doch die neukeynesianischen Modelle, die inzwischen die Lehre und die Forschung dominieren, setzen voraus, dass die Menschen völlig vernünftig sind und die Finanzmärkte völlig effizient arbeiten. Um einen Vorfall wie die aktuelle Wirtschaftsflaute in ihre Modelle einbauen zu können, sehen sich die Neukeynesianer gezwungen, eine Art Korrekturfaktor einzuziehen, der aus Gründen, auf die nicht näher eingegangen wird, dazu führt, dass vorübergehend die privaten Aussagen sinken. (Exakt das habe ich in einigen meiner eigenen Arbeiten getan.) Und wenn die Analysen zur Frage, wo wir jetzt stehen, auf diesem Korrekturfaktor basieren, mit wie viel Zuversicht können wir dann mit diesen Modellen Prognosen erstellen?

Kurzum: Die Makroökonomie steht nicht gut da. Wie wird es mit diesem Berufsstand weitergehen?

VII. MÄNGEL UND FRIKTIONEN

Dass die Wirtschaftswissenschaften als Forschungsbereich in unruhiges Fahrwasser geraten sind, liegt daran, dass die Ökonomen der Vision eines perfekten, reibungslosen Marktsystems erlagen. Um sich zu rehabilitieren, muss sich der Berufsstand an eine weniger reizvolle Vision gewöhnen – an die Vision einer Marktwirtschaft, die über viele Tugenden verfügt, die aber auch mit Mängeln und Friktionen („*flaws and frictions*“) behaftet ist. Die gute Nachricht: Wir müssen nicht bei null anfangen. Selbst in den Zeiten, als die Lehre vom perfekten Markt unangefochten dominierte, wurde viel daran geforscht, wie und warum die echte Wirtschaft vom theoretischen Ideal abwich. Es könnte jetzt dazu kommen, dass diese „Flaws and frictions“-Lehre vom Rand der Wirtschaftsanalyse in den Mittelpunkt rückt. Tatsächlich ist eine derartige Entwicklung bereits im Gange.

Ich denke da an ein bereits recht gut entwickeltes Beispiel für diese Art Wirtschaftswissenschaften – die Gedankenschule, die als Behavioral Finance bezeichnet wird. Bei diesem Ansatz stehen zwei Dinge im Mittelpunkt: Erstens weisen viele Investoren aus der realen Welt nur wenig Ähnlichkeit mit den kühlen Abwägern auf, die laut Markteffizienzhypothese am Markt agieren. Sie sind viel zu anfällig für Herdenverhalten, für Schübe irrationalen Überschwangs und für unbegründete Panikattacken. Zweitens stellen selbst Marktteilnehmer, die ihre Entscheidungen auf kühlen Abwägungen basieren möchten, häufig fest, dass sie das nicht können – Vertrauensprobleme, Glaubwürdigkeitsprobleme und begrenzte Sicherheiten zwingen sie, mit der Herde zu laufen.

Zum ersten Punkt: Selbst in der Blütezeit der Markteffizienzhypothese drängte sich der Eindruck auf, dass viele Investoren aus der realen Welt nicht so rational agieren, wie es die vorherrschenden Modelle unterstellten. Larry Summers begann einmal eine wissenschaftliche Arbeit über Finanzen mit dem Ausruf: „ES GIBT IDIOTEN. Sehen Sie sich nur um." Aber über welche Art Idiot (übrigens: die akademische Literatur bevorzugt den Begriff „Noise trader") reden wir hier? Die Behavioral Finance versucht, diese Frage mithilfe des breiteren Felds der Verhaltensökonomik zu beantworten. Dazu stellt sie einen Zusammenhang her zwischen der scheinbaren Irrationalität der Investoren und bekannten Vorurteilen in der Wahrnehmung des Menschen. So neigen Menschen dazu, niedrige Verluste wichtiger zu nehmen als niedrige Gewinne, und sie ziehen zu schnell Rückschlüsse aus einer geringen Anzahl von Stichproben (nur weil die Häuserpreise in den letzten Jahren gestiegen sind, bedeutet das nicht, dass sie auch weiterhin steigen werden).

Was die Behavioral Finance an Fakten zusammengetragen hatte, taten Vertreter der Markteffizienzhypothese wie Eugene Fama bis zum Ausbruch der Krise als „Kuriositäten" ohne echte Bedeutung ab. Jetzt, nachdem eine gewaltige Blase geplatzt ist – eine Blase, die von Verhaltensökonomen wie Robert Shiller aus Yale korrekt diagnostiziert wurde und die er in Zusammenhang mit früheren Vorfällen „irrationalen Überschwangs" setzte – und die Weltwirtschaft damit auf die Knie zwang, dürfte diese Haltung nur schwer zu vertreten sein.

Zum zweiten Punkt: Nehmen wir an, es gäbe tatsächlich Idioten. Wie wichtig sind sie? Nicht sehr, argumentierte Milton Friedman in einer einflussreichen Arbeit aus dem Jahr 1953. Clevere Anleger verdienen ihm zufolge Geld, indem sie kaufen, wenn die Idioten verkaufen, und verkaufen, wenn die Idioten kaufen. Das führe zu einer Stabilisierung der Märkte. Doch der zweite Strang der Behavioral Finance sagt, dass Friedman sich irrt und dass Finanzmärkte gelegentlich hochgradig instabil sind – eine Auffassung, die sich aktuell nur schwer zurückweisen lässt.

Die möglicherweise einflussreichste Arbeit in dieser Richtung verfassten 1997 Andrei Shleifer (Harvard) und Robert Vishny (Chicago) und im Grunde gossen sie den alten Spruch „Der Markt kann länger irrational bleiben als du flüssig“ in eine Formel. Sie wiesen darauf hin, dass Arbitrageure, also die Leute, die billig kaufen und teuer verkaufen sollen, Kapital benötigen, um ihre Aufgabe erledigen zu können. Stürzen die Preise für Vermögenswerte jedoch ab – und sei der Absturz aus Sicht der wirtschaftlichen Eckdaten noch so unbegründet –, dezimiert dies auch das Kapital. Das Smart Money wird also vom Markt gedrängt und die Preise könnten in eine Abwärtsspirale stürzen.

Die Art und Weise, in der sich die aktuelle Finanzkrise ausbreitete, war fast eine Art Anschauungsunterricht zu den Gefahren finanzieller Instabilität. Die allgemeinen Ideen hinter den Modellen für finanzielle Instabilität haben sich in diesem Zusammenhang als ausgesprochen relevant für die Wirtschaftspolitik herausgestellt: Dass der Schwerpunkt auf das dezimierte Kapital der Finanzinstitute gelegt wurde, half nach dem Zusammenbruch von Lehman Brothers bei den politischen Entscheidungen, und es scheint (bitte die Daumen drücken), als ob dank der ergriffenen Schritte ein noch größerer finanzieller Zusammenbruch abgewendet werden konnte.

Und was ist mit der Makroökonomie? Die jüngsten Ereignisse haben die Vorstellung, Rezessionen seien eine optimale Reaktion auf Schwankungen beim Tempo des technischen Fortschritts, ziemlich deutlich widerlegt. Was übrig blieb, ist ein mehr oder weniger stark von Keynes geprägter Blick auf die Dinge. Aber handelsübliche neukeynesianische Modelle hatten auch keinen Platz übrig gelassen für Krisen wie diejenige, die wir gerade erleben, denn auch diese Modelle akzeptierten im Großen und Ganzen die Markteffizienzhypothese für den Finanzsektor.

Mit einigen Ausnahmen: Ausgerechnet Ben Bernanke unterstrich in Zusammenarbeit mit Mark Gertler von der New York University, dass ein Fehlen ausreichender Sicherheiten Unternehmen in ihrer Fähigkeit einschränken kann, Mittel einzutreiben und Anlagemöglichkeiten zu verfolgen. Und mein Kollege Nobuhiro Kiyotaki aus Princeton und

John Moore von der London School of Economics argumentieren in einer Arbeit, die in eine ähnliche Richtung geht, dass die Preise von Vermögensklassen wie Immobilien Abstürze erleiden können, die sich selbst verstärken und in der Folge gesamte Volkswirtschaften in die Depression drücken können. Doch selbst in der keynesianischen Schule spielten die Folgen eines dysfunktionalen Finanzumfelds bislang keine zentrale Rolle. Das muss sich natürlich ändern.

VIII. RÜCKBESINNUNG AUF KEYNES

Was müssen die Ökonomen nun tun? Meiner Meinung nach sollten sie sich als Allererstes der unbequemen Wahrheit stellen, dass Finanzmärkte alles andere als perfekt sind und außergewöhnlichen Wahnvorstellungen ebenso unterliegen wie dem Wahn der Massen. Zweitens müssen sie eingestehen, dass der keynesianische Blick auf die Wirtschaft das beste Grundgerüst ist, das uns zur Verfügung steht, wollen wir hinter Rezessionen und Depressionen einen Sinn erkennen (dieser Schritt wird ganz besonders schwer für diejenigen, die Keynes verlacht und über ihn getuschelt haben). Und drittens werden sie ihr Bestes geben müssen, um zu versuchen, die Realitäten der Finanzwelt in die Makroökonomie zu integrieren.

Viele Ökonomen werden diese Aufgaben zutiefst beunruhigend finden. Bis die neue, realistischere Herangehensweise an die Finanzwelt und die Makroökonomie dasselbe Maß an Klarheit, Vollständigkeit und blanker Schönheit bieten, das typisch für die rein neoklassische Herangehensweise ist, wird sehr viel Zeit vergehen, wenn es denn überhaupt irgendwann einmal so weit ist. Einigen Ökonomen wird das Grund genug sein, sich an den Neoklassizismus zu klammern, obwohl er in großem Stil bei dem Versuch gescheitert ist, die größte Wirtschaftskrise der letzten drei Generationen zu verstehen. Dies erscheint mir ein guter Zeitpunkt zu sein, den Schriftsteller Henry L. Mencken zu zitieren: „Für jedes menschliche Problem gibt es eine einfache Lösung – sauber, einleuchtend und falsch.“

Geht es um das allzu menschliche Problem von Rezessionen und Depressionen, müssen sich die Ökonomen von der sauberen, aber falschen Annahme verabschieden, dass jeder Mensch rational ist und die Märkte perfekt arbeiten. Noch zeichnet sich kein klares Bild ab, während der Berufsstand seine Grundlagen überdenkt, aber eines ist klar: Es wird keine klare Vision sein, aber hoffen wir, dass sie dafür zumindest in Teilen richtigliegt.

SCHLECHTE ABSICHTEN, PATHOS UND DIE ÖKONOMIE DER REPUBLIKANER

27. Dezember 2018

Während sich 2018 dem Ende zuneigt, wird viel über den Zustand der Wirtschaft geschrieben. Ich würde jedoch lieber über etwas anderes reden – über den Zustand der Wirtschaftswissenschaften, zumindest sofern ein Bezug zur aktuellen politischen Lage besteht. Dieser Zustand ist kein guter – die schlechten Absichten, die auf jeder Ebene die konservative Politik dominieren, machen auch vor rechten Ökonomen nicht halt. Das ist traurig, aber es ist auch peinlich mitanzusehen, denn während einstmals angesehene Ökonomen sich vor dem Trumpismus in den Staub werfen, macht die Republikanische Partei immer deutlicher, dass ihre Dienste nicht erwünscht sind. „Bewerbungen bitte nur von Leuten, die uns nach dem Mund schreiben."

Wenn Sie über Ökonomie und Politik reden, sollten Sie eines wissen: Im modernen Amerika existieren drei Arten von Ökonomen – liberale professionelle Ökonomen, konservative professionelle Ökonomen und professionelle konservative Ökonomen.

Mit „liberale professionelle Ökonomen" meine ich Wissenschaftler, die versuchen, die Wirtschaft so gut es geht zu verstehen, die jedoch, weil sie Menschen sind, nicht frei von politischen Präferenzen sind. In ihrem Fall sortieren sie sich deshalb im politischen Spektrum der USA links ein, obwohl es üblicherweise nur ein wenig links der Mitte ist. Konservative professionelle Ökonomen sind das Gegenstück dazu in der rechten Mitte. Etwas völlig anderes dagegen sind professionelle konservative Ökonomen. Hier handelt es sich um Menschen, die selbst Mitte-rechts-Fachleute für Scharlatane und Spinner halten. Sie verdienen ihr Geld, indem sie (häufig inkompetent) so tun, als würden sie tatsächlich Ökonomie betreiben, doch tatsächlich handelt es sich bei ihnen um reine Propagandisten. Und nein, ein entsprechendes Gegenstück auf der anderen Seite existiert nicht, was auch daran liegt, dass die Milliardäre, die derartige Propaganda finanzieren, mit viel größerer Wahrscheinlichkeit politisch rechts als links stehen.

Aber lassen wir die reinen Schreiberlinge einen Augenblick außen vor und reden wir über die Menschen, die früher zumindest den Anschein erweckten, echte Ökonomie zu betreiben.

Wirkt sich in der Ökonomie die politische Neigung auf die Forschungsarbeit aus? Natürlich beeinflusst sie, woran man forscht: Liberale sind eher an der zunehmenden Ungleichheit oder der Ökonomie des Klimawandels interessiert als Konservative. Und die menschliche Natur ist nun einmal, was sie ist, insofern lassen sich einige von ihnen – okay, „einige von uns" – gelegentlich zu motiviertem Argumentieren hinreißen, was dazu führt, dass die Schlussfolgerungen zur politischen Ausrichtung passen.

Ich dachte früher eigentlich, dass derartige Aussetzer eher die Ausnahme als die Regel seien. Die liberalen Ökonomen, die ich kenne, sind sehr bemüht, nicht in diese Falle zu tappen. Passiert es ihnen trotzdem, dann entschuldigen sie sich.

Machen das konservative Ökonomen genauso? Immer häufiger scheint die Antwort darauf „Nein" zu lauten, zumindest bei jenen, die im öffentlichen Diskurs einen prominenten Platz einnehmen. Selbst während der Obama-Jahre war auffällig, wie viele den Republikanern zugeneigte bekannte Ökonomen in Fragen der Wirtschaftspolitik brav dem Diktum der Partei folgten, und zwar auch dann, wenn diese Parteilinie mit dem unparteiischen Konsens des Berufsstands in Konflikt stand.

Als ein Demokrat im Weißen Haus saß, stellten sich die republikanischen Politiker also gegen alles, was die Kosten der Finanzkrise von 2008 und deren Folgen hätte lindern können. Viele Ökonomen schlossen sich an. 2010 griff ein Who's who der republikanischen Ökonomen die Federal Reserve dafür an, wie sie den Kampf gegen Arbeitslosigkeit führte. Die Zentralbank riskiere „Währungsabwertung und Inflation", so die Warnung.

Argumentierten diese Ökonomen in guter Absicht? Selbst damals gab es gute Gründe, nicht daran zu glauben. Zum einen waren diese ach so furchtbaren und unverantwortlichen Maßnahmen der Fed ziemlich genau das, was Milton Friedman im Falle von Wirtschaftsdepressionen vorschrieb. Zum anderen gefielen sich einige dieser Fed-Kritiker in Donald-Trump-artigen Verschwörungstheorien. Sie warfen der Fed vor, sie würde Geld nicht etwa drucken, um der Wirtschaft zu helfen, sondern um „der Fiskalpolitik aus der Patsche zu helfen", sprich, um Barack Obama zu helfen.

Bezeichnend auch, dass keiner der Ökonomen, der fälschlicherweise vor einer drohenden Inflation warnte, später bereit war, seine Fehleinschätzung zuzugeben.

Doch der wahre Test kam nach 2016. Wäre jemand durch und durch zynisch veranlagt, hätte er vermutlich damit gerechnet, dass diejenigen Ökonomen, die unter einem Demokraten Haushaltsdefizite und eine lockere Geldpolitik verurteilten, unter einem republikanischen Präsidenten schlagartig eine Kehrtwendung hinlegen würden.

Und dieser durch und durch zynische Mensch hätte absolut richtiggelegen. Jahrelang waren die Ökonomen des republikanischen Establishments angesichts des Teufels namens Schulden in Hysterie verfallen, nun bejubelten sie eine Steuersenkung, die den Haushalt in die Knie zwang. Als die Arbeitslosigkeit himmelhoch war, hatten sie den lockeren geldpolitischen Kurs verurteilt, nun, angesichts einer Arbeitslosenquote von unter vier Prozent, griffen einige Trumps Forderung nach niedrigen Zinsen auf – und diejenigen, die das nicht taten, blieben auffällig still.

Wie lässt sich diese Epidemie der schlechten Absichten erklären? Zum Teil hängt es offensichtlich mit dem Ehrgeiz konservativer Ökonomen zusammen, die weiterhin hofften, auf prominente Posten berufen zu werden. Zum Teil aber, vermute ich, könnte es auch einfach der

Wunsch sein, weiterhin im Dunstkreis der Mächtigen und Einflussreichen bleiben zu können.

Doch diese professionelle Selbsterniedrigung hat etwas Erbärmliches an sich, denn die Belohnungen, die sich die Mitte-rechts-Ökonomen erhoffen, sind bislang nicht eingetroffen und werden es auch nie.

Das hängt nicht nur damit zusammen, dass sich Trump eine Regierung der Schlimmsten und Begriffsstutzigsten zusammengestellt hat. Vielmehr ist es so, dass die moderne Republikanische Partei nicht das geringste Interesse hat, sich irgendetwas von ernst zu nehmenden Ökonomen anzuhören, egal welcher politischer Couleur. Sie setzt lieber auf Scharlatane und Spinner, das ist ihre Art von Leuten.

Was also haben wir in den vergangenen zwei Jahren über die Ökonomie gelernt? Viele konservative Ökonomen waren willens, für politische Zwecke ihren Berufsethos aufs Spiel zu setzen – und sie haben ihre Integrität hergegeben, ohne dafür eine Gegenleistung zu erhalten.

WO LIEGT DAS PROBLEM BEI FUNCTIONAL FINANCE? (NERDKRAM)

12. Februar 2019

Hinter MMT stand eine clevere, aber nicht voll und ganz zutreffende Doktrin.

In den kommenden Jahren dürften die Politikdebatten zumindest etwas von der Modern Monetary Theory (MMT) beeinflusst werden, einer Doktrin, die einige Progressive glauben lässt, sie bräuchten sich keine Gedanken darum zu machen, wie sie all ihre Initiativen bezahlen müssen. Selbst wenn man Bedenken zur MMT-Analyse außen vor lässt, ist das falsch, aber ich glaube, ich sollte zunächst einmal erklären, was an der MMT richtig und was falsch ist.

Leider ist das eine ausgesprochen schwierige Diskussion, denn die modernen MMT-Anhänger behaupten geradezu messianisch, sie hätten sogar herkömmlichen Keynesianismus widerlegt. Zudem sind ihre Auffassungen unklar, wenn es darum geht, an welchen konventionellen Ansichten genau sie sich stoßen, und sie neigen dazu, kurzerhand jeden Versuch, hinter den Sinn ihrer Aussagen zu kommen, einfach abzubügeln. Die gute Nachricht: MMT scheint ziemlich deckungsgleich mit der „Functional Finance"-Doktrin zu sein, die Abba Lerner 1943 formulierte. Lerners Ansicht wiederum war bewundernswert klar, wodurch es leicht ist, sowohl die wichtigen Tugenden seiner Argumentation zu erkennen als auch die Schwachstellen.

Ich möchte an dieser Stelle erklären, warum ich nicht uneingeschränkt an Lerners Lehre der Functional Finance glaube. Ich denke, diese Kritik trifft auf MMT genauso zu. Ausgehend von früheren Debatten wird man mir voraussichtlich umgehend erklären, dass ich nichts kapiere und bloß ein korrupter Handlanger der Oligarchie bin oder etwas in der Art.

Okay, zurück zu Lerner: Er argumentierte, dass Länder, die sich a) auf von ihnen kontrolliertes Giralgeld verlassen und die b) keine Fremdwährungen leihen, keinerlei Schuldenzwängen unterliegen, da sie jederzeit Geld für den Schuldendienst drucken können. Sie haben es stattdessen mit Inflationszwängen zu tun: Ein Übermaß fiskalischer Anreize überhitzt die Wirtschaft. Ihre Haushaltspolitik sollte sich also darauf konzentrieren, die Gesamtnachfrage auf das richtige Niveau zu bringen: Das Haushaltsdefizit sollte groß genug sein, um Vollbeschäftigung erzeugen zu können, aber nicht so groß, dass es zu einer inflationären Überhitzung kommt.

Ein kluger Gedanke und zu dem Zeitpunkt, als Lerner dies schrieb – kurz nach den 1930ern und einigermaßen überzeugt davon, dass die Wirtschaft, sobald der Krieg erst einmal vorüber war, wieder in ihre chronische Schwäche zurückfallen würde –, war es für die Politik ein viel besserer Leitfaden als die herkömmliche Denkweise zur Fiskalpolitik. Und auch heutzutage steht der Gedanke ziemlich gut da in einer Welt, in der die Nachfrage trotz Nullzins lang gedrückt war und noch immer ziemlich fragil wirkt. Tatsächlich wirkt er deutlich besser als die „Ach du grüne Neune, wir werden wie Griechenland!"-Panik, die über weite Teile der 2010er-Jahre hinweg die politischen Diskussionen beherrschte.

Wo aber liegen dann die Probleme? Zunächst einmal ließ Lerner den Ausgleich zwischen Geld- und Fiskalpolitik wirklich komplett links liegen. Des Weiteren ging er zwar auf das mögliche Problem ein, dass die Schulden lawinenartig zunehmen könnten, aber seine Reaktion berücksichtigt nicht umfassend die Einschränkungen, sowohl die technischen als auch die politischen, denen Steuererhöhungen und/oder Kürzungen der Ausgaben unterliegen. Kommen diese Begrenzungen ins Bild, werden Schulden zu einem potenziell größeren Problem, als es Lerner eingesteht.

Aus moderner Perspektive ist Functional Finance wirklich unbekümmert in ihrem Umgang mit der Geldpolitik. Lerner sagt, die Zinsen sollten das Niveau haben, das zum „erstrebenswertesten Investmentniveau“ führt, und dass die Fiskalpolitik dann so festgelegt werden sollte, dass sie mit Blick auf dieses Zinsniveau Vollbeschäftigung erreicht. Aber welches ist der optimale Zinssatz? Das sagt er nicht, was möglicherweise daran liegt, dass während der 1930er-Jahre die Nullzinsgrenze diesen Punkt irrelevant machte.

Doch in den meisten Fällen – allerdings nicht, und das ist wichtig, wenn wir an der Nullzinsgrenze stehen – geschieht mehr oder weniger das genaue Gegenteil: Politische Kompromisse bestimmen die Höhe der Steuern und der Ausgaben, und die Geldpolitik korrigiert die Zinssätze so, dass Vollbeschäftigung ohne Inflation erreicht werden kann. Unter derartigen Zuständen verdrängen Haushaltsdefizite in der Tat private Ausgaben, denn Steuerkürzungen oder Erhöhungen der Ausgaben führen dazu, dass die Zinsen steigen. Und das bedeutet, dass es für die Defizitfinanzierung kein allgemein bestimmbares korrektes Maß gibt. Es ist vielmehr eine Entscheidung, die davon abhängt, wie man den Kompromiss bewerten möchte.

Und was ist mit den Schulden? Viel hängt davon ab, ob der Zinssatz oberhalb oder unterhalb der nachhaltigen Wachstumsrate der Wirtschaft liegt. Ist r<g, wie es jetzt zutrifft und in der Vergangenheit größtenteils zutraf, dann ist der Schuldenstand kein allzu großes Thema. [Anm. d. Übers.: r steht für *interest rate,* den Zinssatz, g für die *growth rate,* die Wachstumsrate.] Gilt allerdings r>g, besteht die Möglichkeit eines Schneeballeffekts der Schulden: Je höher die Staatsschuldenquote, desto rascher wird unter ansonsten gleichen Bedingungen diese Quote ansteigen. Und Schulden können nicht unendlich ansteigen – sie können das Gesamtvermögen nicht übersteigen und während die Verschuldung ansteigt, werden die Menschen eine immer höhere Rendite einfordern, um diese Schuldtitel zu halten. Irgendwann also wäre der Staat gezwungen, Primärüberschüsse (ohne Zinsen) zu erzielen, die ausreichen, das Schuldenwachstum einzuhegen.

Grundsätzlich erkennt Lerner diesen Punkt, nimmt aber an, dass der Staat diese Überschüsse nach Bedarf jederzeit erzielen kann und möchte. Bedenken, was die Anreizwirkung hoher Steuersätze anbelangt, tut er ab. Gewiss übertreiben Very Serious People diese Auswirkungen, aber sie sind nicht komplett eingebildet. [Anm. d. Übers.: Krugman bezeichnet politische Gegner häufig als „Very Serious People", „sehr ernsthafte Leute". Eine ausführliche Erklärung folgt in Kapitel 7.] Und er schweigt sich völlig aus, wenn es um die politischen Schwierigkeiten geht, die erforderlichen Überschüsse zu erzielen, dabei dürften diese Schwierigkeiten im Mittelpunkt stehen, wenn die Schulden ein sehr hohes Niveau erreichen.

Vielleicht hilft ein Zahlenbeispiel, um zu verdeutlichen, was ich sagen möchte. Nehmen wir an, dass wir es auf die eine oder andere Weise schaffen, die Schulden so weit anzuheben, dass sie 300 Prozent des BIP entsprechen und dass $r-g = 0{,}015$ ist, die Zinsen also 1,5 Prozentpunkte über der Wachstumsrate liegen. Zur Stabilisierung der Staatsschuldenquote wäre demnach ein Primärüberschuss vonnöten, der 4,5 Prozent des BIP entspricht.

Unmöglich ist dergleichen nicht: Großbritannien erzielte nach Waterloo mehrere Jahrzehnte lang Überschüsse in dieser Größenordnung. Aber von einem modernen Staat ist das sehr viel verlangt. Streichen wir Medicare und die Sozialversicherung? Verhängen wir eine Mehrwertsteuer, und zwar nicht zur Finanzierung neuer Programme, sondern einzig für den Schuldendienst? Möglich wäre das, aber man fragt sich doch, ob sich nicht die Versuchung durchsetzen würde, es mit einer Form von Finanzrepression/Umschuldung/Inflation zu versuchen. Wichtiger noch: Die Investoren würden sich wundern und r-g weiter in die Höhe treiben.

Unter dem Strich bleibt: Functional Finance besitzt vieles, was für die Theorie spricht, aber es ist nicht die Art axiomatisch wahre Doktrin, die sich Lerner erhofft hatte – und wie ich vermute, auch die modernen MMT-Anhänger. Defizite und Schulden können eine Rolle spielen, und zwar nicht nur wegen der Auswirkungen der Defizitfinanzierung auf die Gesamtnachfrage.

Gleichwohl: Wenn es um die Haushaltsfragen geht, mit denen sich die Progressiven in naher Zukunft auseinandersetzen müssen, sind diese Einwände nicht von zentraler Bedeutung, denke ich. Man muss kein

Defizitnörgler oder Schuldenpessimist sein, um daran zu glauben, dass wirklich große progressive Programme auch große neue Einnahmequellen erforderlich machen werden.

7

AUSTERITÄT

VERY SERIOUS PEOPLE

Den Begriff „Very Serious People“ habe ich von Duncan Black übernommen, der unter dem Namen „Atrios“ als Blogger aktiv ist. Ich glaube, er bezog sich mit dem Begriff auf all die einflussreichen Leute, die ziemlich überzeugt davon waren, dass ein Einmarsch im Irak eine gute Idee sei – schließlich sagten das alle anderen einflussreichen Leute und es klang nach einer entschlossenen und, nun ja, ernsthaften Haltung. Aber der Irakkrieg war beileibe nicht das einzige Beispiel für dieses Phänomen.

In dem Jahr nach dem Untergang von Lehman Brothers begann ich, diesen Ausdruck sehr häufig zu verwenden. Während des ersten Jahrs der globalen Finanzkrise bewegte sich in den wichtigen Volkswirtschaften die Wirtschaftspolitik in die richtige Richtung, wenn auch nicht in ausreichendem Maße. Ende 2009 jedoch musste ich erstaunt und erschrocken mitansehen, dass mehr und mehr öffentliche Persönlichkeiten das Hauptaugenmerk weg vom Problem der Massenarbeitslosigkeit lenkten und stattdessen obsessiv über die Gefahren von Haushaltsdefiziten schwadronierten.

Es stimmt, dass, während die Welt in einer Wirtschaftskrise versank, die Haushaltsdefizite in die Höhe schossen. Das war ganz natürlich: Stürzt die Volkswirtschaft ab, brechen die Einnahmen weg, während gleichzeitig einige Ausgabenposten automatisch ansteigen, etwa die Zahlungen von Arbeitslosengeld. Der Anstieg der Defizite war zugleich eine gute Sache. Wenn praktisch jeder auf der Welt versucht, weniger Geld auszugeben, als er einnimmt, ist das Ergebnis ein übler Schrumpfprozess, denn meine Ausgaben sind Ihre Einnahmen und Ihre Ausgaben sind meine Einnahmen. Um den Schaden zu begrenzen, muss irgendjemand bereit sein, mehr auszugeben, als er einnimmt. Und diese wichtige Aufgabe übernahmen Staaten.

Der Anteil des Staats an der Wirtschaft ist deutlich größer als 1930 und entsprechend wächst auch sein Defizit angesichts einer globalen Wirtschaftsflaute sehr viel mehr. Tatsächlich ist das vermutlich der wichtigste Grund dafür, dass sich die Wirtschaftskrise von 2008 nicht zu einer detailgetreuen Neuauflage der Weltwirtschaftskrise auswuchs. Hinzu kam, dass die Haushaltsdefizite keine sichtbaren Wirtschaftsprobleme verursachten. Die Zinsen blieben niedrig, was dafürsprach, dass die Schulden den Investoren kein Kopfzerbrechen bereiteten und dass die staatliche Mittelaufnahme die privaten Investitionen nicht „verdrängte".

Aber es klingt seriös und entschlossen, wenn man sich wegen des Haushaltsdefizits besorgt zeigt und fordert, man (gemeint sind damit selbstverständlich „die anderen") müsse Opfer bringen, um das Defizit zu senken. Außerdem erlebte Griechenland Ende 2009 eine tatsächliche Haushaltskrise, die den Panikmachern nützliche Munition lieferte, auch wenn die Lage in Griechenland nicht die geringste Ähnlichkeit zur Situation in den USA, Großbritannien oder den meisten anderen Industrienationen aufwies.

Und so beschlossen die Very Serious People als Kollektiv, es sei Zeit für eine Neuausrichtung – weg vom Kampf gegen die Arbeitslosigkeit und hin zum fiskalischen Sparkurs, wobei dies in erster Linie eine Kürzung der Ausgaben bedeutete. Diese Hinwendung zum Sparkurs hatte sehr üble Folgen – sie verzögerte die Erholung in den USA und Großbritannien und stieß weite Teile Europas zurück in die Rezession, ganz abgesehen davon, dass diese Ausgabenkürzungen für viele unmittelbare Härten sorgten. Im Gegenzug ebneten die wirtschaftlichen Folgen späteren politischen Katastrophen den Weg, und zwar sowohl dem Brexit als auch Trump.

Welche Rolle spielten die Ökonomen bei alledem? Leider wird es fast immer irgendwo einen Ökonomen geben, der den Very Serious People das sagt, was sie hören wollen, und vielleicht handelt es sich dabei sogar um einen Ökonomen, der in der Vergangenheit solide gearbeitet hat. Was diese Ökonomen sagen, wird dann aufgebauscht, bis es in keinerlei Zusammenhang mehr mit den vorliegenden Fakten oder dem professionellen Zuspruch für diese Annahme steht.

In diesem Fall waren es die Ökonomen Alberto Alesina und Silvia Ardagna, die Beweise dafür gefunden haben wollten, dass ein Beschneiden der Staatsausgaben dermaßen viel Zuversicht im privaten Sektor erschuf, dass die Gesamtausgaben anstiegen. In „Mythen der Sparpolitik" habe ich über diese Auffassung als den Glauben an die „Zuversichtsfee" gespottet. Tatsächlich ergaben ein genauerer Blick auf die Fakten und die Erfahrungen aus der Praxis, dass die Doktrin der „expansiven Sparpolitik" komplett falsch war. Dennoch stürzten sich zentrale politische Entscheider auf die Doktrin.

Und dann kamen Carmen Reinhart und Ken Rogoff, die in der Vergangenheit sehr gute Arbeit geleistet hatten, mit einem Beitrag, der, nun ja, schlampig war und demzufolge Volkswirtschaften furchtbare Dinge zustoßen, wenn die Verschuldung eine magische Grenze von 90 Prozent des BIP überschreitet. Auch diese Arbeit hielt keiner genaueren Überprüfung stand, aber zu diesem Zeitpunkt hatte sie in weiten Teilen Europas schon als Entschuldigung für eine destruktive Politik gedient.

Um das Jahr 2013 herum fanden die Very Serious People schließlich ein anderes Thema, um das sie sich sorgen konnten. Hartnäckig hohe Arbeitslosigkeit war jetzt nicht mehr deshalb ein Problem, weil zu wenig Geld ausgegeben wurde (was in erster Linie auf die Sparpolitik zurückzuführen war, die ihrer allgemeinen Auffassung nach das Vernünftigste war, was man tun konnte) – nein, sie beschlossen nun, dass die Amerikaner keine Arbeit finden konnten, weil es ihnen an den erforderlichen Fähigkeiten mangelte. Eine Zeitlang wusste jeder, der etwas auf sich hielt, dass die Arbeitslosigkeit aufgrund des „Qualifikationsgefälles" niemals wieder auf das Niveau von vor der Krise sinken würde.

Merkwürdig: Während ich dies schreibe, liegt die Arbeitslosenquote bei unter vier Prozent. Und vom Qualifikationsgefälle weit und breit keine Spur.

MYTHEN DER SPARPOLITIK

1. Juli 2010

Als ich jung und naiv war, glaubte ich, dass wichtige Menschen zunächst sorgfältig sämtliche Optionen abwägen und sich dann für einen bestimmten Standpunkt entscheiden.

Inzwischen weiß ich es besser. Ein Großteil dessen, was Serious People glauben, beruht auf Vorurteilen, nicht auf Analysen. Und diese Vorurteile werden von Trends und Modeerscheinungen geprägt.

Was mich zum Thema der heutigen Kolumne bringt. Während der vergangenen Monate habe ich (und haben andere) mit Erstaunen und Schrecken verfolgt, wie sich in politischen Kreisen der Konsens herausbildete, einem sofortigen fiskalischen Sparkurs höchste Priorität beizumessen. Auf irgendeine Weise ist es zur landläufigen Meinung geworden, jetzt sei der beste Zeitpunkt, die Ausgaben zusammenzustreichen – der Tatsache zum Trotz, dass die größten Volkswirtschaften der Welt weiterhin tief in einer Depression stecken.

Diese vorherrschende Meinung basiert weder auf Fakten noch auf sorgfältiger Analyse, sondern auf etwas, das wir freundlich formuliert als blanke Spekulation bezeichnen können. Weniger freundlich formuliert würden wir davon sprechen, dass die politische Elite fantastischen Hirngespinsten erlegen ist - allem voran etwas, das ich als „unsichtbare Bond Vigilantes“ und als die „Zuversichtsfee“ bezeichne.

Bond Vigilantes sind Anleger, die Staaten den Stecker ziehen, wenn diese ihrer Meinung nach nicht imstande oder nicht willens sind, ihre Schulden zu bedienen. Es steht außer Frage, dass Länder in Vertrauenskrisen geraten können. Aber die Befürworter des Sparkurses behaupten, dass die Bond Vigilantes a) kurz davorstehen, Amerika ins Visier zu nehmen, und dass sie b) quasi nur noch darauf warten, dass mehr Geld in Konjunkturprogramme fließt.

Aus welchem Grund sollten wir glauben, dass irgendetwas davon wahr ist? Es stimmt: Amerika hat auf lange Sicht Haushaltsprobleme, aber was wir in den nächsten paar Jahren an Konjunkturprogrammen auflegen, wirkt sich auf unsere Fähigkeit, mit diesen langfristigen Problemen fertig zu werden, praktisch überhaupt nicht aus. Douglas Elmendorf, Leiter des Haushaltsbüros des Kongresses, erklärte vor Kurzem: „Es gibt keinen intrinsischen Widerspruch zwischen einem Bereitstellen zusätzlicher fiskalischer Anreizprogramme zum jetzigen Zeitpunkt, während die Arbeitslosigkeit hoch und viele Fabriken und Büros nicht ausreichend genutzt werden, und finanzpolitischen Restriktionen in einigen Jahren, wenn Output und Beschäftigung möglicherweise ihr Potenzial nahezu vollständig ausgeschöpft haben werden."

Und dennoch verkündet man alle paar Monate, dass die Bond Vigilantes vor den Toren stehen und wir *jetzt, jetzt, jetzt* auf Sparkurs einschwenken müssen, um sie ruhigzustellen. Vor drei Monaten kam es nahezu zu hysterischen Reaktionen, als die langfristigen Zinsen leicht anstiegen: „Schuldenangst treibt Zinsen hoch", titelte das *Wall Street Journal*, obwohl es keinerlei greifbare Belege für derartige Ängste gab. Alan Greenspan verkündete, der Zinsschritt sei wie ein „Kanarienvogel im Schacht".

In der Zwischenzeit sind die Langzeitzinsen wieder abgestürzt. Und es ist auch nicht so, als würden die Investoren aus amerikanischen Staatsanleihen fliehen, vielmehr halten sie sie in einer aus dem Tritt geratenen Konjunktur für ihre sicherste Wette. Dennoch beteuern die Sparkursjünger unermüdlich, dass die Bond Vigilantes jederzeit angreifen könnten, wenn wir nicht auf der Stelle die Ausgaben drosseln.

Aber keine Bange: Die Ausgabenkürzungen könnten wehtun, aber die Zuversichtsfee wird den Schmerz verschwinden lassen. „Die Vorstellung, Sparmaßnahmen könnten eine Stagnation auslösen, ist nicht zutreffend", erklärte EZB-Präsident Jean-Claude Trichet unlängst in einem Interview. Und warum ist das so? Weil „Vertrauen schaffende politische Maßnahmen den wirtschaftlichen Aufschwung fördern und nicht bremsen werden".

Wie ist es um die Beweise für die Ansicht bestellt, eine fiskalische Kontraktion wirke in Wahrheit expansiv, weil sie das Vertrauen steigere? (Übrigens ist das exakt die Doktrin, die Herbert Hoover 1932 vertrat.) Es gibt historische Präzedenzfälle dafür, dass auf Ausgabenkürzungen und Steuererhöhungen Wirtschaftswachstum folgte. Aber soweit ich das beurteilen kann, erweist sich jedes einzelne Beispiel bei genauerer Betrachtung als Fall, bei dem die negativen Auswirkungen der Sparpolitik durch andere Faktoren wettgemacht wurden, und zwar Faktoren, die heute nicht mehr relevant sein dürften. Ein Beispiel: Irland erlebte in den 1980er-Jahren Wirtschaftswachstum während eines Sparkurses, benötigte dafür aber einen drastischen Wandel vom Handelsdefizit zum Handelsüberschuss, eine Strategie, die nicht alle gleichzeitig verfolgen können.

Und die aktuellen Beispiele für den Sparkurs sind vieles, aber nicht ermutigend. Irland war in dieser Krise ein braver Soldat und hat verbissen heftige Kürzungen umgesetzt. Sein Lohn bestand in einer depressionsartigen Wirtschaftsflaute – und die Finanzmärkte sehen Irland weiterhin als stark gefährdet für einen Zahlungsausfall. Anderen braven Soldaten wie Lettland und Estland erging es sogar schlimmer – und obwohl man es kaum glauben mag, verzeichneten alle drei Nationen heftigere Abstürze von Ausstoß und Beschäftigung als Island, das vom blanken Ausmaß seiner Finanzkrise gezwungen wurde, weniger orthodoxe politische Schritte zu ergreifen.

Wenn Ihnen also das nächste Mal jemand mit ernsthafter Stimme erklärt, warum Austerität unbedingt erforderlich ist, versuchen Sie, die Argumente zu analysieren. Mit hoher Wahrscheinlichkeit werden Sie feststellen, dass das, was nach kühlem Realismus klingt, in Wahrheit auf einem Fantasiegebilde ruht, auf dem Glauben, dass uns unsichtbare Bond Vigilantes abstrafen werden, sollten wir nicht brav sein, und dass die Zuversichtsfee uns belohnen wird, wenn wir brav sind. Und auf dieser Grundlage wird echte Politik gemacht – Politik, die das Leben von Millionen Arbeiterfamilien zerstören wird.

DIE EXCEL-DEPRESSION

18. April 2013

Im Informationszeitalter können Rechenfehler Katastrophen auslösen. Der Mars Orbiter der NASA stürzte ab, weil die Ingenieure vergessen hatten, ins metrische Maß umzurechnen. Der Fall „London Whale" bei JPMorgan Chase lief auch deshalb so sehr aus dem Ruder, weil die Modellierer durch eine Summe anstelle eines Durchschnittswerts teilten. Hat also ein Excel-Fehler die Volkswirtschaften der westlichen Welt zerstört?

Was wir bislang wissen: Anfang 2010 veröffentlichten zwei Harvard-Ökonomen, Carmen Reinhart und Kenneth Rogoff, ihre Arbeit „Growth in a Time of Debt". Darin ist die Rede von einer kritischen Schwelle, einem Kipppunkt der Staatsverschuldung. Übersteige die Verschuldung 90 Prozent des Bruttoinlandsprodukts, breche das Wirtschaftswachstum deutlich ein, behaupteten die beiden.

Reinhart und Rogoff genossen einen guten Ruf, weil sie zuvor ein gemeinhin bewundertes Buch über die Geschichte von Finanzkrisen verfasst hatten, und der Zeitpunkt für die damalige Veröffentlichung war perfekt gewählt. Unmittelbar zuvor war Griechenland in die Krise gestürzt und der Inhalt ihrer Arbeit entsprach voll und ganz dem Wunsch vieler Staatsdiener nach einer „Kehrtwende" – weg von Konjunkturprogrammen und hin zu Sparmaßnahmen. Die Folge: Die Arbeit wurde schlagartig berühmt. Sie war (und ist) zweifelsohne die einflussreichste Wirtschaftsanalyse der jüngeren Vergangenheit.

Tatsächlich erreichten Reinhart und Rogoff nahezu Heiligenstatus bei den selbst ernannten Hohepriestern fiskalisch verantwortlichen Handelns. Ihre These vom Kipppunkt erachtete man nicht als umstrittene Hypothese, sondern als Fakt, der außer Frage steht. Ein Beispiel: Die *Washington Post* warnte dieses Jahr in einem Leitkommentar, man dürfe an der Defizitfront nicht nachlassen, denn „wir stehen gefährlich nahe der 90-Prozent-Marke, die Ökonomen als Bedrohung für nachhaltiges Wirtschaftswachstum ansehen". Man beachte die Wortwahl: Da steht nicht „einige Ökonomen", geschweige denn, wie es der Wahrheit entspräche, „einige Ökonomen, deren Theorie einige andere Ökonomen mit genauso guten Referenzen vehement ablehnen", nein, da steht „Ökonomen".

Denn in Wahrheit wurde von Anfang an lautstark Kritik an Reinhart/Rogoff geäußert und im Laufe der Zeit steigerte sich die Kontroverse noch. Direkt nach der Veröffentlichung wiesen viele Ökonomen darauf hin, dass ein negativer Zusammenhang zwischen Schulden und wirtschaftlicher Leistung nicht zwingend bedeuten muss, dass hohe Verschuldung niedriges Wachstum verursacht. Genauso gut könnte es andersherum sein und schlechte wirtschaftliche Leistung führt zu starker Verschuldung. Tatsächlich ist das ganz offenkundig in Japan der Fall, das erst tief in den Schulden versank, nachdem Anfang der 1990er-Jahre das Wirtschaftswachstum einbrach. Mit der Zeit tauchte ein weiteres Problem auf: Andere Wissenschaftler, die mit scheinbar vergleichbaren Daten zu Schulden und Wachstum arbeiteten, konnten die Ergebnisse von Reinhart und Rogoff nicht reproduzieren. Sie fanden zwar eine Art Zusammenhang zwischen hoher Verschuldung und langsamem Wachstum – jedoch nichts, das wie ein Kipppunkt bei 90 Prozent oder nach irgendeinem anderen Grad der Verschuldung aussah.

Reinhart und Rogoff ließen schließlich Forscher der Universität von Massachusetts die ursprünglichen Tabellen begutachten – und das Geheimnis der nicht reproduzierbaren Ergebnisse war gelöst. Erstens hatten sie einige Daten weggelassen, zweitens hatten sie einige ungewöhnliche und höchst fragwürdige statistische Prozeduren angewendet und schließlich, ja, sie hatten eine falsche Excel-Formel eingesetzt. Korrigiert man diese Merkwürdigkeiten und Fehler, kommt man zu Ergebnissen wie die anderen Wissenschaftler: Es besteht eine gewisse Korrelation zwischen hoher Verschuldung und langsamem Wachstum, es gibt jedoch keinen Hinweis darauf, wer davon was verursacht. Und von einer „Schwelle“ bei 90 Prozent weit und breit keine Spur.

Reinhart und Rogoff haben den Excel-Fehler eingeräumt, ihre anderen Entscheidungen verteidigt und erklärt, sie hätten niemals behauptet, dass Schulden zwingend das Wachstum verlangsamen. Das ist ein wenig unaufrichtig, denn sie hatten diese Behauptung zwar tatsächlich niemals direkt geäußert, aber wiederholt angedeutet. Wichtig ist in jedem Fall aber weniger, was sie sagen wollten, als vielmehr das, wie ihre Arbeit gelesen wurde: Austeritäts-Apostel verkündeten den angeblichen 90-Prozent-Kipppunkt als bewiesenen Fakt und als Anlass, selbst angesichts Massenarbeitslosigkeit die Staatsausgaben zusammenzustreichen.

Insofern muss man das Reinhart-Rogoff-Fiasko vor dem größeren Kontext der Sparmanie betrachten – dem augenscheinlich brennenden Verlangen politischer Entscheider und Fachleute in der westlichen Welt, sich von den Arbeitslosen abzuwenden und stattdessen die Wirtschaftskrise als Vorwand dafür zu nutzen, Sozialprogramme zusammenzustreichen.

Die Reinhart-Rogoff-Affäre zeigt, in welchem Ausmaß die Sparpolitik unter Vorspiegelung falscher Tatsachen verkauft wurde. Drei Jahre lang präsentierte man die Hinwendung zum Sparen nicht als eine Möglichkeit, sondern als Notwendigkeit. Die Befürworter bestanden darauf, dass die Forschungsergebnisse aus der Ökonomie zeigen würden, dass Schreckliches geschehen würde, sobald die Schulden mehr als 90 Prozent des BIP übersteigen. Tatsächlich jedoch zeigten die „Forschungsergebnisse aus der Ökonomie“ nichts dergleichen. Ein paar Ökonomen hatten diese Behauptung verkündet, viele vertraten eine andere Meinung. Politische Entscheider ließen die Arbeitslosen im Stich und wandten sich der Austeritätspolitik zu, weil sie es wollten, nicht, weil sie es mussten.

Wird es also irgendetwas ändern, wenn man Reinhart und Rogoff von ihrem Podest stürzt? Ich möchte es gern glauben, aber ich sage voraus, dass die üblichen Verdächtigen ein anderes Stück Wirtschaftsanalyse finden werden, das sie heiligsprechen können, und dass die Depression immer weitergehen wird.

JOBS, QUALIFIKATIONEN UND ZOMBIES

30. März 2014

Vor einigen Monaten veröffentlichten Jamie Dimon, der CEO von JP-Morgan Chase, und Marlene Seltzer, CEO von Jobs for the Future, bei *Politico* einen Artikel unter der Überschrift „Closing the Skills Gap“ (etwa: „Wie man die Qualifikationslücke schließt“). Sie begannen in einem recht unheilvollen Ton: „Heute sind nahezu elf Millionen Amerikaner arbeitslos. Dennoch sind gleichzeitig vier Millionen Arbeitsplätze nicht besetzt.“ Offenbar sollte dies zeigen, „was für eine Kluft sich auftut zwischen den Fähigkeiten, die die Arbeitssuchenden derzeit haben, und den Fähigkeiten, die die Arbeitgeber benötigen“.

Tatsächlich jedoch wird es in einer Volkswirtschaft, die ständigem Wandel unterliegt, immer Stellen geben, die nicht besetzt sind, auch wenn einige Arbeitnehmer ohne Beschäftigung sind. Das derzeitige Verhältnis von freien Stellen zu Arbeitslosen ist weit davon entfernt, unnormal zu sein. Gleichzeitig haben zahlreiche sorgfältige Untersuchungen keine Belege für die Behauptung finden können, dass die hohe Arbeitslosigkeit in fehlenden Qualifikationen der Arbeitnehmer begründet ist.

Doch die Auffassung, Amerika leide unter einer schweren „Qualifikationslücke“ gehört zu den Dingen, von denen jeder, der wichtig ist, weiß, dass sie einfach stimmen müssen, denn jeder, den sie kennen, behauptet, dass sie stimmen. Wir haben es hier mit einem herausragenden Beispiel für eine Zombie-Idee zu tun – eine Idee, die mithilfe der Faktenlage längst hätte unter die Erde gebracht werden müssen, die sich jedoch weigert, zu sterben.

Und sie richtet zu allem Überfluss auch reichlich Schaden an. Aber bevor wir uns damit befassen: Was wissen wir eigentlich über Qualifikationen und Jobs?

Überlegen wir uns, was wir vorzufinden erwarten würden, wenn es tatsächlich eine Qualifikationslücke gäbe. Vor allem sollten wir in einem derartigen Fall beobachten, dass es denjenigen Arbeitnehmern gut geht, die über die richtigen Qualifikationen verfügen, während es denen ohne die nötigen Fähigkeiten schlecht geht. Das beobachten wir jedoch nicht.

Ja, stimmt: Bei Arbeitnehmern mit einer guten Schulbildung ist die Arbeitslosigkeit geringer als bei jenen mit einer schlechteren Schulbildung, aber das stimmt immer, in guten Zeiten wie in schlechten Zeiten. Der entscheidende Punkt ist der, dass bei allen Arbeitnehmern, unabhängig von ihrer Schulbildung, die Arbeitslosigkeit deutlich höher bleibt als vor der Finanzkrise. Dasselbe Bild zeigt sich über sämtliche Berufsbilder hinweg: In jeder wichtigen Kategorie stehen die Arbeitnehmer schlechter da als 2007.

Einige Arbeitgeber klagen in der Tat, dass sie kaum Arbeitnehmer mit den gewünschten Qualifikationen finden. Dann sollte sich das aber auch im Geld niederschlagen: Wenn die Arbeitgeber tatsächlich bestimmte Fähigkeiten so dringend benötigen, sollten sie bereit sein, höhere Gehälter zu zahlen, um Arbeitnehmer mit den gewünschten Qualifikationen anzulocken. Tatsächlich jedoch fällt es schwer, irgendeine Gruppe von Arbeitnehmern zu finden, deren Gehälter stark ansteigen, und die Gruppen, die man findet, entsprechen überhaupt nicht der gängigen Meinung. Ein Beispiel: Es ist gut, dass die Löhne von Arbeitnehmern, die mit einer Nähmaschine umgehen können, deutlich ansteigen, aber ich bezweifele doch sehr, dass das die Qualifikationen sind, die die Leute im Sinn haben, die so ein Aufhebens um die angebliche Lücke machen.

Und es sind nicht nur die Fakten zur Arbeitslosigkeit und den Löhnen, die die Geschichte von der Qualifikationslücke ad absurdum führen. Sorgfältige Befragungen von Arbeitgebern – etwa jene, die unlängst Wissenschaftler von MIT und die Boston Consulting Group durchgeführt haben – kommen zu einem ähnlichen Schluss: „Die Angst vor einer Qualifikationslücke ist übertrieben", so das Beraterunternehmen.

Eine Sache könnte man als Beleg für die Qualifikationslücke anführen, nämlich der deutliche Anstieg der Langzeitarbeitslosigkeit. Dieser könnte dafürsprechen, dass viele Arbeitnehmer nicht das mitbringen, was die Arbeitgeber suchen. Aber auch das stimmt so nicht. Mittlerweile wissen wir sehr viel über Langzeitarbeitslose, und sie unterscheiden sich, was ihre Fähigkeiten anbelangt, nicht sehr von entlassenen Arbeitnehmern, die rasch wieder eine Anstellung finden. Was also ist ihr Problem? Es ist die nackte Tatsache, dass sie keine Arbeit haben. Das reicht aus, Arbeitgeber unwillig zu machen, sich die Eignung dieser Menschen auch nur anzuschauen.

Aber wie kann es dann sein, dass sich die Mär von der Qualifikationslücke nicht nur hält, sondern Teil des „Das weiß doch jeder"-Kanons ist? Ein hübsches Beispiel für diesen Prozess konnte man im vergangenen Herbst beobachten. Damals berichteten einige Medien, 92 Prozent der Führungskräfte hätten erklärt, dass es tatsächlich eine Qualifikationslücke gebe. Die Grundlage für diese Behauptung? Eine telefonische Umfrage, bei der die Führungskräfte gefragt wurden: „Welcher der folgenden Punkte beschreibt Ihrer Auffassung nach die ‚Lücke' in der Qualifikationslücke der amerikanischen Arbeitnehmer am treffendsten?", gefolgt von einer Liste an Möglichkeiten. Angesichts einer derartigen Suggestivfrage ist es schon erstaunlich, dass tatsächlich acht Prozent der Teilnehmer bereit waren zu erklären, dass eine derartige Lücke überhaupt nicht existiert.

Der Punkt hier ist folgender: In den Kreisen, in denen sich einflussreiche Personen bewegen, ist es ein Zeichen von Ernsthaftigkeit, ein Bekräftigen der Stammesidentität, die Geschichte von der Qualifikationslücke zu wiederholen – oder, besser noch, in Medien wie *Politico* über Qualifikationslücken zu schreiben. Und so wankt der Zombie weiter durch die Gegend.

Leider jedoch hat das Märchen von den fehlenden Qualifikationen – genauso wie der Mythos von der drohenden Schuldenkrise – schlimme Folgen für die Politik in der realen Welt. Wichtige Leute konzentrieren sich nicht darauf, wie eine katastrophal fehlgeleitete Fiskalpolitik und unzureichende Handlungen der Federal Reserve die Wirtschaft gelähmt haben, und setzen nicht alles daran, ein Umdenken zu fordern. Sie ringen stattdessen andächtig die Hände angesichts der Schwächen der amerikanischen Arbeitnehmerschaft.

Indem er den Arbeitnehmern die Schuld an ihrem eigenen Leid zuweist, sorgt der Mythos von der Qualifikationslücke zudem dafür, dass sich die Aufmerksamkeit verschiebt – weg vom Spektakel, dass Gewinne und Bonuszahlungen selbst dann noch explodieren, wenn Beschäftigungszahlen und Gehälter stagnieren. Natürlich könnte das ein weiterer Grund dafür sein, warum die Konzernlenker an diesem Mythos so viel Gefallen finden.

Wenn es irgendwie möglich ist, müssen wir diesen Zombie töten und aufhören, Entschuldigungen für eine Wirtschaft zu suchen, die den Arbeitnehmer bestraft.

STRUKTURELLER QUATSCH

Blog der *New York Times*
3. August 2013

Okay, jetzt wird es wirklich deprimierend. Die *PBS Newshour* ist nicht immer die erste Adresse für beste Analysen, aber die TV-Sendung ist hervorragend dafür geeignet, sich einen Eindruck von der vorherrschenden Meinung in Washington zu verschaffen – und wie Dean Baker sagt, hat sich diese vorherrschende Meinung ganz eindeutig darauf eingeschossen, dass die bei uns herrschende hohe Arbeitslosigkeit „struktureller Natur" ist und dass sich das Problem nicht einfach dadurch lösen lässt, dass man die Nachfrage ankurbelt. [Anm. d. Übers.: Der Makroökonom Dean Baker leitet die in Washington ansässige Wirtschafts-Denkfabrik CEPR.]

Da drängt sich die Frage auf: Wie zur Hölle kommen die auf so eine Idee?

Dean weist darauf hin, dass sich der professionelle Konsens sehr deutlich in die entgegengesetzte Richtung verschoben hat – von Ökonomen, die sich tatsächlich mit den Zahlen beschäftigt haben, hört man deutlich weniger über strukturelle Faktoren als vor wenigen Jahren. Und auch von parteipolitischen Gräben ist nicht mehr viel übrig. Ein fest im republikanischen Lager verankerter Ökonom wie Eddie Lazear sagt beispielsweise:

> „Bei der Rezession von 2007 bis 2009 waren hohe Arbeitslosenquoten zu beobachten, die nur langsam wieder abflachten. Viele gelangten daraufhin zu der Schlussfolgerung,

> dass auf dem Arbeitsmarkt strukturelle Veränderungen stattgefunden haben und die Wirtschaft nicht zu den niedrigen Arbeitslosenquoten zurückkehren wird, die in jüngerer Vergangenheit herrschten. Stimmt das? Diese Frage ist wichtig, denn Zentralbanken vermögen eine vom Wesen her zyklische Arbeitslosigkeit zu reduzieren, aber keine strukturelle. Eine Analyse der Arbeitsmarktdaten spricht dafür, dass keinerlei strukturelle Veränderungen vorliegen, die Entwicklungen der Arbeitslosenquoten der vergangenen Jahre erklären können. Weder industrielle noch demografische Verschiebungen noch ein Ungleichgewicht zwischen Qualifikationen und vakanten Stellen sind der Grund für die erhöhten Arbeitslosenzahlen. Das Ungleichgewicht nahm während der Rezession zu, baute sich aber im selben Tempo wieder ab. Die beobachteten Muster passen zu der Einschätzung, dass die Arbeitslosigkeit durch zyklische Phänomene verursacht wird, die während der aktuellen Rezession ausgeprägter sind als bei früheren Rezessionen."

Und in der Tat: Ein deutlicher Hinweis darauf, dass das Problem *nicht* strukturell ist, ist, dass größtenteils jene Regionen und Berufsfelder, die anfangs am stärksten in Mitleidenschaft gezogen wurden, am schnellsten wieder auf die Füße kamen, als sich die Wirtschaft (teilweise) erholte. Goldman Sachs betrachtete die Arbeitslosigkeit in den *sand states* Kalifornien, Florida, Arizona und Nevada, wo die Immobilienblasen im Vergleich zum restlichen Land am größten waren. Die Arbeitslosigkeit stieg dort viel stärker an, ist aber seit 2010 auch deutlich rascher wieder gesunken.

Die Staaten, die am härtesten getroffen wurden, haben sich also schneller als der Rest des Landes erholt. Genau das würde man erwarten, wenn es sich um rein zyklische Vorgänge handelt und nicht um einen strukturellen Wandel.

Ich habe eine grobe Einteilung der Arbeitslosigkeit nach Beruf vorgenommen und Veränderungen der Arbeitslosenquote seit 2007, als der

Konjunkturzyklus im Zenit stand, über den Höhepunkt der Arbeitslosigkeit 2009/10 bis zum nachfolgenden Rückgang betrachtet. Es ergibt sich folgendes Bild:

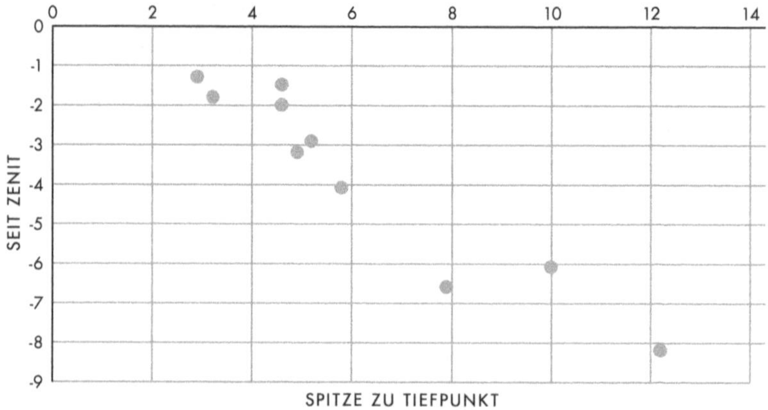

VERÄNDERUNGEN DER ARBEITSLOSIGKEIT NACH BERUF
Quelle: U.S. Bureau of Labor Statistics

Es ist dasselbe wie beim geografischen Bild: Die Berufe, die am stärksten in Mitleidenschaft gezogen wurden, haben sich auch am deutlichsten erholt.

Kurzum: Die Daten sprechen sehr stark für zyklische Ursachen, nicht für strukturelle Gründe – und zur Abwechslung herrscht unter Ökonomen in diesem Punkt ein breiter Konsens. Und dennoch ist klar, dass das Gruppendenken innerhalb des Washingtoner Beltways zum gegenteiligen Schluss gelangt ist, und zwar so eindeutig, dass die Konsensmeinung der Ökonomen zu diesem Thema bei *Newshour* gar nicht erst vertreten war.

Wie gesagt – das ist wirklich sehr, sehr deprimierend.

8

DER EURO

EINE BRÜCKE ZU VIEL

Europas Erholung nach dem Zweiten Weltkrieg zählt zu den schönsten und positivsten Erzählungen in der Geschichte der Menschheit. Buchstäblich auferstanden aus den Ruinen eines furchtbaren Kriegs haben die Nationen Westeuropas nicht nur Wohlstand und Frieden wiederhergestellt, sie haben auch die anständigsten Gesellschaften in der Geschichte der Menschheit errichtet. Und ja, ich beziehe auch Amerika in diesen Vergleich mit ein. Ich liebe mein Land und meine noch immer, dass wir ein Maß an persönlichen Möglichkeiten bieten, wie es niemand sonst geschafft hat, aber wenn es darum geht, uns um Menschen in Not zu kümmern, sind wir darin schlechter als nahezu alles, was nördlich des Mittelmeers und westlich des früheren Eisernen Vorhangs liegt.

Vieles von dem, was in Europa richtig läuft, basiert auf dem, was die Menschen manchmal als das „Projekt Europa" bezeichnen. Die Idee dahinter: Man wollte der schrecklichen Vergangenheit andauernder Kriege in Europa ein Ende bereiten, indem man die Nationen enger aneinanderband. Das sollte nicht im Rahmen eines dramatischen Akts einer politischen Union ablaufen, sondern in Form von immer enger gesteckten wirtschaftlichen Verbindungen und gemeinsamen Institutionen, die diese Verbindungen verwalten.

Den Auftakt machte 1952 die Europäische Gemeinschaft für Kohle und Stahl, die die Schwerindustrien Frankreichs und Deutschlands auf eine Art und Weise miteinander verknüpfte, die, so die Hoffnung, Kriege künftig praktisch unmöglich machte. 1959 folgte die Europäische Wirtschaftsgemeinschaft: Alle Zölle der Mitgliedsstaaten untereinander wurden aufgehoben – und die Länder waren verpflichtet, nach außen eine gemeinsame Handelspolitik zu betreiben, denn es sollte nicht angehen, dass beispielsweise Frankreich kanadischen Weizen anders besteuerte als Deutschland. Dann kamen Dinge wie eine Harmonisierung der Bestimmungen, Freizügigkeit, gemeinsame Hilfsprojekte für wirtschaftlich schwache Regionen und irgendwann der Namenswechsel zur Europäischen Union.

Nicht alles an diesem Prozess war wunderbar. Der Brüsseler Bürokratieapparat, der die paneuropäischen Angelegenheiten managt, ist noch weiter vom Alltag gewöhnlicher Menschen entfernt und in seiner Sichtweise noch insularer als die meisten nationalen Verwaltungen. Ich habe früher gern gescherzt, dass man beim Gespräch mit Eurokraten selbst dann, wenn sie fließend Englisch sprachen, Untertitel benötigte, ansonsten würde man schlicht nicht verstehen, was sie sagten. Ein langatmiger, elliptischer Diskurs über „Erweiterung versus Vertiefung" besagte unter dem Strich letztlich nichts anderes als: „Wir hätten die Griechen niemals reinlassen sollen." Und auch die nationalen Rivalitäten waren keineswegs aus der Welt. Irgendwann um das Jahr 1990 herum erschien ein Witzmemo, das angeblich von der Europäischen Kommission verfasst worden war und die Einführung einer gemeinsamen europäischen Sprache behandelte. In der Praxis werde das Englisch sein müssen, aber mit einigen Verbesserungen, hieß es in diesem Memo. Da zum Beispiel niemand genau wisse, ob er das „c" nun hart oder weich aussprechen soll, werde das harte „c" durch ein „k" ersetzt, um die korrekte Aussprache zu gewährleisten. Um die Verständlichkeit zusätzlich zu verbessern, sollten die Menschen alle Verben an das Satzende stellen. Und so weiter. Am Ende war das Memo mehr oder weniger auf Deutsch geschrieben.

Trotzdem war das Projekt Europa eine gewaltige Erfolgsgeschichte. Es hat nicht nur das Leben von Hunderten Millionen Menschen verbessert, sondern auch gezeigt, wie Menschen mit guten Absichten das furchtbare Erbe der Vergangenheit abschütteln können.

Und dann kam der Euro.

Als politisches Symbol schien eine europäische Einheitswährung der logische nächste Schritt im Projekt Europa zu sein. Europa war zu einem Ort des Friedens geworden, einem Ort der offenen Grenzen, der Freizügigkeit der Menschen, der gemeinsamen Standards von allem über das Aussehen der Verkehrsschilder bis hin zu Verbraucherschutzbestimmungen. Warum also nicht den Handel weiter erleichtern und das Gefühl der gemeinsamen Identität stärken, indem man eine einheitliche Währung einführt?

Leider geht es bei der Geldtheorie um mehr als den politischen Symbolismus. Sich eine Währung mit seinen Nachbarn zu teilen, bringt in der Tat einige beträchtliche Vorteile mit sich – ich hätte keine Lust, bei jeder Überquerung des Hudson meine New-York-Dollar in New-Jersey-Dollar umtauschen zu müssen. Aber das Ganze weist auch einige ernste Nachteile auf.

Ökonomen wissen seit Langem: Lässt sich ein Land auf eine gemeinsame Währung mit seinen Nachbarn ein, schränkt es seine Möglichkeiten ein, mit „asymmetrischen Schocks" umzugehen – ein hässlicher, aber nützlicher Fachbegriff. Nehmen wir an, Sie seien Finnland und Ihre Wirtschaft beruhe auf zwei großen Exportaktivitäten: Handys von Nokia und Zellstoff für die Papierproduktion. Technischer Wandel führt nun dazu, dass Nokia Marktanteile verliert und in den Büros weniger Papier verwendet wird. Was tun Sie?

Nun, Sie benötigen neue Exportgüter, aber dafür müssen Sie Ihren Firmen Anreize bieten, etwas Neues zu tun. Üblicherweise bedeutet dies, dass die Löhne und Preise im Vergleich zu anderen Ländern sinken müssen. Das ist für gewöhnlich einfach, wenn Sie über Ihre eigene Währung verfügen: Löhne werden normalerweise in dieser Währung ausgezahlt; wenn Sie also zulassen, dass die Währung auf dem Weltmarkt an Wert verliert, steigert das sofort Ihre Wettbewerbsfähigkeit. Genau dies geschah Anfang der 1990er-Jahre, als der Zerfall der Sowjetunion im Zusammenspiel mit einer örtlichen Bankenkrise für eine schlimme Wirtschaftsflaute sorgte.

Doch als die Lage nach 2008 für Finnland erneut problematisch wurde, besaß Finnland keine eigene Währung mehr. Dasselbe gilt auch für Spanien, das Thema des ersten Artikels in diesem Abschnitt ist. Ihr einziger Ausweg bestand also in einem langwierigen und schmerzhaften Drücken der Löhne bei gleichzeitiger hoher Arbeitslosigkeit.

Die Vorstellung, dass es einen schwierigen wirtschaftlichen Ausgleich zwischen dem Komfort einer gemeinsamen Währung und den Nachteilen in Krisensituationen gibt, trägt einen weiteren hässlichen, aber nützlichen Namen: Es handelt sich um die Theorie der optimalen Währungsräume. Als die ersten Vorschläge für die Erschaffung des Euro kursierten, beriefen sich viele amerikanische Ökonomen auf diese Theorie und argumentierten, dass der Euro angesichts der herrschenden Realitäten vor Ort eine schlechte Idee sei. Aber die Europäer waren zu verliebt in ihre Vision – zu romantisch, würde ich sagen –, als dass sie bereit gewesen wären, zuzuhören.

Der Vertrag, der Europa auf Kurs in Richtung Euro brachte, wurde 1992 in der niederländischen Stadt Maastricht unterzeichnet. Ich weiß noch, dass ich damals gewitzelt habe, dass man sich für die falsche niederländische Stadt entschieden habe – sie hätten stattdessen Arnheim wählen sollen, den Schauplatz einer berühmten militärischen Katastrophe, die als *Die Brücke von Arnheim* verfilmt wurde. Leider hat die Entwicklung des Euro diese Sorgen bestätigt und darüber hinaus einige neue Probleme aufgeworfen – zum Beispiel, dass man eine Gemeinschaftswährung hat, aber kein gemeinsames Sicherungsnetz für Banken.

Die Geschichten politischer und wirtschaftlicher Probleme in diesem Buch handeln größtenteils davon, dass grundsätzlich schlechte Menschen Schlechtes getan haben. Beim Euro liegen die Dinge etwas anders: In diesem Fall war der Weg in die Hölle tatsächlich mit guten Vorsätzen gepflastert. Leider änderte das nichts daran, dass der Weg in die Hölle führte.

DER SPANISCHE GEFANGENE

28. November 2010

Das derzeit Beste an den Iren ist, dass es nur so wenige von ihnen gibt. Ganz allein wird Irland Europas Perspektiven nicht allzu großen Schaden bereiten können. Dasselbe lässt sich über Griechenland und Portugal behaupten, die gemeinhin als nächste mögliche Dominosteine gelten.

Aber dann hätten wir da noch Spanien. Die anderen sind Tapas, Spanien ist das Hauptgericht.

Das aus amerikanischer Sicht Besondere an Spanien ist, wie sehr die Wirtschaftsgeschichte unserer eigenen ähnelt. Genau wie Amerika erlebte Spanien eine gewaltige Immobilienblase, begleitet von einer enormen Zunahme der Verschuldung im privaten Sektor. Genau wie Amerika stürzte Spanien in eine Rezession, als die Blase platzte, und erlebte einen starken Anstieg der Arbeitslosigkeit. Und genau wie Amerika haben wegbrechende Einnahmen und die Kosten der Rezession auch in Spanien dazu geführt, dass das Haushaltsdefizit kräftig anschwoll.

Im Gegensatz zu Amerika steht Spanien allerdings am Rand einer Schuldenkrise. Die Regierung der USA hat keine Probleme, ihr Defizit zu finanzieren, denn die Zinsen auf die langfristigen Schuldtitel der Bundesregierung betragen keine drei Prozent. Spanien dagegen musste in den vergangenen Wochen mitansehen, wie die Fremdkapitalkosten in die Höhe schossen – eine Entwicklung, in der sich die wachsende Furcht vor einem möglichen Zahlungsausfall niederschlägt.

Warum steckt Spanien so tief in Schwierigkeiten? Kurz gesagt: Grund ist der Euro.

Als die Gemeinschaftswährung 1999 eingeführt wurde, zählte Spanien zu den Ländern, in denen die Begeisterung für den Euro am größten war. Eine Zeit lang schien auch tatsächlich alles blendend zu laufen: Europäische Mittel strömten nach Spanien und trieben die Ausgaben des privaten Sektors voran, sodass Spaniens Wirtschaft rasch wuchs.

In den guten Jahren wirkte die spanische Regierung übrigens wie ein Vorbild für fiskalpolitisch und finanziell verantwortungsvolles Handeln. Anders als die Griechen erzielten die Spanier Haushaltsüberschüsse und anders als die Iren bemühten sie sich sehr (wenn auch nur zum Teil erfolgreich), ihre Banken zu regulieren. Ende 2007 betrug die spanische Staatsverschuldung im Verhältnis zur Wirtschaftsleistung nur die Hälfte der deutschen und selbst heute stehen Spaniens Banken bei Weitem nicht so schlimm da wie die irischen.

Doch unter der Oberfläche brodelte es. Während der Boomphase stiegen Preise und Löhne in Spanien rascher als im restlichen Europa, was zu einem großen Handelsdefizit beitrug. Und als die Blase platzte, saß die spanische Industrie mit Kosten da, die den Standort unattraktiv im Vergleich zu anderen Ländern machten. Und nun? Besäße Spanien wie die Vereinigten Staaten – oder wie Großbritannien, zu dem einige Ähnlichkeiten bestehen – noch eine eigene Währung, hätte es eine Abwertung dieser Währung zulassen können, um auf diese Weise die Konkurrenzfähigkeit zu steigern. Doch Spanien ist Teil des Euro, dadurch steht diese Möglichkeit nicht zur Verfügung. Stattdessen muss Spanien eine „innere Abwertung" erreichen, was nichts anderes bedeutet als: Löhne kürzen und Preise senken, bis die Kosten wieder auf einem Niveau mit den Nachbarn sind.

Eine innere Abwertung ist eine unschöne Angelegenheit. Zum einen ist es ein langwieriger Prozess: Normalerweise muss die Arbeitslosigkeit einige Jahre lang hoch sein, damit die Löhne sinken. Davon abgesehen bedeuten sinkende Löhne sinkende Einkommen, während die Schuldenhöhe sich nicht verändert. Eine innere Abwertung verschlimmert also die Schuldenprobleme des privaten Sektors.

All das bedeutet, dass Spaniens wirtschaftliche Aussichten für die nächsten Jahre sehr düster sind. Amerikas wirtschaftliche Erholung verlief enttäuschend, speziell auf dem Arbeitsmarkt, aber wenigstens konnten wir etwas Wachstum verzeichnen (das reale BIP ist mehr oder weniger auf dem hohen Stand, den es vor der Krise erreicht hatte), und es ist vernünftig, anzunehmen, dass künftiges Wachstum dazu beitragen wird, das Defizit in den Griff zu bekommen. In Spanien dagegen hat überhaupt keine Erholung stattgefunden und dieses Ausbleiben einer Erholung schlägt sich als Angst um Spaniens fiskalische Zukunft nieder.

Sollte Spanien den Euro verlassen und seine eigene Währung wieder einführen, um aus dieser Falle zu entkommen? Geht Spanien diesen Schritt? Die Antwort auf beide Fragen lautet „wahrscheinlich nicht". Hätte Spanien niemals den Euro eingeführt, stünde das Land heute besser da, aber ein Ausstieg würde eine gewaltige Bankenkrise verursachen, in deren Verlauf alle Einleger im Eiltempo ihr Geld abziehen und anderweitig anlegen würden. Dass eine spanische Regierung das Risiko eingeht, sich vom Euro zu verabschieden, ist nur schwer vorstellbar, sofern es nicht ohnehin zu einer verheerenden Bankenkrise kommt – ein Szenario, das für Griechenland plausibel erscheint und für Irland immer wahrscheinlicher wird, für Spanien zwar nicht unmöglich ist, aber doch unwahrscheinlich.

Spanien ist im Grunde also ein Gefangener des Euro und hat keine guten Handlungsoptionen. Die gute Nachricht für Amerika: Wir stecken nicht in dieser Art Falle. Wir besitzen weiterhin unsere eigene Währung und die ganze damit einhergehende Flexibilität. Dasselbe gilt übrigens auch für Großbritannien, wo Haushaltsdefizite und Schuldenstand vergleichbar mit Spanien sind, das jedoch von den Investoren nicht als Ausfallrisiko erachtet wird.

Die schlechte Nachricht für Amerika: Ein mächtiges politisches Lager versucht, die Federal Reserve an die Kette zu legen und damit den einen großen Vorteil zunichtezumachen, den wir gegenüber den gequälten Spaniern aufweisen können. Die Republikaner fordern, die Fed solle aufhören, an der Erholung der Wirtschaft zu arbeiten. Sie solle sich stattdessen darauf konzentrieren, dass der Dollar stark bleibt, und die (eingebildeten) Gefahren der Inflation bekämpfen. Diese Angriffe kommen der Forderung gleich, dass wir uns freiwillig in das spanische Gefängnis begeben.

Hoffen wir, dass die Fed nicht zuhört. Die Lage in Amerika ist schlimm, aber sie könnte viel schlimmer sein. Und wenn sich das „Hard Money"-Lager durchsetzt, wird sie es auch werden.

DIE HUMMEL IST ABGESTÜRZT

29. Juli 2012

EZB-Präsident Mario Draghi erklärte vergangene Woche, sein Institut sei zum Erhalt des Euro bereit, „alles Erforderliche" zu tun – und die Märkte jubelten. Vor allem die Zinsen für spanische Anleihen fielen deutlich und überall schossen die Aktienkurse in die Höhe.

Aber wird der Euro tatsächlich gerettet? Das ist doch weiterhin ausgesprochen fraglich. Zunächst einmal ist Europas Gemeinschaftswährung ohnehin ein zutiefst fehlerbehaftetes Konstrukt.

Man muss Draghi zugutehalten, dass er das tatsächlich auch einräumte: „Der Euro ist wie eine Hummel", erklärte er. „Sie ist ein Geheimnis der Natur, denn sie sollte eigentlich nicht fliegen können, aber sie tut es dennoch. Der Euro war wie eine Hummel, die mehrere Jahre lang sehr gut geflogen ist." Doch nun hat sie aufgehört zu fliegen. Was lässt sich da machen? Draghis Antwort: Die Hummel muss „zu einer echten Biene aufsteigen".

Zoologisch ein fragwürdiges Bild, aber wir verstehen, was er uns sagen möchte. Auf lange Sicht wird der Euro nur dann funktionieren, wenn sich die Europäische Union viel mehr in Richtung eines vereinigten Staats entwickelt.

Vergleichen wir als Beispiel Spanien und Florida. Beide erlebten gewaltige Immobilienblasen, auf die dramatische Einbrüche folgten. Aber Spanien steckt auf eine Art und Weise in der Krise, die Florida nicht kennt. Woran liegt das? Als die Flaute losbrach, konnte sich Florida darauf verlassen, dass Washington auch weiterhin die Kosten für Sozialversicherung und Medicare bezahlen würde, dass Washington die

Solvenz der Banken garantieren würde, dass Washington den Arbeitslosen Soforthilfe bereitstellen würde und so weiter. Spanien besaß kein derartiges Fangnetz und das muss auf lange Sicht geändert werden.

Die Vereinigten Staaten von Europa sind nichts, was in naher Zukunft (wenn überhaupt) Realität werden wird, aber die Eurokrise findet hier und heute statt. Was lässt sich also unternehmen, um die Währung zu retten? Das bringt uns zu der Frage zurück: Warum konnte die Hummel überhaupt eine Zeit lang fliegen? Warum schien es während der ersten etwa acht Jahre, als würde der Euro funktionieren? Weil die Strukturfehler von einem Boom im Süden Europas verdeckt wurden. Die Einführung des Euro überzeugte Investoren, dass es fortan sicher sei, Ländern wie Griechenland oder Spanien, die bis dahin als riskante Anlage galten, Geld zu leihen, also flossen Investitionen in diese Länder – übrigens in erster Linie zur Finanzierung privater und nicht staatlicher Kredite (ausgenommen Griechenland).

Und so waren eine Zeit lang alle glücklich. Im Süden Europas sorgten gewaltige Immobilienblasen für eine deutliche Zunahme der Beschäftigungszahlen im Baugewerbe, während gleichzeitig die herstellende Industrie immer stärker an Wettbewerbsfähigkeit verlor. Unterdessen nahm die deutsche Wirtschaft, die sich bislang dahingeschleppt hatte, wieder an Fahrt auf. Das lag an rasch zunehmenden Exporten in eben jene Blasen-Wirtschaften im Süden. Der Euro schien allem Anschein nach zu funktionieren.

Dann platzten die Blasen. Die Jobs im Baugewerbe verschwanden und die Arbeitslosigkeit im Süden schoss in die Höhe. In Spanien wie auch in Griechenland liegt sie inzwischen bei deutlich über 20 Prozent. Parallel dazu brachen die Steuereinnahmen ein. Große Haushaltsdefizite sind in erster Linie Ergebnis und nicht Ursache der Krise. Dennoch suchten die Anleger das Weite und trieben die Fremdkapitalkosten in die Höhe. Die betroffenen Länder versuchten mit harschen Sparmaßnahmen die Finanzmärkte ruhigzustellen, verschärften damit aber ihre Wirtschaftsflaute. Und der Euro als Gesamtkonstrukt wirkt gefährlich instabil.

Wie kommt man nun aus dieser gefährlichen Situation wieder heraus? Die Antwort ist relativ offensichtlich: Die politischen Entscheider müssten a) etwas unternehmen, das die Fremdkapitalkosten Südeuropas senkt, und b) Europas Schuldnern dieselben Möglichkeiten einräumen, sich aus der Krise herauszuwinden, wie sie Deutschland während der guten Jahre erhielt. Das heißt, in Deutschland müsste ein Boom entstehen, der dem Boom in Südeuropa zwischen 1999 und 2007 ähnelt. (Und ja, das würde einen vorübergehenden Anstieg der deutschen Inflation bedeuten.) Das Problem dabei: Zum einen zögern Europas politische Entscheider, dies umzusetzen, und zum anderen sind sie überhaupt nicht bereit dazu, dies anzugehen.

Draghi – dem ich unterstelle, dass ihm all dies bekannt ist – brachte in seinen Äußerungen den Vorschlag ins Spiel, dass die Zentralbank große Mengen an Anleihen aus Südeuropa kauft, um die Fremdkapitalquote zu senken. Doch in den beiden folgenden Tagen schienen deutsche Vertreter diesen Vorschlag abwürgen zu wollen. Theoretisch könnte sich Draghi einfach über den Widerstand aus Deutschland hinwegsetzen, aber wäre er dazu tatsächlich bereit?

Und der Kauf von Staatsanleihen ist der einfache Teil. Der Euro kann nicht gerettet werden, solange Deutschland nicht willens ist, für die nächsten paar Jahre eine spürbar höhere Inflation hinzunehmen. Bislang konnte ich keinerlei Anzeichen dafür erkennen, dass deutsche Vertreter bereit wären, über diesen Vorschlag auch nur zu diskutieren, und entsprechend weit davon entfernt sind sie, das Notwendige zu akzeptieren. Stattdessen beharren sie trotz Fehlschlag um Fehlschlag – erinnern Sie sich an die Zeit, als Irland angeblich auf dem Weg zu einer raschen Erholung war? – darauf, dass schon alles gut werden wird, wenn sich die Schuldner einfach nur an ihre Sparprogramme halten.

Also: Könnte der Euro gerettet werden? Ja, möglicherweise schon. Sollte er gerettet werden? Ja, auch wenn seine Einführung heute wie ein gewaltiger Fehler aussieht, aber ein Scheitern würde bloß zu einer Störung des Wirtschaftsgeschehens führen und wäre ein gewaltiger Rückschlag für das allgemeine europäische Projekt, das einem Kontinent mit tragischer Vergangenheit Frieden und Demokratie gebracht hat.

Aber wird der Euro auch gerettet werden? Draghi gab sich sehr entschlossen, aber wie bereits gesagt: Ich hege da arge Zweifel.

EUROPAS UNMÖGLICHER TRAUM

20. Juli 2015

Wir hören gerade etwas weniger aus Europa, aber grundsätzlich ist die Lage nach wie vor schrecklich. Griechenland durchlebt eine Flaute, die schlimmer als die Weltwirtschaftskrise ist, und momentan gibt es keine Neuigkeiten, die Hoffnung auf eine Erholung machen. Spanien wird als Erfolgsgeschichte verkauft, weil die Wirtschaft endlich wächst – aber die Arbeitslosenquote liegt noch immer bei 22 Prozent. Und dann erstreckt sich ein Bogen der Stagnation über den Norden des Kontinents: Finnland erlebt eine Depression, die sich mit der im Süden vergleichen lässt, und auch Dänemark und den Niederlanden geht es sehr schlecht.

Wie konnten die Dinge derart schieflaufen? Das geschieht, wenn zügellose Politiker die Regeln der Arithmetik und die Lektionen aus der Geschichte außer Acht lassen. Und nein, ich spreche nicht von Linken in Griechenland oder anderswo, ich rede von extrem angesehenen Männern in Berlin, Paris und Brüssel, die ein Vierteljahrhundert lang versuchten, Europa auf der Grundlage einer Fantasieökonomie zu leiten.

Eine europäische Gemeinschaftswährung – das klang nach einer großartigen Idee für Menschen, die sich mit Wirtschaftswissenschaften nicht sonderlich gut auskannten oder unangenehme Fragen ausblendeten. Der grenzüberschreitende Handel würde durch eine gemeinsame Währung einfacher, gleichzeitig wäre sie ein mächtiges Symbol der Einheit. Wer hätte vorhersehen können, welche gewaltigen Probleme der Euro einmal verursachen würde?

Sehr viele Leute, wenn Sie es genau wissen wollen. Im Januar 2010 veröffentlichten zwei europäische Ökonomen unter dem Titel „It Can't

Happen, It's a Bad Idea, It Won't Last" (frei übersetzt: „Das klappt eh nie, es ist eine furchtbare Idee, das hält sowieso nicht") einen Artikel, in dem sie sich über amerikanische Ökonomen lustig machten, die gewarnt hatten, dass der Euro enorme Probleme bereiten werde. Der Artikel erwies sich als klassischer Bumerang: Kurz nachdem die Ökonomen ihren Text verfasst hatten, sollten sich all die düsteren Warnungen bewahrheiten. Und die „Galerie der Schande", die lange Liste von Ökonomen, denen die Autoren verfehlten Pessimismus vorwarfen, verwandelte sich in eine Art Ehrenliste, ein Who's who jener, die mehr oder weniger richtiglagen.

Ein großer Fehler unterlief den Euroskeptikern allerdings dennoch – sie unterschätzten das Ausmaß an Schäden, das die Gemeinschaftswährung anrichten würde.

Der Punkt bei alledem: Es war – und zwar schon von Anfang an – unschwer zu erkennen, dass eine Währungsunion ohne politische Union ein sehr fragwürdiges Vorhaben sein würde. Warum also trieb Europa das Projekt dennoch voran?

Vor allem, weil die Idee hinter dem Euro so gut klang, schätze ich. Sie klang in die Zukunft ausgerichtet und europäisch gesinnt, genau das Richtige für Menschen, die Reden in Davos halten. Solche Leute wollten nicht von irgendwelchen Ökonomie-Nerds hören, dass ihre glamouröse Vision eine schlechte Idee ist.

Tatsächlich wurde es in Europas Elite rasch sehr schwierig, Kritik am Währungsprojekt zu äußern. Ich erinnere mich noch sehr gut an die Stimmung, die in den frühen 1990er-Jahren herrschte: Wer hinterfragte, ob der Euro tatsächlich so erstrebenswert sei, wurde praktisch komplett aus den Debatten ausgeschlossen. Und handelte es sich bei dem Skeptiker auch noch um einen Amerikaner, so wurden einem stets tiefere Beweggründe unterstellt – man stehe doch Europa feindselig gegenüber oder wolle das „exorbitante Privileg" des Dollar bewahren.

Und der Euro kam. In dem Jahrzehnt nach seiner Einführung wurden seine ihm zugrunde liegenden Probleme von einer gewaltigen Finanzblase verdeckt. Aber wie gesagt: Nun haben sich alle Befürchtungen der Zweifler bestätigt.

Vor allem ist die Geschichte damit noch nicht vorbei. Als der Euro wie vorhergesagt und wie vorherzusehen unter Druck geriet, reagierten Europas Politiker, indem sie den Schuldnerländern drakonische Sparmaßnahmen auferlegten … und indem sie die naheliegende Logik und die historischen Fakten leugneten, wonach eine derartige Politik furchtbaren wirtschaftlichen Schaden anrichten würde, ohne den versprochenen Schuldenabbau zu erzielen.

Selbst jetzt noch ist es erstaunlich, mit welcher Unbekümmertheit führende europäische Vertreter Warnungen abtaten, dass man in eine tiefe Rezession steuere, wenn man die Staatsausgaben kürze und die Steuern anhebe, und wie sie auf ihrem Standpunkt beharrten, alles werde gut werden, weil fiskalische Disziplin Zuversicht schaffen werde. (Tat sie nicht.) In Wahrheit hat es noch nie funktioniert, wenn man versucht, eine hohe Verschuldung durch Sparen in den Griff zu bekommen – insbesondere dann nicht, wenn man gleichzeitig eine Politik des harten Geldes fährt. Das hat trotz gewaltiger Opfer nicht funktioniert, als Großbritannien es nach dem Ersten Weltkrieg versuchte. Warum sollte irgendjemand glauben, dass es nun für Griechenland funktionieren könnte?

Was sollte Europa nun tun? Es gibt keine plausiblen Antworten auf diese Frage, aber das liegt daran, dass sich der Euro in eine Art Insektenfalle verwandelt hat, aus der es so gut wie kein Entkommen gibt. Besäße Griechenland noch seine eigene Währung, spräche praktisch alles dafür, diese Währung abzuwerten und auf diese Weise Griechenlands Wettbewerbsfähigkeit zu verbessern und der Deflation ein Ende zu bereiten.

Dass Griechenland über keine eigene Währung mehr verfügt und bei null mit dem Aufbau einer neuen Währung beginnen müsste, erhöht den Einsatz enorm. Ich schätze, der Ausstieg aus dem Euro wird trotzdem notwendig werden. Jedenfalls ist es unerlässlich, Griechenland einen Großteil seiner Schulden zu erlassen.

Es findet jedoch keine offene Diskussion über diese Möglichkeiten statt, denn im europäischen Diskurs dominieren weiterhin diejenigen Vorstellungen, die die Elite des Kontinents gern als richtig ansehen würde, die es jedoch nicht sind. Für diese monströse Zügellosigkeit bezahlt Europa einen furchtbaren Preis.

WAS IST LOS MIT EUROPA?

21. März 2018

Angenommen, Sie müssten einen Zeitpunkt und einen Ort festlegen, an dem der humanitäre Traum, die Vision einer Gesellschaft, die all ihren Mitgliedern ein anständiges Leben bietet, seiner Realisierung am nächsten käme, dann wäre das gewiss Westeuropa in den sechs Jahrzehnten nach dem Zweiten Weltkrieg. Es war eines der Wunder der Geschichte: Ein Kontinent, der mit Diktaturen, Völkermord und Kriegen zu kämpfen gehabt hatte, verwandelte sich in ein Vorbild an Demokratie und breit angelegtem Wohlstand.

In den ersten Jahren dieses Jahrhunderts ging es den Europäern in vielerlei Hinsicht sogar besser noch als den Amerikanern. Im Gegensatz zu uns besaßen sie eine gesetzliche Krankenversicherung und damit einhergehend eine höhere Lebenserwartung. Die Armutsraten waren deutlich niedriger und die Wahrscheinlichkeit, in seinen besten Jahren in Lohn und Brot zu stehen, höher.

Doch jetzt steckt Europa tief in der Krise. Wir natürlich auch. Auf beiden Seiten des Atlantiks ist die Demokratie in Bedrängnis geraten und sollte es zu einem Zusammenbruch der Freiheit kommen, wird es vermutlich zuerst bei uns der Fall sein. Aber es lohnt, sich eine kurze Auszeit von unserem eigenen trumpschen Albtraum zu nehmen und einen Blick auf Europas Probleme zu werfen. Einige davon, wenn auch nicht alle, ähneln den unseren.

Viele Probleme Europas gehen auf die vor einer Generation getroffene katastrophale Entscheidung zurück, eine Gemeinschaftswährung einzuführen. Die Erschaffung des Euro löste eine Welle vorübergehender Euphorie aus und immense Summen flossen in Länder wie Spanien und Griechenland. Dann platzte die Blase. Und während Länder wie Island, die ihr eigenes Geld behalten hatten, ihre Währung abwerteten und rasch wieder konkurrenzfähig wurden, trieben die Länder der Eurozone, während sie sich um eine Senkung der Kosten bemühten, in eine langgezogene Depression ab, die mit extrem hoher Arbeitslosigkeit einherging.

Verschlimmert wurde diese Depression durch einen Konsens der Elite, der der Faktenlage zum Trotz besagte, dass die Wurzel des europäischen Übels nicht falsch ausgerichtete Kosten, sondern fiskalische Verschwendung sei und dass die Lösung in einer drakonischen Sparpolitik bestand. Diese jedoch verschlimmerte bloß die Depression.

Einigen Opfern der Eurokrise, darunter Spanien, ist es endlich gelungen, sich wieder zur Wettbewerbsfähigkeit zurückzukämpfen. Anderen jedoch ist das nicht gelungen. Griechenland ist weiterhin Katastrophengebiet und Italien, eine der drei großen in der Europäischen Union verbleibenden Volkswirtschaften, hat zwei Jahrzehnte verloren. Das Pro-Kopf-BIP ist heute nicht höher als im Jahr 2000.

Insofern überrascht es nicht, dass die großen Gewinner bei den Wahlen im März die EU-feindlichen Parteien waren – die populistische Fünf-Sterne-Bewegung und die rechtsextreme Lega Nord. Überraschend ist vielmehr, dass es nicht bereits früher dazu gekommen ist.

Diese Parteien sollen nun eine Regierungskoalition bilden. Während nicht völlig klar ist, welche Politik die neue Regierung betreiben wird, wird diese Politik doch zweifelsohne mit dem restlichen Europa brechen, und zwar an mehreren Fronten: Die Abkehr von der Austerität könnte durchaus mit dem Ausstieg aus dem Euro einhergehen, außerdem ist mit einem härteren Durchgreifen gegen Einwanderer und Flüchtlinge zu rechnen.

Wie das enden wird, vermag niemand vorherzusehen, aber ein Blick in andere Gegenden Europas fördert erschreckende Präzedenzfälle zutage. Ungarn hat sich im Grunde in eine Einparteienautokratie mit ethno-nationalistischer Ideologie verwandelt. Polen scheint einen ähnlichen Weg zu gehen.

Was ist schiefgelaufen beim „europäischen Projekt", dem langen Marsch in Richtung Frieden, Demokratie und Wohlstand, begleitet von immer enger werdender wirtschaftlicher und politischer Integration? Wie gesagt: Der riesige Fehler namens Euro spielte eine wichtige Rolle. Aber Polen, das den Euro niemals eingeführt hatte, segelte im Grunde ohne größere Blessuren durch die Wirtschaftskrise und dennoch bricht dort die Demokratie ganz genauso in sich zusammen.

Ich gehe davon aus, dass hier tieferreichende Kräfte am Wirken sind. In Europa gab es schon immer dunkle Kräfte (genauso wie hier). Als die Berliner Mauer fiel, witzelte ein Politologe, den ich kenne: „Nachdem Osteuropa die fremde Ideologie des Kommunismus nun los ist, kann es zu seinem wahren Pfad zurückkehren – dem Faschismus." Wir wussten beide, dass er nicht ganz unrecht hat.

In Schach gehalten wurden diese dunklen Kräfte durch eine europäische Elite, die sich den demokratischen Werten verschrieben hatte und deren Ansehen auf dem Spiel stand. Aber dieses Ansehen ist durch Missmanagement aufgebraucht worden, und die fehlende Bereitschaft, sich den Geschehnissen zu stellen, hat den Schaden vergrößert. Ungarns Regierung hat allem den Rücken gekehrt, für das Europa steht, aber es erhält weiterhin in großem Stil finanzielle Hilfe aus Brüssel.

Und in diesem Punkt erkenne ich Parallelen zu Entwicklungen in Amerika.

Es stimmt, ein Desaster im Stil des Euro haben wir nicht erlebt. (Ja, wir haben eine den Kontinent umspannende Währung, aber wir verfügen auch über die föderalisierten Fiskal- und Bankinstitutionen, die dafür sorgen, dass eine derartige Währung tatsächlich funktionieren kann.) Aber was schlechtes Urteilsvermögen angeht, stehen unsere „zentristischen" Eliten ihren europäischen Kollegen in nichts nach. Erinnern wir uns an 2010/11. Amerika litt noch immer unter Massenarbeitslosigkeit, aber den Großteil der Very Serious People in Washington trieb das Thema „Reform der Sozialleistungen" um.

Unsere Zentristen haben ebenso wie ein Großteil der Nachrichtenmedien jahrelang geleugnet, dass sich die Republikanische Partei radikalisiert hat, und sie haben auf eine geradezu pathologische Weise eine falsche Gleichgewichtung betrieben. Und nun stellt Amerika fest, dass es von einer Partei regiert wird, die für demokratische Normen und Rechtsstaatlichkeit genauso wenig Respekt übrig hat wie Ungarns Fidesz.

Was ich damit sagen will: Was in Europa falsch läuft, läuft in einem tieferen Sinn genauso in Amerika falsch. Und in beiden Fällen wird der Weg bis zur Wiedergutmachung sehr, sehr steinig werden.

9

FALSCHE FUFFZIGER IN DER FISKALPOLITIK

DIE LEICHTGLÄUBIGKEIT DER DEFIZITNÖRGLER

„Fernsehstars haben die Emmys, Athleten haben den ESPY-Award, jetzt bekommen auch die Haushalts-Nerds ihren eigenen wichtigen Preis." So begann im Januar 2011 ein überschwänglicher Artikel des Center for a Responsible Federal Budget (CRFB) über die Zeremonie, bei der mehreren Persönlichkeiten aus der Politik „Fiscy Awards" verliehen wurden.

Das CRFB zählt zu einem ganzen Schwung von Organisationen, die sich für „verantwortungsbewusste Steuerpolitik" starkmachen und um 2010 herum in Washington sehr prominent waren. Das Aufblühen derartiger Organisationen war teilweise eine Illusion, denn hinter vielen standen dieselben Geldgeber, allen voran der Milliardär Pete Peterson. Doch ihr Einfluss war real – das CRFB beschrieb die Veranstaltung zu Recht als „hochkarätig besetzt", zumindest was die politische Version von hochkarätig anbelangt.

Dennoch war einiges auch merkwürdig an der Fiscy-Gala. Zum einen fand sie zu einem Zeitpunkt stand, als die Arbeitslosenquote in Amerika noch immer über neun Prozent lag – mehr als 14 Millionen Amerikaner waren ohne Job und mehr als sechs Millionen davon seit mindestens sechs Monaten. Gleichzeitig ließ sich mit Fug und Recht argumentieren, dass das Haushaltsdefizit zu rasch schrumpfte. Die meisten Regelungen des *American Recovery and Reinvestment Acts* (des „Obama-Konjunkturprogramms") liefen Ende 2010 aus und das rasche Ausklingen der Anreizmaßnahmen war einer der Gründe, weshalb das Jahr 2011 über die Arbeitslosigkeit hoch blieb.

Warum also eine Zeremonie, bei der Männer gewürdigt wurden, die vermeintlich daran arbeiteten, das Defizit zu senken, aber keine Zeremonie für die Menschen, die versuchten, Arbeitsplätze zu erschaffen?

Klammern wir diesen Aspekt erst einmal aus. Einer der drei Fiscy-Awards ging an Paul Ryan, Abgeordneter im Repräsentantenhaus, dessen Sprecher er später werden sollte. Selbst wenn man die Vorstellung zu akzeptieren bereit ist, dass es im Januar 2011 eine gute Sache war, ein Defizitfalke (also ein Sparfuchs) zu sein, ändert das nichts an der Tatsache, dass Ryan im Grunde kein Falke war – er war schlicht ein Heuchler. Sein angeblicher Plan zur Reduzierung des Defizits (der Plan, für den er ausgezeichnet wurde) war ganz offenkundig eine arglistige Täuschung. Unter anderem setzte dieser Plan voraus, dass die Regierung imstande sein würde, durch das Schließen von Schlupflöchern zusätzliche 1.000 Milliarden Dollar einzunehmen. Welche Schlupflöcher? Zu den Details schwieg sich Ryan aus.

Und natürlich drückte Ryan, als sich ihm 2017 die Gelegenheit dazu eröffnete, eine Steuersenkung durch, die keinerlei Schlupflöcher stopfte, sondern die Staatsschulden um rund 2.000 Milliarden Dollar erhöhen wird.

Ich hätte den Leuten, die diese Auszeichnungen verteilten, sagen können, dass Ryan ein falscher Fuffziger ist. Tatsächlich habe ich das, und zwar Monate zuvor im ersten Artikel dieses Abschnitts, „Der tolle Mister Flim-Flam". Dennoch legte Ryan im Anschluss weitere Pläne (oder besser „Pläne") vor, bei denen die faulen Tricks immer unverfrorener wurden. In weiten Teilen Washingtons brachte man ihm trotzdem weiterhin viel Respekt entgegen.

Die Art Leichtgläubigkeit, die dazu führte, dass Ryan in den Himmel gelobt wurde, ist allerdings im Zusammenhang mit einem allgemeineren Phänomen zu sehen. Leute, die großes Aufhebens um das Defizit machen – ich bin mir ziemlich sicher, dass ich den Begriff „Defizitnörgler" irgendwo gestohlen habe, aber ich weiß nicht, wo –, haben sich immer wieder als leichtgläubige Opfer von Menschen erwiesen, deren Interessen nichts mit den Staatsschulden zu tun hatten, sondern nur mit einer politisch rechten Agenda. Wie ich in „Die gekaperte

Kommission“ schrieb: „Ein Prozess, der dafür gedacht gewesen war, echte Probleme zu lösen, wurde von einer ideologischen Agenda gekapert.“ Wie viel davon mit Naivität zu tun hatte und wie viel mit den wahren Motiven der Defizitnörgler, ist eine interessante Frage.

Und worum ging es bei alledem überhaupt? 2019 sorgte Olivier Blanchard, einer der einflussreichsten Ökonomen unserer Zeit (und zudem vergleichsweise unpolitisch), für viel Aufsehen, als er in einer mit vielen Fakten unterfütterten Arbeit die These aufstellte, das gesamte Schuldenthema sei viel zu sehr übertrieben worden. Ähnliches hatte ich seit Jahren gesagt, aber Blanchard machte diesen Standpunkt noch einmal richtig deutlich. Und dieser Punkt gewann stark an Relevanz nach den Zwischenwahlen von 2018. Die Demokraten hatten einen großen Sieg eingefahren und begannen nun darüber nachzudenken, wie sie für all die Dinge bezahlen würden (und wichtiger noch, *ob*), die sie in Angriff nehmen würden, sollten sie 2020 das Weiße Haus zurückerobern.

DER TOLLE MISTER FLIM-FLAM

5. August 2010

Wie bereitwillig das politische und das mediale Establishment Scharlatanen aufsitzt, ist ein deprimierender Aspekt der amerikanischen Politik. Mit Blick auf frühere Erfahrungen sollte man meinen, dass die Insider in Washington auf der Hut sind, was Konservative mit hochtrabenden Plänen angeht, aber nein: Es muss sich nur jemand von der Rechten hinstellen und erklären, er präsentiere gewagte neue Vorschläge, schon wird er es als innovativer Vordenker bejubelt. Die Mühe, seine Zahlen nachzurechnen, macht sich keiner.

Was mich zum innovativen Denker des Tages bringt: den Abgeordneten im Repräsentantenhaus Paul Ryan aus Wisconsin.

Mit seiner „Roadmap for America's Future" stieg Ryan bei der Republikanischen Partei zum Aushängeschild für neue Ideen auf. Bei der Roadmap handelt es sich um einen Plan für eine grundlegende Neuausrichtung von Ausgaben und Steuern der Bundesregierung. Die Berichterstattung in den Medien fiel überwältigend positiv aus, am Montag brachte die *Washington Post* auf Seite 1 ein enthusiastisches Porträt von Ryan, in dem er als das steuerpolitische Gewissen der Republikaner hingestellt wurde. „Intellektuell kühn" ist eine Beschreibung, die im Zusammenhang mit ihm häufig fällt.

Aber es ist die Kühnheit der Trottel. Was Ryan anbietet, sind keine frischen Denkanstöße, er serviert Überbleibsel der 1990er-Jahre garniert mit reichlich heißer Luft. In seinem Plan fordert Ryan massive Einschnitte bei Ausgaben und Besteuerung. Er möchte uns glauben machen, dass dies zu deutlich niedrigeren Haushaltsdefiziten führen wird, und er spricht, zumindest dem Bericht der *Washington Post* zufolge, von Defiziten in „apokalyptischen Ausmaßen". Die *Post* erklärt uns zudem, dass sein Plan den Bürokratieaufwand deutlich reduzieren würde: „Das Haushaltsbüro des Kongresses schätzt, dass der Plan des Abgeordneten Paul Ryan das Haushaltsdefizit bis 2020 halbieren würde."

Doch das Haushaltsbüro tut nichts dergleichen. Auf Bitte Ryans hat es eine Schätzung erstellt, wie sich seine Ausgabenkürzungen auf den Haushalt auswirken würden, mehr nicht. Wie es um die Umsatzeinbußen als Folge der Steuersenkungen bestellt wäre, wurde die Behörde nicht gefragt.

Diese Aufgabe hat dafür das überparteiliche Tax Policy Center übernommen. Seinen Zahlen zufolge würde der Ryan-Plan die Einnahmen über das nächste Jahrzehnt hinweg um nahezu 4.000 Milliarden Dollar senken. Addiert man diese Einnahmeeinbußen zu den Zahlen, die die *Post* anführt, kommt man für 2020 auf ein deutlich höheres Defizit in Höhe von etwa 1.300 Milliarden Dollar.

Das entspricht in etwa dem Ausmaß, das auch die Regierung Obama für 2020 erwartet. Soll heißen: Ryan mag, was das Defizit anbelangt, die Apokalypse heraufbeschwören, aber selbst wenn man glaubt (was man nicht tun sollte), dass seine Ausgabenkürzungen umsetzbar sind, würde die Roadmap das Defizit nicht verringern. Sie würde bloß die Privilegien der Mittelschicht beschneiden, während sie die Steuerlast der Reichen drastisch verringert.

Und ich meine drastisch. Das Tax Policy Center kommt zu dem Ergebnis, dass der Ryan-Plan die Besteuerung des reichsten einen Prozents halbieren würde und dieser Bevölkerungsgruppe 117 Prozent der gesamten Steuersenkung zugutekämen. Nein, es handelt sich nicht um einen Tippfehler, denn während der Plan oben die Steuern zusammenstreicht, erhöht er sie gleichzeitig für 95 Prozent der Bevölkerung.

Sprechen wir noch über diese Ausgabenkürzungen. Während des ersten Jahrzehnts stammt der Hauptteil der Einsparungen im Ryan-Plan daher, dass bei den inländischen Ermessensausgaben Nullwachstum angenommen wird. Zu diesem Posten zählt alles von der Energiepolitik über das Bildungswesen bis hin zum Justizsystem. Bereinigt um Inflation und Bevölkerungswachstum entspräche dies einer Kürzung von 25 Prozent. Wie würde ein derart tiefer Einschnitt erreicht werden? Welche speziellen Programme würden zusammengestrichen? Dazu sagt Ryan nichts.

Nach 2020 kämen die angeblichen Einsparungen in erster Linie durch tiefe Einschnitte bei Medicare zustande. Dazu würde Medicare, wie wir es kennen, demontiert. Man würde den Rentnern Gutscheine in die Hand drücken und ihnen sagen, sie sollen sich ihre eigene Versicherung kaufen. Klingt bekannt? Sollte es auch. Es ist derselbe Plan, mit dem Newt Gingrich 1995 hausieren ging.

Und aus der Erfahrung mit dem Programm Medicare Advantage wissen wir, dass ein Gutscheinsystem im Vergleich zum jetzigen System die Kosten erhöhen und nicht senken würde. Der Ryan-Plan könnte nur dann zu Einsparungen führen, wenn die Gutscheine zu wenig wert wären, um für eine angemessene Abdeckung aufkommen zu können. Wohlhabende ältere Amerikaner könnten sich Zuzahlungen leisten und die medizinische Versorgung erhalten, die sie benötigen, alle anderen stünden im Regen.

In der Praxis würde es vermutlich nicht so weit kommen: Amerikas ältere Mitmenschen wären empört – und sie sind Wähler. Aber das bedeutet auch, dass die angeblichen Einsparungen aus dem Ryan-Plan nichts als eine Farce sind.

Warum aber fallen dann so viele in Washington und insbesondere in den Nachrichtenmedien auf diese Taschenspielertricks herein? Teilweise liegt es an der Unfähigkeit, nachzurechnen, aber halt auch nur zum Teil. Hinzu kommt, dass die selbst ernannten Zentristen nicht bereit sind, sich den Wahrheiten über die moderne Republikanische Partei zu stellen. Sie wollen – einem Berg gegenteiliger Beweise zum Trotz – so tun, als gäbe es in der Republikanischen Partei noch vernünftige Leute. Und schließlich schwingt auch noch die Achtung vor der Macht mit – die Republikaner sind eine wieder auflebende politische Macht, da lehnt man sich nicht aus dem Fenster und erklärt, dass ihre intellektuellen Helden nackt dastehen.

Aber genau das tun sie. Der Ryan-Plan ist ein Betrug, der zur Debatte über die künftige Steuerpolitik in Amerika nichts Nützliches beizutragen hat.

DIE GEKAPERTE KOMMISSION

11. November 2010

Ich zähle mich zu der Gruppe Menschen, die es stets für einen Fehler hielt, dass Präsident Obama die National Commission on Fiscal Responsibility ins Leben rief – einen vermeintlich überparteilichen Ausschuss, der sich Lösungsmöglichkeiten für die fiskalischen Probleme überlegen sollte, die das Land seit Langem plagen. Nachdem die Mitglieder der Kommission benannt wurden, schien naheliegend, dass „überparteilich" in diesem Zusammenhang so zu verstehen ist, wie es so oft der Fall ist in Washington – als Kompromiss zwischen Mitte-rechts und rechts außen.

Meine Bedenken nahmen zu, als mehr über die Ansichten der Kommissionsvorsitzenden bekannt wurde. Rasch wurde deutlich, dass der demokratische Vorsitzende Erskine Bowles eine stark nach Republikanern klingende „Small Government"-Agenda verfolgte. Der republikanische Vorsitzende Alan Simpson wiederum machte deutlich, was für eine ehrliche Haut er ist, indem er eine beleidigende E-Mail an die Leiterin der National Older Women's League schrieb und die Sozialversicherung darin als „Milchkuh mit 310 Millionen Zitzen" beschrieb.

Es war uns also seit geraumer Zeit klar, dass diese Kommission nichts Gutes hervorbringen würde, doch als die beiden Vorsitzenden am Mittwoch eine PowerPoint-Präsentation mit ihrem Vorschlag vorstellten, wurden sogar die Befürchtungen der Zyniker in den Schatten gestellt.

Fangen wir an mit der Erklärung zu „Unseren Leitprinzipien und Werten". Dazu zählt die „Deckelung der Einnahmen bei 21 Prozent des

BIP oder darunter". Das ist ein Leitprinzip? Und wenn man eine Kommission damit beauftragt, alle Möglichkeiten auszuloten, wie man zu einem ausgeglichenen Haushalt gelangen könnte, wieso legt diese Kommission dann eine obere (keine untere) Grenze der Einnahmen fest? Kommt man zum Abschnitt über Steuerreformen, werden die Dinge klarer. Was die Herren Bowles und Simpson als Reformziele erachten, wird in Form von sieben Punkten dargestellt. Punkt 1 sind „niedrigere Steuersätze", der siebte Punkt ist „Defizit reduzieren".

Wie wurde aus einer Kommission, die das Defizit verringern sollte, eine Kommission, deren erste Priorität darin besteht, Steuern zu senken, und bei der eine Reduzierung des Defizits buchstäblich an die letzte Stelle der Liste gerutscht ist?

Was die beiden Vorsitzenden vorschlagen, ist im Grunde eine Mischung aus Steuersenkungen und Steuererhöhungen – Steuersenkungen für die Wohlhabenden, Steuererhöhungen für die Mittelschicht. Sie wollen Steuervorteile abschaffen, von denen man halten kann, was man möchte, die aber für Mittelklasse-Amerikaner sehr wichtig sind – etwa die Möglichkeit, Hypothekenzinsen steuerlich geltend zu machen. Die dadurch frei gewordenen Einnahmen sollen dann nicht etwa dafür dienen, das Defizit zu reduzieren, sondern dafür, den Spitzensteuersatz und die Körperschaftsteuer deutlich zu senken.

Es wird dauern, das alles durchzurechnen, aber dieser Vorschlag stellt zweifelsohne eine groß angelegte Umschichtung von Vermögen nach oben dar, von der Mittelschicht zu einer kleinen Minderheit wohlhabender Amerikaner. Aber was hat das alles mit einer Reduzierung des Defizits zu tun?

Sehen wir uns nun die Vorschläge für die Sozialversicherung an. Bereits im Vorfeld hieß es gerüchteweise, die Kommission werde eine Anhebung des Pensionsalters empfehlen. Siehe da, genau das regen die Herren Bowles und Simpson an. Sie wollen, dass das Eintrittsalter in die Sozialversicherung mit der durchschnittlichen Lebenserwartung ansteigt. Ist das vernünftig?

Die Antwort lautet Nein, und zwar aus mehreren Gründen, unter anderem deshalb, weil es für Menschen, die im Büro arbeiten, möglich sein mag, bis 69 zu arbeiten, aber den vielen Amerikanern, die hart körperlich arbeiten, fiele dies deutlich schwerer.

Ganz abgesehen davon scheint der Vorschlag einen wichtigen Aspekt auszublenden: Die durchschnittliche Lebenserwartung steigt in der Tat, aber das gilt vor allem für die Besserverdienenden, also genauso die Menschen, die die Sozialversicherung am wenigsten benötigen. In der unteren Hälfte der Einkommensverteilung ist die Lebenserwartung in den vergangenen drei Jahrzehnten kaum gestiegen. Der Bowles-Simpson-Vorschlag besagt im Grunde also, dass Hausmeister gezwungen sind, länger zu arbeiten, weil die Konzernanwälte heutzutage ein stattliches Alter erreichen.

Aber könnten wir uns nicht allen Schwächen zum Trotz darauf einigen, dass hinter dem Vorschlag von Bowles und Simpson das ernst gemeinte Bemühen steckt, die langjährigen Steuerprobleme der Nation anzupacken? Nein, können wir nicht. Es stimmt, dass die PowerPoint-Präsentation hübsch anzusehende Tabellen enthält, die zeigen, wie Defizite schrumpfen und wie sich das Ausmaß der Verschuldung stabilisiert. Aber befasst man sich eine Zeit lang mit den Zahlen, wird deutlich, was der zentrale Faktor dieser hübschen Grafiken ist – die Annahme nämlich, dass sich der Anstieg der Gesundheitskosten dramatisch verlangsamen wird. Und wie wird dies erreicht? Indem man „einen Prozess einführt, der regelmäßig die Kostenzunahmen bewertet“ und „nach Bedarf weitere Schritte ergreift“. Was das bedeuten soll? Ich habe keine Ahnung.

Es ist kein großes Geheimnis, was in der Defizitkommission passiert ist, denn wie so oft im modernen Washington wurde ein Prozess, der dafür gedacht gewesen war, echte Probleme zu lösen, von einer ideologischen Agenda gekapert. Unter dem Deckmantel, Steuerprobleme lösen zu wollen, versuchen die Herren Bowles und Simpson, uns dieselbe alte Leier unterzuschieben – Steuersenkungen für die Reichen und eine Aushöhlung des sozialen Netzes.

Lässt sich dieser Totalschaden für irgendetwas ausschlachten? Ich habe da meine Zweifel. Die Defizitkommission sollte Anweisung erhalten, ihre Zelte abzubrechen und sich dünnezumachen.

WAS STEHT DRIN IM RYAN-PLAN?

Blog der *New York Times*

16. August 2012

Einige Kommentatoren haben sich eine Zusammenfassung dessen gewünscht, was im Ryan-Plan steht. Hier also ein Servicebeitrag.

Was Sie als Erstes wissen sollten: Es gibt einige Altersstufen innerhalb des Plans. Die Details ändern sich etwas, die grundsätzliche Ausrichtung jedoch bleibt dieselbe. Nach meiner Meinung ist die beste unparteiische Analyse der Bericht des Haushaltsbüros des Kongresses (CBO) zur ersten Version. Wie gesagt: Einzelheiten ändern sich, aber die grundsätzliche Idee bleibt dieselbe.

Was also steht drin im Plan? Wir müssen unterscheiden zwischen dem ersten Jahrzehnt, bevor man das Medicare, wie wir es kennen, allmählich auslaufen lässt, und dem anschließenden Zeitraum.

DAS ERSTE JAHRZEHNT

Die beiden großen Vorhaben im ersten Jahrzehnt sind erstens die Umwandlung von Medicaid in ein Programm mit pauschalen Zuweisungen und deutlich geringerer finanzieller Ausstattung, als es gemäß dem aktuellen Gesetz der Fall ist, und zweitens deutliche Senkungen des Spitzensteuersatzes und der Körperschaftsteuer.

Dient das Programm der Reduzierung des Defizits? Nicht auf den ersten Blick. Es handelt sich im Grunde um einen Ausgleich: reduzierte Hilfsleistungen für die Armen im Tausch gegen reduzierte Besteuerung der Reichen, wobei der Nettoeffekt der speziellen Vorschläge das Defizit erhöhen und nicht reduzieren würde. Dennoch behauptet Ryan, es werde – dank zweier „magischer Platzhalter" – zu einer großen Reduktion des Defizits kommen. Zunächst einmal beharrt er darauf, dass die Steuersenkungen die Einnahmen nicht reduzieren werden, weil eine nicht näher spezifizierte „Erweiterung der Basis" dies ausgleichen werde. Das CBO hat dazu das Folgende zu sagen: „Die Entwicklung der Einnahmen als prozentualer Anteil des BIP wurde vom Stab des Vorsitzenden Ryan spezifiziert. Der Entwicklungspfad steigt stetig an, von etwa 15 Prozent des BIP im Jahr 2010 auf 19 Prozent im Jahr 2020, anschließend bleibt der Wert auf diesem Niveau. Einzelheiten über bestimmte Einnahmeregelungen, die diesen Pfad eröffnen würden, wurden nicht gemacht."

Derart unspezifische Einnahmequellen bezeichnet Howard Gleckman vom Tax Policy Center als „Mystery Meat". Er sagt klipp und klar, dass nichts dergleichen tatsächlich eintreten wird.

Zweitens werden im Vergleich zur jetzigen Politik große Kürzungen bei den Ermessensausgaben angenommen. Noch einmal das CBO: „Die Kombination aus anderen Pflichtausgaben und Ermessensangaben sollte den Angaben zufolge von zwölf Prozent des BIP im Jahr 2010 auf etwa sechs Prozent im Jahr 2021 fallen und sich dann ab 2022 synchron mit dem BIP-Preisdeflator bewegen, was zu einem weiteren Rückgang gegenüber dem BIP führen würde. Keine Vorschläge wurden spezifiziert, die zu dieser Entwicklung führen würden."

Wann immer Sie andere von Ryans Defizitabbau reden hören, rufen Sie sich bitte eines in Erinnerung: Die angeblichen Defizitsenkungen im ersten Jahrzehnt basieren ausschließlich auf Einnahmen und Ausgaben, die einfach angenommen werden, nicht auf irgendwelchen politischen Maßnahmen, die in dem „Plan" tatsächlich beschrieben werden.

NACH DEM ERSTEN JAHRZEHNT

Nach dem ersten Jahrzehnt wird Medicare schrittweise auf ein Gutscheinsystem umgestellt, wobei der Wert der Gutscheine weit hinter den prognostizierten Gesundheitskosten hinterherhinkt. Und dennoch kommt ein Großteil der angeblichen Defizitsenkung nicht über Medicare zustande, sondern über weitere Kürzungen der Ermessensausgaben als Anteil des BIP. Im Laufe der Zeit soll dieser Wert auf 3,5 Prozent des BIP sinken. Auch hier fehlen detaillierte Angaben dazu, wie dies erreicht werden soll. Vergessen wir nicht, dass zu diesem Posten auch der Verteidigungshaushalt zählt, und allein der liegt aktuell bei rund vier Prozent des BIP.

IST DAS ÜBERHAUPT EIN PLAN?

Im Grunde schlägt Ryan drei Dinge vor: Medicaid zusammenzustreichen, für Unternehmen und Menschen mit hohem Einkommen die Steuern zu senken und Medicare durch ein drastisch schlechter finanziertes Gutscheinsystem zu ersetzen. Zusammengenommen würden diese konkreten Vorschläge das Defizit während des ersten Jahrzehnts und darüber hinaus erhöhen.

Alle Behauptungen, wonach man das Defizit spürbar reduzieren werde, hängen also von den magischen Platzhaltern ab. Insofern handelt es sich hier nicht einmal um einen Plan, sondern nur um eine Reihe von Behauptungen.

SCHMELZENDE SCHNEEBÄLLE UND DER SCHULDENWINTER

9. Januar 2019

Erinnern Sie sich an den Schuldenwinter?

Ende 2010, Anfang 2011 war die amerikanische Volkswirtschaft gerade erst dabei, sich von der Finanzkrise von 2008 zu erholen. Etwa neun Prozent der Erwerbsbevölkerung war noch arbeitslos und speziell die Zahl der Langzeitarbeitslosen war sehr hoch. Über sechs Millionen Amerikaner waren seit sechs Monaten oder länger unbeschäftigt, insofern hätte man erwarten können, dass die anhaltende Beschäftigungskrise die wirtschaftspolitischen Diskussionen dominiert.

Doch weit gefehlt: Washington war besessen von Schulden. Die ganze Stadt redete vom Simpson-Bowles-Bericht. Seine leidenschaftlichen (und natürlich scheinheiligen) Brandreden gegen die Verschuldung des Staats brachten Paul Ryan die Bewunderung der Medien und Auszeichnungen ein. Und während die Hauptstadt von Schulden gebannt war, die Republikaner das Repräsentantenhaus übernahmen und in den Bundesstaaten ein harter Rechtsruck stattfand, leitete Amerika eine Kürzung der staatlichen Ausgaben ein, wie es sie in Zeiten hoher Arbeitslosigkeit nie zuvor gegeben hatte.

Einige von uns protestierten leidenschaftlich gegen diese Politik. Eine Phase der Massenarbeitslosigkeit sei nicht der richtige Zeitpunkt für fiskalpolitische Sparmaßnahmen, mahnten wir. Und größtenteils sollten wir damit recht behalten. Warum nur „größtenteils"? Weil es immer fraglicher wird, ob es überhaupt einen richtigen Zeitpunkt für

Austerität gibt. Selbst bei Vollbeschäftigung wirkt es albern, sich obsessiv mit dem Thema Schulden zu befassen.

Das ist die Botschaft, die ich der Rede von Olivier Blanchard vor der American Economic Association entnehme. Der Fairness halber sei gesagt, dass Blanchard – einer der führenden Makroökonomen weltweit und ehemals extrem einflussreicher Chefökonom des IWF – in seinen Aussagen noch zurückhaltend war. Er erklärte sich jedenfalls nicht zum bedingungslosen Jünger der Modern Money Theory und verkündete auch nicht, dass Schulden niemals von Belang seien. Aber seine Analyse ließ die Besessenheit mit dem Schuldenausgleich (ja, dieses Lager existiert immer noch) schlimmer als je zuvor aussehen.

Blanchard beginnt mit der banalen Beobachtung, dass die Zinsen für Staatsschulden vergleichsweise gering seien, was für sich genommen bedeutet, dass Besorgnis wegen der Verschuldung übertrieben sei. Aber er wird präziser: Die durchschnittlichen Zinssätze für Schulden sind geringer als die Wachstumsrate der Wirtschaft („r<g“). Zudem handelt es sich nicht um eine vorübergehende Abweichung: Dass die Zinsen geringer als das Wachstum sind, ist tatsächlich die Norm, unterbrochen nur von einer vergleichsweise kurzen Phase in den 1980er-Jahren.

Warum ist das wichtig? Niedrige Zinsen wirken sich auf zweierlei Arten aus, die getrennt voneinander sind, aber dennoch zusammenhängen. Erstens: Sorgen vor einer unaufhaltsamen Schuldenexplosion basieren auf einem Mythos. Zweitens: Es sollte keine hohe Priorität haben, die privaten Investitionen anzukurbeln.

Zum ersten Punkt: Tiraden zum Thema Schulden gehen häufig mit ominösen Warnungen einher, wonach die Schulden mit der Zeit schneeballartig zunehmen und sich zu einer Lawine auswachsen könnten. Hohe Schulden bedeuten demnach hohe Zinszahlungen, welche das Defizit in die Höhe treiben und dadurch noch mehr Schulden nach sich ziehen. Das treibt die Zinsen in die Höhe und so weiter.

Doch für die Solvenz des Staats ist nicht wichtig, wie stark er verschuldet ist, sondern wie es um das Verhältnis zur Steuerbasis bestellt ist, und diese wiederum hängt grundsätzlich mit der Größe der Wirtschaft zusammen. Der Dollarwert des Bruttoinlandsprodukts nimmt mit der Zeit üblicherweise zu, durch Wachstum und durch Inflation. Bleiben alle anderen Faktoren gleich, schmilzt auf diese Weise der Schneeball schrittweise. Selbst wenn der Schuldenstand in Dollar zunimmt, wird er als Anteil des BIP schrumpfen, sofern die Defizite nicht zu groß sind.

Ein klassisches Beispiel ist die Entwicklung der amerikanischen Verschuldung ab dem Zweiten Weltkrieg. Wann und wie haben wir diese Schulden zurückgezahlt? Die Antwort: Haben wir gar nicht. Doch wie Abbildung 1 zeigt, ist die Dollarschuld zwar gestiegen, aber ab 1970 hatten Wachstum und Inflation die Schulden auf einen Anteil am BIP reduziert, mit dem sich gut umgehen ließ.

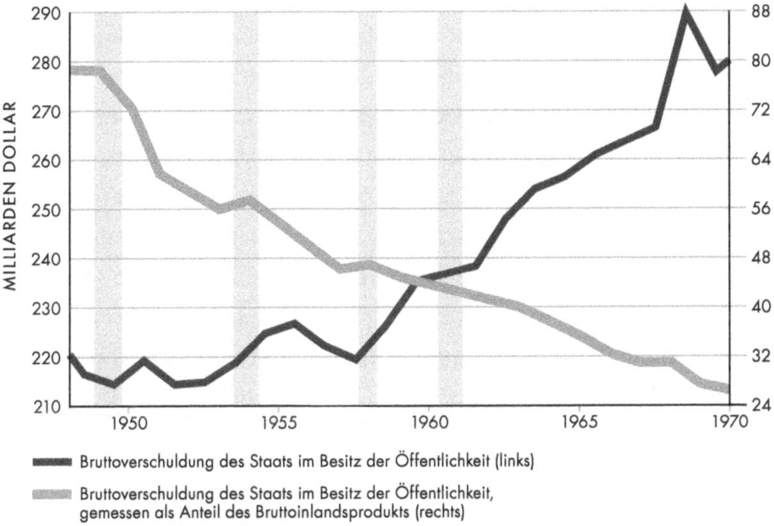

ABBILDUNG 1: BRUTTOVERSCHULDUNG DES STAATS
Quelle: U.S. Bureau of Economic Analysis, Council of Economic Advisers

Sind die Zinsen geringer als das BIP-Wachstum, führt dies dazu, dass Schulden von ganz allein schmelzen: Höhere Verschuldung bedeutet höhere Zinszahlungen, aber es bedeutet auch, dass mehr schmilzt; und dieser Effekt überwiegt. Eine Schuldenspirale, die sich selbst verstärkt, ist schlicht ein Ding der Unmöglichkeit.

Blanchards zweiter Punkt ist subtiler, aber dennoch wichtig. Im Allgemeinen warnen die Defizitnörgler nicht nur, dass die Zahlungsfähigkeit des Staats in Gefahr gerät, sie treibt auch das Thema Wachstum um. Sie behaupten, hohe Staatsschulden würden den aktuellen Konsum auf Kosten künftiger Investitionen befeuern. Tatsächlich wirkt sich hohe Verschuldung möglicherweise entsprechend aus, wenn die Wirtschaft in der Nähe der Vollbeschäftigung steht (allerdings hätte 2010/2011 ein höheres Maß an Defizitfinanzierung zu mehr und nicht zu weniger privaten Investitionen geführt).

Aber wie wichtig ist es, den Konsum zu unterdrücken, um Ressourcen für Investitionen freizumachen? Laut Blanchard weisen niedrige Zinsen darauf hin, dass der Privatsektor relativ geringe Kapitalrenditen erzielt. Mehr Ressourcen für private Investitionen umzuleiten würde sich also nicht allzu stark auf das Wachstum auswirken. Natürlich ist die Kapitalrendite sicherlich höher als die Zinsen für sichere Anlagewerte wie US-Schatzanweisungen. Doch Blanchard argumentiert, dass die Kapitalrendite nicht so viel höher sei, als es viele glauben.

Also fresst, sauft, habt eine schöne Zeit und lasst die Zukunft Zukunft sein? Nein, das bedeutet es nicht, aber es bedeutet, dass private Investitionen nicht das große Thema sind, da sie vermutlich keine sehr hohe Rendite erzielen. Blanchard sagt das nicht, aber statt um private Investitionen sollten wir uns vermutlich eher um öffentliche Infrastrukturinvestitionen sorgen, denn diese wurden vernachlässigt und dort bestehen augenscheinliche Defizite.

Aber der Schuldenwahn hat dazu geführt, dass die öffentlichen Investitionen sanken und nicht stiegen. Abbildung 2 zeigt die Ausgaben für öffentliche Bauvorhaben als Prozentsatz des BIP. Sie stiegen während Obamas Anreizprogramm kurzzeitig an (zum Teil auch, weil das BIP geschrumpft war) und stürzten dann auf historische Tiefststände, wo sie seitdem verharren. Allen Bekundungen zum Trotz, man habe das Wohl künftiger Generationen im Blick, haben die Defizitnörgler unseren Zukunftsaussichten mit hoher Wahrscheinlichkeit geschadet und nicht geholfen.

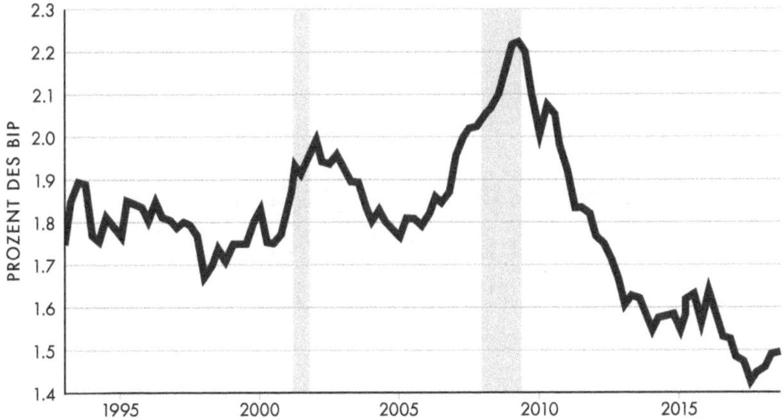

ABBILDUNG 2: AUSGABEN FÜR ÖFFENTLICHE BAUVORHABEN
Quelle: U.S. Bureau of Economic Analysis, U.S. Bureau of the Census

Ist es Ihnen aufgefallen? Bei meiner Argumentation, warum man sich nicht obsessiv mit dem Thema Schulden befassen sollte, habe ich noch nicht einmal angefangen, Gründe anzuführen, die sich aus dem Konjunkturzyklus ergeben. Ein Umfeld dauerhaft niedriger Zinssätze weckt ernste Sorgen vor einer säkularen Stagnation. Damit ist die Neigung gemeint, wiederholte unlösbare Wirtschaftsflauten zu durchleben, weil die Fed nicht über ausreichend Munition zur Bekämpfung der Flauten verfügt. Und derartige Flauten könnten auch das Langzeitwachstum reduzieren. Unsere Erfahrungen seit 2008 sprechen für ein hohes Maß an Hysterese, bei der vermeintlich kurzzeitige Abschwünge letztlich dazu führen, dass das langfristige wirtschaftliche Potenzial leidet. [Anm. d. Übers.: Der Duden beschreibt Hysterese als „das Zurückbleiben einer Wirkung hinter der sie verursachenden veränderlichen Kraft".]

Aber auch ohne diese Bedenken wirkt das Thema Schulden massiv übertrieben. Die Art und Weise, in der Schulden 2010/2011 die Arbeitslosigkeit aus dem Mittelpunkt der öffentlichen Debatten verdrängten, erscheint immer schlimmer.

DEMOKRATEN, DARLEHEN UND DOPPELMORAL

11. Februar 2019

Weite Teile von Donald Trumps Rede zur Lage der Nation befassten sich damit, die Bedrohungen zu beschreiben, denen sich Amerika nach Auffassung Trumps ausgesetzt sieht. In erster Linie ist das die Bedrohung durch angsteinflößende Menschen mit brauner Hautfarbe, aber auch die Bedrohung durch den Sozialismus spielte eine Rolle.

Viel ist in den Nachrichtenmedien darüber diskutiert worden, was Trump zu diesen Themen zu sagen hatte.

Einer der aufschlussreichsten Aspekte der Rede zur Lage der Nation fand allerdings nur wenig Beachtung – was Trump über die Bedrohung sagte, die von Amerikas historisch gewaltiger Staatsverschuldung ausgeht.

„Moment mal", sagen Sie jetzt vielleicht, „er hat doch gar nicht von Schulden gesprochen." Das hat er tatsächlich nicht, nicht ein einziges Wort hat er zu dem Thema verloren. Und genau das ist so aufschlussreich.

Schließlich haben die Republikaner die ganze Amtszeit Obamas ohne Unterlass gegen die Gefahren der Verschuldung gewettert und gewarnt, Amerika werde in die Krise rutschen, sollten die Defizite nicht drastisch reduziert werden. Jetzt sind sie an der Macht und obwohl das Defizit dank gewaltiger Steuersenkungen für die Unternehmen und die Wohlhabenden enorm anschwillt, ist das Thema völlig vom Tisch.

Laut *ABC News* hat Trumps amtierender Stabschef Mick Mulvaney republikanischen Kongressabgeordneten auf die Frage, warum das

Thema Schulden nicht ein einziges Mal in der Rede zur Lage der Nation erwähnt wurde, geantwortet: „Es schert niemanden."

Wissen Sie was? Er hat gar nicht mal unrecht. Es sind nicht nur Republikaner, die schlagartig jegliches Interesse an den Schulden verloren zu haben scheinen. Jahrelang dominierten die Defizitnörgler den Diskurs innerhalb von Washingtons Beltway. Die Notwendigkeit, fiskalpolitisch dringend einen Sparkurs einzuschlagen, übernahmen die Nachrichtenmedien größtenteils und ohne nachzufragen als Fakt. Sie gaben die Neutralität des Berichterstatters auf und betrieben unverhohlen Meinungspolitik. Seit Trumps Wahlsieg sind diese Stimmen merkwürdig stumm geworden.

Damit hat sich also bestätigt, was einige von uns Ihnen von Anfang an hatten klarmachen wollen – all das Jammern über die Schulden war nichts als Heuchelei. Den Republikanern lagen die Schulden niemals wirklich am Herzen, sie gaben sich bloß als Defizitfalken, um auf diesem Weg Präsident Obamas Agenda blockieren zu können. Und bei vielen Zentristen zeigt sich nun eine Doppelmoral, denn die leidenschaftliche Besorgnis wird nur ausgepackt, wenn Demokraten das Sagen haben.

Die Kehrtwende beim Thema Schulden war wie bereits gesagt sehr aufschlussreich, aber dennoch bleiben zwei große Fragen offen. Erstens: Wie sehr sollten wir uns um die Verschuldung sorgen? Zweitens: Wird auch weiterhin eine Doppelmoral zum Tragen kommen? Werden sich die Defizitnörgler also schlagartig wieder lautstark zu Wort melden, wenn/falls die Demokraten erneut an die Macht gelangen?

Zur ersten Frage: Das Erstaunliche an der Schuldenbesessenheit, die um 2011 ihren Höhepunkt erreichte, ist ja, dass sie in der Wirtschaftsanalyse nie größeren Rückhalt hatte. Ganz im Gegenteil: Alles, was wir über Steuerpolitik wissen, sagt uns, dass es ein Fehler sei, sich in Zeiten hoher Arbeitslosigkeit und niedriger Zinsen auf den Schuldenabbau zu konzentrieren – beides jedoch war gegeben, als die Defizitnörgler am lautesten schrien.

Mit Blick auf die niedrigere Arbeitslosenquote spricht aktuell mehr dafür, besorgt auf den Schuldenstand zu schauen. Aber nach historischen Standards sind die Zinsen weiterhin sehr niedrig – inflationsbereinigt liegen sie bei weniger als einem Prozent. Das ist so niedrig, dass wir keine Angst haben müssen, dass die Schulden schneeballartig aus dem Ruder laufen und die Zinszahlungen das Defizit in die Höhe treiben. Außerdem spricht es dafür, dass wir eine chronische Schwäche bei der Nachfrage nach privaten Investitionen erleben (die Steuersenkung von 2017 hat in dieser Hinsicht offenbar überhaupt nichts bewirkt).

In den vergangenen Monaten hat eine Reihe prominenter Ökonomen – darunter der ehemalige Chefökonom des Internationalen Währungsfonds sowie Spitzenökonomen der Regierung Obama – Analysen veröffentlicht, denen zufolge selbst jetzt noch, wo die Arbeitslosigkeit recht niedrig ist, Schulden ein weitaus kleineres Problem darstellen als bislang gedacht.

Trotzdem wäre es weiterhin eine schlechte Idee, ohne guten Grund die Schulden in die Höhe zu treiben – indem man beispielsweise Unternehmen Steuervergünstigungen anbietet, die sie ausschließlich dafür nutzen, ihre eigenen Aktien zurückzukaufen (rein zufällig hat die Republikanische Partei genau das getan). Aber es lässt sich sehr gut vertreten, dass man sich zu ultraniedrigen Zinssätzen Geld leiht, um in die Zukunft zu investieren – in die Infrastruktur, ganz klar, aber auch in Dinge wie Ernährung und medizinische Versorgung der jungen Menschen, die die Arbeiterschaft von morgen darstellen.

Was uns zur Frage der Doppelmoral bringt.

Man muss nicht hundertprozentig hinter den Vorschlägen für einen „Green New Deal" stehen, um anzuerkennen, dass es sich durchaus um ein Investmentprogramm handelt und nicht einfach nur Geld verschenkt wird. Insofern waren die Reaktionen auf diese Vorschläge in weiten Teilen sehr bestürzend mitzuerleben. Entweder wurde erwartet, dass Demokraten sofort und bis ins letzte Detail erklären, wie sie ihre Ideen denn zu bezahlen gedächten, oder das Ganze wurde von vornherein als unbrauchbar abgetan. Gab es dieselbe Gegenreaktion bei den Steuersenkungen der Republikaner? Nein.

Wir haben das immer wieder erlebt, allein seit 1980 drei Mal. Sind sie nicht an der Macht, wettern die Republikaner gegen Haushaltsdefizite, aber sobald sie sich in einer Position befinden, in der sie Steuern senken können, werfen sie all ihre Bedenken über Bord und treiben das Defizit in die Höhe. Kommen dann die Demokraten wieder an die Macht, wird von ihnen erwartet, das Minus, das die Republikaner angerichtet haben, wieder in Ordnung zu bringen, anstatt sich um ihre eigenen Prioritäten zu kümmern. So langsam reicht es.

Ich will gar nicht sagen, dass die Demokraten die steuerpolitischen Auswirkungen ihres Handelns komplett außer Acht lassen sollten. Wirklich große Ausgaben werden über neue Steuern finanziert werden müssen, insbesondere dann, wenn sie nicht ganz klar mit Investitionen einhergehen. Das trifft beispielsweise dann zu, wenn die staatlichen Gesundheitsausgaben deutlich ausgeweitet werden sollen. Doch wenn und falls die Demokraten in der Lage sein sollten, Politik zu machen, sollten sie sich ehrgeizig verhalten und sich nicht von den Defizitnörglern Angst einjagen lassen, bis sie sich nur noch trauen, kleine Brötchen zu backen.

ÜBER DAS BEZAHLEN EINER PROGRESSIVEN AGENDA

19. Februar 2019

Wen auch immer die Demokraten für die Präsidentschaftswahlen aufstellen, er oder sie wird mit dem Vorschlag in den Wahlkampf ziehen, die Staatsausgaben zu erhöhen. Sie wissen ja, was das bedeutet: Es werden Forderungen laut werden, man müsse erklären, wie man das alles zu bezahlen gedenke. Viele dieser Forderungen werden in böser Absicht gestellt werden, von Menschen, die diese Fragen bei Steuersenkungen niemals stellen würden. Aber es gibt einige echte Fragen, was die steuerpolitischen Aspekte einer progressiven Agenda anbelangt.

Ich habe mir – inspiriert zum Teil von Elizabeth Warrens Vorschlägen zu Steuern und Ausgaben – einige Gedanken zu diesem Thema gemacht. Ich weiß nicht, ob Warren nominiert wird oder überhaupt nominiert werden sollte, aber sie ist eine wichtige intellektuelle Persönlichkeit und steuert ihre Partei hin zu einer ernsthaften politischen Diskussion, und zwar in einer Art und Weise, die enorme Auswirkungen haben wird, egal wie es mit Warren selbst weitergeht.

Vor allem Warrens jüngster Vorschlag zur Kinderbetreuung – und das sofortige Protestgeschrei der üblichen Verdächtigen – hat mich zu der Überlegung geführt, dass wir eine grobe Typologie von Ausgabenvorschlägen gebrauchen könnten, wobei die Vorschläge nach der Art der möglichen Finanzierung unterteilt werden. Ich möchte drei allgemeine Kategorien progressiver Ausgaben vorschlagen: Investitionen, eine Ausweitung der Leistungen und umfassende Systemreformen.

Über jede dieser Kategorien müsste man aus steuerpolitischer Sicht anders nachdenken.

Fangen wir mit den Investitionen an, was üblicherweise bedeutet, Geld in Infrastruktur oder Forschung zu stecken – aber am Rande könnte noch Platz sein, Ausgaben für etwas wie die Förderung von Kindern unterzubringen. Bestimmendes Merkmal hier ist, dass diese Ausgaben die künftige Produktivität der Gesellschaft steigern werden. Wie sollten wir für derartige Kosten aufkommen?

Gar nicht. Denken Sie an all die Leute, die sagen, ein Staat müsse wie ein Unternehmen geführt werden. Das sollte er eigentlich nicht, aber die beiden haben dennoch etwas gemeinsam: Wenn sich die Gelegenheit bietet, günstig an Geld zu kommen, das man in renditestarke Projekte stecken kann, sollte man diese Möglichkeit auch beim Schopfe packen. Und die Finanzierungskosten der Bundesregierung sind sehr niedrig – inflationsbereinigt bei weniger als einem Prozent –, während wir gleichzeitig verzweifelt öffentliche Investitionen benötigen. Das bedeutet, die soziale Rendite ist hoch. Also sollten wir es einfach durchziehen, ohne nach Bezahlmöglichkeiten zu suchen.

Ein Großteil des Green New Deal scheint in diese Kategorie zu fallen. Wenn also Forderungen laut werden, die Befürworter sollten darlegen, wie sie für diese öffentlichen Investitionen bezahlen wollen, dann sagt das mehr über das schlechte Verständnis der Kritiker in Sachen Ökonomie aus als über Sinn und Nutzen des Green New Deals.

Meine zweite Kategorie ist etwas kniffliger zu definieren, aber mir schweben da Initiativen vor, die entweder ein bestehendes öffentliches Programm ausweiten oder die Subventionen dazu nutzen, eine gesellschaftlich erwünschte private Aktivität zu fördern. In beiden Fällen geht es um Summen, die beträchtlich sind, aber nicht gewaltig, sagen wir, den Bruchteil eines Prozents des BIP.

Der *Affordable Care Act* fällt in diese Kategorie. Das Gesetz hat Medicaid ausgeweitet, während parallel die private Krankenversicherung durch eine Kombination aus Regulierung und Subventionen leichter zugänglich für Familien wurde, die oberhalb der Medicaid-Grenze liegen. Auch Warrens Vorschlag für die Kinderbetreuung, der Berichten zufolge ein Volumen von etwa einem Drittel Prozent des BIP hätte, fällt in diese Kategorie. Dasselbe gilt für den Vorschlag, anstatt den Versicherungsschutz allen Menschen kostenlos anzubieten, eine Version von „Medicare für alle" anzubieten, bei der sich die Menschen in eine staatliche Versicherung einkaufen können.

Sich für derartige Initiativen zu verschulden ist schwerer zu rechtfertigen, als wenn man das Geld für Investitionen einsetzen möchte. Natürlich ist es bei niedrigen Zinsen und schwacher Nachfrage durchaus sinnvoll, dauerhaft Defizite auflaufen zu lassen, aber zum Ausnutzen dieses Spielraums gibt es fraglos ausreichend Bedarf im Bereich der Investitionen. Also brauchen wir eine Einnahmequelle. Die Summen sind jedoch gering genug, dass man sie durch vergleichsweise eng gesteckte Steuern aufbringen kann – insbesondere durch Steuern, die ausschließlich Amerikaner mit hohem Einkommen betreffen.

Genau auf diese Weise wurde Obamacare finanziert: Der Einnahmenteil stammte nahezu vollständig aus der Besteuerung hoher Einkommen (es gab auch einige kleinere Posten wie die Steuer auf Sonnenstudios). Und Warren hat tatsächlich eine zusätzliche Besteuerung der Reichen vorgeschlagen – die von ihr angeregte Steuer auf Vermögen von über 50 Millionen Dollar würde ungefähr das Vierfache dessen einbringen, was ihr Vorschlag für die Kinderbetreuung kosten würde.

Insofern würde ich sagen, dass wir eine Ausweitung der Leistungen durchaus durch die Besteuerung hoher Einkommen und großer Vermögen bezahlen können. Die Mittelschicht muss dadurch nicht in Mitleidenschaft gezogen werden.

Meine dritte und letzte Kategorie betrifft grundlegende Reformen des Systems. Der Archetyp hier wäre es, die arbeitgeberabhängige private Krankenversicherung durch ein steuerfinanziertes staatliches Programm zu ersetzen – die Puristenfassung von „Medicare für Alle". Eine wirklich große Ausweitung der Sozialversicherung könnte ebenfalls in diese Kategorie fallen, kleinere Aufstockungen aber nicht.

Vorschläge aus dieser Kategorie kosten buchstäblich eine Größenordnung mehr als die Ausweitung von Leistungen. Die private Krankenversicherung macht aktuell sechs Prozent des BIP aus. Wir bräuchten also deutlich mehr Einnahmen, um diese Vorschläge umsetzen zu können. Diese Einnahmen müssten aus Quellen wie den Lohnsteuern und/oder einer Mehrwertsteuer stammen, die auch die Mittelschicht betreffen.

Man könnte argumentieren, dass die meisten Mittelklassefamilien unter dem Strich dadurch besser dastehen würden und dass die zusätzlichen Leistungen die höhere Besteuerung mehr als wettmachen. Und vermutlich hätten Sie recht damit. Aber das wäre politisch deutlich schwerer zu stemmen. Auch wenn viele Progressive das gern hätten, müssen Sie kein neoliberaler Handlanger sein, um sich zu fragen, ob eine grundlegende Reform des Systems zum jetzigen Zeitpunkt unbedingt Teil der demokratischen Plattform sein sollte.

Was ich damit aber vor allem sagen möchte: Wenn die Leute progressive Vorschläge als albern und unbezahlbar abtun, stellen sie damit in erster Linie ihre eigene Voreingenommenheit und Ignoranz unter Beweis. Investitionen können und sollten fremdfinanziert werden. Ein Ausbau der Leistung kann größtenteils durch Besteuerung der Reichen bezahlt werden. Howard Schultz wird das nicht gefallen, aber das ist sein Problem. [Anm. d. Übers.: Der ehemalige Starbucks-Chef Howard Schultz hatte Ende Januar 2019 öffentlich darüber nachgedacht, als unabhängiger Kandidat für die Präsidentschaftswahlen anzutreten. Im Lager der Demokraten stieß dies auf Kritik, weil man erwartete, dass Schultz nicht Trump, sondern den Demokraten Stimmen wegnehmen würde. Im Herbst ließ er dann den Gedanken an eine Kandidatur fallen.]

10

STEUERSENKUNGEN

DER OBER-ZOMBIE

1981 verabschiedete Ronald Reagan eine große Steuersenkung. Zufällig trat die US-Wirtschaft damals in eine Rezession ein – es handelte sich um die zweite Phase dessen, was viele als „Double-Dip-Rezession der Jahre 1979 bis 1982“ zusammenfassen. Die Arbeitslosenquote war so hoch wie seit der Weltwirtschaftskrise nicht. Ende 1982 jedoch begann sich die Wirtschaft zu erholen und legte zwei Jahre rasches Wachstum hin, bevor sie in einem normaleren Tempo weitermachte.

Es ist Ihnen sicherlich aufgefallen: 1981 ist sehr lange her. IBM hatte gerade seinen ersten Desktop-Rechner vorgestellt, eine Maschine, bei der noch sämtliche Befehle eingegeben werden mussten. Bis zum Aufkommen von Smartphones würden Jahrzehnte ins Land gehen. Die sozial vorherrschende Meinung war nach modernen Standards kaum wiederzuerkennen, so hielt, um nur ein Beispiel zu nennen, gerade einmal ein Drittel der weißen Amerikaner gemischtrassige Ehen für akzeptabel.

Und dennoch tragen bis zum heutigen Tag die Konservativen diese zwei Jahre des Wachstums als Beweis dafür vor sich her, dass Steuersenkungen für die Reichen magische Wirkung entfalten können.

Doch leider liegen sie nicht einmal bei den Ereignissen von 1982 bis 1984 richtig. Die Rezession der früheren 1980er-Jahre wurde mehr oder weniger vorsätzlich von der Federal Reserve herbeigeführt, die die hohe Inflationsrate drücken wollte und deshalb die Zinsen drastisch anhob. 1982 lenkte die Fed dann ein und schickte die Zinsen auf Talfahrt. Diese Lockerung der Geldpolitik und nicht Reagans Steuersenkung war in erster Linie für den Boom von 1982 bis 1984 verantwortlich.

Aber einmal ganz abgesehen davon, dass hier die Fakten falsch interpretiert werden: Warum kramt die Rechte immer wieder einen derart alten Vorfall heraus, wenn sie ihre liebste politische Maßnahme zu rechtfertigen sucht? Warum verweist sie nicht auf neuere Erfolgsgeschichten?

Nun, das liegt daran, dass es schlicht keine gibt.

Seit den 1980er-Jahren wurde die Doktrin, wonach das Geheimnis für Wohlstand eine niedrige Besteuerung der Reichen darstellt, immer wieder auf den Prüfstand gestellt. Sie wurde 1993 getestet, als Bill Clinton die Steuern anhob, woraufhin die Konservativen Katastrophen im Anzug wähnten. Stattdessen erlebte Amerika in Clintons Amtszeit einen gewaltigen wirtschaftlichen Aufschwung. Sie wurde unter George W. Bush getestet, der erneut die Steuern senkte, woraufhin seine Anhängerschaft einen Boom in Aussicht stellte. Stattdessen gab es ein lauwarmes Wirtschaftswachstum, gefolgt von einem Zusammenbruch des Finanzsystems. Sie wurde 2013 getestet, als Barack Obama einige von Bushs Steuersenkungen auslaufen ließ, während er andere Steuern anhob, um Obamacare bezahlen zu können. Die Wirtschaft machte unbeirrt weiter.

Und schließlich wurde sie ein weiteres Mal von Donald Trump getestet, der 2017 eine große Steuersenkung unterschrieb, begleitet von Versprechungen eines erneuten Wirtschaftswunders. Doch selbst Anfang 2019 noch ähnelte die trumpsche Steuersenkung eher einem großen Strohfeuer.

Auch in einzelnen Bundesstaaten wurde die Doktrin einem Praxistest unterzogen. Kalifornien und Kansas gingen 2011 entgegengesetzte Wege: Kalifornien erhöhte unter dem Geschrei der Rechten, man begehe „wirtschaftlichen Selbstmord“, die Steuern, während Kansas die Steuern senkte und einen Aufschwung in Aussicht stellte. Es zeigte sich, dass Kalifornien gut über die Runden kam, während Kansas in eine Haushaltskrise rutschte und die republikanische Fraktion dafür stimmte, viele der Steuersenkungen rückgängig zu machen.

Kurzum: Nur wenige wirtschaftliche Theorien sind derart gründlich getestet und derart gründlich widerlegt worden wie die Behauptung, eine niedrige Besteuerung der Reichen würde Großartiges für alle bedeuten. Und trotzdem hält sich diese Doktrin hartnäckig. Nicht nur das: Sie hat die Republikanische Partei sogar noch stärker in Beschlag genommen. Das geht so weit, dass sich aus den Parteireihen praktisch niemand mehr traut, Zweifel an der Gültigkeit anzumelden.

Den Begriff „Zombie-Ideen" sah ich das erste Mal in einem Artikel über das kanadische Gesundheitswesen (ausgerechnet!). Damals bezog er sich auf falsche Behauptungen wie jene, dass Kanadier ständig und in Scharen in die USA kommen, um sich dort medizinisch behandeln zu lassen. In dem Artikel war zu lesen, dass sich diese Behauptung viele Male als unwahr erwiesen hatte und eigentlich längst nicht mehr als Argument gegen das Gesundheitssystem Kanadas ins Feld gebracht werden dürfte. Und dennoch schlurfte diese Vorstellung weiter durch die Gegend und setzte sich in den Gehirnen der Leute fest.

Dass Steuersenkungen für die Reichen Magie sind, ist der Ober-Zombie aller Zombies. Und es ist nicht schwer zu erkennen, warum dieser Zombie einfach nicht getötet werden kann. Dafür muss man sich nur überlegen, wer davon profitiert, wenn sich der Glaube hält, dass niedrige Steuern für reiche Menschen eine großartige Sache sind. Es müssen nur einige wenige Milliardäre bereit sein, einen winzigen Bruchteil ihres Vermögens dafür aufzuwenden, Politiker, Denkfabriken (wobei hier „denken" sehr großzügig ausgelegt wird) und Medien zu unterstützen, damit diese das Steuersenkungsvirus weiterverbreiten. Das reicht locker aus, um die Zombies weiterschlurfen zu lassen.

Dieser Abschnitt enthält einige Artikel, in denen ich mich bemühe, diese Zombies von ihrem Leid zu erlösen. Wieder einmal. Da muss man am Ball bleiben.

Aber wissen Sie was? Die Öffentlichkeit hat die Mär von der Steuersenkung niemals geglaubt. Umfragen zeigten immer wieder, dass die Wähler wollen, dass die Reichen mehr und nicht weniger Steuern zahlen. Vor allem die Zwischenwahlen von 2018 haben einigen Demokraten Mut gemacht. Sie trauen sich, erneut Steuern auf hohe Einkommen und extremen Reichtum vorzuschlagen, um mit den Einnahmen soziale Belange bezahlen zu können. Im abschließenden Teil dieses Abschnitts äußere ich mich zu einigen dieser Ideen.

DAS TWINKIE-MANIFEST

18. November 2012

Hätten Sie es gewusst? Der Twinkie kam bereits 1930 auf den Markt. In unserer kollektiven Erinnerung gehören die legendären Creme-Küchlein jedoch unverrückbar in die 1950er-Jahre, als Hostess als Sponsor der „Howdy Doody Show" die Marke populär machte. Dass Hostess nun insolvent gegangen ist, hat bei vielen Babyboomern eine starke Nostalgie nach einer vermeintlich unschuldigeren Zeit ausgelöst.

Natürlich war es keine wirklich unschuldige Zeit. Aber die Fünfziger, die „Twinkie-Jahre", halten Lektionen bereit, die auch im 21. Jahrhundert noch relevant sind. Insbesondere zeigt der Erfolg der amerikanischen Nachkriegswirtschaft, dass im Gegensatz zur Lehre der heutigen konservativen Orthodoxie Wohlstand durchaus möglich ist, ohne dass man dazu die Arbeiter erniedrigen und die Reichen verhätscheln muss.

Nehmen wir nur das Thema Besteuerung der Wohlhabenden. Die moderne amerikanische Rechte (und weite Teile der vermeintlichen Mitte) sind von der Idee besessen, dass für ein zufriedenstellendes Wirtschaftswachstum die Spitzensteuersätze auf keinen Fall hoch sein dürfen. Erinnern wir uns, dass Erskine Bowles und Alan Simpson den Auftrag erhielten, einen Plan zum Abbau des Defizits zu erarbeiten, sie jedoch „niedrigere Steuersätze" zu einem ihrer „Leitprinzipien" für das Erreichen dieses Ziels erkoren. [Anm. d. Übers.: siehe Kapitel 9, „Die gekaperte Kommission"]

Aber in den 1950er-Jahren lag der Grenzsteuersatz für die Einkommen in der obersten Steuergruppe bei 91 Prozent. Ja, genau, 91 Prozent! Und Unternehmensgewinne wurden im Vergleich zum Volkseinkommen doppelt so stark besteuert wie in den vergangenen Jahren. Besten Schätzungen zufolge bezahlte um 1960 herum das oberste 0,01 Prozent der Amerikaner bei den Bundessteuern einen effektiven Steuersatz von über 70 Prozent, also doppelt so viel wie heute.

Und hohe Steuern waren keineswegs die einzige Last, die vermögende Geschäftsleute zu tragen hatten. Sie hatten es zudem mit einer Belegschaft zu tun, die über Verhandlungsmacht in einem Ausmaß verfügte, wie man es sich heute kaum mehr vorstellen kann. 1955 war ungefähr ein Drittel aller amerikanischen Arbeitnehmer Mitglied einer Gewerkschaft. In den größten Betrieben verhandelten Geschäftsführung und Belegschaft auf Augenhöhe und es war damals üblich, zu sagen, dass Unternehmen einer Vielzahl von Interessengruppen dienen und nicht nur den Aktionären.

Gemessen an den Standards früherer und auch späterer Generationen waren die zwischen hohen Steuern und einer mächtigen Belegschaft gefangenen Führungskräfte vergleichsweise arm. 1955 veröffentlichte das Magazin *Fortune* einen Essay mit dem Titel „So leben Spitzenmanager", in dem ausdrücklich betont wurde, wie bescheiden ihr Lebensstil im Vergleich zu den alten Zeiten geworden sei. Die großen Anwesen, Heerscharen an Bediensteten und die gewaltigen Jachten aus den 1920ern waren verschwunden. Der typische Manager, so *Fortune*, lebte 1955 in einem eher kleinen Haus in der Vorstadt, hatte eine Teilzeithilfe für den Haushalt und stand bei seinem vergleichsweise kleinen Boot selbst am Steuer.

Die Daten stützen den Eindruck, den *Fortune* gewonnen hatte: Die realen Einkommen der reichsten Amerikaner gingen zwischen den 1920er-Jahren und den 1950er-Jahren deutlich zurück, und zwar nicht nur im Vergleich zur Mittelklasse, sondern auch in absoluten Zahlen. Die Ökonomen Thomas Piketty und Emmanuel Saez schätzen, dass 1955 das reale Einkommen des obersten 0,01 Prozent der Amerikaner nicht einmal halb so groß war wie noch Ende der 1920er-Jahre und sein Anteil am Gesamteinkommen war um drei Viertel gesunken. Heute sind die Anwesen, die Heerscharen von Bediensteten und die Jachten natürlich wieder da und größer denn je – und alles, was danach riecht, es könne die Plutokraten einschränken, wird mit „Sozialismus!"-Parolen zurückgewiesen. Tatsächlich basierte Mitt Romneys gesamter Wahlkampf darauf, dass die Drohung von Präsident Obama, Spitzeneinkommen etwas stärker zu besteuern, und seine verwegene Andeutung, einige Banker hätten sich schlecht benommen, der Wirtschaft schaden würden. Dann waren die 1950er-Jahre, als man den Plutokraten noch deutlich weniger freundlich gesonnen war, aus wirtschaftlicher Sicht doch gewiss die reinste Katastrophe, oder?

Tatsächlich waren einige damals dieser Ansicht. Paul Ryan und viele andere moderne Konservative sind Anhänger von Ayn Rand. Die in sich zerfallende und von Schmarotzern befallene Nation, die sie im 1957 veröffentlichten *Atlas Shrugged* [dt. Titel: *Atlas wirft die Welt ab* (1959) beziehungsweise *Der Streik* (2012)] darstellte, war im Grunde das Amerika des Dwight Eisenhower.

Seltsam, dass die unterdrückten Manager aus dem *Fortune*-Porträt von 1955 es nicht wie Ayn Rands Figur John Galt machten und der Nation ihre Talente raubten. Schenkt man *Fortune* Glauben, war das genaue Gegenteil der Fall und sie arbeiteten härter denn je. Und die Jahrzehnte nach dem Zweiten Weltkrieg, eine Phase hoher Steuern und starker Gewerkschaften, brachten spektakuläres wirtschaftliches Wachstum mit breiter Teilhabe. Zwischen 1947 und 1973 verdoppelte sich das mittlere Familieneinkommen. Etwas Vergleichbares hat es vorher oder im Anschluss nie wieder gegeben.

Was uns zurück zum Thema Nostalgie bringt.

Sehen wir den Fakten ins Auge: Es gibt in unserer Politik einige, die von den Zeiten träumen, als Minderheiten und Frauen ihren Platz kannten, als die Schwulen mit ihrem Schwulsein nicht hausieren gingen und als Kongressabgeordnete fragten: „Sind Sie aktuell oder waren Sie jemals Mitglied der Kommunistischen Partei?" Wir anderen hingegen sind ausgesprochen froh, dass diese Zeiten der Vergangenheit angehören. Moralisch sind wir heute eine viel bessere Nation, als wir es damals waren. Und das Essen ist auch deutlich besser geworden. Unterwegs haben wir allerdings etwas Wichtiges vergessen – dass sich in der Wirtschaft Gerechtigkeit und Wachstum nicht gegenseitig ausschließen. Das Amerika der 1950er-Jahre sorgte dafür, dass die Reichen ihren gerechten Anteil bezahlen, und es gab den Arbeitern die Macht, anständige Löhne und Sozialleistungen auszuhandeln. Aber anders als es uns damals die rechte Propaganda weismachen wollte und will, blühte Amerika auf. Es kann wieder so werden.

DER GRÖSSTE STEUERBETRUG DER GESCHICHTE

27. November 2017

Donald Trump erklärt gern, dass alles Gute, das in seiner Amtszeit geschieht – mehr Arbeitsplätze, steigende Aktienkurse oder was auch immer –, das Größte, Tollste und Beste aller Zeiten sei. Dann treten die Faktenchecker auf und weisen ihm rasch nach, dass diese Behauptungen falsch sind.

Was derzeit allerdings im Senat geschieht, hätte die trumpschen Superlative absolut verdient. Das Gesetz, das die republikanische Führung diese Woche durchprügeln möchte, ohne Anhörungen und ohne sich auch nur die Zeit für eine rudimentäre Analyse der wahrscheinlichen wirtschaftlichen Folgen zu nehmen, ist der größte Steuerbetrug der Geschichte. So gewaltig ist das Ausmaß, dass man nicht überblicken kann, wer genau betrogen wird – Steuerzahler aus der Mittelschicht? Menschen, denen Haushaltsdefizite wichtig sind? Beide?

Eines jedoch ist klar: Das Gesetz würde auf die eine oder andere Weise den meisten Amerikanern wehtun. Einziger großer Gewinner wären die Vermögenden, speziell jene, die in erster Linie Einkommen aus ihren Anlagen beziehen und sich ihren Lebensunterhalt nicht verdienen müssen, dazu Steueranwälte und Buchhalter, denen es ein Fest wäre, all die Schlupflöcher zu nutzen, die das Gesetz erschafft.

Kernstück des Gesetzes ist eine gewaltige Einkommensumschichtung weg von Familien mit geringen oder mittleren Einkommen hin zu Unternehmen und Geschäftsleuten. Die Unternehmensteuern sinken deutlich, während gewöhnliche Familien durch eine Reihe steuerlicher

Änderungen über den Tisch gezogen werden. Für sich genommen ist keine dieser Änderungen weltbewegend, aber in der Summe bedeuten sie beträchtliche Mehrbelastungen für etwa zwei Drittel der steuerzahlenden Mittelschicht.

Gleichzeitig würde das Gesetz Obamacare in Teilen beschneiden. Die Unterstützung von Familien mit geringen Einkommen würde deutlich sinken und viele Angehörige der Mittelschicht müssten sich auf höhere Beiträge einstellen.

Sie fragen sich jetzt vielleicht: „Wie kann es sein, dass so ein Gesetz den Senat passiert?“ Und hier kommen wir zu dem Betrugsteil.

Das Fundament des Gesetzes besteht aus Steuererhöhungen für die Mittelschicht, aber das Gesetz enthält auch eine Reihe zeitlich begrenzter Steuervergünstigungen, die diese Steuererhöhungen ausgleichen würden. Anfangs. Das heißt, in den ersten paar Jahren würde die Steuerlast der meisten Mittelschichtfamilien in bescheidenem Umfang sinken.

Aber der entscheidende Begriff hier ist „zeitlich begrenzt“. All diese Steuervergünstigungen nehmen mit der Zeit ab oder sind so angelegt, dass sie irgendwann auslaufen. Ab 2027 ist das Gesetz das, was ich bereits sagte: eine Steuererhöhung für die Mittelschicht, die dazu dient, Steuersenkungen zu bezahlen, von denen in erster Linie die Vermögenden profitieren.

Aber warum sollte jemand einen Gesetzentwurf voller Bestimmungen schreiben, die sich mit der Zeit in Luft auflösen? Aus ökonomischer und politischer Sicht steckt dahinter keine Logik. Stattdessen geht es einzig darum, beides zu haben und sich einen sicheren Raum für politische Doppelzüngigkeit zu erschaffen.

Und das funktioniert so: Wenn Sie darauf hinweisen, dass das Gesetz die Wohlhabenden massiv zugunsten gewöhnlicher Familien begünstigt, werden die Republikaner auf die kommenden paar Jahre verweisen. In dieser Zeit übertünchen die zeitlich begrenzten Steuervergünstigungen, dass hinter dem Plan blanker Klassenkampf steckt. Und ganz egal, was im Gesetz auch drinstehen mag, „natürlich“ wird ein späterer Kongress diese Steuervergünstigungen später festschreiben.

Weisen Sie hingegen darauf hin, dass das Gesetz fiskalpolitisch unverantwortlich ist, wird man Ihnen erklären, dass es das Defizit „nur" um 1.500 Milliarden Dollar in den nächsten zehn Jahren erhöht und anschließend gar nicht mehr – denn die Steuererleichterungen laufen ja 2027 aus und dann werden die Steuererhöhungen viel Geld einbringen. Die Behauptung, dass die Besteuerung der Mittelschicht zunehmen wird, ist übrigens entscheidend dafür, dass das Gesetz verabschiedet wird, denn nur bei Gesetzentwürfen, die nach zehn Jahren das Defizit nicht mehr belasten, ist die Filibuster-Regel ausgesetzt und eine einfache Senatsmehrheit reicht zum Verabschieden aus.

Worauf ich hinauswill: Es können nicht beide Behauptungen gleichzeitig wahr sein. Entweder stellt dieses Gesetz eine große Steuererhöhung für die Mittelschicht dar oder es belastet den Haushalt enorm. Was denn nun? Genau weiß das niemand, möglicherweise nicht einmal die Leute, die diese Monstrosität verfasst haben. Aber jemand wird hier über den Tisch gezogen, und zwar in großem Stil.

Und übrigens: Am besten ignorieren Sie Behauptungen, Steuersenkungen für Unternehmen würden die Konjunktur beflügeln und sich von selbst bezahlt machen. Die Universität Chicago hat 42 Ökonomen unterschiedlicher Ideologien dazu befragt, wie sich ihrer Einschätzung nach die Steuerpläne der Republikaner auswirken werden. Nur ein einziger sagte, sie würden zu beträchtlichem Wirtschaftswachstum führen, aber kein einziger widersprach der Auffassung, dass sie die Verschuldung der USA beträchtlich erhöhen würden.

Wir haben es also mit einem Betrug gewaltigen Ausmaßes zu tun. Und auch wenn das genaue Aussehen des Betrugs für den Augenblick unklar sein mag, werden gewöhnliche amerikanische Familien so oder so als Opfer enden.

Denn nehmen wir an, die vorläufigen Steuererleichterungen werden tatsächlich dauerhaft festgeschrieben, was dazu führen würde, dass das Haushaltsdefizit langfristig stark ansteigt. Und was dann? Sie kennen die Antwort: Die Republikaner würden schlagartig wieder so tun, als wären sie Defizitfalken. Sie würden eine Sozialreform fordern, was bei ihnen hieße, Medicare, Medicaid und die Sozialversicherung zu beschneiden, also Programme, von denen die gewöhnlichen Familien abhängen. Tatsächlich sprechen sie bereits über derartige Kürzungen – der Kurswechsel wird also eingeleitet, noch bevor sie die Dummen an der Angel haben.

Werden sie mit dieser gewaltigen Betrügerei durchkommen? Dass sie im Senat dermaßen aufs Tempo drücken – ohne auch nur eine einzige Anhörung, ohne eine umfassende Beurteilung durch die hauseigenen Punktezähler – liegt daran, dass sie hoffen, Tatsachen zu schaffen, bevor die Leute aufwachen und feststellen, was die Republikaner da beabsichtigen.

Stellt sich die Frage: Gibt es ausreichend republikanische Senatoren mit Grundsätzen und der Überzeugung, man dürfe nicht mit Lügen Politik machen, um diese faule Nummer zu Fall zu bringen?

TRUMPS STEUERSCHWINDEL, PHASE 2

18. Oktober 2018

Trumps Steuersenkung stand kurz vor der Umsetzung, als ich vom „größten Steuerschwindel der Geschichte“ sprach und eine Prognose abgab: Sollten die Defizite in die Höhe schießen, würden die Republikaner wieder so tun, als seien ihnen Defizite wichtig. Sie würden dann Kürzungen bei Medicare, Medicaid und Sozialversicherung fordern.

Und siehe da, das Defizit schwillt ordentlich an. Der Mehrheitsführer im Senat, der Republikaner Mitch McConnell, bezeichnete diese Woche die Entwicklung als „sehr beunruhigend“ und forderte – welche Überraschung – Kürzungen bei „Medicare, Sozialversicherung und Medicaid“. Darüber hinaus deutete er an, dass die Republikaner, sollten sie bei den Zwischenwahlen gut abschneiden, den *Affordable Care Act* kippen und damit Dutzenden Millionen Amerikanern die Krankenversicherung wegnehmen würden.

Sollte es politische Analysten geben, für die das eine Überraschung ist, sollten sie sich besser nach einem anderen Job umsehen, schließlich ist es seit Jahrzehnten Teil der republikanischen Strategie, „das Biest auszuhungern“, also die Steuern der Reichen zu senken und das resultierende Defizit als Entschuldigung dafür zu nutzen, am sozialen Sicherheitsnetz zu sägen.

Und wenn wir schon dabei sind: Alle, die fragten, warum die Republikaner glauben, dass die Steuersenkungen sich von selbst bezahlen werden, sind naiv. Was auch immer die Republikaner gesagt haben mögen: Sie glaubten nicht wirklich, dass die Steuersenkung ohne Folgen für das Defizit bleiben würde. Sie wollten die Steuersenkung, weil es die wohlhabenden Parteispender wollten und weil ihr Auftreten als Defizitfalken von jeher arglistig war. Der ökonomische Quatsch war ihnen schon immer egal, wichtiger war, dass die Parteispender zu hören bekamen, was sie wollten.

Trotz alledem haben auch mich einige Aspekte der republikanischen Taschenspielertricks überrascht. Da ist zum einen der Zeitpunkt: Ich hätte gedacht, McConnell würde zumindest bis nach den Zwischenwahlen dichthalten. Das andere sind die Lügen: Ich wusste, Donald Trump und seine Verbündeten würden unaufrichtig sein, aber dass sie dermaßen unverschämt lügen, hätte ich nicht gedacht.

Worüber sie lügen? Es geht los mit den Gründen für ein deutlich höheres Defizit. Sie behaupten, nicht die entgangenen Einnahmen, sondern die höheren Ausgaben seien der Grund dafür. Trumps Haushaltsdirektor Mick Mulvaney versuchte den Anstieg des Defizits sogar mit den Kosten der Hurrikan-Notfallmaßnahmen zu begründen.

Ihre fadenscheinigen Behauptungen basieren sie darauf, dass die Einnahmen der Bundesregierung in Dollar leicht über dem Vorjahr liegen, während die Ausgaben etwa drei Prozent mehr betragen.

Aber das ist ein Scheinargument und jeder weiß das. Bedingt durch die Inflation, Bevölkerungswachstum und weitere Faktoren nehmen Einnahmen und Ausgaben normalerweise Jahr für Jahr zu. In Barack Obamas zweiter Amtszeit wuchsen die Einnahmen um über sieben Prozent jährlich. Bei der Suche nach den Gründen für das starke Ansteigen des Defizits schauen wir, wie stark wir von diesem normalen Wachstum abgewichen sind. Und die Antwort lautet: Es hängt alles mit der Steuersenkung zusammen.

Dass man mit den Ursachen des Defizits unaufrichtig umgeht, gehört für die Republikaner mehr oder weniger zum Tagesgeschäft. Neu ist die Doppelzüngigkeit, die sich durch die Haltung der Republikaner in Haushaltsfragen zieht und, wenn wir ehrlich sind, auch durch so ziemlich jedes andere politische Thema. Was ich mit Doppelzüngigkeit meine? Nun, während McConnell den „Ansprüchen“ (also Medicare und Sozialversicherung) die Schuld am Defizit gibt und (zu Unrecht) erklärt, insbesondere Medicare sei „untragbar“, schaltet gleichzeitig der

Super-PAC von Paul Ryan Anzeigen, in denen man den Demokraten vorwirft, sie wollten Hand an Medicare legen. Was für ein atemberaubender Zynismus. [Anm. d. Übers.: Super-PACs (PAC steht für Political Action Committee) sind Lobbygruppen, die Wahlkampfgelder sammeln und sich für eine Sache oder einen Kandidaten (oder den Widerstand gegen diese Sache oder diesen Kandidaten) starkmachen. Dabei dürfen sie anders als normale PACs unbegrenzt Spendengelder sammeln. Theoretisch sollen die Super-PACs unabhängig von Kandidaten agieren.]

Andererseits ist es auch nicht zynischer als das Verhalten von Republikanern wie Dean Heller, Josh Hawley und sogar Ted Cruz. Sie stimmten für die Abschaffung des *Affordable Care Act*, der Amerikaner mit Vorerkrankungen schützt, und unterstützten eine Klage, diesen Schutz aus dem Gesetz streichen zu lassen. Jetzt führen sie einen Wahlkampf, in dem sie sich für den Schutz von Menschen mit Vorerkrankung starkmachen.

Was ich damit sagen will: Wir befinden uns aktuell in einem Wahlkampf, bei dem die eine Seite bei allen wichtigen politischen Themen eine Haltung einnimmt, die das genaue Gegenteil ihrer wahren Haltung darstellt. Die Republikaner sind zu dem Schluss gelangt, dass sie mit ihren Themen nicht gewinnen können, aber anstatt ihre Politik zu ändern, werfen sie Nebelkerzen und hoffen, dass die Wähler nicht erkennen, wo sie tatsächlich stehen.

Wie können sie glauben, damit durchzukommen? Die zentrale Antwort ist natürlich Verachtung für die eigenen Anhänger, von denen sich viele über *Fox* und andere Propagandakanäle, die sklavisch die Parteilinie befolgen, informieren. Aber die Republikaner glauben, dass sie selbst bei jenen Anhängern, die mit anderen Quellen arbeiten, die enorme Unbeliebtheit ihrer eigentlichen Politik dadurch neutralisieren können, dass sie ihre Position falsch darstellen, und dass sie gewinnen können, indem sie die Rassismus-Karte und die Angst-Karte spielen.

Machen wir uns eines ganz deutlich: Zum Zynismus der Republikaner gehört auch ein ordentlicher Schuss Verachtung für die Mainstream-Medien. Historisch betrachtet waren die Medien erstaunlich wenig bereit, Lügen als Lügen anzuprangern. Der Drang, auf Nummer sicher zu gehen und sich mit „Er hat gesagt, sie hat gesagt"-Berichterstattung zu begnügen, hat den Republikanern sehr in die Karten gespielt, wenn man die Tatsache berücksichtigt, dass die moderne Republikanische Partei viel mehr lügt als die Demokraten. Selbst die offenkundigsten Unwahrheiten werden mit dem Zusatz versehen, Demokraten würden dies als falsch anprangern, und nicht mit dem Zusatz, dass es tatsächlich falsch ist.

Zum jetzigen Zeitpunkt verkünden die Republikaner, dass Krieg Frieden sei, Freiheit Sklaverei, Ignoranz Stärke und die Partei, die immer wieder versucht, Medicare abzuschießen, in Wirklichkeit der größte Verteidiger des Programms sei.

Kann ein derart unaufrichtiger Wahlkampf tatsächlich erfolgreich sein? In weniger als drei Wochen werden wir es wissen.

WARUM WAR TRUMPS STEUERSENKUNG SO EINE LUFTNUMMER?

15. November 2018

Die blaue Welle der vergangenen Woche bedeutet, dass sich Donald Trump 2020 nur mit einem einzigen bedeutsamen legislativen Wurf in der Tasche zur Wiederwahl stellen wird – einer großen Steuersenkung für Unternehmen und die Wohlhabenden. [Anm. d. Übers.: Mit der „blauen Welle“ ist der Siegeszug der „blauen“ Demokraten gegen die „roten“ Republikaner bei den Zwischenwahlen von 2018 gemeint.] Tatsächlich war diese Steuersenkung dafür gedacht, Großes zu bewirken. Die Republikaner rechneten sich viel Rückenwind bei den Wahlen aus und stellten dramatische wirtschaftliche Zugewinne in Aussicht. Stattdessen mussten sie mitansehen, wie die Maßnahme verpuffte.

Politisch trug die Steuersenkung natürlich längst nicht die erhofften Früchte und die wirtschaftlichen Folgen waren enttäuschend. Natürlich hatten wir zwei Quartale recht schnellen Wirtschaftswachstums, aber derartige Wachstumsschübe sind recht häufig – 2014 gab es einen deutlich größeren Schub, der aber kaum jemand aufgefallen ist. Und für dieses Wachstum waren zu weiten Teilen die Verbraucherausgaben und – Überraschung! – die Staatsausgaben verantwortlich. Das war nicht das, was die Steuersenker versprochen hatten.

Zudem gibt es auch keine Anzeichen für den gewaltigen Investmentboom, den die Befürworter des Gesetzes versprochen hatten. Die Unternehmen nutzten die Erlöse aus den Steuersenkungen größtenteils dafür, ihre eigenen Anteile zurückzukaufen, anstatt neue Arbeitsplätze zu schaffen und Kapazitäten aufzustocken.

Aber warum haben sich die Steuersenkungen nur derart gering ausgewirkt? Lassen wir die pannenreichen Veränderungen an den persönlichen Steuern einmal außen vor (Buchhalter werden noch auf Jahre hinaus damit zu tun haben): Im Kern des Gesetzes stand eine gewaltige Senkung der Körperschaftsteuern. Warum hat die nicht stärker zu einem Anstieg der Investitionen beigetragen?

Ich vermute, geschäftliche Entscheidungen werden weitaus weniger stark von finanziellen Stimulationen wie Steuersenkungen beeinflusst, als es die Konservativen behaupten. Sich diese Tatsache einzugestehen gräbt nicht nur den Argumenten für Trumps Steuersenkungen das Wasser ab, es untergräbt die gesamte republikanische Wirtschaftsdoktrin.

Was geschäftliche Entscheidungen anbelangt, so ist es ein schmutziges kleines Geheimnis der geldpolitischen Analyse, dass Zinsschritte die Wirtschaft vor allem dadurch beeinflussen, wie sie sich auf den Immobilienmarkt und den internationalen Wert des Dollars auswirken (was wiederum die Wettbewerbsfähigkeit amerikanischer Waren auf den Weltmärkten beeinflusst). Jede direkte Auswirkung auf geschäftliche Investitionen fällt dermaßen winzig aus, dass sie sich in den Daten kaum feststellen lässt. Derartige Investitionen werden stattdessen von Wahrnehmungen zur Marktnachfrage getrieben.

Warum ist das so? Ein Hauptgrund: Die Lebensspanne geschäftlicher Investitionen ist vergleichsweise kurz. Wenn Sie darüber nachdenken, für den Kauf eines Hauses, das viele Jahrzehnte stehen wird, eine Hypothek aufzunehmen, dann ist die Höhe der Zinsen sehr wichtig. Wenn Sie aber darüber nachdenken, einen Kredit aufzunehmen, um für die Arbeit einen Computer zu kaufen, der in einigen Jahren kaputt oder veraltet ist, dann dürfte die Höhe der Kreditzinsen nur von nachrangiger Bedeutung für die Entscheidung sein.

Dieselbe Logik gilt für Steuersätze. Es wird nicht viele mögliche geschäftliche Investitionen geben, die beim aktuellen Satz von 21 Prozent Ertragsteuer lohnend sind, es bei den 35 Prozent, die vor Trumps Steuersenkung galten, aber nicht waren.

Zudem stellt ein beträchtlicher Anteil der Unternehmensgewinne in Wirklichkeit eine Belohnung der Monopolmacht dar und nicht der Kapitalrendite – und die Besteuerung von Monopolgewinnen zu verringern bedeutet bloß, Geld zu verschenken, denn es entsteht kein Anreiz, zu investieren oder weiteres Personal anzustellen.

Nun machten die Befürworter der Steuersenkung – darunter Trumps eigene Ökonomen – damals großes Aufhebens darum, dass wir jetzt doch einen globalen Kapitalmarkt hätten, in dem das Geld stets dahin fließt, wo es die höchsten Nachsteuerrenditen einbringt. Sie verwiesen auf Länder mit geringer Unternehmensbesteuerung, Irland beispielsweise, die scheinbar jede Menge ausländische Investitionen anlocken.

Das Schlüsselwort hier ist allerdings „scheinbar". Unternehmen haben einen starken Anreiz, ihre Bücher so zu frisieren … entschuldigen Sie, ich wollte sagen, ihre interne Preisfestsetzung dahingehend zu managen, dass die gemeldeten Gewinne in Ländern mit geringer Besteuerung anfallen. Das wiederum führt dazu, dass auf dem Papier große Investitionen getätigt werden.

An diesen Investitionen ist allerdings deutlich weniger dran, als es den Anschein hat. Die gewaltigen Beträge beispielsweise, die Unternehmen angeblich in Irland investiert haben, führten zu erstaunlich wenigen Arbeitsplätzen und erstaunlich wenig Einnahmen für die Iren selbst. Das liegt daran, dass der Großteil dieser gewaltigen Investitionen in Irland nichts als eine buchhalterische Mär ist.

Jetzt wissen Sie auch, warum sich das Geld, das die amerikanischen Unternehmen nach der Steuersenkung zurück in die USA geholt haben, nicht in Arbeitsplätzen, Gehältern und Investitionen niedergeschlagen hat: In Wirklichkeit wurde gar nichts bewegt. Ausländische Tochterunternehmen transferierten einige Vermögenswerte zurück an die Mutterfirmen, aber das war nur ein Buchhaltungsmanöver und blieb entsprechend in der realen Welt nahezu völlig wirkungslos.

Wenn man die Besteuerung von Unternehmen senkt, hat das also in erster Linie eine Folge: Unternehmen zahlen weniger Steuern, Punkt. Was mich zu dem Problem mit der Wirtschaftsdoktrin der Konservativen führt.

Diese Doktrin befasst sich mit der angeblichen Notwendigkeit, den ohnehin bereits Privilegierten zusätzliche Anreize zu verschaffen, für den Rest von uns etwas Nettes zu tun. Die Rechte sagt, wir müssen die Steuern der Wohlhabenden senken, damit sie sich verleitet fühlen, hart zu arbeiten, und wir müssen die Steuerlast der Unternehmen senken, damit sie sich verleitet fühlen, in Amerika zu investieren.

Doch in der Praxis erweist sich diese Doktrin immer wieder als Fehlschlag. Die Steuersenkungen von Präsident George W. Bush lösten keinen Konjunkturboom aus, die Steuererhöhung von Präsident Barack Obama verursachte keine Depression. Steuersenkungen in Kansas gaben der Wirtschaft des Staats keine Starthilfe und Steuererhöhungen in Kalifornien bremsten das Wachstum nicht ab.

Und bei Trumps Steuersenkung ist die Doktrin erneut gescheitert. Leider ist es schwierig, das Politikern verständlich zu machen, wenn doch der Fluss ihrer Wahlkampfspenden davon abhängig ist, dass sie es nicht verstehen.

TRUMPS STEUERSENKUNG – NOCH SCHLIMMER, ALS SIE GEHÖRT HABEN

1. Januar 2019

Die Steuersenkung von 2017 ist in der Presse ziemlich schlecht weggekommen und das zu Recht. Ihre Befürworter hatten große Versprechungen gemacht, rasant steigende Investitionen und Löhne in Aussicht gestellt und allen versichert, dass sich die Steuersenkung von selbst bezahlt machen würde. Nichts davon ist eingetreten.

Doch die Berichterstattung war nicht negativ genug. Meistens bekamen Sie etwas der folgenden Art zu lesen: „Die Steuersenkungen haben dazu geführt, dass die Firmen einiges an Geld wieder nach Hause geholt haben, doch haben sie es für Aktienrückkäufe verwendet, anstatt die Löhne zu erhöhen. Auf das Wirtschaftswachstum hat sich die Maßnahme nur in bescheidenem Umfang ausgewirkt." Das klingt nicht großartig, ist aber immer noch besser als die Realität: Es wurde überhaupt kein Geld nach Hause geholt und die Steuersenkung hat möglicherweise das Nationaleinkommen verringert. Tatsächlich werden mindestens 90 Prozent der Amerikaner dank dieser Steuersenkung schlechter dastehen.

Lassen Sie mich die Punkte im Einzelnen durchgehen.

Erstens: Wenn die Leute sagen, amerikanische Unternehmen hätten „Geld nach Hause geholt", dann beziehen sie sich auf Dividenden, die Auslandstöchter ihren Mutterunternehmen bezahlt haben. Diese stiegen 2018 in der Tat kurzfristig an, da es das Steuergesetz vorteilhaft machte, einige Vermögenswerte aus den Büchern jener Töchter zu den

Hauptunternehmen zu transferieren. Diese Transaktionen schlugen sich insofern nieder, als der gemessene Anteil der Mutterunternehmen an den Tochterfirmen sank, soll heißen, es kam zu einer negativen Direktinvestition (siehe Abbildung 1).

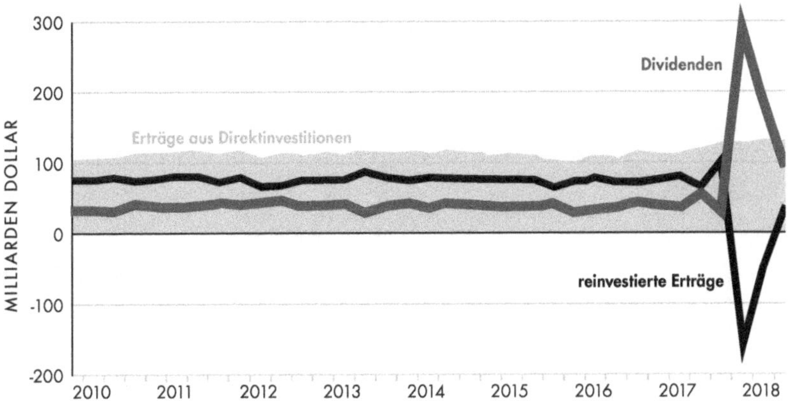

ABBILDUNG 1: ERTRÄGE AUS DIREKTINVESTITIONEN – EINNAHMEN UND BESTANDTEILE
Quelle: U.S. Bureau of Economic Analysis

Aber diese Transaktionen sind nicht mehr als ein buchhalterischer Verschiebebahnhof aus steuerlichen Gründen. Sie müssen nicht unbedingt mit etwas Realem in Verbindung stehen. Nehmen wir an, Multinational Megacorp USA beschließt, Vermögenswerte seiner Tochter Multinational Mega Ireland an das Mutterunternehmen zu transferieren. Das führt zu den simultanen und gegenläufigen Verschiebungen bei den Dividenden und den Direktinvestitionen, wie wir sie in Abbildung 1 sehen. Doch die Gesamtbilanz des Unternehmens – die von vornherein die Vermögenswerte von MM Ireland enthielt – hat sich nicht im Geringsten verändert. Keine echten Ressourcen wurden transferiert, MM USA hat weder die Fähigkeit gewonnen, in Amerika zu investieren, noch hat es sie verloren.

Wollen Sie feststellen, ob tatsächlich investierbare Mittel in die USA transferiert werden, müssen Sie sich die Kapitalbilanz ansehen oder die umgekehrte Leistungsbilanz (das Ergebnis sollte dasselbe sein und hier wird akkurater gemessen). Abbildung 2 zeigt diese Bilanz als Anteil vom BIP – und wie Sie sehen können, ist im Grunde überhaupt nichts passiert.

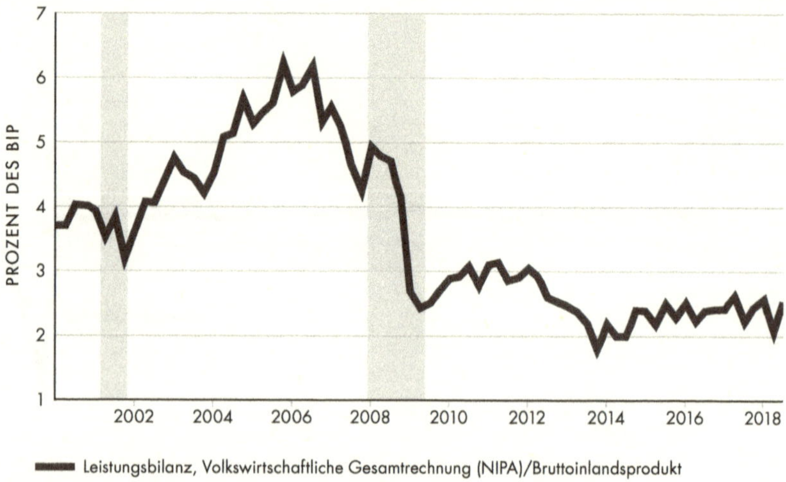

ABBILDUNG 2: *Quelle: U.S. Bureau of Economic Analysis*

Die Steuersenkung war also Anlass für einige buchhalterische Manöver, führte aber nicht dazu, dass mehr Kapital nach Amerika strömte.

Allerdings hatte die Steuersenkung einen wichtigen internationalen Effekt: Wir zahlen jetzt mehr Geld an Ausländer.

Behalten Sie bitte im Hinterkopf, dass die Steuersenkung ein klares und überwältigendes Ergebnis mit sich brachte – eine enorme Erleichterung für Unternehmen. Die Steuereinnahmen der Bundesregierung aus Unternehmensgewinnen sind stark eingebrochen (siehe Abbildung 3).

Der Punkt hier: Die heutige Unternehmenswelt ist stark globalisiert, weshalb in jedem Land – und unseres ist davon keineswegs ausgenommen – weite Teile des Unternehmenssektors in Wirklichkeit Ausländern gehört, entweder direkt, weil es sich um Auslandstöchter handelt, oder indirekt, weil die Ausländer amerikanische Aktien halten. Tatsächlich fließt grob geschätzt ein Drittel der amerikanischen Unternehmensgewinne an ausländische Staatsangehörige. Das wiederum bedeutet, dass ein Drittel der Steuersenkung ins Ausland floss, anstatt im

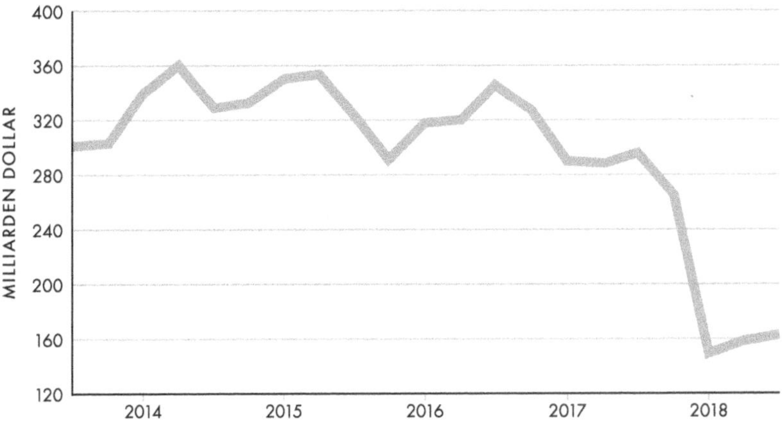

ABBILDUNG 3: EINNAHMEN AUS KÖRPERSCHAFTSTEUER
Quelle: U.S. Bureau of Economic Analysis

Land zu bleiben. Das überwiegt vermutlich alle positiven Auswirkungen der Steuersenkung auf das BIP-Wachstum. Insofern machte die Steuersenkung Amerika vermutlich ärmer und nicht reicher.

Die meisten Amerikaner hat sie ohne Frage ärmer gemacht. Von der Senkung der Körperschaftsteuern mögen zwei Drittel an amerikanische Staatsangehörige geflossen sein, aber 84 Prozent der Aktien sind im Besitz der wohlhabendsten zehn Prozent der Bevölkerung. Alle anderen werden kaum einen Nutzen davon haben.

Und weil die Steuersenkung sich nicht selbst finanziert, wird man früher oder später irgendwie dafür bezahlen müssen – entweder, indem man andere Steuern anhebt, oder indem man Programme kürzt, die den Menschen wichtig sind. Die Kosten dieser Anhebungen/Kürzungen werden sich deutlich weniger stark bei den obersten zehn Prozent konzentrieren als der Nutzen der ursprünglichen Steuersenkung. Insofern ist es praktisch unumgänglich, dass Trumps einziger großer gesetzgeberischer Erfolg dafür sorgen wird, dass es einer gewaltigen Mehrheit der Amerikaner schlechter geht.

Wie gesagt: Die Berichterstattung war überwiegend negativ, aber selbst sie vermittelt kein zutreffendes Bild davon, was für ein schlechtes Geschäft diese ganze Sache zu werden droht.

DIE REICHEN EINSEIFEN

5. Januar 2019

Ich habe keine Ahnung, wie gut Alexandria Ocasio-Cortez als Kongressabgeordnete sein wird, aber ihre Wahl erfüllt bereits jetzt eine wertvolle Aufgabe. Allein der Gedanke nämlich, dass da im Abgeordnetenhaus eine junge, artikulierte, telegene und nicht weiße Frau sitzt, macht viele auf dem rechten Flügel völlig verrückt – und in ihrer Verrücktheit legen sie ungewollt ihr wahres Ich bloß.

Einiges, was nun zutage tritt, ist kulturell bedingt. Die Hysterie, die losbrach, als zu sehen war, wie „AOC" in Collegezeiten getanzt hat, spricht Bände – aber nicht über sie, sondern über diejenigen, die der Hysterie verfielen. Aber die wichtigeren Enthüllungen sind in gewisser Weise intellektueller Art – dass die Rechte die politischen Ideen von AOC als „verrückt" brandmarkt, ist eine nützliche Erinnerung daran, wer hier tatsächlich verrückt ist.

Bei der Kontroverse des Tages geht es darum, dass sich AOC für einen Steuersatz von 70 bis 80 Prozent auf sehr hohe Einkommen starkmacht. Verrückt, oder? Wer könnte denn so etwas für vernünftig halten? Nur Ignoranten wie … äh, Peter Diamond, Träger des Nobelpreises für Wirtschaftswissenschaften und der wohl weltweit führende Experte für Staatsfinanzen. (Obwohl die Republikaner seine Berufung ins Board der Federal Reserve mit der Behauptung blockierten, er sei unqualifiziert. Ungelogen.) Zudem hat ja wohl niemand jemals etwas Derartiges versucht … nein, nur die Vereinigten Staaten in den 35 Jahren nach dem Zweiten Weltkrieg, ein Zeitraum, in den auch das größte Wirtschaftswachstum unserer Geschichte fällt.

Okay, etwas präziser: Diamond schätzt gemeinsam mit Emmanuel Saez – einem unserer führenden Experten zum Thema Ungleichheit –, dass der optimale Spitzensteuersatz bei 73 Prozent liegt. Einige setzen ihn noch höher an: Christina Romer beispielsweise, führende Makroökonomin und unter Präsident Obama Leiterin des Wirtschaftsrats, schätzt ihn auf über 80 Prozent.

Wie kommen diese Zahlen zustande? Die Analyse von Diamond und Saez basiert auf zwei Vorschlägen: abnehmendem Grenznutzen und wettbewerbsorientierten Märkten.

Abnehmender Grenznutzen ist die verbreitete Vorstellung, dass für Menschen mit sehr hohen Einkommen ein zusätzlicher Dollar deutlich weniger wert ist als für Menschen mit geringen Einkommen. Geben Sie einer Familie mit einem Jahreseinkommen von 20.000 Dollar 1.000 Dollar zusätzlich und es wird einen großen Unterschied auf ihr Leben ausmachen. Geben Sie einem Typen, der eine Million Dollar macht, einen Tausender zusätzlich, und er wird es kaum mitbekommen.

Was bedeutet das für die Wirtschaftspolitik? Es bedeutet, dass wir uns nicht darum kümmern sollten, wie sich eine Politik auf die Einkommen der sehr Reichen auswirkt. Eine Politik, die die Reichen ein wenig ärmer macht, betrifft nur eine Handvoll Leute und wirkt sich kaum darauf aus, wie zufrieden sie mit ihrem Leben sind, denn sie werden sich weiterhin alles leisten können, wonach ihnen der Sinn steht.

Warum besteuern wir Sie also nicht gleich mit 100 Prozent? Weil dies jeden Anreiz zunichtemachen würde, das zu tun, was sie tun, um derart viel Geld zu verdienen. Und das wäre schädlich für die Wirtschaft. Anders gesagt: Die Besteuerung der Reichen sollte nichts mit den Interessen der Reichen an sich zu tun haben, sondern sollte sich nur damit befassen, inwieweit Veränderungen der Anreize das Verhalten der Reichen ändern und wie sich dies auf den Rest der Bevölkerung auswirkt.

Aber hier kommen die wettbewerbsfähigen Märkte ins Spiel. In einer Wirtschaft mit perfekter Konkurrenz, ohne Monopolmächte und andere Störfaktoren – also die Art Wirtschaft, von der uns die Konservativen weismachen wollen, dass wir bereits in ihr leben –, erhält jede Person ihren Grenzertrag. Soll heißen: Wenn Sie 1.000 Dollar pro Stunde bekommen, dann deshalb, weil jede Stunde, die Sie zusätzlich arbeiten, 1.000 Dollar zum Ausstoß der Wirtschaft beiträgt.

Warum sollten wir uns aber in einem derartigen Fall darum scheren, wie hart die Reichen arbeiten? Wenn ein reicher Mann eine Stunde länger arbeitet und damit die Wirtschaft um 1.000 Dollar vergrößert, aber 1.000 Dollar für seine Bemühungen bekommt, ändert sich das kombinierte Einkommen aller anderen kein Stück, richtig? Falsch, denn er zahlt Steuern auf diese zusätzlichen 1.000 Dollar. Wenn man Personen mit hohem Einkommen dazu bringt, ein klein wenig härter zu arbeiten, besteht der soziale Nutzen in den Steuereinnahmen, die durch diese zusätzliche Mühe abfallen. Umgekehrt gilt genauso, dass die Kosten darin bestehen, dass sie weniger Steuern zahlen, wenn sie weniger arbeiten.

Lassen Sie es mich etwas prägnanter formulieren: Beim Besteuern der Reichen sollte uns nur ein Aspekt am Herzen liegen – wie viel Geld wird es bringen? Der optimale Steuersatz für Menschen mit sehr hohem Einkommen ist derjenige, der das Maximum an Einnahmen bringt. Und das ist etwas, das wir schätzen können, da wir Fakten zur Frage haben, wie sehr das Vorsteuereinkommen der Wohlhabenden tatsächlich auf die Steuersätze reagiert. Wie gesagt: Diamond und Saez sehen den optimalen Satz bei 73 Prozent, Romer bei über 80 Prozent – was zu dem passt, was AOC gesagt hat.

Übrigens: Was geschieht, wenn wir die Realität berücksichtigen, also bedenken, dass die Märkte nicht über perfekte Konkurrenz verfügen und dass es dort draußen sehr viel Monopolmacht gibt? Die Antwort: Mit großer Wahrscheinlichkeit spricht dies für einen noch höheren Spitzensteuersatz, denn vermutlich sind Menschen mit hohem Einkommen große Nutznießer dieser Monopoleinkünfte.

Insofern ist AOC alles andere als verrückt, sondern steht voll und ganz im Einklang mit ernsthafter Forschung im Feld der Ökonomie. (Wie ich gehört habe, hat sie mit einigen sehr guten Ökonomen gesprochen.) Die politischen Ideen ihrer Kritiker dagegen sind in der Tat verrückt – und die Steuerpolitik steht, wenn es um die Verrücktheit geht, im absoluten Mittelpunkt.

Die Republikaner machen sich nämlich nahezu geschlossen dafür stark, die Wohlhabenden weniger zu besteuern. Ihre Haltung begründen sie damit, dass sich Steuersenkungen an der Spitze enorm vorteilhaft für die Wirtschaft insgesamt auswirken werden. Und ihre Behauptung basiert auf der Forschungsarbeit von … tja, niemandem. Keine seriöse Institution unterstützt die Steuerideen der Republikaner, denn die Fakten sprechen in überwältigender Zahl gegen diese Pläne.

Sehen Sie sich die Geschichte des Spitzensteuersatzes (links) im Vergleich zum Wachstum des realen BIP pro Kopf an (rechts, gemessen über zehn Jahre, um kurzfristige Schwankungen zu glätten):

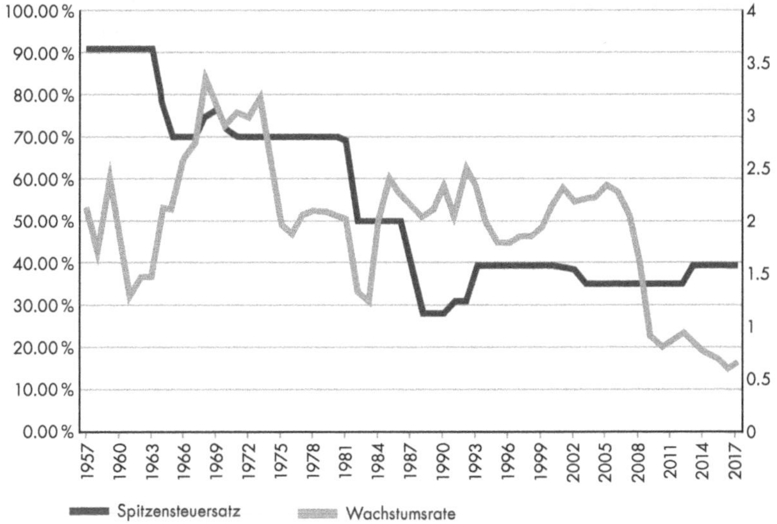

SPITZENSTEUERSATZ UND WACHSTUM
Quelle: Urban-Brookings Tax Policy Center, U.S. Bureau of Economic Analysis

Wir sehen, dass Amerika früher die Reichen sehr stark besteuert hat – stärker noch, als AOC es anregt – und trotzdem prima zurechtkam. Seit damals sind die Steuersätze deutlich gesunken, aber der Wirtschaft ist es nicht besser, sondern eher schlechter ergangen.

Aber warum klammern sich die Republikaner dann an eine Steuertheorie, die bei unparteiischen Ökonomen keine Unterstützung findet und durch alle verfügbaren Daten widerlegt wird? Der Grund wird offensichtlich, wenn man sich fragt, wer denn davon profitiert, dass Reiche wenig Steuern bezahlen müssen.

Und weil die Geldkoffer der Partei es erforderlich machen, dass man eine unsinnige Wirtschaftspolitik verfolgt, bevorzugt die Partei »Ökonomen«, die offenkundig Quacksalber sind und nicht einmal ihre eigenen Zahlen wirksam frisieren können.

Was mich zu AOC zurückbringt und den beständigen Bemühungen, sie als durchgeknallt und ignorant darzustellen. Bei der Steuerfrage sagt sie nur, was gute Ökonomen sagen, und in Fragen der Ökonomie kennt sie sich definitiv besser aus als nahezu jedes Mitglied der republikanischen Fraktion – nicht zuletzt deshalb, weil sie nichts „weiß", was nicht wahr ist.

ELIZABETH WARREN MACHT DEN TEDDY ROOSEVELT

28. Januar 2019

Amerika hat die Steuerprogression erfunden und es gab eine Zeit, als führende amerikanische Politiker voller Stolz ihren Willen verkündeten, die Reichen zu besteuern, und zwar nicht nur, um die Einnahmen zu erhöhen, sondern auch, weil sie verhindern wollten, dass sich wirtschaftliche Macht zu exzessiv bündelt.

Der damalige amerikanische Präsident Theodore Roosevelt erklärte 1906: „Es ist wichtig, die Probleme anzupacken, die mit dem Anhäufen enormer Reichtümer einhergehen." Einige dieser Vermögen, so Roosevelt, „sind über jegliches gesunde Maß hinaus angeschwollen".

Heute leben wir erneut in einem Zeitalter, in dem sich außerordentlicher Reichtum in den Händen einiger weniger Menschen konzentriert. Das reichste 0,1 Prozent der Amerikaner verfügt über ein Nettovermögen, das nahezu dem der unteren 90 Prozent zusammen entspricht. Und dieser Konzentrierungsprozess nimmt noch zu. Thomas Piketty argumentiert in seinem Buch *Das Kapital im 21. Jahrhundert*, dass wir auf eine Gesellschaft zuzusteuern scheinen, in der gewaltige, häufig vererbte Vermögen dominieren.

Sind die heutigen Politiker dieser Herausforderung gewachsen? Nun, Elizabeth Warren hat einen beeindruckenden Vorschlag für die Besteuerung der extrem Reichen vorgelegt. Unabhängig davon, ob die Demokraten sie für den Präsidentschaftswahlkampf aufstellen, besagt es viel Gutes über ihre Partei, dass etwas derart Kluges und Kühnes überhaupt Teil der Diskussionen ist.

Warren schlägt vor, einen Haushalt, dessen Nettovermögen mehr als 50 Millionen Dollar beträgt, mit jährlich zwei Prozent zu besteuern, und mit einem weiteren Prozentpunkt bei Vermögen von mehr als einer Milliarde Dollar. Der Vorschlag wurde begleitet von einer Analyse, die Emmanuel Saez und Gabriel Zucman von der Uni Berkeley durchgeführt haben, mithin zwei der führenden Fachleute weltweit für das Thema Ungleichheit.

Saez und Zucman haben herausgefunden, dass diese Steuer nur eine kleine Zahl von sehr reichen Leuten betreffen würde – etwa 75.000 Haushalte. Aber weil diese Haushalte derart reich sind, würde der Vorschlag sehr viel Geld einbringen, etwa 2.750 Milliarden Dollar im Verlauf des nächsten Jahrzehnts.

Machen wir uns nichts vor: Wir haben es hier mit einem ziemlich radikalen Plan zu tun.

Ich fragte Saez, wie sehr eine derartige Steuer auf die Einkommen (nicht auf das Vermögen) die steuerliche Belastung der wirtschaftlichen Elite erhöhen würde. Seiner Schätzung nach würde die durchschnittliche Steuerlast des obersten 0,1 Prozent von 36 auf 48 Prozent ansteigen und die durchschnittliche Steuerlast des obersten 0,01 Prozent auf 57 Prozent. Das sind hohe Zahlen, allerdings sind sie in etwa vergleichbar mit den durchschnittlichen Steuersätzen, die in den 1950er-Jahren galten.

Könnte ein derartiger Plan umgesetzt werden? Würden die Reichen nicht einfach Wege finden, dies zu umgehen? Saez und Zucman sagen, wenn die Steuer sämtliche Vermögenswerte beträfe und angemessen durchgesetzt würde, käme es nicht zu einer großflächigen Steuerflucht. Sie berufen sich dabei auf Anhaltspunkte aus Dänemark und Schweden, wo es signifikante Vermögensteuern gab.

Und würde ein derartiger Schritt nicht den Anreizen schaden? Wahrscheinlich nicht viel. Überlegen Sie: Wie sehr würde einen Unternehmer die Aussicht abschrecken, dass er, sollten sich seine großen Pläne in die Tat umsetzen lassen, auf seine *zweiten* 50 Millionen Dollar zusätzliche Steuern zahlen müsste?

Der Warren-Plan würde in der Tat die Möglichkeiten der ohnehin bereits unglaublich Reichen beschneiden, ihr Vermögen noch größer zu machen und es an ihre Erben weiterzureichen. Doch es sollte ein Grund *für* den Plan und nicht *gegen* ihn sein, dass er uns Gelegenheit gibt, unsere Entwicklung hin zu einer Gesellschaft, in der oligarchische Dynastien das Sagen haben, zu verlangsamen oder womöglich sogar umzukehren.

Mich haben zudem die Reaktionen von Steuerexperten wie Lily Batchelder und David Kamin beeindruckt. Sie heißen den Warren-Plan nicht unbedingt gut, erachten ihn aber zweifelsohne als etwas, das man ernst nehmen und gründlich überdenken sollte. Der Vorschlag befasse sich mit einem realen Problem und „sei so groß angelegt, wie er sein sollte", schreibt Kamin. Warren habe den Nerd gegeben, schreibt die *Times*. Nun – die Nerds sind beeindruckt.

Aber haben derart kühne Ideen in Amerikas politischer Landschaft im 21. Jahrhundert überhaupt eine Chance? Die üblichen Verdächtigen vergleichen Warren natürlich schon wieder mit Venezuelas Präsident Nicolás Maduro oder sogar mit Josef Stalin, obwohl sie in Wahrheit doch eher wie Teddy Roosevelt oder, was das betrifft, Dwight Eisenhower ist. Wichtiger ist, dass meiner Einschätzung nach die herkömmliche politische Meinung davon ausgeht, der Vorschlag, die Wohlhabenden deutlich stärker besteuern zu wollen, sei für die amerikanische Wählerschaft zu links.

Dabei zeigen Meinungsumfragen überwältigenden Zuspruch für Vorschläge, die Reichen stärker zu besteuern. In einer aktuellen Umfrage sprachen sich sogar 45 Prozent der selbst erklärten Republikaner für die Idee von Alexandria Ocasio-Cortez aus, den Grenzsteuersatz auf 70 Prozent anzuheben.

Übrigens zeigen die Umfragen auch überwältigenden Zuspruch für eine Anhebung der Ausgaben für Medicare und Sozialversicherung und nicht für eine Kürzung. Merkwürdigerweise ist dennoch selten zu beobachten, dass behauptet wird, Politiker, die eine „Sozialreform" fordern, seien zu rechts, als dass man ihre Vorschläge ernst nehmen müsste.

Und nicht nur Umfragen sprechen dafür, dass ein kühnes Durchgreifen gegen wirtschaftliche Ungerechtigkeit politisch durchsetzbar sein könnte. Politikwissenschaftler, die das Verhalten von Milliardären untersuchen, haben festgestellt, dass sich viele von ihnen für niedrigere Steuern aussprechen, aber mehr oder weniger stark im Geheimen. Vermutlich ist ihnen bewusst, wie unbeliebt ihre Haltung in Wirklichkeit ist. Diese „Tarnkappen-Politik" ist übrigens einer der Gründe dafür, dass Milliardäre deutlich liberaler erscheinen können, als sie es in Wahrheit sind – nur eine Handvoll Liberaler unter den Milliardären äußert sich öffentlich.

Der Punkt ist der: Möglicherweise ist der Zeitpunkt für eine kühne progressive Agenda deutlich besser, als es sich die meisten politischen Fachleute erträumt hätten. Und Elizabeth Warren hat bei dieser Agenda gerade einen wichtigen Schritt getan und ihre Partei gedrängt, groß zu denken. Hoffen wir, dass ihre Rivalen – von denen einige ebenfalls sehr beeindruckend sind – ihrem Vorbild folgen.

11

HANDELSKRIEGE

GLOBALER QUATSCH UND DAS ECHO

Begonnen habe ich meine berufliche Laufbahn mit dem Außenhandel. Meine Arbeit zu diesem Thema und dem damit zusammenhängenden Aspekt der Wirtschaftsgeografie – die räumliche Verteilung von Handel und Produktion im Allgemeinen sowie zwischen einzelnen Nationen – dominiert bei Google Scholar die Rangliste meiner meistzitierten Arbeiten und hat mir dieses Ding aus Schweden eingebracht. [Anm. d. Übers.: Gemeint ist sein Nobelpreis für Wirtschaftswissenschaften.]

Insofern bin ich also durchaus befugt, Ihnen ein schmutziges kleines Geheimnis zu verraten: Außenhandel und internationale Handelspolitik sind nicht so wichtig, wie die Leute meinen. Damit will ich nicht sagen, sei seien nicht wichtig. Tatsächlich sind sie für viele Nationen sogar von zentraler Bedeutung. Könnte, sagen wir, Bangladesch auf einmal keine arbeitsaufwendigen Waren (in erster Linie Kleidung) auf dem Weltmarkt mehr verkaufen, drohten dem Land Hungersnöte. Aber für große Nationen wie die Vereinigten Staaten ist das, was wir im Handel anstellen (egal ob gut oder schlecht), deutlich weniger interessant als beispielsweise das Chaos, das wir im Gesundheitswesen angerichtet haben.

Und dennoch genießt der Außenhandel sowohl im ökonomischen als auch im politischen Diskurs einen besonderen Stellenwert, und das aus mehreren Gründen.

Ökonomen sinnieren gern über die Vorzüge des Außenhandels nach, denn er gehört zu den Stellen, an denen die Wirtschaftswissenschaften wirklich einmal Einsichten abwerfen, die die meisten Menschen übersehen.

So erscheint es für die meisten Menschen nur logisch, dass ein Land gewinnt, wenn es einen Außenhandelsüberschuss vorweist, also mehr verkauft als kauft. Genauso logisch erscheint es, dass ein Land nicht konkurrieren kann, wenn es weniger produktiv als seine Handelspartner ist. Und wenn ein Land Artikel aufgrund geringer Gehälter und nicht aufgrund hoher Produktivität verkaufen kann, zieht es die Lebensstandards anderer Länder mit hinab, richtig?

Ökonomen lieben es zu erklären, warum all das nicht zutrifft. Normalerweise profitieren vom Handel beide Seiten, egal ob unter dem Strich ein Defizit oder ein Überschuss steht (allerdings bedeutet das nicht zwangsläufig auch, dass alle Menschen innerhalb jener Länder profitieren). Selbst Länder mit geringer Produktivität können vom Handel profitieren, wenn sie sich auf diejenigen Dinge konzentrieren, die sie am wenigsten schlecht machen (hier ist mein Bangladesch-Beispiel relevant). Länder mit geringer Produktivität müssen ihren Arbeitern zwingend niedrige Gehälter anbieten, aber das schadet den reicheren Ländern nicht, denn diese niedrigen Gehälter erlauben es ihnen, arbeitsaufwendige Waren günstig zu kaufen, während sie andere Dinge herstellen.

Insofern sprechen Ökonomen viel über Handel – möglicherweise mehr, als es das Thema verdient hätte –, denn auf diesem Feld fühlen sie sich intellektuell im Vorteil. Wer viel über internationale Beziehungen nachdenkt, spricht ebenfalls gern über den Handel, denn das derzeitige globale Handelssystem ist das Ergebnis des Triumphs der internationalen Diplomatie. Vor dem Zweiten Weltkrieg verhängten die Länder nach Lust und Laune Einfuhrzölle und Quoten auf Importe. Das begründeten sie üblicherweise mit dem nationalen Interesse, aber häufig bedienten sie damit auch nationale Sonderinteressen. Nach dem Krieg schlossen sich allerdings immer weitere Teile der Welt einem auf Regeln basierenden System an, bei dem Länder miteinander Zölle aushandeln und das schließlich quasi-gerichtliche Abläufe einführte, die bei der Schlichtung von Disputen zum Tragen kommen, wenn ein Land einem anderen vorwirft, gegen die Regeln verstoßen zu haben.

Man erschuf dieses System in dem Glauben, es werde die Welt reicher machen, aber mehr noch – es sollte außerdem für mehr Frieden sorgen. Die amerikanischen Staatsmänner, die das moderne globale Handelssystem entwickelten – allen voran Cordell Hull, langjähriger Außenminister unter Franklin D. Roosevelt –, vertraten die Ansicht, Handel helfe, den Frieden zu sichern, und mehre zugleich den Wohlstand. Insofern reihte sich das globale Handelssystem in eine ganze Reihe von Institutionen ein, die in der Nachkriegszeit gegründet wurden, darunter die NATO und die Vereinten Nationen, und die in der Tat der Welt dabei zu helfen schienen, gewaltige Kriege zu verhindern.

Gleichzeitig erschuf das Handelssystem Schritt für Schritt eine Welt, in der es zwar keine völlig freie Marktwirtschaft gab, bei der die meisten Industrieerzeugnisse jedoch nur geringen Zöllen unterlagen.

Und zu guter Letzt wirken Diskussionen über den internationalen Handel – oder genau genommen über alles mit „international" – wie ein Magnet auf Menschen, die sich von *globaloney* angezogen fühlen, „globalem Quatsch", großen Reden über große Dinge.

Wenn etwas Ökonomen, Experten für internationale Beziehungen und Globaloney-Fans in Verzückung versetzen kann, ist eine Gegenbewegung selbstverständlich nicht weit. Jahrelang war es vor allem die Linke, die zurückschlug – etwa in Form von Gewerkschaften, die, nicht völlig unbegründet, beklagten, dass der zunehmende Handel Abwärtsdruck auf die Löhne von Arbeitern ausübt, sowie von radikaleren Gruppen, für die der internationale Handel eine Form von grassierendem Turbokapitalismus darstellt.

Aber auch in einer völlig anderen Ecke regte sich eine Gegenbewegung, einer Ecke, die nichts mit den Sorgen um die soziale Gerechtigkeit am Hut hat. Die Rede ist von Geschäftsleuten, die es nicht lustig finden, erklärt zu bekommen, ihre Instinkte würden sie komplett in die Irre führen, wenn es um den Handel geht. Ihre Reaktion: Sie versteifen sich in ihren Ansichten und weisen Behauptungen zum Nutzen des Handels nicht nur zurück, sondern verteufeln ihn. Der eine oder andere mag sich noch an Ross Perot erinnern, der warnte, Freihandel mit Mexiko würde „ein großes Sauggeräusch produzieren" – das Geräusch nämlich, das entsteht, wenn sich die amerikanische Industrie geschlossen in Richtung Süden aufmacht. [Anm. d. Übers.: Der IT-Unternehmer Ross Perot trat in den 1990er-Jahren als Unabhängiger beziehungsweise als Kandidat seiner Partei ziemlich erfolgreich bei den Präsidentschaftswahlen an.]

Und 2016 wurde jemand mit dieser Art anti-intellektueller, „Mein Bauchgefühl weiß es besser als die sogenannten Experten"-Einstellung Präsident der Vereinigten Staaten von Amerika. Manchmal behaupten Leute, Donald Trump sei cleverer, als es den Anschein habe, und er wisse durchaus, dass ein Handelsdefizit nicht wirklich bedeutet, dass jemand Amerika seines kostbaren Lebenssafts beraube. Aber alle zur Verfügung stehenden Beweise sprechen dafür, dass es genau das ist, was er glaubt.

Der Punkt ist der: Amerika ist nicht nur ein Schwergewicht in der globalen Wirtschaft, unser nationales Handelsgesetz ist so angelegt, dass einer Lobbypolitik des Kongresses ein Riegel vorgeschoben werden soll – weshalb dem Präsidenten gewaltiger Handlungsspielraum eingeräumt wurde. Trump ist also imstande, im globalen Handel ein bemerkenswertes Maß an Chaos und Verwüstung anzurichten. Die Artikel in diesem Abschnitt schildern einiges von diesem Chaos und dieser Verwüstung.

OH, WAS FÜR EIN TRUMPIGER HANDELSKRIEG!

8. März 2018

Ökonomen und Geschäftsleute sind sich nahezu geschlossen einig: Die Strafzölle, die Donald Trump auf Stahl und Aluminium verhängt hat, waren keine gute Idee, und der Handelskrieg, den diese Zölle möglicherweise anstoßen, könnte verheerende Auswirkungen haben. Wie groß ist die Wahrscheinlichkeit, dass diese politische Katastrophe ausbleibt? Gering, denn wir haben es hier mit einem typischen Beispiel dafür zu tun, was geschieht, wenn Trump Trump-Dinge tut.

Bei den Zöllen handelt es sich wohl um das Trump-Typischste, was Trump bislang getan hat. Schließlich ist Handel (wie Rassismus) ein Thema, bei dem Trump die ganze Zeit über unverrückbar bei seiner Linie geblieben ist. Seit Jahrzehnten wettert er gegen andere Länder, weil diese seiner Ansicht nach Amerika schaden, indem sie Nutzen aus unseren vergleichsweise offenen Märkten ziehen. Sie sagen: „Naja, er hat nun einmal keine Ahnung von den Zusammenhängen oder auch nur von grundlegenden Fakten." Tja, beim Trumpismus geht es um angriffslustige Ignoranz, egal bei welchem Thema.

Aber damit nicht genug: Es hat seinen Grund, dass wir internationale Handelsabkommen abschließen, und dieser Grund heißt nicht „Schutz vor unfairem Auftreten anderer Länder". Das wahre Ziel ist es vielmehr, uns vor uns selbst zu schützen – wir wollen die Lobbypolitik einhegen und die blanke Korruption, die früher in der Handelspolitik den Ton angaben.

Für Trumpokraten sind Korruption und eine Herrschaft, die sich an speziellen Interessen ausrichtet, allerdings keine Probleme. Man könnte sagen, das globale Handelssystem ziele in weiten Teilen speziell darauf ab, zu verhindern, dass Leute wie Trump zu viel Einfluss ausüben können. Kein Wunder, dass er zum Vorschlaghammer greifen möchte.

Einige Worte zum Hintergrund: Die Lehrbuch-Ökonomie besagt keineswegs – auch wenn einige das glauben –, dass freie Marktwirtschaft für alle Beteiligten von Vorteil ist. Stattdessen gehören zur Handelspolitik auch ausgesprochen reale Interessenkonflikte. Aber die absolute Mehrheit dieser Interessenkonflikte wird zwischen Strömungen innerhalb der jeweiligen Länder ausgetragen und nicht zwischen Staaten. Ein Handelskrieg gegen die Europäische Union würde Amerika als Ganzes ärmer machen, und zwar sogar dann, wenn die EU nicht zurückschlagen würde (was sie täte). Industriezweige allerdings, die sich zufällig mit starker Konkurrenz aus Europa auseinandersetzen müssen, würden von einem Handelskrieg profitieren.

Der Punkt ist: Die kleinen Gruppen, die vom Protektionismus profitieren, genießen oftmals mehr politischen Einfluss als die viel größeren Gruppen, die in Mitleidenschaft gezogen werden. Aus diesem Grund hat der Kongress früher regelmäßig destruktive Handelsgesetze verabschiedet. Ihren Höhepunkt erreichten sie mit dem *Smoot-Hawley Tariff Act* von 1930: Auf die eine oder andere Weise wurden dafür so viele Kongressmitglieder gekauft, dass ein Gesetz verabschiedet wurde, von dem nahezu alle wussten, dass es für das Land insgesamt schlecht sein würde.

1934 schlug Franklin D. Roosevelt jedoch ein neues Kapitel der Handelspolitik auf: Fortan gingen die USA mit anderen Nationen Vereinbarungen zum beiderseitigen Vorteil ein. Wir senkten unsere Zölle auf ihre Exporte, sie senkten ihre Zölle auf unsere Exporte. Durch dieses Vorgehen entstand eine neue Form der Interessengruppe – die der Exporteure –, die als Ausgleich gegen den Einfluss jener Interessengruppen dienen konnte, die protektionistische Maßnahmen forderten.

Dass FDR auf Gegenseitigkeit setzte, führte dazu, dass *Smoot-Hawley* rasch wieder zurückgenommen wurde. Nach dem Krieg mündete diese

Politik in eine Reihe globaler Handelsabkommen. Es entstand ein globales Handelssystem, das heutzutage von der Welthandelsorganisation verwaltet wird. Im Grunde haben die USA die Welthandelspolitik nach ihrem Abbild gestaltet und es hat funktioniert – was an globalen Abkommen als Folge der Gegenseitigkeitsgeschäfte abgeschlossen wurde, führte rund um den Globus zu einer deutlichen Verringerung der Zölle, während gleichzeitig Regeln eingezogen wurden, die es Ländern erschweren, sich aus ihren Verpflichtungen zu stehlen.

Alles in allem hat sich das globale Handelssystem in eine sehr gesunde Richtung entwickelt. Die Zollpolitik gehörte sowohl in den USA als auch im Ausland einst zu den schmutzigsten und korruptesten Aspekten der Politik. Heute ist sie zwar nicht völlig sauber, aber doch in erstaunlichem Maße genesen.

Und globale Handelsabkommen sind ein bemerkenswertes und ermutigendes Beispiel für effektive grenzüberschreitende Zusammenarbeit. Auf diese Weise leisten sie einen zwar nur schwer messbaren, aber dennoch sehr realen Beitrag zur demokratischen Staatsführung und zum Weltfrieden.

Doch dann kam Trump.

Das amerikanische Handelsrecht ist so angelegt, dass es im Einklang mit unseren internationalen Abkommen stehen soll. Es sieht vor, dass der Präsident unter bestimmten, eng definierten Bedingungen Zölle verhängen kann. Die Zölle auf Stahl und Aluminium wurden zwar mit einem offensichtlich fingierten Verweis auf die nationale Sicherheit begründet, erfüllen diese Kriterien aber ganz klar nicht.

Trump verstößt also gegen amerikanisches Gesetz und lässt gleichzeitig das globale Handelssystem vor die Hunde gehen. Wenn sich die Situation zu einem umfassenden Handelskrieg auswächst, erleben wir die Rückkehr in die schlechte alte Zeit. Dann werden wieder Manipulationen, Bestechung und selbstverständlich auch nationale Interessen die Zollpolitik diktieren.

Doch das wird Trump egal sein, schließlich haben wir jetzt schon im Grunde ein Umweltministerium, das von Leuten geleitet wird, die die Umwelt verschmutzen, ein Innenministerium, das von Leuten geleitet wird, die Bundesterritorium plündern möchten, ein Bildungsministerium, in dem die Branche der gewinnorientiert arbeitenden Schulen das Sagen hat und so weiter. Warum sollte es in der Handelspolitik anders sein?

Es stimmt, dass viele große Konzerne und Ideologen der freien Marktwirtschaft geglaubt hatten, Trump stünde auf ihrer Seite, und nun voller Schrecken seine Handelspolitik miterleben müssen. Aber was hatten sie denn erwartet? Es gab nie einen guten Grund, zu glauben, die Handelspolitik sei vor Trumps Verwüstungen gefeit.

EINE EINFÜHRUNG IN HANDELSKRIEGE

3. Juni 2018

Momentan sieht es so aus, als würde Trumps Handelskrieg stattfinden, und wiederholt erhalte ich Fragen aus der Leserschaft, wie das sein kann, schließlich hat der Kongress nicht dafür gestimmt, dass wir uns aus unseren Handelsvereinbarungen zurückziehen. Es steht zu vermuten, dass der Kongress das nicht einmal dann tun würde, wenn Trump eine derartige Gesetzgebung erbitten würde. Allem Anschein nach ist es für viele Republikaner mehr oder weniger okay, dass er mit nahezu 100-prozentiger Sicherheit mit einer ausländischen Macht konspirierte, die Amerika feindlich gegenübersteht, und dass er aktuell die Justiz behindert. Geht es jedoch um politische Schritte, die in großem Stil Vermögenswerte von Unternehmen in den Sand setzen und abwerten könnten, dann ist das etwas völlig anderes.

Woher hat Trump die Autorität, so etwas tun? Und welche Konsequenzen hat sein Verhalten für die Welt? Es scheint ein guter Zeitpunkt zu sein, einen kurzen und nicht an ein Fachpublikum gerichteten Leitfaden darüber zu schreiben, wie das Handelssystem und Amerikas Handelspolitik innerhalb dieses Systems funktionieren.

Eines sollten Sie sich klarmachen, wenn es um Handelspolitik geht: Was in der Einführung in die Wirtschaftswissenschaften an Argumenten für die freie Marktwirtschaft ins Feld geführt wird, spielt in der tatsächlichen Politik nur eine sehr geringe Rolle, vor allem in Handelsgesprächen. Das hat nichts damit zu tun, dass politische Entscheider diesen Umstand verwerfen oder nicht begreifen. Einige tun es, andere nicht, aber so oder so macht es kaum einen Unterschied. (Um der Gerechtigkeit Genüge zu tun, sei darauf hingewiesen, dass es in der akademischen Literatur Stimmen gibt, die den ökonomischen Grundlagen mehr Gewicht beimessen, als ich es hier tue. Diese Arbeiten finde ich zwar bewundernswert, aber durchaus nicht überzeugend.)

In den vergangenen 80 Jahren haben die USA danach gestrebt, den Handel Schritt für Schritt immer freier zu machen. Hier schlägt sich einerseits der (sehr) indirekte Einfluss der Wirtschaftstheorie nieder, andererseits der Glaube, eine engere wirtschaftliche Integration sei gut für den Frieden und das Bündnis der freien Welt. Aber ging es um eine Liberalisierung des Handelns, drehten sich die Prozesse in erster Linie um politischen Realismus und weniger um abstrakte Ideale.

Im Zusammenhang mit Handel bedeutet politischer Realismus, dass die Interessen der Hersteller deutlich wichtiger als die der Verbraucher sind, denn die Hersteller sind meistens viel besser organisiert und sich viel mehr der Vor- und Nachteile einer bestimmten Handelspolitik bewusst. Ein klassisches Beispiel war Zucker. Einfuhrquoten sorgten dafür, dass viele Jahre lang Zucker in den USA ein Mehrfaches dessen kostete, was auf dem Weltmarkt verlangt wurde. Nutznießer dieser Politik waren einige wenige Tausende Zuckerpflanzer, die dadurch – jeder – Zehntausende oder Hunderttausende Dollar mehr im Jahr verdienten. Die Kosten verteilten sich über Dutzende Millionen Verbraucher, von denen die absolute Mehrheit keine Ahnung hatte, dass es bei Zucker überhaupt so etwas wie Einfuhrquoten gab.

Angesichts dieser Asymmetrie in der Darstellung könnte man nun glauben, dass bei praktisch allem, was wir hier in den USA herstellen können, die Interessen der Industrie den Ton angeben und dementsprechend ein hohes Maß an Protektionismus herrschen würde. Und auf genau diese Weise funktionierte die amerikanische Handelspolitik tatsächlich auch bis in die 1930er-Jahre hinein.

Dann schlug Franklin Delano Roosevelt das Gesetz *Reciprocal Trade Agreements Act* (RTAA) vor. Danach sollten sich die Vereinigten Staaten in bilateralen Verhandlungen mit anderen Ländern darauf verständigen, ihre Zölle auf ausländische Waren abzubauen, wenn die ausländische Regierung ihrerseits die Zölle auf unsere Waren senken würde. Das veränderte das politische Gleichgewicht, denn nun fanden die Interessen der Exportbranchen Gehör. Ein US-Unternehmen, das mit Einfuhrware konkurrieren musste, konnte weiterhin darauf drängen, Schutz zu erhalten, musste sich aber mit dem Gegengewicht der amerikanischen Exporteure auseinandersetzen, die Verträge einforderten, die ihnen die Tür zu ausländischen Märkten öffnen würden.

Man könnte sagen, dass die Grundlage des RTAA eine schlechte Wirtschaftspolitik ist – dass es die merkantilistische Annahme verkörpert, Ausfuhren seien gut und Einfuhren schlecht. Aber es war eine aufgeklärte Form des Merkantilismus und führte zu einem Prozess, der im Allgemeinen gute wirtschaftliche Ergebnisse zeitigte. Damit dieser Prozess erfolgreich sein konnte, musste der Kongress einen Schritt zurück von den Einzelheiten der Handelspolitik treten. Fortan würde die Exekutive Verträge aushandeln und der Kongress stimmte den Abkommen dann zu oder lehnte sie ab. Bereits vor Ausbruch des Zweiten Weltkriegs resultierte das in einem beträchtlichen Rückgang der Zölle.

1947 verständigten sich dann die USA mit einigen Handelspartnern auf das Allgemeine Zoll- und Handelsabkommen (General Agreement on Tariffs and Trade, GATT), das mehr oder weniger einer multilateralen Version desselben Systems entsprach. Ich stelle mir GATT als ein System von Hebeln und Sperrrädern vor. Die Hebel (die Mechanismen, die den Handel schrittweise freier machten) waren der aufwendige Kuhhandel („Runden"), an deren Ende ein Abbau von Zöllen stand. Die Sperrräder verhinderten ein Abrutschen. Es handelte sich um Regeln, die es Ländern unmöglich machen sollten, ihre gegebenen Zusagen zu brechen, sofern nicht bestimmte Bedingungen erfüllt waren.

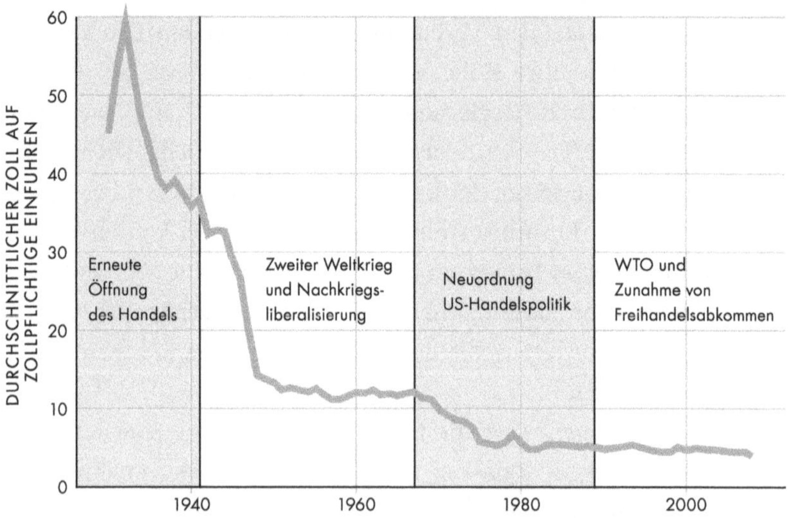

HANDELSGEWICHTETE ZÖLLE DER USA AUF ZOLLPFLICHTIGE EINFUHREN UND HISTORISCHE ABSCHNITTE, 1930–2008
Quelle: Zusammenstellung durch USITC-Mitarbeiter aus Statistiken des US-Handelsministeriums

Warum gibt es überhaupt Ausnahmen? Auch hier kommt wieder politischer Realismus zum Tragen. Den Architekten des Handelssystems war bewusst, dass sie ein gewisses Maß an Flexibilität einbauen mussten, denn ein zu starres Regelwerk würde brüchig werden und unter dem Druck der Ereignisse zerbrechen. Insofern erlaubte man es den Ländern, unter den folgenden Bedingungen neue Zölle zu verhängen (echte Wirtschaftsanwälte wissen natürlich, dass meine Darstellung zu stark vereinfacht ist, aber grundsätzlich ist sie richtig):

- bei einer Marktstörung: Eine plötzliche Flut an Importen sorgt dafür, dass sich die inländischen Hersteller nicht anpassen können. Neue Zölle sollen ihnen in einem derartigen Fall etwas Luft zum Atmen verschaffen.
- aus Gründen der nationalen Sicherheit: Man will sicherstellen, dass man bei lebenswichtigen Gütern nicht von potenziellen Feinden abhängig ist.

- bei unfairen Praktiken: Zölle als Reaktion beispielsweise auf subventionierte Exporte.
- bei Dumping: Wenn ausländische Firmen in dem Versuch, Marktdominanz aufzubauen, Artikel zu Preisen verkaufen, die offenkundig nicht die Kosten decken.

Und wer bestimmt in den USA, dass einer dieser Gründe gegeben ist? Der Kongress nicht – das würde nämlich einfach nur die Büchse der Pandora wieder öffnen, die FDR 1934 geschlossen hatte. Stattdessen soll die Exekutive ein quasi-gerichtliches Prozedere befolgen, in dessen Verlauf Behörden Untersuchungen anstellen und urteilen, ob eine dieser Bedingungen erfüllt ist. Dann entscheidet der Präsident, ob er handelt.

Aber was geschieht, wenn die USA aktiv werden, unsere Handelspartner das Vorgehen aber nicht für gerechtfertigt handeln? (Oder andersherum: Wenn die USA mit dem Vorgehen eines anderen Landes nicht einverstanden sind?) Dann können sie ein internationales Schiedsgericht anrufen. Bis zur Gründung der Welthandelsorganisation WTO 1993 war das ein ausgesprochen mühsamer Prozess, geht inzwischen aber für gewöhnlich recht zügig vonstatten.

Und was dann? Nehmen wir an, die WTO kommt zu dem Schluss, dass ein Land sich unangemessen verhalten hat. Über welche Macht, dieses Urteil durchzusetzen, verfügt die Organisation? Direkt? Gar keine. In Genf steht keine Flotte schwarzer Hubschrauber bereit, die sich sofort auf jeden Wirtschaftskriminellen stürzen könnte. Stattdessen erklärt die WTO die Nation, die sich eines Vergehens schuldig gemacht hat, im Grunde für vogelfrei und jeder geschädigte Handelspartner kann nach eigenem Gutdünken Vergeltungsmaßnahmen einleiten.

In der Vergangenheit hat diese Drohung Wirkung gezeigt: Länder, die Verfahren vor der WTO verlieren, reagieren üblicherweise und ändern ihre Politik. Warum dieser Ansatz funktioniert? Weil jedem bewusst war, dass sich die Dinge, sind sie erst einmal aus dem Ruder gelaufen, zu einem Handelskrieg hochschaukeln könnten, der 70 Jahre Fortschritt zunichtemacht.

Und damit wären wir wieder bei Trump.

Das globale Handelssystem ist ein erstaunliches Konstrukt, das stets für ein hohes Maß an globaler Kooperation gesorgt hat. Selbst bei schweren Schocks erwies es sich als ziemlich robust – und bemerkenswerterweise hat die Welt nach der Finanzkrise von 2008 kein großflächiges Wiederaufleben des Protektionismus erlebt. Doch dieses System war niemals ausgelegt für den Umgang mit einem globalen Anführer, der alles, was nach Rechtsstaatlichkeit aussieht, verachtet.

Frühere Präsidenten haben ihre Befugnisse dafür genutzt, Zölle zu verhängen, und nicht immer waren ihre Motive die allerbesten. Selbst Obama belegte Reifen aus China wegen „Marktdisruption" vorübergehend mit Zöllen. Doch die Präsidenten gingen dabei stets besonnen vor – ihre Zölle waren begrenzt und die ökonomische Grundlage ihres Handelns war zumindest ansatzweise vertretbar.

Trump jedoch ist losgestürzt und hat mit dem Argument „nationale Sicherheit" Zölle in einem Kontext verhängt, in dem dieses Argument überhaupt keinen Sinn ergibt. Es gibt keinen schlüssigen Grund dafür, warum die Einfuhr von kanadischem Aluminium die nationale Sicherheit bedrohen sollte, und noch weniger gut wird es sich begründen lassen, sollte er diesen Schritt bei Autos wiederholen. Tatsächlich gibt sich seine Regierung gerade einmal das allergeringste Maß an Mühe, so zu tun, als würde man die nationale Sicherheit tatsächlich in Gefahr sehen. Er macht das einfach nur, weil er es kann.

Aber das eigentlich Schlimme daran ist, dass es kein erkennbares Endszenario gibt. Was könnten die Chinesen – ganz zu schweigen von den Europäern und den Kanadiern – anbieten, was ihn zufriedenstellen würde? Ein Ende der amerikanischen Handelsdefizite? Das ist nichts, was die Handelspolitik liefern könnte oder sollte. Und natürlich sind weltweit alle anderen wütend auf die USA. Das ist wichtig, denn Handelspolitik ist von Haus aus politisch. Selbst wenn es wirtschaftlich sinnvoll wäre, Trump große Zugeständnisse zu machen (was alles andere als klar ist), würden unsere (ehemaligen?) demokratischen Verbündeten gewiss nicht in der Stimmung sein, diesen Weg mitzugehen.

Nun wissen Sie, warum Trump die Macht hat, zu tun, was er tut, und warum es kein guter, sondern ein extrem schlechter Deal ist.

DAS COMEBACK DER KORRUPTEN ZÖLLE

20. September 2018

Wenn Donald Trump ankündigt, chinesische Waren im Wert von 200 Milliarden Dollar mit Zöllen zu belegen, und das Land damit einem ausgewachsenen Handelskrieg näherbringt, würde dies unter normalen Umständen auf Tage hinaus die Nachrichten dominieren. Doch in der jetzigen Situation lief die Ankündigung unter „Was sonst noch geschah" und verschwand rasch zwischen all den anderen Skandalen, die gerade laufen. Dabei sind Trumps Zölle tatsächlich ein extrem schlechter Deal. Die unmittelbaren Folgen für die Volkswirtschaften werden gering sein, aber keineswegs trivial. Doch die Zahlen sind hier nicht die ganze Geschichte. Mit seiner Handelspolitik hat Trump, quasi im Vorbeigehen, Regeln auf den Müll geworfen, die Amerika höchstselbst vor über 80 Jahren erschaffen hat – Regeln, die gewährleisten sollten, dass Zölle nationale Schwerpunkte widerspiegeln und nicht die Anliegen spezieller Interessengruppen.

Man könnte sagen, Trump verhilft korrupten Zöllen zu einem Comeback. Und der Schaden wird von Dauer sein.

Bis in die 1930er-Jahre hinein war die amerikanische Handelspolitik sowohl niederträchtig als auch zerrüttet. Die Zölle waren insgesamt hoch, aber nicht nur das – wer wie viel Schutz in Form von Zöllen erhielt, wurde durch einen Kuhhandel zwischen Gruppen mit bestimmten Interessen festgelegt.

Die Kosten dieses Selbstbedienungsladens reichten über den ökonomischen Aspekt hinaus – sie untergruben den Einfluss der USA und schadeten der ganzen Welt. Vor allem in den Jahren nach dem Ersten Weltkrieg verlangte Amerika von den europäischen Nationen die Rückzahlung ihrer Kriegsschulden. Das bedeutete, sie mussten, um Dollar zu verdienen, mehr Waren ausführen. Gleichzeitig belegte Amerika diese notwendigen Exporte mit hohen Zöllen.

1934 änderte sich dieses Spiel, als Franklin D. Roosevelt den *Reciprocal Trade Agreements Act* einführte. Zölle wurden fortan durch Abkommen mit ausländischen Regierungen ausgehandelt, was natürlich das Interesse der Exportbranchen an offenen Märkten anheizte.

Diese Abkommen konnten vom Kongress nur als Ganzes verabschiedet oder abgelehnt werden, was die Möglichkeiten von Interessengruppen beschnitt, sich eine Sonderbehandlung zu erkaufen.

Amerikas Innovation wurde zur Blaupause für ein Welthandelssystem, das seinen Höhepunkt im Aufbau der Welthandelsorganisation fand. Und aus einer für ihre schmutzigen Geschäfte bekannten Zollpolitik wurde eine erstaunlich saubere Angelegenheit.

Die Architekten dieses Handelssystems wussten, dass sie etwas Flexibilität einbauen mussten, um es politisch überlebensfähig zu machen. Insofern wurde den Regierungen das Recht eingeräumt, unter gewissen Umständen Zölle zu verhängen – um Branchen Zeit zu geben, sich auf eine Flut an Importen einzustellen, um auf unfaires Gebaren ausländischer Handelspartner reagieren zu können und um die nationale Sicherheit zu schützen. Die Befugnis, diese Sonderzölle zu verhängen, stand man in den USA der Exekutive zu, in der stillschweigenden Übereinkunft, dass diese Macht wohldosiert und vernünftig anzuwenden sei.

Dann kam Trump.

Bislang hat Trump Zölle auf US-Importe im Wert von ungefähr 300 Milliarden Dollar verhängt und die Zölle sollen teilweise auf bis zu 25 Prozent ansteigen. Trump und seine Staatsdiener behaupten zwar, die Zölle würden Ausländer treffen, aber in Wahrheit handelt es sich um eine Steuererhöhung für Amerika. Und da die meisten Zölle Rohstoffe und sonstige Betriebsmittel betreffen, wird die Politik vermutlich eine abschreckende Wirkung auf Investitionen und Innovationen haben.

Aber die rein wirtschaftlichen Folgen sind nur ein Teilaspekt, ein weiterer Aspekt ist die Pervertierung des Prozesses. Es gibt Regeln, die vorgeben, wann ein Präsident Zölle verhängen darf. Trump hat sich (gerade so) an den Wortlaut dieser Regeln gehalten, doch aus dem dahinterstehenden Geist hat er eine Parodie gemacht. Im Namen der nationalen Sicherheit werden Einfuhren aus Kanada blockiert. Echt jetzt?

Selbst die große China-Ankündigung, die doch angeblich eine Reaktion auf unfaire Praktiken Chinas darstellt, war im Grunde bloß ein abgekartetes Spiel. China verhält sich im globalen Handel häufig nicht korrekt, aber diese Art Vergeltungszoll soll eine Antwort auf eine bestimmte Politik sein und der betroffenen Regierung einen klaren Weg bieten, die Forderungen der USA zu erfüllen. Dass Trump losschlug, hat hingegen vor allem mit einem vagen Gefühl zu tun, es herrsche ein Missstand. Ein Szenario für einen Abschluss ist jedenfalls nicht in Sicht.

Anders gesagt: Wenn es um Zölle geht, hat Trump wie bei so vielen anderen Dingen auch die Rechtsstaatlichkeit mehr oder weniger abgeschafft und durch seine eigenen Launen ersetzt. Die Folgen werden in mehrfacher Hinsicht schlimm sein.

Zunächst einmal wird der altbekannten Korruption Tür und Tor geöffnet. Wie bereits gesagt, betreffen die meisten Zölle Betriebsmittel – und einige Unternehmen erhalten eine Sonderbehandlung. So gibt es jetzt beträchtliche Zölle auf importierten Stahl, aber einige Verbraucher – darunter die amerikanische Tochter eines mit Sanktionen belegten russischen Konzerns – erhielten die Erlaubnis, Stahl zollfrei einzuführen. (Die Ausnahmeregelung für die russische Tochter wurde aufgehoben, nachdem sie bekannt wurde. Es habe sich um einen „Verwaltungsfehler" gehandelt, hieß es von öffentlicher Seite.) Nach welchen Kriterien werden diese Ausnahmen also vergeben? Niemand weiß es, aber es gibt reichlich Grund zur Annahme, dass hier ungebremste politische Günstlingswirtschaft am Werk ist.

Davon abgesehen hat Amerika seine Glaubwürdigkeit als Verhandlungspartner verspielt. Wenn früher ein Land eine Handelsvereinbarung mit den Vereinigten Staaten einging, dann geschah das in dem Glauben, dass eine Abmachung eine Abmachung sei. Jetzt weiß unser

Gegenüber, dass die USA noch so viele Verträge unterschreiben können, die vermeintlich Zugang zu ihrem Markt gewähren, dass diese Zusagen aber nichts wert sind, weil der Präsident die Exporte aus fadenscheinigen Gründen heraus einfach blockieren kann, wann immer ihm danach ist.

Kurzum: Trumps Zölle mögen (noch) keine große Nummer sein, aber schon jetzt haben sie aus uns einen unzuverlässigen Partner gemacht, eine Nation, deren Handelspolitik von politischem Klüngel bestimmt wird und die, wann immer es ihr in den Kram passt, ihre Versprechen brechen wird. Ich kann nicht sehen, wie das Amerika wieder groß machen wird.

12

UNGLEICHHEIT

AMERIKA IN SCHIEFLAGE

Ich bin in einer Mittelklassegesellschaft groß geworden. Egalitär war sie gewiss nicht, auf keinen Fall. Die CEOs großer Konzerne verdienten im Schnitt etwa 20-mal so viel wie der durchschnittliche Arbeiter. Dennoch herrschte gemeinhin das Gefühl, dass bis auf eine sehr kleine Handvoll Menschen alle anderen im selben materiellen Universum lebten.

Das stimmt heutzutage so nicht mehr. CEOs erhalten inzwischen mehr als das 300-Fache dessen, was der durchschnittliche Arbeiter erhält. Auch andere Gruppen mit hohen Einkommen haben gewaltige Zugewinne erfahren, während die Löhne gewöhnlicher Arbeiter in den vergangenen vier Jahrzehnten inflationsbereinigt bescheiden oder gleich überhaupt nicht gewachsen sind.

Dass Amerika in Schieflage geraten würde – dass sich also ein wachsender Anteil der Einkommen in einer kleinen Elite konzentriert –, zeichnete sich bereits Ende der 1980er-Jahre deutlich ab. Viele Beobachter, darunter auch ich, hielten dies für eine schlechte Entwicklung. Es bedeutete nicht nur, dass gewöhnliche Familien nicht am wirtschaftlichen Fortschritt partizipieren konnten, nein, wir verloren auch das Gefühl, in einer gemeinsamen Gesellschaft zu leben. Man hätte also erwarten können, dass ernsthafte Debatten geführt werden würden zu der Frage, welche Kräfte zum Anstieg der Ungleichheit beitragen und was sich, wenn überhaupt, zur Umkehr dieses Trends beitragen lässt.

Tatsächlich wurde viel ernsthafte wissenschaftliche Arbeit zu den Gründen und Folgen der Ungleichheit geleistet – beispielsweise aktuell von meinen Kollegen am CUNY's Stone Center for the Study of Socioeconomic Inequality, wo ich dieser Tage arbeite.

Aber wie nicht anders zu erwarten, gab es auch eine Invasion der Zombies. Denn hat man erst einmal eingeräumt, dass die Ungleichheit in der Tat gewaltig zugenommen hat, dann kommt als Nächstes womöglich jemand daher und fordert, dass wir etwas dagegen unternehmen. Das hat dazu geführt, dass es praktisch von Anfang an eine Art „Ungleichheitsleugner-Industrie" gab (die nicht nur oberflächlich Ähnlichkeiten mit der Industrie der Klimawandelleugner aufweist). Wahlweise behauptete sie, dass die Ungleichheit überhaupt nicht zunehmen würde oder dass diese Entwicklung nicht von Belang sei. Mit diesen Behauptungen befasse ich mich im ersten Artikel in diesem Abschnitt, einem Artikel, der 1992 in *The American Prospect* veröffentlicht wurde. Es dürfte Sie kaum überraschen, dass die Argumente, die ich vor all den Jahren entkräftet habe, dennoch unverdrossen bis zum heutigen Tag ins Feld geführt werden.

Ein anderes, subtileres Problem hat viele Jahre lang die Debatten zum Thema Ungleichheit geplagt und dieses Problem hat mit drei weitverbreiteten Irrtümern zu tun. Der erste Irrtum: Die steigende Ungleichheit hat vor allem damit zu tun, dass gut qualifizierte Arbeitnehmer besser abschneiden als die weniger gut qualifizierten. Es geht gar nicht darum, dass eine kleine Untergruppe gut Ausgebildeter sich vom restlichen Feld absetzt. Mit diesem Thema befasse ich mich in „Graduierte gegen Oligarchen".

Der zweite Irrtum ist die hartnäckige – und nicht immer in guter Absicht vorgetragene – Behauptung, der schwindende Wohlstand der Arbeiter spiegele soziale Probleme wie den Verfall familiärer Werte wider. In „Geld und Moral" argumentiere ich, dass es genau andersherum ist – die Symptome des sozialen Abstiegs, den wir in Amerikas Arbeiterklasse beobachten, sind nicht die Ursache, sondern das Ergebnis schwindender Möglichkeiten.

Der dritte Irrtum besagt: „Es hat alles mit Technologie zu tun, mit dem Aufstieg der wissensbasierten Industrie, die nach hoch qualifizierten Arbeitern verlangt, oder damit, dass Roboter insgesamt den Menschen vom Arbeitsplatz verdrängen." Im Prinzip könnte das zutreffen. Aber wie ich in „Gebt nicht Robotern die Schuld an niedrigen Löhnen" argumentiere, sprechen die Fakten dafür, dass Technologie deutlich weniger mit wachsender Ungleichheit zu tun hat, als es viele gern denken würden, und dass Machtverhältnisse von großer Bedeutung sind.

Und schließlich war das Zeitalter der zunehmenden Schieflage auch ein Zeitalter, in dem sich regionale Unterschiede verstärkten. Nach einer Phase, in der die ärmeren Landstriche Amerikas zu den reicheren aufzuschließen begannen, rutschen sie nun wieder ab. Zufällig handelt es sich dabei auch um Gebiete, in denen Donald Trump sehr viel Zulauf erhielt. Der letzte Artikel in diesem Abschnitt befasst sich mit den Ursachen und den Folgen des regionalen Auseinanderdriftens.

DIE REICHEN, DIE RECHTEN UND DIE FAKTEN

Eine Dekonstruktion der Debatte zur Verteilung der Einkommen

The American Prospect

Herbst 1992

Mitte der 1980er-Jahre bemerkten Ökonomen, dass sich die Verteilung der Einkommen in den Vereinigten Staaten auf eine unerwartete Art und Weise veränderte. Drei Jahrzehnte lang war die Einkommensverteilung relativ stabil geblieben, doch nun entwickelten sich Löhne und Gehälter rasch immer ungleicher. Schon bald diskutierten Akademiker leidenschaftlich, was diese wachsende Ungleichheit verursachte: War es der globale Wettbewerb, die Regierungspolitik, technischer Wandel oder ein anderer Faktor? In einem Punkt waren sich jedoch alle einig, egal welchem politischen Lager sie sich zurechneten: Die Einkommensverteilung hatte sich in der Tat auf dramatische Weise verändert.

1992 wurde aus dieser vornehmen akademischen Diskussion eine öffentliche Debatte, die auf den Seiten der *New York Times*, des *Wall Street Journal* und ausgesuchter populärer Magazine ausgetragen wurde. In zweierlei Hinsicht war diese öffentliche Debatte bemerkenswert: Zum einen legte das konservative Lager eine wilde Entschlossenheit an den Tag, wenn es darum ging, die eigenen Argumente vorzutragen und die Gegenseite anzugreifen. Zum anderen verlegten sich die Konservativen auf einen ungewöhnlichen und letztlich nicht haltbaren Standpunkt. Die Konservativen hätten der Gruppe derer, die die Aufmerksamkeit auf die wachsende Ungleichheit der Einkommen lenken wollte, legitim entgegnen können, dass man gegen diese Entwicklung nichts tun könne oder sollte. Doch stattdessen entschlossen sie sich fast einmütig, sich auf die Faktenlage zu versteifen und zu behaupten, die gewaltige Zunahme der Ungleichheit sei so gar nicht geschehen. Doch weil sie die Fakten nicht auf ihrer Seite hatten, waren die Konservativen gezwungen, Zuflucht in einigen außerordentlichen statistischen Verrenkungen zu suchen.

Diese Geschichte lehrt uns zweierlei. Zum einen ist sie ein Musterbeispiel dafür, wie man Statistiken verwendet und missbraucht. In diesem Artikel geht es um diese Lektion, darum, wie Konservative versuchten, das Bild zu verzerren, und warum sie falschlagen. Aber die Kombination aus Verlogenheit und blanker Inkompetenz, die das *Wall Street Journal*, das US-Finanzministerium und eine Reihe angeblicher „Fachleute" für Wirtschaftsfragen an den Tag gelegt haben, zeigt etwas anderes: wie stark der amerikanische Konservativismus moralisch und intellektuell im Abstieg begriffen ist.

Ich beginne mit einem Blick auf die Eckdaten, gefolgt von einer Bewertung der drei Angriffe, die Konservative auf die einfachen Fakten zur wachsenden Ungleichheit gefahren haben: (1) Bemühungen, durch eine Mischung konfuser statistischer Argumente die Fakten zu leugnen; (2) Behauptungen, das Wachstum der Reagan-Jahre mache eine vermeintliche Zunahme der Ungleichheit (mehr als) wett; (3) Behauptungen, Einkommensmobilität mache Vergleiche der Einkommensverteilung ab einem bestimmten Zeitpunkt bedeutungslos. Im letzten Abschnitt versuche ich, die gesamte Debatte in eine bestimmte Blickrichtung zu lenken.

EINIGE GRUNDLEGENDE FAKTEN

Beweise für eine Zunahme der Ungleichheit bei den Einkommen in den Vereinigten Staaten finden sich bei einigen nicht offiziellen Quellen. Das Magazin *Fortune* beispielsweise führt seit Langem eine jährliche Umfrage zu Managergehältern durch. Danach ist seit Mitte der 1970er-Jahre die Vergütung der Führungskräfte deutlich rascher angestiegen als die durchschnittlichen oder üblichen Gehälter. Sehr unterhaltsam legt

Graef Crystal diese Entwicklung in seinem Buch *In Search of Excess* dar. Umfragen der Universität Michigan werfen ebenfalls ein nützliches Licht auf die Verteilung von Einkommen, speziell der Dynamik von Einkommen im Laufe der Zeit. Und dann gibt es auch noch anekdotische Hinweise: Als Tom Wolfe über die explodierende Nachfrage nach Wohnungen in Manhattans „schönen Gebäuden“ schrieb, hatten Akademiker noch lange nicht begonnen, die zunehmende Ballung von Wohlstand ernst zu nehmen. Tatsächlich könnte man sagen, dass Wolfes *Bonfire of Vanities* (dt. Titel: *Fegefeuer der Eitelkeiten*, Kindler, 1988) einem alles an die Hand gibt, was man über das Thema wissen muss.

WAS DER ZENSUS ZEIGT

Die meisten akademischen Studien zur Einkommensverteilung in den Vereinigten Staaten arbeiten mit Daten aus Volkszählungen, erstellt aus der Current Population Survey. [Anm. d. Übers.: Für die Current Population Survey befragt das zum Arbeitsministerium gehörende Bureau of Census monatlich um die 60.000 amerikanischen Haushalte.] Diese Daten weisen gewisse Beschränkungen auf, zu denen ich gleich kommen werde. Aber als Ausgangspunkt besitzen die Zensuszahlen einen großen Vorteil – sie sind unstrittig. Bei allem, was während der Debatten über die Einkommensverteilung an Schlamm geworfen wurde, hat doch bislang niemand die Zensuszahlen als parteiisch oder verzerrt darzustellen versucht (was nicht ist, kann ja noch werden). Tabelle 1 zeigt ein Bild, das sich allen einbrennen sollte, die über Trends in der US-Wirtschaft seit den 1970er-Jahren nachdenken. Die Tabelle zeigt die Wachstumsrate an ausgewählten Punkten innerhalb der Einkommensverteilung über mehrere unterschiedliche Zeiträume hinweg.

Perzentil/Zeitraum		Jährlicher Anstieg in Prozent (zur nächsten Nachkommastelle gerundet)
20	1947–73	2,6 Prozent
	1973–79	0,4
	1979–89	-0,3
40	1947–73	2,7
	1973–79	0,4
	1979–89	0,3
60	1947–73	2,8
	1973–79	0,7
	1979–89	0,6
80	1947–73	2,7
	1973–79	0,6
	1979–89	1,1
95	1947–73	2,5
	1973–79	1,1
	1979–89	1,6

TABELLE 1: VERTEILUNG DER EINKOMMENSGEWINNE, 1947–1989
Quelle: U.S. Census Bureau

Die Einkommensverteilung wird in Perzentilen gemessen. Die erste Reihe beispielsweise zeigt, wie stark das Einkommen von Familien in der 20. Perzentile (der Spitze des untersten Quintils) zugenommen hat. Indem man den Bereich von 20 bis 95 Perzentilen betrachtet, schließt man die wirklichen Extreme aus. Einige sehr wichtige Entwicklungen bleiben auf diese Weise außen vor, insbesondere an der Spitze. Dennoch liefert uns dieses Bild einen nützlichen Ausgangswert.

Die ausgewählten Zeiträume sind 1947 bis 1973, 1973 bis 1979 und 1979 bis 1989. Der erste Abschnitt ist die Zeit, die Alice Rivlin als „die guten Jahre“ bezeichnete – die große Nachkriegsboom-Generation. [Anm. d. Übers.: Rivlin übernahm 1975 die Leitung des neu gegründeten Haushaltsbüros des Kongresses, CBO, und führte unter Präsident Clinton das Office of Management and Budget.] Die anderen beiden Phasen umfassen die 1970er-Jahre, den Zeitraum von 1973, als der Konjunkturzyklus seinen Zenit erreichte, bis 1979 und die 1980er-Jahre, vom Höhepunkt des Konjunkturzyklus 1979 bis zum nächsten Höhepunkt im Jahr 1989.

Was können wir aus diesen Zahlen ablesen? Erstens: Die Zahlen für 1947 bis 1973 zeigen, wie realer, breit gestreuter Wohlstand aussieht. Über diesen Zeitraum hinweg wuchsen die Einkommen aller Gruppen in etwa demselben raschen Tempo, nämlich um mehr als 2,5 Prozent jährlich. Zwischen 1973 und 1979 hatte es die Wirtschaft mit einem langsamen Produktivitätswachstum und den Ölschocks zu tun. In dieser Zeit wuchsen die Einkommen weniger schnell und zugleich weniger gleichmäßig verteilt. Und nach 1979 bildete sich ein neues Muster heraus – grundsätzlich wuchsen die Einkommen langsamer, aber es entwickelte sich eine starke Schieflage in der Verteilung, denn die Einkommen am oberen Ende der Verteilungspyramide stiegen deutlich schneller an als in der Mitte und am unteren Ende fielen sie sogar.

In einigen der konservativen Kritiken, auf die ich nachfolgend eingehen möchte, behaupten die Apologeten, die 1980er-Jahre würden einen normalen Prozess darstellen und an der zunehmenden Ungleichheit sei nichts Ungewöhnliches oder Beunruhigendes. Wenn die Diskussion im weiteren Verlauf ein wenig kompliziert wird, ist es nützlich, sich das einfache Bild aus Abbildung 1 ins Gedächtnis zu rufen: „Gutes" Wachstum sieht wie ein typischer amerikanischer Gartenzaun aus. In den 1980er-Jahren ähnelte das Wachstum einer Treppe und auf der obersten Stufe stehen die Wohlhabenden.

DIE CBO-ZAHLEN

Die Zensuszahlen in Abbildung 1 sprechen eine ziemlich deutliche Sprache, dennoch ist es seit einiger Zeit offenkundig, dass die Geschichte nicht vollständig ist, denn die Zugewinne unter den Familien mit sehr hohen Einkommen werden nicht ausreichend abgebildet. Will man Familien mit sehr hohen Einkommen studieren, sind die Zensusdaten nicht sonderlich nützlich. Dafür gibt es einen wichtigen und einen weniger wichtigen Grund. Das Hauptproblem ist das obskure technische Problem des Top-Coding. Die Current Population Survey fragt in ihrem Fragebogen nicht das präzise Einkommen ab, stattdessen sollen sich die Familien in eine bestimmte Kategorie einordnen, von denen die höchste „größer als x“ ist. x sind aktuell 250.000 Dollar. Das bedeutet natürlich, dass die Zensusdaten keine Informationen darüber enthalten, wie sich das Vermögen jener Familien entwickelt, deren Einkommen oberhalb jener höchsten Zahl liegen. Das kleinere Problem besteht darin, dass die Zensusdaten eine Einkommensquelle nicht berücksichtigen, die bei Familien mit hohen Einkommen eine wichtige Rolle spielt: Kapitalgewinne.

Eben weil die Zensusdaten schwach sind, wenn es um die sehr hohen Einkommen geht, schauen diejenigen, die diese Daten nutzen, normalerweise nicht höher als bis zum 95. Perzentil, also dem unteren Ende der obersten fünf Prozent. Im Zeitraum 1947 bis 1973, als das Einkommen aller in ähnlichem Tempo zunahm, war die Schwäche der Daten für den obersten Bereich nicht von großem Belang. Während der 1980er-Jahre allerdings wurde offenkundig, dass bei denjenigen Familien, die sehr wohlhabend waren, die Einkommen sogar rascher anstiegen als beim 95. Perzentil.

Das hätte man allein schon anhand von Abbildung 1 vermuten können. Die verfügbaren Zahlen zeigen, dass die Zugewinne immer größer werden, je weiter oben in der Einkommensverteilung man schaut, insofern liegt die Schlussfolgerung nahe, dass dasselbe für die Daten gilt, die nicht verfügbar sind. Man kann davon ausgehen, dass auch innerhalb der obersten fünf Prozent die Ungleichheit zugenommen hat und beispielsweise das 99. Perzentil ein größeres Wachstum verzeichnete als das 95.

Auch weniger förmliche Indizien lassen die Vermutung zu, dass ganz oben die Einkommen besonders schnell wachsen. Graef Crystals Zahlen zur Vergütung von Führungskräften sprechen dafür, dass sich die Vergütung von CEOs im Vergleich zu gewöhnlichen Arbeitnehmern verdreifacht hat, und praktisch jeder gesellschaftliche Beobachter Anzeichen für eine Explosion des Wohlstands an der Spitze beobachten konnte. Was fehlte, waren harte statistische Fakten.

Diese Lücke schließt das Haushaltbüro des Kongresses (CBO). Das CBO wurde vom Ways and Means Committee des Repräsentantenhauses damit beauftragt, eine Schätzung zu Veränderungen bei der Inzidenz von Bundessteuern zu erstellen und die begleitenden Anhänge des „Green Books“ zu liefern, dem voluminösen Werk, das der Ausschuss jährlich veröffentlicht. Für diese Aufgabe hat das CBO ein Modell entwickelt, in das Zensusdaten und Daten der Finanzbehörde IRS einfließen. Auf diese Weise kann das Haushaltsbüro gleichzeitig das Top-Coding-Problem umgehen und die steuerpflichtigen Kapitalgewinne berücksichtigen.

Tabelle 2 zeigt die CBO-Schätzungen zu Einkommensgewinnen unterschiedlicher Teile der Einkommensverteilung für den Zeitraum 1977 bis 1989. (Im Idealfall würden wir 1979 bis 1989 verwenden, aber aus Gründen, die mit dem ursprünglichen Auftrag zu tun haben, sich auf die Steuerinzidenz zu konzentrieren, hat das CBO für 1979 keine Schätzung erstellt.) Hier werden die Daten ein klein wenig anders als in Abbildung 1 präsentiert. Wir bekommen zu sehen, wie sich beispielsweise das durchschnittliche Einkommen von Familien im unteren Quintil verändert hat und nicht das Einkommen der einzelnen Familie im oberen Bereich dieses Quintils. Die Veränderung wird zudem als prozentualer Wert für den gesamten Zeitraum angegeben und nicht als jährliche Veränderung. Aber das Bild ist eindeutig: Es gab ganz oben wahrlich gewaltige Einkommenssteigerungen. Insbesondere beim obersten einen Prozent der Familien hat sich das Einkommen über einen Zeitraum von zwölf Jahren hinweg in etwa verdoppelt. Das entspricht einem Wachstum von sechs Prozent, was bedeutet, dass die 1980er-Jahre für die sehr wohlhabenden Menschen ein wirklich gutes Jahrzehnt waren – nicht nur im Vergleich zu dem langsameren Wachstum in den unteren Bereichen der Verteilung, sondern sogar im Vergleich zu den Boomjahren nach dem Krieg.

Perzentil	Prozentuale Zunahme, 1977–89
0–20	-9 Prozent
20–40	-2
60–80	8
80–90	13
90–95	18
95–99	24
100	103

TABELLE 2: STEIGERUNGEN DES EINKOMMENS, 1977–1989
Quelle: U.S. Census Bureau, ohne Angabe zum Perzentil 40–60

Die CBO-Zahlen weisen auf einen anderen wichtigen Punkt hin, nämlich, wie wohlhabend die Wohlhabenden tatsächlich sind. Die Konservativen erzählen noch immer gern die Geschichte, dass die sogenannten Reichen in Wirklichkeit gar nicht so reich seien. Sie verweisen häufig darauf, dass den Zensuszahlen zufolge im Jahr 1989 ein Einkommen von gerade einmal 59.550 Dollar ausreichte, damit eine Familie zum obersten Quintil gehörte, und ein Einkommen von nur 98.963 Dollar für die obersten fünf Prozent. Hier wird angedeutet, dass wir im Grunde eine Mittelstandsgesellschaft sind und es nur eine unbedeutende Handvoll Menschen gibt, die so reich ist, dass man sich bei ihnen theoretisch über unrechtmäßig erworbene Gewinne aufregen könnte.

Die CBO-Zahlen jedoch ergeben ein anderes Bild, denn sie erlauben einen Blick auf einen weiter oben liegenden Bereich der Skala. Um im obersten Prozent eingeordnet zu werden, benötigte eine vierköpfige Familie dem CBO zufolge ein Vorsteuereinkommen von mindestens 330.000 Dollar (in Dollar von 1993). Das durchschnittliche Einkommen von Vierpersonenhaushalten im obersten einen Prozent betrug etwa 800.000 Dollar. Wir reden hier nicht länger über Mittelstand.

DIE „KRUGMAN-RECHNUNG"

Es ist erstaunlich, dass die Einkommen an der Spitze der amerikanischen Einkommensverteilung dermaßen in die Höhe geschossen sind, aber ist es auch wichtig? Bis vor Kurzem vertraten die meisten Ökonomen die Ansicht, dass es nicht von Belang sei. Zunehmende Armut mochte ein wichtiges soziales Thema sein, aber der Umstand, dass einige Leute sehr reich sind, war nicht mehr als eine soziale Kuriosität.

Mein eigener Beitrag zu dieser Diskussion bestand darin, darauf hinzuweisen, dass es das Gefühl gibt, die Zunahme der größten Einkommen sei in Wahrheit ein Wirtschaftsthema von enormer Bedeutung, außerdem bot ich eine einfache Methode an, um diesen Punkt zu verdeutlichen: die mittlerweile berühmt-berüchtigte „Krugman-Rechnung", wonach vom Anstieg des durchschnittlichen Familieneinkommens 70 Prozent in den Taschen des obersten einen Prozents gelandet sind.

Erinnern wir uns: Während der 1980er-Jahre wuchsen die durchschnittlichen Einkommen nur sehr langsam. Ein Beispiel: Selbst wenn wir einen revidierten Verbraucherpreisindex verwenden, der eine niedrigere Inflationsrate als der Standardindex ausweist, kommt man zu dem Schluss, dass das mittlere Familieneinkommen – das Einkommen der Familie am mittleren Punkt der Einkommensverteilung – 1989 nur 4,2 Prozent höher lag als 1979. Das bedeutet, das mediane Familieneinkommen wuchs im Jahresschnitt nur um etwa 0,4 Prozent. Und alle Indikatoren zeigen für die 1980er-Jahre einen Rückgang der Reallöhne typischer Arbeitnehmer.

Dass aufgrund des langsameren Wachstums der Produktivität die Einkommen in den USA langsamer ansteigen würden als in den guten Jahren vor 1973, war zu erwarten. Betrug das Produktivitätswachstum in der amerikanischen Wirtschaft während des Nachkriegsbooms um die drei Prozent im Jahr, lag es nach 1973 bei etwa einem Prozent. Und gewöhnlicherweise bestimmt das Produktivitätswachstum, wie stark die Reallöhne ansteigen.

Die Produktivität mag langsam wachsen, das heißt aber nicht, dass dieses Wachstum unerheblich sei. Wir sind heutzutage eine deutlich produktivere Nation, als es 1979 der Fall war. Warum also steht die durchschnittliche Familie nicht deutlich besser da? Wohin ist das Produktivitätswachstum verschwunden?

Die unmittelbare Antwort lautet, dass das Durchschnittseinkommen gegenüber dem medianen Einkommen gestiegen ist. Tabelle 3 zeigt das durchschnittliche im Vergleich zum medianen Familieneinkommen für die Jahre 1979 bis 1990. Man sieht, dass zwischen 1979 und 1989 das durchschnittliche Familieneinkommen um elf Prozent anstieg, also ziemlich genau in dem Maß, das man bei einem Prozent Produktivitätswachstum erwartet hätte. Die Berechnungsmethode stimmt also.

1979	Durchschnitt	100
	Median	100
1980	Durchschnitt	97
	Median	97
1981	Durchschnitt	95
	Median	94
1982	Durchschnitt	95
	Median	93
1983	Durchschnitt	96
	Median	94
1984	Durchschnitt	99
	Median	96
1985	Durchschnitt	102
	Median	97
1986	Durchschnitt	106
	Median	102
1987	Durchschnitt	107
	Median	103
1988	Durchschnitt	108
	Median	103
1989	Durchschnitt	111
	Median	104
1990	Durchschnitt	108
	Median	102

TABELLE 3: DURCHSCHNITTLICHES EINKOMMEN IM VERGLEICH ZUM MEDIANEN EINKOMMEN, 1979–1990
Quelle: U.S. Census Bureau

Mit Blick auf Tabelle 1 und Tabelle 2 sollte der Anstieg des durchschnittlichen Einkommens im Vergleich zum medianen Einkommen keine Überraschung sein. Genau das ist zu erwarten, wenn sich bei den Einkommen eine Schieflage herausbildet, denn wenn die Einkommen an der Spitze der Skala rascher wachsen als der Durchschnitt, müssen die Einkommen weiter unten entsprechend weniger rasch wachsen als der Durchschnitt. Arithmetisch betrachtet könnte man sagen, dass der Großteil des Produktivitätswachstums von den Gruppen mit hohen Einkommen „abgeschöpft" wurde und nur wenig Raum für Einkommenswachstum in den daruntergelegenen Rängen blieb. Ich betone, dass es sich hier nur um einen arithmetischen Punkt handelt, der rein gar nichts über die wirtschaftlichen Kräfte aussagt, die hier am Wirken sind, und überhaupt nichts darüber, ob etwas anderes hätte geschehen können oder sollen.

Wenn ich sage, Wachstum sei von den Familien mit hohem Einkommen „abgeschöpft" worden, wen genau meine ich damit? Reden wir über das Lehrer-Ehepaar, dessen 65.000 Dollar Einkommen für das oberste Quintil ausreicht? Oder reden wir über Donald Trump?

Tabelle 2 sollte Ihnen deutlich gemacht haben, dass wir nicht über diese Lehrer sprechen. Die wirklich großen Zugewinne wurden nicht am unteren Ende des obersten Quintils beobachtet, sondern an der Spitze. Tatsächlich ist den Zahlen des CBO zufolge der Anteil des Nachsteuereinkommens, der zwischen 1977 und 1989 auf Familien zwischen dem 81. und dem 90. Perzentil entfiel, leicht rückläufig. Das Abschöpfen bezieht sich also auf Familien in den obersten fünf oder zehn Prozent. Und Tabelle 2 lässt den Schluss zu, dass der Großteil auf das oberste eine Prozent entfällt.

Um das richtig einzuordnen zu können – und ehrlich gesagt auch, um die Aufmerksamkeit auf einen Trend zu lenken, der aus meiner Sicht bislang vernachlässigt wurde –, regte ich folgendes Gedankenexperiment an: Stellen wir uns zwei Dörfer vor, jedes mit 100 Familien, die die Perzentile der Verteilung der Familieneinkommen in einem bestimmten Jahr darstellen, nämlich ein Dorf 1977 und ein Dorf 1989. Den Zahlen des CBO zufolge ist das Gesamteinkommen von Dorf 1989 etwa zehn Prozent größer als das von Dorf 1977, aber es trifft nicht zu, dass sich die gesamte Verteilung um zehn Prozent nach oben verschoben hätte. Tatsächlich besitzt die reichste Familie in Dorf 1989 ein doppelt so hohes Einkommen wie die reichste Familie in Dorf 1977, während die unteren 40 Familien in Dorf 1989 tatsächlich ein geringeres Einkommen als ihre Gegenparts aus Dorf 1977 haben.

Stellen wir uns nun die Frage: Wie viel von diesem Unterschied bei den Einkommen der beiden Dörfer lässt sich auf den Unterschied bei den Einkommen der reichsten Familien zurückführen? Oder: Wie viel vom Anstieg des durchschnittlichen Einkommens amerikanischer Familien geht auf das oberste eine Prozent der Familien zurück? Durch diese Betrachtungsweise erhalten wir einen Eindruck davon, wer das Wachstum beim Durchschnittseinkommen „abgeschöpft" hat, während das mediane Einkommen nur so wenig angestiegen ist.

Die Antwort ist ausgesprochen verblüffend: Vom Anstieg des durchschnittlichen Familieneinkommens entfielen 70 Prozent auf das oberste eine Prozent.

Was sagt uns das? Seit den 1970er-Jahren kann das mediane Einkommen nicht mehr mit dem durchschnittlichen Einkommen Schritt halten. Oder anders gesagt: Trotz steigender Produktivität ist für die typische amerikanische Familie wenig Gewinn abgefallen. Wenn wir also über Familien mit „hohem Einkommen" reden, dann meinen wir richtig hohes Einkommen, nicht Feld-Wald-und-Wiesen-Yuppies, sondern die „Herren des Universums" von Tom Wolfe.

Vermögensverteilung: Vermögen – die Vermögenswerte im Besitz einer Familie – und Einkommen sind zwar miteinander verwandt, aber es handelt sich um unterschiedliche Dinge. Vermögen ist üblicherweise deutlich stärker konzentriert als Einkommen, aktuellen Schätzungen zufolge entfallen auf das eine Prozent der Familien mit den größten Einkommen etwa zwölf Prozent des gesamten Vorsteuereinkommens und das wohlhabendste Prozent der Familien besitzt rund 37 Prozent des Nettovermögens. Eben weil das Vermögen so stark konzentriert ist, lässt es sich durch stichprobenartige Erhebungen nur schwer messen. Bei einer zufälligen Befragung einiger weniger Hundert oder sogar einiger Tausend Personen wird nur eine Handvoll wirklich vermögender Personen darunter sein. Wissenschaftler des Federal Reserve Board haben versucht, dieses Problem mithilfe ausgeklügelter Stichprobenverfahren in den Griff zu bekommen. Für geraume Zeit ergaben ihre Befragungen, dass im Vergleich zur Einkommensverteilung das durchschnittliche Vermögen deutlich schneller wächst als der Medianwert – ein klares Signal zunehmender Ungleichheit. Im März 1992 veröffentlichten die Wissenschaftler ein Arbeitspapier, in dem sie sogar eine deutliche Zunahme der Vermögenskonzentration seit 1983 aufzeigten. Der Anteil, den das oberste Prozent der Familien besaß, stieg demnach von 31 auf 37 Prozent.

Vor Kurzem haben mehrere akademische Forscher (Claudia Goldin und Brad DeLong aus Harvard und Edward Wolff von der Universität New York) langfristige historische Schätzungen zur Vermögensverteilung veröffentlicht. Sie sind überzeugt, dass die Vermögenskonzentration in den USA Ende der 1970er-Jahre auf ein Niveau gefallen war, das man in diesem Land seit dem 19. Jahrhundert nicht beobachtet hatte, dass dann rasch aber wieder das Niveau der 1920er-Jahre erreicht wurde. Der Punkt dabei: Die Zahlen zum Vermögen passen zum allgemeinen Bild eines dramatischen und raschen Anstiegs der wirtschaftlichen Ungleichheit in den USA.

POLITISCHE AUSWIRKUNGEN

Eine zunehmende Ungleichheit muss sich nicht zwingend politisch auswirken. Selbst wenn man unter sonst gleichen Bedingungen eine gleichmäßigere Verteilung anstreben würde (und selbst für dieses Ziel besteht keine umfassende Einigkeit), wie sollten wir in so einem Fall vorgehen? In Amerika würden aktuell nur wenige Personen einer Politik der Lohn- und Gehaltskontrollen zustimmen (auch wenn Claudia Goldin darauf hinweist, dass die Lohnsteuerungen des Zweiten Weltkriegs langfristig das Lohngefälle verringert zu haben scheinen). Die zunehmende Ungleichheit könnte als Argument dafür dienen, die Progressivität des Steuersystems zumindest in Teilen wiederherzustellen, aber die Zunahme bei der Ungleichheit geht größtenteils auf Veränderungen beim Vorsteuereinkommen zurück, nicht auf eine regressive Steuerpolitik. Ein aufrichtiger Konservativer wie Herbert Stein ist bereit zu erklären: „Ja, die Ungleichheit hat zugenommen, aber ich denke nicht, dass das eine Antwort der Politik erfordert."

Dennoch reagierten viele Konservative aufgebracht, als Anfang 1992 die Geschichte über die Einkommensverteilung publik wurde. Vor allem die Herausgeber des *Wall Street Journal* und die Regierung Bush sahen rot.

Der Grund hierfür war ziemlich naheliegend: Befürworter von Steuersenkungen zur Ankurbelung der Wirtschaft wie Robert Bartley, der beim *Wall Street Journal* für die Kommentarseite verantwortlich ist, sehen in dem, was sie als gewaltigen wirtschaftlichen Erfolg der Reagan-Jahre erachten, die Bestätigung ihrer Ideologie. Die Behauptung, dass diese Jahre für die meisten Menschen nicht sonderlich erfolgreich verlaufen sind und die meisten Gewinne von einigen wenigen wohlhabenden Familien eingestrichen wurden, kommt einem politischen Todesstoß gleich. Und dass im Frühjahr 1992 mit einiger Verspätung dem Thema Ungleichheit viel Aufmerksamkeit gewidmet wurde, half Clinton tatsächlich, sich im Wahlkampf neu auszurichten und ein neues Ziel für den Volkszorn auszumachen: Die Mittelstandswähler mussten sich nicht länger über „Welfare Queens" in ihren Cadillacs aufregen, sondern man konnte ihre Empörung auf eine staatliche Politik umlenken, die die Wohlhabenden begünstigte.

Insofern waren das Entsetzen und der Zorn der Konservativen begreiflich. Die Art und Weise allerdings, wie die Regierung, das *Journal* und andere konservative Stimmen reagierten, ist unverzeihlich: Anstatt sich der Tatsache zu stellen, dass unter der Herrschaft der Konservativen die Ungleichheit rasch zugenommen hat, stritt man die Fakten ab und versuchte, den Überbringer zu erschießen.

DIE REAKTION DER KONSERVATIVEN, TEIL 1: LEUGNEN

Die Zahl der Familien

Als die *New York Times* über meine Schätzungen zu den Auswirkungen der zunehmenden Ungleichheit berichtete, bestand die erste Reaktion einer Reihe konservativer Ökonomen (darunter solche aus dem Stab des Council of Economic Advisers CEA, des Wirtschaftsrats des amerikanischen Präsidenten) darin, eine andere Rechnung aufzumachen: Welcher Anteil des Wachstums vom Gesamteinkommen und nicht des durchschnittlichen Einkommens entfiel auf das oberste Prozent? Nennen wir es die „CEA-Rechnung". Das ist eine völlig andere Zahl, denn die Zahl der Familien in den USA nahm zwischen 1977 und 1989, während die letzten Babyboomer erwachsen wurden, beträchtlich zu. Insofern ist das Gesamteinkommen gestiegen, nicht um zehn Prozent, aber um etwa 35 Prozent. Natürlich ist der Anteil, den man bei dieser viel größeren Zunahme den Reichsten zurechnen kann, ein gutes Stück geringer, nämlich 25 statt 70 Prozent. Diese Zahl wurde in Washington breit gestreut mit dem Hinweis, sie widerlege das, was die *New York Times* gemeldet hatte. Tatsächlich ist mir zu Ohren gekommen, dass ein großes Nachrichtenmagazin um ein Haar einen spöttischen Bericht über den „Patzer" der *Times* veröffentlicht hätte, aber in letzter Minute die Warnung erhielt, dass ich recht habe und der CEA falschliege.

Aber was stimmt denn nicht mit der Rechnung der CEA? Erinnern Sie sich bitte an die Fragen, die wir zu beantworten suchen. Warum ist die Produktivität beträchtlich gestiegen, aber die typische amerikanische Familie konnte ihr Einkommen nicht deutlich steigern, und wer hat die Vorteile aus der gestiegenen Produktivität eingestrichen? Denken Sie einen Moment darüber nach und Sie werden sehen, dass Zahlen zum Einkommenswachstum uns von diesen Fragen wegführen, wenn diese Zahlen das bloße Wachstum der Erwerbsbevölkerung enthalten. Sehen wir uns beispielsweise an, wie es den unteren 20 Prozent der Einkommensverteilung ergangen ist. In dem Zeitraum, den das CBO berechnet hat, fiel das durchschnittliche Einkommen dieser Familien um zehn Prozent, während ihre Zahl gleichzeitig um etwa 25 Prozent zunahm und ihr Gesamteinkommen aus diesem Grund um etwa 15 Prozent wuchs. Laut der CEA-Rechnung zählt das unterste Quintil also zu den Nutznießern des wirtschaftlichen Wachstums, obwohl das durchschnittliche Familieneinkommen dieser Gruppe geschrumpft ist!

In einem Memo, das der CEA verteilte, kommt ein hypothetisches Zahlenbeispiel vor, das zu kompliziert ist, um es hier abzubilden. Der Punkt dahinter: Sollte es einen großen Zustrom unerfahrener Arbeiter in die Erwerbsbevölkerung geben, würde die Erfahrung des medianen Arbeiters möglicherweise sinken. In so einem Fall würde ein Stagnieren des medianen Einkommens möglicherweise verdecken, dass ein Arbeiter mit einem beliebigen Grad an Erfahrung in den Genuss steigender Löhne kommt. Eine „Krugman-Rechnung" würde allerdings irrtümlich nahelegen, dass nur die sehr Wohlhabenden Zugewinne verbuchen konnten. Grundsätzlich hatte das Memo recht. Allerdings weiß jeder, der sich mit Daten zur Erwerbsbevölkerung und zu Gehältern befasst, dass die realen Fakten nicht die geringste Ähnlichkeit zu diesem ausgedachten Beispiel aufweisen. Die zunehmende Ungleichheit der Löhne stellt eine zunehmende Streuung bei den Löhnen für Arbeiter mit bestimmten Eigenschaften dar und keine Veränderung der Mischung.

Die Größe von Familien

Der nächste Punkt passt nicht hundertprozentig in dieses Schema, denn es gibt hier eine echte Meinungsverschiedenheit zwischen mir und dem Haushaltsbüro des Kongresses und letztlich macht er keinen großen Unterschied. Es geht um die Frage, wie (und ob) man damit umgehen sollte, dass die durchschnittliche Größe amerikanischer Familien schrumpft.

Wie bereits erwähnt, misst das CBO vorzugsweise nicht das bloße Familieneinkommen, sondern ein *adjusted family income* (AFI), das als Mehrfaches der Armutsgrenze gemessen wird. Dieses „bereinigte" Familieneinkommen ist schneller als das Einkommen gestiegen, denn die Familien werden kleiner. Zwischen 1977 und 1989 wuchs das AFI um 15 Prozent, während die nackten Zahlen um zehn Prozent zulegten.

Arbeitet man bei einer Krugman-Rechnung mit AFI anstelle des bloßen Einkommens, fällt das Ergebnis etwas weniger extrem aus – das oberste Prozent bekommt 44 anstelle von 70 Prozent des Zugewinns. Das ist immer noch ziemlich beeindruckend, aber ist diese Korrektur angemessen?

Das Haushaltsbüro des Kongresses nutzt gern das bereinigte Familieneinkommen, weil man es dort als besseren Maßstab für den materiellen Lebensstandard erachtet: Eine Familie mit einem Kind wird sich Dinge leisten können, die sich eine Familie mit drei Kindern bei gleichem Gehalt nicht wird leisten können. Schön und gut. Aber der Nutzen des Konzepts wird aus meiner Sicht doch arg ausgereizt, wenn die Entscheidung amerikanischer Familien, weniger Kinder zu bekommen, als Form des Einkommenswachstums erachtet wird (was würde die republikanische Parteiführung sagen?).

Tatsächlich ist in den 1980er-Jahren die Zahl der Arbeitsstunden der typischen amerikanischen Familie gestiegen. Wenn wir also fragen, warum die Familieneinkommen nicht im Gleichschritt mit der Produktivität zugenommen haben, sollten wir auf keinen Fall außer Acht lassen, dass die Familien für ihr geringes Einkommensplus härter arbeiten mussten. Die Korrektur des CBO geht in die entgegengesetzte Richtung. Oder anders formuliert: Das bereinigte Familieneinkommen hilft zu erklären, warum so viele Familien imstande sind, sich Videorekorder zu leisten, übersieht aber den Grund dafür, warum sie das Gefühl haben, schlechter dazustehen als ihre Eltern.

All das ist allerdings vergleichsweise nebensächlich. Anpassung an die Familiengröße hin oder her – die Daten belegen eine radikale Verlagerung des Einkommens hin zum obersten Prozent.

Kapitalgewinne

Mit seiner Entscheidung, in seinen Schätzungen zum Einkommen Kapitalgewinne zu berücksichtigen, hat sich das Haushaltsbüro zur Zielscheibe erbitterter Angriffe von konservativen Kommentatoren wie Paul Craig Roberts, Alan Reynolds, dem Kongressabgeordneten Richard Armey und der Kommentarseite des *Wall Street Journal* gemacht.

Ihr Vorwurf: Kapitalgewinne mitzuzählen würde das Einkommen der Reichen auf mehrfache Weise überbewerten: Einmalverkäufe würden wie regelmäßige Einnahmen behandelt; Kapitalgewinne von Vermögenswerten der Reichen würden mitgezählt, aber die nicht steuerpflichtigen Gewinne, die Mittelstandsfamilien mit ihren Häusern erzielen, würden nicht berücksichtigt; die Inflationskomponente der Kapitalgewinne würde als Einkommen gerechnet. Und alle Kommentatoren beklagen, dass die Kapitalgewinnschätzungen des CBO das Fundament der Schlussfolgerung bilden, dass es den Reichen besser als Ihnen oder mir ergangen ist.

Für jeden einzelnen dieser Kritikpunkte gibt es Antworten. Anlagenverkäufe müssen irgendwann stattfinden; Kapitalgewinne auf Häuser sind viel geringer, als es sich die Kritiker vorstellen; die Inflationskomponente ist gemeinsam mit der Inflationsrate geschrumpft, das heißt, die Geschwindigkeit, mit der Einkommen an der Spitze gewachsen sind, ist womöglich sogar noch untertrieben abgebildet. Der zentrale Punkt ist jedoch ein anderer: Ob man die Kapitalgewinne in die Zahlen des Haushaltsbüros einfließen lässt oder nicht, macht keinen wirklichen Unterschied. Sind die Kapitalgewinne berücksichtigt, ist dem CBO zufolge der Anteil am Einkommen, der auf das oberste Prozent entfällt, zwischen 1977 und 1989 von sieben auf zwölf Prozent gestiegen und diese Gruppe erhielt 44 Prozent des Anstiegs beim bereinigten Familieneinkommen. Ohne Kapitalgewinne vergrößert sich der Anteil von sechs auf zehn Prozent und der Anteil an den Zugewinnen beträgt 38 Prozent. Die CBO nennt diesen Aspekt nicht, aber wir können davon ausgehen, dass eine „Krugman-Rechnung“ ohne Kapitalgewinne noch immer einen Wert jenseits der 60 Prozent ergeben würde. Oder anders gesagt: Die Diskussionen über Kapitalgewinne dienen einzig dazu, in die Irre zu führen.

Kann man zu reich sein?

Die Vermögensstudie der Federal Reserve wurde sofort nach Veröffentlichung im *Wall Street Journal* von Alan Reynolds attackiert, ebenso vom republikanischen Kongressabgeordneten Richard Armey. Reynolds Hauptargument: Die Studie, bei der 3.000 Familien befragt wurden, könne keine verlässlichen Angaben zum obersten Prozent liefern, da 30 Familien eine zu kleine Probengruppe seien. Eine interessante Reaktion, schließlich haben die Autoren der Fed-Studie sorgfältig erklärt, dass sie mit einem 2-Schritt-Prozedere gearbeitet haben und ihre Schätzungen auf über 400 Familien im obersten Prozent beruhen. Tatsächlich ist die Studie als Arbeitspapier über statistische Methodenlehre geschrieben und geht gleich zu Beginn auf die Frage der Stichprobengröße ein. Man muss also davon ausgehen, dass Reynolds sich vor seinem Angriff gar nicht erst die Mühe gemacht hat, die Studie überhaupt zu lesen.

Einen anderen Ansatz wählte der Abgeordnete Armey, auf dessen Ergebnisse Reynolds und Paul Craig Roberts in mehreren Kolumnen eingingen. Bei einer gründlichen Prüfung einer früheren Studie der Fed stieß er auf etwas, das er für eine wichtige Tatsache hielt – der durchschnittliche Wohlstand von Familien mit einem Einkommen von über 50.000 Dollar stieg zwischen 1983 und 1989 langsamer als der durchschnittliche Wohlstand insgesamt. Dies, so Armey, zeige doch, dass die Wohlstandsverteilung gerechter und nicht ungerechter geworden sei. Was er dabei offenbar übersehen hat: Die „Über 50.000 Dollar"-Gruppe ist im selben Zeitraum gewachsen und machte nun 20 statt 17 Prozent der Bevölkerung aus. Nehmen wir an, ich würde Ihnen erklären, dass der Notendurchschnitt der obersten 20 Prozent der Schüler heute schlechter ist als der der obersten 17 Prozent vor einigen Jahren. Wären Sie deswegen besorgt oder würden Sie mich darauf hinweisen, dass die zusätzlichen Schüler, die ich der Probengruppe hinzugefügt habe, ganz offenkundig den Schnitt gesenkt haben?

Der Disput um den Wohlstand war ein Randaspekt der Verteilungskontroverse, aber er war aufschlussreich, was die Verzweiflung, die Skrupellosigkeit und das blanke Fehlen von Kompetenz bei den heutigen Konservativen angeht.

DIE REAKTION DER KONSERVATIVEN, TEIL 2: SICH SELBST DAS WACHSTUM ZUSCHREIBEN

Mit der zweiten Verteidigungslinie der Konservativen sind wir inzwischen wohlvertraut: „Die Wachstumszahlen der Reagan-Jahre zeigen doch, dass eine angebotsorientierte Politik Gewinne für alle produziert. Sich wegen der Einkommensverteilung Sorgen zu machen oder ihr überhaupt Beachtung zu schenken, ist da destruktiv."

Sehen wir uns erneut Tabelle 3 an. Es ist deutlich, dass das mediane Einkommen vom Rezessionsjahr 1982 bis 1989, als der Konjunkturzyklus seinen Zenit erreichte, beträchtlich stieg (12,5 Prozent, beim durchschnittlichen Einkommen waren es 16,8 Prozent). Zieht man diese Jahre als Grundlage für einen Vergleich heran, erscheint es nicht besonders wichtig, dass das mediane Einkommen hinter dem Durchschnittseinkommen zurückbleibt. Doch die Frage ist, ob dies tatsächlich die richtigen Jahre für einen Vergleich sind.

Wenn es einen soliden Beitrag gibt, den die makroökonomische Theorie zum menschlichen Wissensschatz geleistet hat, dann besteht er darin, den Unterschied zwischen Konjunkturzyklen und langfristigem Wachstum zu definieren. Langfristiges Wachstum erreicht man, indem man die Produktionskapazität der Wirtschaft erweitert. Rezessionen und Erholungen stellen Schwankungen bei der Nutzung dieser Kapazität dar. Es ist schlecht, in einer Rezession zu stecken, und gut, wenn sich die Wirtschaft erholt, aber das rasche Wachstum einer Erholung sollte man niemals mit einer Verbesserung der Langzeitleistung einer Volkswirtschaft verwechseln. Sobald sich die Wirtschaft ihrer Kapazitätsgrenze nähert, wird sich das Wachstum zwangsläufig verlangsamen. Zudem hängen Rezessionen und Erholungen viel stärker von der Federal Reserve ab als davon, wer im Weißen Haus das Sagen hat, und sie treten gleichermaßen unter Republikanern wie unter Demokraten auf. Für eine vernünftige Beurteilung ökonomischer Trends gehört es also dazu, die Konjunkturspitzen zu vergleichen, oder, besser noch, die Frage zu stellen, was mit dem Einkommensniveau geschehen ist, das mit einer bestimmten Arbeitslosenquote assoziiert wird.

Insofern birgt es eine gewisse Ironie, dass Ideologen der angebotsorientierten Politik, die doch ursprünglich einmal gegen die traditionell keynesianische Fokussierung auf Konjunkturzyklen ins Feld zogen, nun die erfolgreiche Erholung der Konjunktur zwischen 1982 und 1989 voll und ganz für sich beanspruchen. Andererseits ist es ganz klar, dass sie so vorgehen müssen, denn mit ihrem Programm ist es ihnen nicht gelungen, das langfristige Wachstum zu beschleunigen.

Der Anstieg des Medianeinkommens zwischen 1982 und 1989 – Robert Bartleys „sieben fette Jahre" – stellt fast in Gänze eine temporäre Erholung innerhalb des Konjunkturzyklus dar, der seinen unvermeidlichen Zenit nur vier Prozent über dem Peak von 1979 erreichte. Die nachfolgende Rezession, an der George Bush genauso wenig schuld ist, wie es Jimmy Carter an der Rezession von 1980 war, hat vermutlich dafür gesorgt, dass das Medianeinkommen wieder auf weniger als vier Prozent über das Niveau von 1980 gesunken ist.

Die „Krugman-Rechnung" sollte eine grundlegende Idee vermitteln, dass nämlich die Schieflage bei den Einkommen so rasch gewachsen ist, dass die meisten Familien vom langfristigen Wachstum nicht profitieren konnten. Diese These hat weiterhin Gültigkeit. Nehmen Sie die Verfechter der angebotsorientierten Politik nicht ernst. Sie versuchen bloß, die vergangenen 15 Jahre in Häppchen zu zerlegen und die guten Teile für sich zu reklamieren, während sie die schlechten unter den Tisch fallen lassen.

DIE ANTWORT DER KONSERVATIVEN, TEIL 3: EINKOMMENSMOBILITÄT

Amerika ist keine statische Gesellschaft. Menschen, die in einem Jahr ein hohes Einkommen erzielen, haben im nächsten Jahr vielleicht ein geringeres, und andersherum. Weiter oben hatte ich zwei hypothetische Dörfer beschrieben. Bei diesem Beispiel würde man nicht zwingend davon ausgehen, dass die Menschen (beziehungsweise deren Kinder) 1989 dieselbe Position innehatten wie 1977. Und der eigene wirtschaftliche Wohlstand hängt mehr vom Durchschnittseinkommen über einen langen Zeitraum hinweg ab als von dem, was man in einem bestimmten Jahr erzielt. Insofern ist es riskant, sich Statistiken zur Einkommensverteilung in einem bestimmten Jahr vorzunehmen und daraus zu viele Schlussfolgerungen abzuleiten, was die Verteilung des wirtschaftlichen Wohlstands anbelangt.

Es gibt zwei Möglichkeiten, wie Einkommensmobilität – das Neumischen der wirtschaftlichen Karten, das erfolgt, wenn Familien in der Einkommensrangliste aufsteigen oder absinken – die These, wonach die Ungleichheit deutlich zugenommen hat, widerlegen könnte. Erstens: Wäre die Einkommensmobilität sehr hoch, käme dem Maß an Ungleichheit in einem bestimmten Jahr keine Bedeutung zu, denn die Verteilung des Lebenseinkommens wäre sehr gleich. Das ist für mich das „Mixer-Modell" – egal wo sich die Blasen in einem Mixer gerade befinden, im Verlauf einiger Minuten wird jede Blase im Durchschnitt auf halber Höhe sein.

Zweitens: Hätte die Einkommensmobilität mit der Zeit zugenommen, könnte dies die zu jedem Zeitpunkt herrschende erhöhte Ungleichheit ausgleichen. Wachsende Einkommensmobilität neigt dazu, die Verteilung von Lebenseinkommen gleicher zu machen, denn diejenigen, die reich sind, können sich nur in eine Richtung entwickeln (abwärts), ebenso diejenigen, die arm sind (aufwärts).

Leider jedoch trifft keine dieser Möglichkeiten auf die US-Wirtschaft zu. Es herrscht beträchtliche Einkommensmobilität, doch längst nicht genug, um die Einkommensverteilung bedeutungslos zu machen. Zensusdaten beispielsweise zeigen, dass von den Familien, die 1985 im untersten Quintil der Einkommensverteilung rangierten, 81,6 Prozent auch im Jahr darauf dort waren. Beim obersten Quintil belief sich dieser Wert auf 76,3 Prozent. Über längere Zeiträume hinweg findet mehr Vermischung statt, aber längst nicht im erforderlichen Ausmaß. Untersuchungen vom Urban Institute und US-Finanzministerium haben ergeben, dass die Hälfte aller Familien, die im obersten oder untersten Quintil der Einkommensverteilung beginnt, dort auch nach einem Jahrzehnt steht, und dass nur drei bis sechs Prozent von ganz unten nach ganz oben aufsteigen oder von ganz oben nach ganz unten abstürzen.

Und selbst hierbei wird die Einkommensmobilität überbewertet, denn erstens standen von denen, die beispielsweise aus dem obersten Quintil abrutschten, die meisten eher am unteren Ende dieser Kategorie, und zweitens handelt es sich bei den Aufwärts- und Abwärtsbewegungen größtenteils um Fluktuationen um eine relativ feste langfristige Verteilung herum. Joel Slemrod von der Universität Michigan hat einen nützlichen Indikator entwickelt, der dafürspricht, wie beständig hohe Einkommen sind: Bei den Familien, deren Einkommen die Schwelle von 100.000 Dollar überschritt, lag der Schnitt 1983 bei 176.000 Dollar und für die sieben Jahre bis 1985 betrug er 153.000 Dollar.

Und es spricht auch nichts dafür, dass die Einkommensmobilität während der 1980er-Jahre spürbar zugenommen hätte. Tabelle 1 zeigt einige Fakten aus einer Studie, die Greg Duncan von der Universität Michigan durchführte. Bei der Untersuchung ging es darum, wie Familien über einen Zeitraum von fünf Jahren hinweg aus einer eher willkürlich, aber nachvollziehbar definierten „Mittelschicht" ausscheiden oder in sie eintreten. In den 1980er-Jahren schrumpfte diese Kategorie von Mittelklasse, was sowohl die Wahrscheinlichkeit erhöhte, dass Mittelklassefamilien aufstiegen, als auch die, dass sie herausfielen. Gleichzeitig stiegen entsprechend weniger arme Familien in die Mittelschicht auf oder reiche Familien ab. (Verschwindend wenig arme Familien wurden reich oder andersherum.) Das Gesamtbild deutet auf wenig Veränderung in der Mobilität hin.

Prinzipiell mag Einkommensmobilität ein wichtiger Ausgleichsfaktor bei zunehmender Ungleichheit sein, in der Praxis jedoch trifft das nicht zu. Was die Konservativen aber nicht daran gehindert hat, diesen Aspekt als Argument ins Feld zu führen.

	periodische Effekte			zyklische Effekte	
	Alle Jahre	vor 1980	1980 und später	keine Rezessionsjahre	Rezessionsjahre
Veränderungen bei hohem Einkommen					
Prozentsatz von Personen mit mittlerem Einkommen, die aufsteigen	6,7	6,3	7,5	6,9	6,2
Prozentsatz von Personen mit hohem Einkommen, die absteigen	29,7	31,1	27,1	28,5	31,8
Veränderungen bei niedrigem Einkommen					
Prozentsatz von Personen mit niedrigem Einkommen, die aufsteigen	33,6	33,5	30,4	35,0	32,3
Prozentsatz von Personen mit mittlerem Einkommen, die absteigen	7,0	6,2	8,5	6,2	8,5

TABELLE 1: PROZENTSATZ DER ERWACHSENEN, DIE ZENTRALE VERÄNDERUNGEN IHRES EINKOMMENS ERLEBEN

Quelle: Dimitri B. Papadimitriou und Edward N. Wolff, Poverty and Prosperity in the USA in the Late Twentieth Century (Palgrave Macmillan, 1993), Abdruck mit freundlicher Genehmigung von SNCSC. Hinweis: Rezessionsjahre werden als fünfjähriges Wachstum beim real verfügbaren persönlichen Einkommen pro Kopf definiert. Dazu zählen 1974–75 und 1979–1981.

DIE HUBBARD-STUDIE

Das zum Finanzministerium gehörige Office of Tax Analysis, geleitet von Glenn Hubbard, einem von der Uni Columbia beurlaubten Ökonomen, veröffentlichte im Juni 1992 einen Bericht, wonach in den USA sehr wohl eine enorme Aufwärtsmobilität zu beobachten sei. 86 Prozent der Personen, die 1979 im untersten Quintil begannen, hätten diesen Bereich bis 1988 verlassen, und tatsächlich sei die Wahrscheinlichkeit, dass eine Person aus dem untersten Quintil im obersten Quintil endet, viel größer als die Wahrscheinlichkeit, dass diese Person dort verharrt, hieß es dort.

Doch dieser Bericht basierte auf etwas, das wir wohlwollend als „merkwürdige Prozedur" bezeichnen wollen. Mit welchem Ansatz also hat der Hubbard-Bericht gearbeitet? Er nahm sich eine Gruppe von Personen, die in sämtlichen Jahren von 1979 bis 1988 Einkommensteuer bezahlt haben, und verglich deren Gehälter. Nicht untereinander, sondern mit der Bevölkerung insgesamt. Die Einschränkung, sich nur Personen herauszugreifen, die während der gesamten Zeit Einkommensteuer bezahlt haben, sorgte sofort für eine starke Voreingenommenheit, nur wirtschaftlich erfolgreiche Personen zu berücksichtigen – nur etwa die Hälfte aller Familien zahlte in sämtlichen zehn Jahren Einkommensteuer. Diese Voreingenommenheit zugunsten der Erfolgreichen schlug sich in der Tatsache nieder, dass die Gruppe zum Ende des Erhebungszeitraums jede Menge wohlhabende Personen enthielt, aber nur sehr wenige arme. Tatsächlich rangierten am Ende des Zeitraums nur sieben Prozent der Gruppe im untersten Quintil, während 28 Prozent im obersten Quintil zu finden waren. Wichtiger noch: Indem man die Probengruppe mit der Gesamtbevölkerung verglich anstatt untereinander, behandelte der Bericht im Grunde die normale Tendenz, wonach Einkommen mit dem Alter steigen, als soziale Mobilität. Das mittlere Alter jener Personen, die der Studie zufolge 1979 im untersten Quintil rangierten, betrug gerade einmal 22 Jahre.

Der Arbeitsökonom Kevin Murphy von der Universität Chicago fasste die Ergebnisse der Studie des Finanzministeriums treffend zusammen: „Das hier ist nicht die klassische Einkommensmobilität. Hier handelt es sich um den Kerl, der während des Studiums im Buchladen jobbt und mit Anfang 30 eine richtige Anstellung hat."

EINKOMMENSGEWINNE

Kommen wir schließlich zum letzten und womöglich, was den Verwirrfaktor anbelangt, wirksamsten Argument der Konservativen.

Zunächst die Tatsache: Familien, die mit einem hohen Einkommen beginnen, verzeichnen im Verlauf des folgenden Jahrzehnts im Schnitt kein Einkommenswachstum oder ein negatives. Familien hingegen, die niedrig beginnen, verzeichnen im Schnitt ein rasches Wachstum. Das gilt sowohl für die Daten des Urban Institute wie auch des Finanzministeriums. Gemäß der Zahlen des Urban Institute stieg das Einkommen von Familien, die 1977 im untersten Quintil rangierten, bis 1986 um 77 Prozent, während das Plus bei Familien im obersten Quintil gerade einmal fünf Prozent betrug. Die Kommentarseite des *Wall Street Journal*, Paul Craig Roberts und andere haben diese Zahl als Beleg dafür angeführt, dass es den Armen in den 1980er-Jahren besser ergangen ist als den Reichen. Lassen Sie es mich die „*WSJ*-Rechnung" nennen.

Die *WSJ*-Rechnung wirkt absolut einleuchtend, aber wenn man darüber nachdenkt, stellt man fest, dass sie voll und ganz zu der Schlussfolgerung passt, dass die Einkommensungleichheit in den USA rasch zunimmt. Sie zeigt bloß, dass es in der Tat ein gewisses Maß an Einkommensmobilität gibt, aber das hatte ohnehin niemand bestritten. Und sie spricht genauso wenig dafür, dass die angebotsorientierte Politik den Armen geholfen hat, wie die Tatsache, dass nur sehr wenige Personen mehrere Jahre am Stück in der Lotterie gewinnen.

Was ich sagen will, lässt sich ohne ein Zahlenbeispiel leider nur schwer ausdrücken, also: Stellen wir uns eine Wirtschaft vor, in der in einem beliebigen Jahr die eine Hälfte der Familien 100.000 Dollar verdient und die andere Hälfte 200.000 Dollar. Und stellen wir uns weiter vor, dass diese Wirtschaft dem „Mixer-Modell" entspricht. Eine Familie aus der unteren Hälfte wird in zehn Jahren also mit 50-prozentiger Wahrscheinlichkeit oben stehen und andersherum.

Führen wir nun die *WSJ*-Rechnung durch: Familien aus der unteren Hälfte beginnen mit 100.000 Dollar und stehen zehn Jahre später im Schnitt bei 150.000 Dollar, verzeichnen also einen Zugewinn von 50 Prozent. Familien aus der oberen Hälfte beginnen mit 200.000 Dollar und stehen zehn Jahre später im Schnitt ebenfalls bei 150.000 Dollar, verlieren also 33 Prozent.

Aber ist dadurch die Einkommensverteilung gleichmäßiger geworden? Nein, sie ist unverändert. Das Einzige, was wir hier beobachten können, ist das altbekannte statistische Phänomen der Regression zur Mitte. Einfach gesagt: Wer am Anfang reich ist, kann sich nur in eine Richtung bewegen, nämlich abwärts, während diejenigen, die am Anfang arm sind, nur aufsteigen können. Bei einer stabilen Einkommensverteilung würde also jedwede Einkommensmobilität unvermeidlich zum Ergebnis der *WSJ*-Rechnung führen und es überrascht nicht, dass wir dieses Ergebnis auch dann noch haben, wenn die Ungleichheit der Einkommen zunimmt.

Bei einer Einkommensmobilität, die so hoch wie in diesem Beispiel liegt, würde die Einkommensverteilung ab einem bestimmten Zeitpunkt natürlich tatsächlich kaum mehr von Bedeutung sein. Aber wir haben ja bereits gesehen, dass die Einkommensmobilität dieses Ausmaß nicht erreicht – die meisten Armen oder Reichen bleiben dort, wo sie sind. Wir haben also ausreichend Einkommensmobilität, um die *WSJ*-Rechnung korrekt erscheinen zu lassen, aber es langt nicht, um etwas daran zu ändern, dass die wachsende Ungleichheit real ist. Sie möchten ein etwas konkreteres Bild? Wie wäre es damit: In jedem beliebigen Jahr haben von den Menschen mit geringem Einkommen einige einfach nur ein schlechtes Jahr. Es sind Arbeiter, die vorübergehend entlassen wurden, Kleinunternehmer, die Abschreibungen vornehmen, Landwirte, denen schlechtes Wetter zugesetzt hat. In einigen Jahren werden diese Menschen deutlich besser dastehen und das Durchschnittseinkommen derjenigen, die aktuell zur Gruppe mit geringem Einkommen zählen, wird zukünftig deutlich ansteigen. Aber das heißt nicht, dass Menschen, die dauerhaft arm sind, steigende Einkommen verzeichnen. Das tun sie nicht. Was der Fehler bei der *WSJ*-Rechnung ist, zeigt sich möglicherweise am deutlichsten, wenn man sie umgekehrt rechnet. Genau das hat Isabel Sawhill vom Urban Institute getan. Nach ihren Berechnungen verzeichneten Familien, die 1977 im obersten Quintil standen, bis 1986 einen elfprozentigen Rückgang des Einkommens. Als sie dagegen die Familien untersuchte, die 1986 im obersten Quintil standen, ergab sich ein Plus von 65 Prozent! Konservative heben das Thema Einkommensmobilität gern hervor, denn sie können damit das historische Bild von Amerika als Land der unbegrenzten Möglichkeiten heraufbeschwören, ein Bild, das schon seit jeher mindestens in Teilen, wenn nicht völlig unzutreffend war. Aber unter dem Strich steht: Die Mobilität hat in den 1980er-Jahren weder zugenommen noch war sie hoch genug, um am überwältigenden Bild einer zunehmenden Ungleichheit großflächig etwas zu ändern.

Die zunehmende Einkommensungleichheit, die seit den 1970er-Jahren in den USA herrscht, zählt gewiss nicht zu den unauffälligeren Aspekten der wirtschaftlichen Landschaft, ganz im Gegenteil: Sie taucht in praktisch jeder Wirtschaftsstatistik auf und färbt nahezu alle Aspekte unseres nationalen Lebens ein. Sie können diesen Trend hinnehmen, Sie können ihn verabscheuen, aber man sollte eigentlich glauben, dass niemand ihn allen Ernstes leugnen könnte.

Die überraschende Erkenntnis aus der Kontroverse um die Einkommensverteilung besteht insofern also darin, was sie über die geistige Haltung der heutigen Konservativen aussagt. Wie sich zeigt, verfügen viele Konservativen all ihrer antitotalitären Rhetorik zum Trotz über Instinkte, auf die Orwell stolz gewesen wäre: Wenn die Fakten nicht das besagen, was man gern hätte, versteckt man sie halt oder frisiert man sie.

Es gibt substanzielle Fragen zum Thema Einkommensverteilung. Niemand kann alle Gründe dafür anführen, warum die Einkommen an der Spitze in die Höhe geschossen sind, während diejenigen am unteren Ende abstürzten. Noch weniger Konsens herrscht in dem Punkt, welche politischen Maßnahmen den Trend abbremsen oder umkehren könnten, doch es hat den Anschein, als hätten viele Konservative nicht nur kein Interesse daran, über Inhalte zu sprechen, sie lehnen es sogar ab, sich der Realität zu stellen. Sie leben lieber in einer Fantasiewelt, in der die 1980er-Jahre nicht verliefen, wie sie es tatsächlich getan haben, sondern so, wie sie es ihrer Auffassung nach hätten tun sollen.

GRADUIERTE ODER OLIGARCHEN?

27. Februar 2006

Ben Bernankes erster Auftritt vor dem Kongress in seiner Rolle als Präsident der Federal Reserve war superb, darin sind sich alle einig. Kein Fehltritt, was Geldpolitik oder Steuerpolitik anbelangte.

An einem anderen Punkt allerdings geriet Bernanke ins Schleudern. Auf die Frage des Kongressabgeordneten Barney Frank zum Thema Einkommensungleichheit erklärte er, der „wichtigste Faktor“ bei der zunehmenden Ungleichheit sei „die zunehmende Kompetenzprämie, die gestiegene Bildungsrendite“.

Das ist eine fundamentale Fehleinschätzung dessen, was in der amerikanischen Gesellschaft vor sich geht. Was wir hier beobachten, ist nicht der Aufstieg einer relativ breiten Klasse von Wissensträgern, vielmehr erleben wir den Aufstieg einer eng begrenzten Oligarchie. Einkommen und Vermögen konzentrieren sich mehr und mehr in den Händen einer kleinen, privilegierten Elite.

Aussagen wie die von Bernanke bekommt man ständig zu hören. Ich nenne das den „80:20-Trugschluss“. Damit meine ich die Vorstellung, dass es sich bei denjenigen, die in unserer immer ungleicher werdenden Gesellschaft zu den Gewinnern zählen, um eine vergleichsweise große Gruppe handelt – dass sich die vielleicht 20 Prozent amerikanischer Arbeitnehmer, die über die Fähigkeiten verfügen, Kapital aus den neuen Technologien und der Globalisierung zu schlagen, von den 80 Prozent absetzen, denen diese Fähigkeiten abgehen.

Die Wahrheit sieht völlig anders aus. Hoch qualifizierten Arbeitnehmern ist es in der Tat besser ergangen als weniger gut ausgebildeten

Menschen, aber ein College-Abschluss war keineswegs ein Freifahrtschein zu großen Einkommensgewinnen. Der Wirtschaftsbericht des Präsidenten für das Jahr 2006 verrät uns, dass die realen Einkommen der College-Absolventen zwischen 2000 und 2004 um über fünf Prozent zurückgegangen sind. Betrachtet man den längeren Zeitraum von 1975 bis 2004, stellt man fest, dass die durchschnittlichen Gehälter von College-Absolventen gestiegen sind, aber um weniger als ein Prozent jährlich.

Wer also sind die Gewinner der zunehmenden Ungleichheit? Die oberen 20 Prozent sind es jedenfalls nicht, nicht einmal die oberen zehn Prozent. Die großen Zugewinne kamen einem viel kleineren, viel reicheren Grüppchen zugute.

Die Einzelheiten dazu finden sich in „Where Did the Productivity Growth Go?“, einer neuen Forschungsarbeit von Ian Dew-Becker und Robert Gordon von der Northwestern University. Zwischen 1972 und 2001 stiegen die Lohn- und Gehaltseinnahmen der Amerikaner im 90. Perzentil der Einkommensverteilung nur um 34 Prozent, also knapp ein Prozent pro Jahr. Wer in den obersten zehn Prozent der Einkommensverteilung steht, hat also genauso wenig wie ein College-Absolvent einen Freifahrtschein für große Einkommenssteigerungen.

Im 99. Perzentil allerdings nahm das Einkommen um 87 Prozent zu. Im 99,9. Perzentil nahm es um 181 Prozent zu. Und im 99,99. Perzentil um 497 Prozent. Nein, das ist kein Tippfehler.

Um Ihnen einen Eindruck davon zu geben, worüber wir hier reden: Das überparteiliche Tax Policy Center schätzt, dass das 99. Perzentil dieses Jahr einem Einkommen von 402.306 Dollar entspricht und das 99,9. Perzentil einem Einkommen von 1.672.726 Dollar. Für das 99,99. Perzentil macht die Organisation keine Angaben, aber das für diese Einstufung erforderliche Jahreseinkommen dürfte bei deutlich über sechs Millionen Dollar liegen.

Bernanke ist ein kluger und gut informierter Mann, warum also sollte er beim Wesen der zunehmenden Ungleichheit danebenliegen? Weil er einem Trugschluss aufgesessen ist, der die höflichen Debatten über Einkommenstrends gern dominiert, und zwar nicht, weil er stimmt, sondern weil er beruhigend ist. Wenn eine Bildungsrendite den entscheidenden Faktor darstellt, ist niemand an der zunehmenden Ungleichheit schuld, denn hier sind einfach Angebot und Nachfrage am Werk. Außerdem spricht es dafür, dass sich die Ungleichheit abschwächen lässt, indem man das Bildungssystem verbessert – und bessere Bildung ist ein Wert, für den sich praktisch jeder Politiker in ganz Amerika starkmacht (oder zumindest entsprechende Lippenbekenntnisse abzugeben bereit ist). Die Vorstellung hingegen, wir haben es mit einem Trend hin zur Oligarchie zu tun, ist weitaus beunruhigender. Sie spricht dafür, dass der Anstieg der Ungleichheit möglicherweise genauso viel mit Kräfteverhältnissen zu tun hat wie mit Marktkräften. Aber leider ist genau das die eigentliche Story hier.

Sollte es uns beunruhigen, dass Amerikas Gesellschaft immer stärker oligarchische Züge annimmt? Ja, und zwar nicht nur deshalb, weil die wirtschaftliche Flut es nicht geschafft hat, die meisten Boote steigen zu lassen. Sowohl die Geschichte als auch neuere Erfahrungen zeigen uns, dass hochgradig ungleiche Gesellschaften dazu neigen, auch hochgradig korrupt zu sein. Ein Kausalitätspfeil bringt uns vom Trend abweichender Einkommen zu Jack Abramoff und dem K Street Project. [Anm. d. Übers.: Abramoff war ein einflussreicher republikanischer Lobbyist, der in mehrere politische Skandale in den USA verwickelt war. Das K Street Project ist eine Initiative der Republikanischen Partei, die ein engmaschiges Netzwerk von Lobbyisten, Wirtschaft und Republikanern knüpfen will.] Und ich halte es mit Alan Greenspan, der – angesichts seiner libertären Wurzeln doch etwas überraschend – wiederholt warnte, zunehmende Ungleichheit stelle eine Bedrohung für die „demokratische Gesellschaft“ dar.

Bis wir den politischen Willen aufbringen, uns dieser Bedrohung zu stellen, könnte einige Zeit vergehen, aber wenn wir etwas gegen die Ungleichheit unternehmen wollen, besteht der erste Schritt darin, den 80:20-Trugschluss aufzugeben. Wir müssen der Tatsache ins Auge blicken, dass es die gewaltigen Einkommenszugewinne einer winzigen Elite sind und nicht die bescheidenen Zugewinne von College-Absolventen, die für die wachsende Ungleichheit verantwortlich sind.

GELD UND MORAL

9. Februar 2012

Das Thema Ungleichheit tauchte zuletzt wieder verstärkt im landesweiten Diskurs auf. Occupy Wall Street machte das Thema sichtbar, während das Haushaltsbüro des Kongresses (CBO) harte Fakten zur immer stärker aufklaffenden Einkommenslücke lieferte. Und der Mythos einer klassenlosen Gesellschaft wurde entzaubert – unter reichen Nationen stechen die Vereinigten Staaten als der Ort mit der größten Wahrscheinlichkeit hervor, dass man seinen wirtschaftlichen und gesellschaftlichen Status geerbt hat.

Es war also völlig klar, was als Nächstes geschehen würde. Auf einmal erklären uns die Konservativen, es gehe doch gar nicht ums Geld, vielmehr sei Moral das eigentliche Thema. Stagnierende Löhne und all das könne man getrost außer Acht lassen, das wahre Problem sei doch der Verfall der familiären Werte in den Familien der Arbeiterklasse. Und daran sind – wie auch immer – die Liberalen schuld.

Aber geht es tatsächlich um die Moral? Nein, in erster Linie geht es ums Geld.

Der Gerechtigkeit halber sei erwähnt, dass *Coming Apart: The State of White America, 1960–2010*, das im Zentrum der konservativen Gegenbewegung stehende neue Buch von Charles Murray, ein Schlaglicht auf einige markante Trends wirft. Bei den weißen Amerikanern, die höchstens über einen Highschool-Abschluss verfügen, sind die Eherate und die Beteiligung der Männer an der Erwerbsquote gesunken, während die Zahl unehelicher Kinder gestiegen ist. Ganz offensichtlich hat sich die weiße Arbeiterklasse auf eine Art und Weise verändert, die nicht gut klingt.

Aber die erste Frage, die man hier stellen sollte, lautet: Stehen die Dinge an der Wertefront tatsächlich so schlecht?

Murray und andere Konservative scheinen oftmals davon auszugehen, dass die Abkehr von der traditionellen Familie schreckliche Auswirkungen auf die gesamte Gesellschaft hat. Diese Haltung besteht natürlich schon lange. Während ich Murray las, musste ich an eine frühere Tirade denken, nämlich an *The De-Moralization of Society: From Victorian Virtues to Modern Values*. In diesem Werk arbeitete sich Gertrude Himmelfarb bereits 1996 an größtenteils denselben Themen ab, stellte die These auf, dass unsere Gesellschaft in Auflösung begriffen sei, und sah mit dem fortschreitenden Zerfall viktorianischer Werte weitere Auflösungssymptome heraufziehen.

Doch auch während traditionelle Familien an Boden verlieren, haben sich einige Indikatoren für soziale Störungen dramatisch verbessert. Soweit ich das beurteilen kann, geht Murray nirgendwo darauf ein, dass die Zahl von Teenager-Schwangerschaften seit 1990 quer über alle Rassen hinweg deutlich zurückgegangen ist oder dass die Zahl der Gewaltverbrechen seit Mitte der 1990er-Jahre um 60 Prozent gefallen ist. Könnte es sein, dass traditionelle Familien für den sozialen Zusammenhalt gar nicht so entscheidend sind, wie gern behauptet wird?

Und dennoch ist in der traditionellen Arbeiterklassefamilie ganz offenkundig etwas in Bewegung geraten. Aber was? Ich finde es ehrlich gesagt erstaunlich, wie rasch und unbekümmert Konservative die scheinbar naheliegende Antwort abtun – dass nämlich die Zahl der Beschäftigungsmöglichkeiten, die weniger gut ausgebildeten Männern zur Verfügung steht, drastisch geschrumpft ist.

Wenn Zahlen zur Einkommensentwicklung in Amerika vorgelegt werden, stehen dabei meistens Haushalte im Mittelpunkt und nicht Einzelpersonen, was in mancherlei Hinsicht sinnvoll ist. Aber wenn man beobachtet, dass in den unteren Ebenen der Einkommensverteilung die Einkommen bescheiden steigen, dann muss man sich eines verdeutlichen: Der Anstieg hängt komplett – doch, wirklich – mit den Einkommen der Frauen zusammen. Zum einen, weil mehr Frauen in bezahlten Jobs sind, zum anderen, weil die Gehälter der Frauen nicht mehr so stark wie früher hinter denen der Männer zurückbleiben. Bei geringer qualifizierten arbeitenden Männern dagegen sieht es durch die Bank weg düster aus.

Inflationsbereinigt liegt das Einstiegsgehalt männlicher Highschool-Absolventen 23 Prozent unter dem Wert von 1973. Gleichzeitig ist von den Leistungen an die Arbeitnehmer kaum etwas übrig geblieben. 1980 kamen 65 Prozent der privatwirtschaftlich arbeitenden Arbeitnehmer, die kurz zuvor die Highschool verlassen hatten, in den Genuss einer Krankenversicherung in der einen oder anderen Form. 2009 lag dieser Wert bei 29 Prozent. Wir sind also zu einer Gesellschaft geworden, in der weniger gebildete Männer massive Schwierigkeiten haben, einen anständig bezahlten Job mit guten Sozialleistungen zu finden. Trotzdem sollen wir es überraschend finden, dass solche Männer eher nicht am Erwerbsleben teilnehmen und weniger häufig heiraten, und wir sollen stattdessen schlussfolgern, dass hochnäsige Liberale einen geheimnisvollen Kollaps der moralischen Werte herbeigeführt haben. Murray sagt uns zudem, dass die Ehen in der Arbeiterklasse, wenn sie dann doch einmal zustande kommen, weniger glücklich als früher sind. So seltsam es klingen mag, aber finanzielle Schwierigkeiten könnten doch tatsächlich der Grund dafür sein.

Ein anderer Gedanke: Der wahre Sieger dieser Kontroverse ist der ausgezeichnete Soziologe William Julius Wilson. 1996, als Himmelfarb gerade unseren moralischen Verfall beklagte, veröffentlichte Wilson *When Work Disappears: The World of the New Urban Poor.* In dem Buch stellte Wilson die These auf, dass die soziale Zerrüttung der afroamerikanischen Bevölkerung nicht wie so oft unterstellt auf einen Werteverfall zurückzuführen sei, sondern auf das Fehlen von Arbeiterjobs in urbanen Gebieten. Sollte er mit seiner These richtigliegen, würde man vermuten, dass Ähnliches beobachtet werden könnte, wenn eine andere soziale Gruppe auf ähnliche Weise wirtschaftliche Möglichkeiten einbüßt … die weiße Arbeiterklasse beispielsweise. Und exakt so ist es gekommen.

Wenn also versucht wird, den nationalen Diskurs fort von der explodierenden Ungleichheit und hin zum angeblichen moralischen Versagen derjenigen Amerikaner zu lenken, die zurückbleiben, dann sollten wir dem entgegentreten. Traditionelle Werte sind nicht so bedeutend, wie es die Sozialkonservativen uns weismachen möchten. Ganz abgesehen davon sind die sozialen Veränderungen, die derzeit in Amerikas Arbeiterklasse ablaufen, in allererster Linie die *Folge* einer stark zunehmenden Ungleichheit, nicht die *Ursache*.

GEBT NICHT ROBOTERN DIE SCHULD AN NIEDRIGEN LÖHNEN

14. März 2019

Neulich steckte ich wie so oft in einer Konferenz, bei der es um Löhne ging, die hinter der Preisentwicklung zurückbleiben, und um rasant zunehmende Ungleichheit. Es gab zahlreiche interessante Diskussionen, aber was mir ganz besonders auffiel, war, wie viele Teilnehmer einfach davon ausgingen, dass Roboter ein großer Teil des Problems seien und dass Maschinen den Menschen die guten Jobs wegnehmen oder gleich alle Jobs. Das wurde größtenteils nicht einmal als Hypothese präsentiert, sondern als unstrittiges Allgemeinwissen.

Diese Annahme hat echte Auswirkungen auf politische Debatten. Die Bewegung für ein bedingungsloses Grundeinkommen beispielsweise fußt zu weiten Teilen auf der Überzeugung, dass Arbeitsplätze immer knapper werden, wenn die Roboter-Apokalypse über die Wirtschaft hereinbricht.

Insofern scheint es mir eine gute Idee zu sein, darauf hinzuweisen, dass das, „was jeder weiß", nicht richtig ist. Prognosen, insbesondere solche über die Zukunft, sind schwierig, und möglicherweise werden die Roboter uns tatsächlich irgendwann dieser Tage alle Jobs wegnehmen. Aber wenn es darum geht, was den amerikanischen Arbeitern in den vergangenen 40 Jahren zugestoßen ist, spielt die Automatisierung schlichtweg keine große Rolle.

Wir haben in der Tat ein großes Problem, aber dieses Problem hat wenig mit Technologie zu tun, dafür aber viel mit Politik und Macht.

Treten wir zwei, drei Schritte zurück und fragen uns: Was ist ein Roboter überhaupt? Natürlich muss ein Roboter nichts sein, was wie C-3PO aussieht oder wie ein Dalek aus *Doctor Who* durch die Gegend rollt und „Vernichten! Vernichten!" ruft. Aus ökonomischer Sicht ist ein Roboter alles, das mithilfe von Technologie Arbeiten übernimmt, die zuvor von menschlichen Wesen erledigt wurden. Nach dieser Definition verwandeln Roboter unsere Wirtschaft buchstäblich bereits seit Jahrhunderten. David Ricardo, einer der Gründerväter der Wirtschaftswissenschaften, schrieb bereits 1821 über die disruptiven Auswirkungen von Maschinen!

Redet man heutzutage über die Roboter-Apokalypse, dann denken die wenigsten dabei an etwas wie Tagebau, dabei hat auf diesem Gebiet die Technologie den Kohlebergbau von Grund auf verwandelt. Zwischen 1950 und 2000 verdoppelte sich die Kohleproduktion fast (erst in den letzten Jahren waren die Zahlen wieder etwas rückläufig), während die Zahl der Kumpel im selben Zeitraum von 470.000 auf unter 80.000 fiel.

Oder nehmen Sie die Containerisierung von Fracht. In den großen Hafenstädten spielten die Schiffsbelader eine wichtige Rolle, aber obwohl seit den 1970er-Jahren der globale Handel explodiert ist, ist der Anteil amerikanischer Arbeitnehmer, die am „Umschlag von Meeresfracht" beteiligt sind, um zwei Drittel zurückgegangen.

Technologische Disruption ist also kein neues Phänomen. Aber es beschleunigt sich doch, oder? Nicht nach den vorliegenden Daten. Sollten Roboter tatsächlich Arbeiter in großen Mengen verdrängen, müsste doch die Zahl der Artikel, die die verbliebenen Arbeiter produzieren, in die Höhe schießen, die Arbeitsproduktivität also rasant zunehmen. Tatsächlich jedoch wuchs die Produktivität zwischen Mitte der 1990er-Jahre bis zur Mitte der 2000er-Jahre deutlich rascher, als es seitdem der Fall war.

Also ist technologischer Wandel ein alter Hut. Neu hingegen ist, dass die Arbeiter nicht an den Erträgen dieses technologischen Wandels teilhaben.

Ich will nicht behaupten, dass es je einfach war, sich auf Veränderungen einzustellen. Dass in der Kohleindustrie immer weniger Arbeitskräfte benötigt wurden, hatte für viele Familien verheerende Auswirkungen und ein Großteil der ehemaligen Kohle-Hochburgen hat sich niemals erholt. Der Wegfall manueller Tätigkeiten in den Hafenstädten hat zweifelsfrei zu den sozialen Krisen beigetragen, von denen die Städte in den 1970er- und 1980er-Jahren heimgesucht wurden. Aber während es seit jeher Opfer des technologischen Fortschritts gab, führte bis in die 1970er-Jahre hinein die steigende Produktivität für eine große Mehrheit der Arbeitnehmer zu steigenden Löhnen. Dann zerbrach diese Verbindung. Und es lag nicht an den Robotern.

Woran dann? Unter Ökonomen herrscht zunehmend ein Konsens, wonach es die nachlassende Verhandlungsmacht der Arbeiter war, die entscheidend zum Stagnieren der Gehälter beitrug – ein Faktor, dessen Ursachen letztlich politischer Natur sind.

Was ins Auge springt: Inflationsbereinigt ist der landesweite Mindestlohn im Verlauf des letzten halben Jahrhunderts um ein Drittel gefallen, während die Arbeitsproduktivität um 150 Prozent gestiegen ist. Für dieses Auseinanderdriften ist schlicht und einfach die Politik verantwortlich.

1973 vertraten die Gewerkschaften ein Viertel aller Arbeitnehmer in der Privatwirtschaft, heute sind es nur noch sechs Prozent. Die Gründe dafür mögen nicht auf den ersten Blick politischer Natur sein, aber in anderen Ländern gab es keinen derartigen Rückgang. In Kanada sind die Gewerkschaften heute so stark, wie sie es 1973 in den USA waren, in den nordischen Ländern Europas vertreten die Gewerkschaften zwei Drittel der Arbeitnehmer. Amerika ist insofern eine Ausnahme, als das politische Klima hier extrem feindselig auf Bemühungen der Arbeitnehmer reagierte, sich zu organisieren, und sehr freundlich gegenüber Arbeitgebern war, die mit allen Mitteln gegen Gewerkschaften vorgingen.

Der Niedergang der Gewerkschaften machte einen gewaltigen Unterschied. Nehmen wir beispielsweise das Speditionsgeschäft. Als Lkw-Fahrer zu arbeiten war einmal ein guter Job, aber heutzutage verdient man ein Drittel weniger als in den 1970er-Jahren und die Arbeitsbedingungen sind furchtbar. Was machte den Unterschied aus? Dass die Gewerkschaften vertrieben wurden, trug jedenfalls wesentlich dazu bei.

Und diese leicht zu quantifizierenden Faktoren sind nur Indikatoren für die arbeitnehmerfeindliche Haltung, die durch die Bank weg und anhaltend in unserer Politik herrscht.

Das bringt mich zurück zur Frage, warum wir so viel über Roboter sprechen. Die Antwort lautet aus meiner Sicht, dass es sich um eine Ablenkungstaktik handelt, ein Versuch, sich nicht der Tatsache stellen zu müssen, dass unser System stark zum Nachteil der Arbeitnehmer manipuliert wurde. Ähnlich wurde von einer „Qualifikationslücke" gesprochen, um die Aufmerksamkeit fort von einer schlechten Politik abzulenken, die dafür sorgte, dass die Arbeitslosigkeit hoch blieb.

Insbesondere die Progressiven sollten nicht auf diese Art oberflächlichen Fatalismus hereinfallen. Amerikas Arbeitnehmer können und sollten viel mehr für sich herausholen, als es aktuell der Fall ist. Am jetzigen Zustand sind in erster Linie nicht unsere Roboter schuld, die Schuld hat vielmehr unsere politische Führung.

WAS STIMMT NICHT MIT TRUMPLAND?

2. April 2018

Heutzutage hat offenbar fast jeder das (berechtigte) Gefühl, dass Amerika aus den Fugen gerät. Aber weder ist das neu, noch sind die Gründe dafür ausschließlich politischer Natur. Seit den 1970er-Jahren gehen die Dinge an zahlreichen Fronten in die Binsen. So schreitet die politische Lagerbildung Seite an Seite mit der wirtschaftlichen Lagerbildung voran, während die Einkommensungleichheit rasant zunimmt.

Sowohl bei der politischen als auch der wirtschaftlichen Lagerbildung schwingt eine starke geografische Dimension mit. Wirtschaftlich: Einige Regionen Amerikas, insbesondere die großen Küstenstädte, sind deutlich wohlhabender geworden, während andere Landesteile abgehängt wurden. Politisch: Die wohlhabenden Regionen haben im Großen und Ganzen für Hillary Clinton gestimmt, während die Landesteile, die hinterherhinken, für Donald Trump waren.

Ich möchte nicht behaupten, dass in den Küstenstädten alles ganz toll ist, auch in Metropolregionen, die in Summe erfolgreich dastehen, sind viele Menschen wirtschaftlich gestrandet. Die rasch steigenden Immobilienkosten – die zu weiten Teilen auf NIMBY-ismus zurückzuführen sind – sind ein reales und zunehmendes Problem. [Anm. d. Übers.: NIMBY steht für „not in my backyard", „nicht in meinem Hinterhof", und bezeichnet eine Haltung, etwas in der Theorie zu begrüßen, es aber vehement zu bekämpfen, sobald es einen selbst betrifft (ähnlich dem Sankt-Florians-Prinzip).] Trotzdem gilt, dass wirtschaftliche Unterschiedlichkeit real ist und ziemlich genau, wenn auch nicht völlig deckungsgleich, mit der politischen Unterschiedlichkeit übereinstimmt.

Aber was steckt hinter diesem Auseinanderdriften? Was stimmt nicht mit Trumpland? Regionale Unterschiede sind in Amerika kein neues Phänomen. Tatsächlich war vor dem Zweiten Weltkrieg die reichste und produktivste Nation auf diesem Planeten gleichzeitig ein Land, in dem Millionen bitterarme Farmer lebten, von denen die meisten weder Strom noch fließend Wasser hatten. Aber bis zu den 1970er-Jahren schrumpften die Unterschiede rasch.

Nehmen wir beispielsweise Amerikas ärmsten Bundesstaat Mississippi. Das Pro-Kopf-Einkommen dort betrug in den 1930er-Jahren gerade einmal 30 Prozent des Pro-Kopf-Einkommens von Massachusetts. Ende der 1970er-Jahre lag dieser Wert aber bei fast 70 Prozent – und die meisten Menschen gingen vermutlich davon aus, dass sich diese Entwicklung fortsetzen würde.

Stattdessen jedoch kehrte sich dieser Prozess um: Heute ist Mississippi wieder auf etwa 55 Prozent des Einkommens von Massachusetts zurückgefallen. Um dem Ganzen einen internationalen Rahmen zu geben: Mississippi ist heute im Vergleich zu den Küstenstaaten so arm wie Sizilien im Vergleich zu Norditalien.

Und Mississippi ist kein Einzelfall. Eine neue Arbeit von Benjamin Austin, Edward Glaeser und Lawrence Summers dokumentiert, dass sich bei der regionalen Annäherung der Pro-Kopf-Einkommen überhaupt nichts mehr tut. Der relative wirtschaftliche Abstieg der abgehängten Regionen geht zudem mit wachsenden gesellschaftlichen Problemen einher: Immer mehr Männer im besten Erwerbsalter arbeiten nicht, die Sterblichkeit nimmt zu, der Konsum von Opioiden ist weit verbreitet.

Eine Randbemerkung: Diese Entwicklungen zeigen, dass William Julius Wilson recht hatte. Wilson behauptete, die sozialen Missstände der nicht-weißen Armen in den Innenstädten hätten nichts mit irgendwelchen mysteriösen kulturellen Schwächen der Afroamerikaner zu tun, sondern sei in wirtschaftlichen Faktoren begründet und insbesondere im Verschwinden guter Jobs für Arbeiter. Und tatsächlich: Als der weißen Landbevölkerung auf ähnliche Weise wirtschaftliche Möglichkeiten verloren gingen, erlitt sie einen ähnlichen sozialen Zerfall.

Was also stimmt nicht mit Trumpland?

In weiten Teilen stimme ich Enrico Moretti von der Uni Berkeley zu. Sein 2012 erschienenes Buch *The New Geography of Jobs* ist Pflichtlektüre für alle, die versuchen, Amerikas Zustand zu begreifen. Moretti argumentiert, dass strukturelle Veränderungen der Wirtschaft Branchen begünstigt haben, die hoch qualifizierte Arbeiter beschäftigen, und dass diese Branchen sich am besten an Standorten entwickeln, wo es derartige Arbeiter bereits in größeren Mengen gibt. Das hat zur Folge, dass derartige Regionen eine Aufwärtsspirale des Wachstums erleben – die wissensintensiven Branchen gedeihen und locken weitere gut ausgebildete Arbeiter an, wodurch sich der Standortvorteil noch verstärkt. Regionen wiederum, die am Anfang mit schlecht ausgebildeten Arbeitskräften dastanden, stürzen parallel dazu in eine Abwärtsspirale, denn sie stecken in den falschen Branchen fest und erleben einen mehr oder weniger starken Braindrain, eine Abwanderung von Fachkräften.

Diese strukturellen Faktoren sind zweifelsohne das zentrale Element, aber ich denke, wir sollten die Rolle einer selbstzerstörerischen Politik nicht außer Acht lassen.

In der neuen Arbeit von Austin et al. wird eine landesweite Hilfspolitik für rückständige Regionen angeregt. Dabei haben wir bereits Programme, die diesen Landesteilen helfen würden – die diese jedoch nicht akzeptieren möchten. Von den Bundesstaaten, die eine Ausweitung von Medicaid abgelehnt haben, zählen viele zu den ärmsten des Landes, dabei würde die Bundesregierung den größten Teil der Kosten für die Ausweitung tragen und würde eine Ausweitung neue Arbeitsplätze schaffen.

Ein anderes Beispiel: Kansas und Oklahoma, zwei Staaten, die in den 1970er-Jahren vergleichsweise wohlhabend waren, inzwischen aber zurückgefallen sind, entschieden sich für radikale Steuersenkungen und ruinierten damit letztlich ihr Bildungssystem. Kräfte von außen haben sie in ein Loch gestoßen, aber nun arbeiten sie aktiv daran, dieses Loch noch zu vertiefen.

Und was die landesweite Politik angeht, so müssen wir uns eines eingestehen: Trumpland ist dabei, für seine eigene Verarmung zu stimmen.

Dass nach dem Krieg eine so starke Aufholjagd stattfand, hat viel mit New-Deal-Maßnahmen und öffentlichen Investitionen zu tun. Die Bemühungen der Konservativen, den Staat zurechtzustutzen, werden Menschen in ganz Amerika wehtun, aber die Regionen, die die Republikaner ins Amt gewählt haben, wird es ganz besonders hart treffen.

Schon bei einer klugen Politik wäre es schwierig, etwas gegen Amerikas wachsende regionale Spaltung zu unternehmen, aber bei der Politik, die wir voraussichtlich bekommen werden, wird diese Spaltung nur noch schlimmer werden.

13

KONSERVATIVE

DIE NEUE KONSERVATIVE BEWEGUNG

„Ich gehöre keiner organisierten Partei an, ich bin Demokrat“, witzelte der Schauspieler Will Rogers einmal. Der Witz war damals nicht weit von der Wahrheit entfernt, aber heute hat der Wahrheitsgehalt sogar noch zugenommen. Das ist nicht einfach nur eine Behauptung von mir, Politikwissenschaftler werden Ihnen erklären, dass die beiden Parteien in ihrer Struktur grundlegende Unterschiede aufweisen.

Die Demokratische Partei ist nicht von Haus aus glücklos oder ineffektiv, aber es handelte sich seit jeher um ein lockeres Bündnis von Interessengruppen. Diese Koalition ist nicht mehr so lose wie zu den Zeiten, als man dort unter einem Dach Gewerkschaftsführer aus dem Norden und Befürworter der Rassentrennung aus den Südstaaten fand, und sie scheint in den vergangenen Jahren auch ideologisch geschlossener geworden zu sein. Aber keine einzelne Gruppe hat das Sagen.

Die moderne Republikanische Partei hingegen sieht man am besten als einen Baustein einer streng durchorganisierten Bewegung an, zu der unter anderem noch das Medienimperium des Rupert Murdoch sowie eine atemberaubende Vielzahl an Denkfabriken und Lobbyverbänden gehören, die größtenteils von ein und derselben Gruppe Milliardäre finanziert werden. Interne wie externe Beobachter sprechen über dieses Kollektiv oftmals als *movement conservatism*.

Diese „neue konservative Bewegung“ hat nicht immer eine wichtige Rolle in der US-Politik gespielt. Tatsächlich existierte sie vor den 1970er-Jahren kaum und die vollständige Übernahme der Republikanischen Partei erfolgte auch erst in den 1990er-Jahren. Doch inzwischen ist sie die einzige Art von Konservativismus, auf die es ankommt

– und sie ist die treibende Kraft hinter der weitreichenden politischen Lagerbildung in Amerika. Auch hier gilt: Politikwissenschaftler haben Wege gefunden, derartige Dinge zu messen. Zumindest bis vor Kurzem hatten sich die Demokraten nur ein wenig nach links bewegt – die Republikaner dagegen haben sich sehr stark nach rechts außen bewegt. In unserer Politik herrscht eine Polarisierung, aber eine „asymmetrische", wie die Politikwissenschaftler sagen.

Viele Menschen äußern sich zur Politik in den USA und der Politik der USA, ohne dabei die grundlegende Asymmetrie anzuerkennen, die zwischen den Parteien herrscht. Zum Teil geschieht das unabsichtlich, zum Teil vorsätzlich. Wir haben sogar einen Namen dafür – *bothsidesism*, falsche Ausgewogenheit. Damit wird beschrieben, dass manche Leute darauf beharren, dass für jeden Exzess der Parteilichkeit, der auf der Rechten zu beobachten ist, ein Gegenstück auf der Linken existiert. Um Amerikas Probleme zu lösen, so diese Denkschule, müssten sich die guten Zentrumspolitiker beider Parteien an einen Tisch setzen und die Dinge miteinander klären. All das ist bewusst naiv.

Selbstverständlich gibt es in Amerika linksgerichtete Radikale, aber sie haben nicht das Sagen in der Demokratischen Partei. Rechtsgerichtete Radikale hingegen *sind* im Grunde die Republikanische Partei. Es gibt einige Politiker, die man insoweit als Zentristen bezeichnen könnte, als ihre politische Haltung in etwa zur öffentlichen Meinung passt – allerdings steht die öffentliche Meinung in Wirtschaftsfragen viel weiter links, als es gemeinhin eingeräumt wird. Wie auch immer: Aktuell ist praktisch jeder Politiker, den man als Zentrumspolitiker bezeichnen könnte, ein Demokrat. Republikanische Zentrumspolitiker sind aus der Partei verjagt worden.

Ohne die asymmetrische Polarisierung zu berücksichtigen, kann man weder über die Politik noch über politische Maßnahmen realistisch schreiben, denn politische Ideen hängen zumindest teilweise davon ab, was halbwegs realistisch geschehen könnte. Die Artikel in diesem Abschnitt befassen sich alle auf die eine oder andere Weise mit den Realitäten der amerikanischen Politik im Zeitalter von *movement conservatism*.

DIESELBE ALTE PARTEI

8. Oktober 2007

In jüngster Zeit wurde Präsident Bush in einigen Artikeln als jemand dargestellt, der vom Pfad des wahren Konservativismus abgekommen ist. Die Republikaner müssen zu ihren Wurzeln zurückkehren, heißt es in diesen Artikeln.

Ich weiß nicht, was wahrer Konservativismus ist, aber bei den Recherchen für mein demnächst erscheinendes Buch habe ich sehr ausführlich die Geschichte der amerikanischen Politikbewegung studiert, die sich selbst als Konservativismus bezeichnet. Und was ich Ihnen sagen kann: Bush hat den Pfad keineswegs verlassen, ganz im Gegenteil, er ist das absolute Musterbeispiel eines neuen modernen Konservativen.

Es gibt beispielsweise einige Leute, die nach eigenem Bekunden schockiert sind, weil Bush gleichzeitig die Steuern senkte und einen kostspieligen Krieg führte. Dabei senkte Ronald Reagan ebenfalls die Steuern, während er die Streitkräfte gewaltig hochrüstete.

Einige Leute sind nach eigenem Bekunden schockiert über Bushs allgemein verantwortungslose Haushaltspolitik. Aber konservative Intellektuelle haben sich ihren eigenen Worten zufolge bereits vor 30 Jahren von einer verantwortungsvollen Haushaltspolitik verabschiedet. Lassen Sie mich zitieren, wie in den 1970er-Jahren Irving Kristol, damals Herausgeber von *The Public Interest*, erklärte, warum er eine angebotsorientierte Wirtschaftspolitik befürwortete: Er lege eine „eher unbekümmerte Haltung gegenüber dem Haushaltsdefizit und anderen geld- oder fiskalpolitischen Problemen“ an den Tag, denn die Aufgabe „so wie ich sah, bestand darin, eine neue Mehrheit herbeizuführen, was natürlich eine konservative Mehrheit bedeutete, was im Laufe der Zeit eine republikanische Mehrheit bedeutete. Insofern war politische Effektivität vorrangig, nicht die buchhalterischen Mängel des Staats."

Einige Leute sind nach eigenem Bekunden schockiert über die Art und Weise, wie die Regierung Bush zentrale Regierungsaufgaben an Privatunternehmen ausgelagert hat, weigern sich jedoch, diese Subunternehmer wirksam zu kontrollieren. Exemplarisch für diesen Prozess sei auf den gescheiterten Wiederaufbau des Iraks und die Blackwater-Affäre verwiesen.

Doch 1993 schrieb Jonathan Cohn im Politmagazin *The American Prospect*: „Unter Reagan und Bush ist die Personaldecke derjenigen, die zur Beaufsichtigung von Subunternehmern erforderlich wären, so stark ausgedünnt, dass der vermeintliche Nutzen der Auslagerung verpufft ist. Die Behörden haben es mit Pest *und* Cholera zu tun – demoralisierte und schlecht organisierte Behördenvertreter und private Auftragnehmer, die niemandem Rechenschaft schuldig sind."

Einige Leute sind nach eigenem Bekunden schockiert über die allgemeine Inkompetenz der Regierung Bush. Doch mangelndes Interesse an guter Regierungsarbeit ist seit Langem ein Grundsatz des modernen Konservatismus. In dem 1960 veröffentlichten Buch *The Conscience of a Conservative* [dt. Titel: *Das Gewissen eines Konservativen*, Göttingen, Schütz, 1964] schrieb Barry Goldwater: „Ich habe wenig Interesse daran, den Staatsapparat zu straffen oder ihn effizienter zu machen, denn ich beabsichtige, ihn zu verkleinern." [Anm. d. Übers.: Der damalige Senator Barry Goldwater trat 1964 für die Republikaner bei den Präsidentschaftswahlen an, unterlag jedoch Lyndon B. Johnson.]

Einige Leute sind nach eigenem Bekunden schockiert darüber, dass Bushs Justizministerium die Verfassung ad absurdum führte, indem es in einem geheimen Gutachten Folter zuließ, obwohl der Kongress und die Gerichte Anweisung erteilt hatten, derlei Praktiken aufzugeben. Aber erinnern Sie sich noch an die Iran-Kontra-Affäre? Die Regierung Reagan verkaufte heimlich dem Iran Waffen, verstieß gegen ein Embargo und nutzte die Erlöse aus dem Geschäft, um Nicaraguas Kontras zu unterstützen – obwohl der Kongress eine derartige Unterstützung ausdrücklich verboten hatte. Sie glauben, Iran-Kontra sei das Werk von Einzelgängern und nicht mit dem vollen Wissen und der Zustimmung der Leute ganz oben erfolgt (die dann durch sorgfältige Vertuschung geschützt wurden, was so weit ging, dass der Präsident zweckdienliche Begnadigungen aussprach)? Nun, dann hätte ich einen Brief aus Niger, den Sie vielleicht kaufen möchten. [Anm. d. Übers.: Die US-Regierung begründete den Irakkrieg unter anderem damit, dass sich Saddam Hussein in Niger Uranoxid für den Bau atomarer Waffen beschaffen wollte. Ein Schreiben, das dies beweisen sollte, erwies sich später als plumpe Fälschung.]

Einige Leute sind nach eigenem Bekunden schockiert darüber, dass die Regierung Bush unter dem Vorwand, man gehe gegen Wahlbetrug vor, versucht, das Wahlrecht von Minderheiten zu beschneiden. Aber Reagan war gegen den *Voting Rights Act* und bezeichnete das Gesetz noch 1980 als „erniedrigend für die Südstaaten". [Anm. d. Übers.: Der *Voting Rights Act* trat 1965 in Kraft und sollte insbesondere der afroamerikanischen Bevölkerung einen gerechteren Zugang zu Wahlen ermöglichen.]

Einige Leute sind nach eigenem Bekunden schockiert darüber, dass die Regierung Bush (eine Zeit lang leider viel zu erfolgreich) versucht hat, die Presse einzuschüchtern. Aber die Medientaktiken dieser Regierung gehen, wie zu weiten Teilen auch die Personen, die diese Taktiken anwenden, auf die Regierung Nixon zurück. Dick Cheney wollte die Wohnung von Enthüllungsjournalist Seymour Hersh durchsuchen lassen, und zwar nicht vergangene Woche, sondern 1975. Roger Ailes, Präsident von *Fox News*, war Nixons Medienberater.

Einige Leute sind nach eigenem Bekunden schockiert darüber, dass die Regierung Bush versucht, abweichende Meinungen mit Verrat gleichzusetzen. Aber Goldwater – der genau wie Reagan heute als Ikone der konservativen Reinheit hingestellt wird, aber im echten Leben eine deutlich weniger ansprechende Figur abgab – war ein getreuer Anhänger von Joseph McCarthy und zählte zu den nur 22 Senatoren, die gegen den Antrag stimmten, den Demagogen zu tadeln.

Vor allem aber sind die Leute nach eigenem Bekunden schockiert darüber, welches Maß an Autoritarismus die Regierung Bush an den

Tag legt und welche Verachtung für die Rechtsstaatlichkeit. Aber es ist gerade einmal ein halbes Jahrhundert her, dass die konservative politische Zeitschrift *National Review* verkündete: „Die weiße Gemeinde im Süden hat das Recht, alle Maßnahmen zu ergreifen, die erforderlich sind, um sich durchzusetzen." Einwände wurden als belanglos abgetan, nachdem man „einen Katalog der Rechte amerikanischer, gleich geborener Bürger" zu Rate gezogen hat. Vermutlich ein Verweis auf ein auch als Verfassung der Vereinigten Staaten von Amerika bekanntes Dokument.

Und wenn sie jetzt vor den Trümmern ihrer Angelegenheiten stehen, fragen sich die Konservativen vielleicht: „Wie ist es bloß so weit gekommen?" Vielleicht sagen sie sich auch: „Das ist doch nicht meine großartige Rechtspartei." Und vielleicht fragen sie sich: „Mein Gott, was haben wir bloß getan?" Aber ihre Bewegung ist dieselbe wie eh und je. Und Bush ist der wahre und getreue Erbe der neuen konservativen Bewegung.

ERIC CANTOR UND DER TOD EINER BEWEGUNG

12. Juni 2014

Wie wichtig ist die überraschende Niederlage von Eric Cantor, dem Mehrheitsführer des Repräsentantenhauses, bei den Vorwahlen? Sehr. Die neue konservative Bewegung hat von der Wahl Ronald Reagans bis zum Wahlsieg Barack Obamas die amerikanische Politik dominiert. Dieses Jahr würde sie nach Einschätzung vieler Fachleute ein Comeback feiern können, doch nun zerfällt sie vor unseren Augen in ihre Einzelteile.

Ich will damit nicht sagen, dass der Konservatismus insgesamt stirbt. Was ich und andere als *movement conservatism* bezeichnen (ein Begriff, den ich vom Historiker Rick Perlstein gelernt habe, glaube ich), ist etwas Spezifischeres. Diese neue konservative Bewegung ist ein miteinander verzahntes Netz aus Institutionen und Bündnissen. Sie hat Wahlen gewonnen, indem sie kulturelle und rassenbezogene Ängste anfachte, nutzte diese Erfolge aber vor allem dazu, eine elitäre Wirtschaftsagenda voranzutreiben. Gleichzeitig diente sie politischen und ideologischen Loyalisten als unterstützendes Netzwerk.

Mit Cantors Abwahl stellt die republikanische Basis unter Beweis, dass sie dem politischen Hütchenspiel auf die Schliche gekommen ist, gleichzeitig zeigt der Absturz Cantors, dass das unterstützende Netzwerk nicht länger sichere Arbeitsplätze garantieren kann. Damit ist nach etwa drei Jahrzehnten nun Schluss.

Um zu verstehen, was ich mit Hütchenspiel meine, denken Sie bitte daran zurück, was 2004 passierte. George W. Bush wurde wiedergewählt, weil er sich als Vorkämpfer für nationale Sicherheit und traditionelle Werte verkaufte – ich sagte in diesem Zusammenhang gern, er erklärte sich zum Beschützer Amerikas vor schwulen verheirateten Terroristen. Aber nach seiner Wiederwahl wandte er sich sofort wieder seinem eigentlichen Schwerpunkt zu: der Privatisierung der Sozialversicherung. Es war ein Musterbeispiel für die Strategie, die Thomas Frank in seinem Buch *What's The Matter with Kansas?* auf so berühmte Weise beschrieben hat. Bei dieser Strategie mobilisieren Republikaner Wähler mit Gesellschaftsthemen, kümmern sich im Anschluss an die Wahl aber stets um die Interessen der Großkonzerne und des einen Prozents.

Als Dank für diesen Dienst überschütteten die Unternehmen und die Reichen Politiker mit der rechten Gesinnung (im doppelten Wortsinn) mit Finanzmitteln und einem Sicherungsnetz für Loyalisten. Niemand, der freiwillig oder unfreiwillig aus dem Amt schied, musste sich groß Sorgen machen, denn es wartete immer eine bequeme Koje. Es gab Lobbyisten-Jobs, es gab Jobs als Kommentator bei *Fox News* oder andernorts (zwei ehemalige Redenschreiber von Bush sind nun Kolumnisten bei der *Washington Post*), es gab „Forschungsaufträge“ (nachdem er seinen Sitz im Senat verloren hatte, wurde Rick Santorum Leiter des Programms „America's Enemies“ bei einer unter anderem von den Gebrüdern Koch unterstützten Denkfabrik).

Dank der Kombination aus erfolgreicher Wahlkampfstrategie und Sicherungsnetz schien „konservativer Loyalist“ eine vergleichsweise risikoarme Berufswahl zu sein. Die Sache, für die man eintrat, mochte radikal sein, aber die Leute, die man anheuerte, waren immer häufiger Apparatschiks, denen es mehr um ihr berufliches Vorankommen ging als um ihre Überzeugungen.

Zumindest ist das der Eindruck, den Cantor vermittelte. Ich habe nie gehört, dass ihn jemand als Inspiration bezeichnet hätte. Seine politische Rhetorik war bösartig, aber kraftlos, und häufig überraschend frei von Fingerspitzengefühl. 2012 beispielsweise wählte er den Tag der Arbeit für einen Tweet, in dem er Geschäftsleute pries. Aber offensichtlich war er sehr gut im *inside game*, den politischen Abläufen und Machenschaften im Parlament.

Doch wie sich jetzt gezeigt hat, reicht das nicht länger aus. Warum genau er die Vorwahl verloren hat, wissen wir nicht, aber es scheint offensichtlich, dass die republikanische Basis ihm nicht zutraute, ihre Prioritäten zu vertreten anstelle der Prioritäten von Konzernen (und womöglich lagen die Menschen mit ihrer Einschätzung richtig). Und ausgerechnet bei der Einwanderung, dem wichtigsten Einzelthema, ist die Kluft zwischen Basis und Parteielite groß. Die Elite glaubt, sie müsse einen Weg finden, Hispanics zu erreichen, aber die Basis hasst sie. Aber nicht nur das: Es herrscht auch ein starker Konflikt zwischen dem Nativismus der Basis und dem Wunsch der Wirtschaft, auf große Mengen billiger Arbeitskräfte zugreifen zu können.

Cantor wird jetzt nicht hungern müssen, sondern gewiss ein bequemes Eckchen auf der K Street finden, aber sein beschämender Absturz ist eine Warnung: Konservativer Apparatschik ist nicht länger die sichere Berufswahl, die sie einst zu sein schien. [Anm. d. Übers.: Auf der K Street in Washington sitzen zahlreiche Lobbyunternehmen und Denkfabriken.]

Wie wird es weitergehen mit der neuen konservativen Bewegung? Vor den umwälzenden Neuigkeiten aus Virginia herrschte in den Medien das Narrativ vor, dass sich das republikanische Establishment die Kontrolle über die Partei von der Tea Party zurückerobert, dass sich also der gute alte *movement conservatism* wieder auf dem Vormarsch befindet. Tatsächlich jedoch haben Leute des Establishments Vorwahlen nur deshalb gewonnen, weil sie sich als Extremisten neu erfunden haben. Cantors Niederlage zeigt, dass es nicht ausreicht, Lippenbekenntnisse zum Extremismus abzulegen – die Basis muss glauben können, dass man es tatsächlich ernst meint. Auf lange Sicht (und die beginnt möglicherweise 2016) ist das keine gute Nachricht für die Republikanische Partei, denn die Partei bewegt sich bei gesellschaftlichen Themen in einer Zeit nach rechts, in der das Land größtenteils nach links rückt. (Überlegen Sie nur, wie rasch sich die Haltung bei der Homo-Ehe gewandelt hat.) Bis dahin schauen wir allerdings auf eine Partei, die noch extremer sein und noch weniger Interesse an einer normalen Regierungsführung haben wird, als sie es seit 2008 ohnehin an den Tag legt. So hässlich die politische Landschaft bislang gewesen sein mag – jetzt wird es noch schlimmer werden.

DER GROSSE MITTE-RECHTS-TRUGSCHLUSS

31. Oktober 2018

Wer oder was treibt Amerikas Politik in den Abgrund? Eine zentrale Rolle spielen Rassenhass und der Zynismus derjenigen Politiker, die bereit sind, diesen Rassenhass zu ihrem Nutzen auszuschlachten, doch es gibt noch weitere Faktoren. Und ein Meinungsartikel von Alexander Hertel-Fernandez, Matto Mildenberger und Leah Stokes in der heutigen *Times* (wir haben es hier mit Sozialwissenschaften zu tun und keiner Meinungsäußerung!) scheint zu bestätigen, was ich bereits vermutet habe: Ein Missverständnis dessen, was die Wählerschaft möchte, verzerrt sowohl die politische Positionierung wie auch die öffentliche Ordnung.

Die Verfasser dieses Artikels zeigen, dass die Berater der Kongressabgeordneten massiv danebenliegen, wenn es darum geht, welche Ansichten die Wählerschaft ihrer Bosse vertritt. Das gilt für beide Parteien, ist aber deutlicher ausgeprägt bei den Republikanern. Worauf die Autoren nicht ausdrücklich hinweisen, ist, dass mit Ausnahme des *Affordable Care Acts* (ACA) die Demokraten in gleicher Hinsicht wie die Republikaner falschliegen, wenn auch weniger stark. Beide Parteien glauben, dass die Öffentlichkeit weiter rechts steht, als es in Wirklichkeit der Fall ist.

Kurzer Abstecher, was das Außerkraftsetzen des ACA angeht: Ich frage mich wirklich, was hier vor sich geht. In zahllosen Umfragen hat sich gezeigt, dass eine überwältigende Mehrheit der Wählerschaft Versicherungsschutz bei bestehenden Erkrankungen und Subventionen für Amerikaner mit geringem Einkommen möchte, damit sich diese Menschen eine Krankenversicherung leisten können. Anders formuliert: Selbst wenn sie sagen, das Gesetz gefällt ihnen nicht, gefällt ihnen der Kern des ACA. Insofern bewerte ich dieses Ergebnis mit einer gewissen Vorsicht: Vielleicht liegen die Demokraten hier gar nicht so verkehrt, wie es den Anschein hat.

Wie auch immer: Was ich gern hätte, wären vergleichbare Befragungen anderer Gruppen – von politischen Analysten, die für große Medienunternehmen arbeiten, beispielsweise. Warum? Weil ich vermute, dass die Ergebnisse hier ganz ähnlich ausfallen würden: Auch die Menschen, die ihre Meinung zur Politik abgeben, stellen sich vor, dass die Wähler weiter rechts stehen, als es der Wirklichkeit entspricht. Ich will damit sagen, dass es einen Trugschluss gibt, dem viele Menschen innerhalb des Washingtoner Beltways anhängen, dass nämlich Amerika eine konservative oder bestenfalls Mitte-rechts-orientierte Nation ist. Diese Ansicht beruht nicht auf der Realität.

Ja, die immer mehr zur rechtsextremen Partei werdenden Republikaner waren mehr als nur ein wenig erfolgreich und haben in den vergangenen 24 Jahren bis auf vier Jahre stets das Weiße Haus oder das Repräsentantenhaus oder beide kontrolliert. Aber das hängt auch stark damit zusammen, dass keine Wettbewerbsgleichheit herrscht – die *popular vote* bei den Präsidentschaftswahlen haben sie in diesem Zeitraum nur ein einziges Mal gewonnen und die Mehrheit im Repräsentantenhaus konnten sie auch in Fällen verteidigen, in denen die Demokraten deutlich mehr Stimmen erhielten.

Darüber hinaus spiegelt es eine politische Strategie, bei der die Republikaner mit allem Möglichen in den Wahlkampf ziehen, aber nicht mit ihren politischen Zielen. Trumps hektische Bemühungen, anstelle des Gesundheitswesens oder der Steuersenkungen angsteinflößende Menschen brauner Hautfarbe in den Mittelpunkt der Wahlen nächste Woche zu stellen, sind primitiver und hässlicher als alles, was wir seit Langem miterleben mussten, aber es läuft dem Charakter nicht völlig zuwider. Bush senior trat gegen Willie Horton an, Bush junior stellte die nationale Sicherheit in den Mittelpunkt seines Wahlkampfs. Ihre eigenen politischen Ziele spielten nur eine Nebenrolle. [Anm. d. Übers.: George Bushs demokratischer Gegenkandidat war Michael Dukakis. In Dukakis' Amtszeit als Gouverneur von Massachusetts nutzte der Schwerverbrecher Willie Horton einen Hafturlaub dazu, eine Frau zu vergewaltigen und ihren Mann zu misshandeln. Das Thema (und seine Reaktion darauf) schadete Dukakis im Wahlkampf sehr.]

Anschauungsunterricht darüber, wie groß die Kluft zwischen dem Wahlkampfauftreten der Republikaner und den öffentlichen Präferenzen ist, erhielten wir 2004/05. Bush machte die nationale Sicherheit mit einer Prise Kulturkrieg zum zentralen Thema des Wahlkampfs – wie ich damals witzelte, trat er als Feind von in Homo-Ehen lebenden Terroristen an. Nachdem er den Sieg in der Tasche hatte, verkündete er, die Wähler hätten ihn beauftragt, die Sozialversicherung zu privatisieren. Hatten sie aber nicht.

Viele Beobachter jedoch dachten, er habe diesen Auftrag. Nach der Wahl von 2004 herrschte unter Journalisten und Kommentatoren mehrere Monate lang die Meinung vor, dass Bush selbstverständlich seinen Willen in Sachen Sozialversicherung würde durchsetzen können und dass Leute wie Nancy Pelosi, die sich ihm in den Weg stellten, auf der falschen Seite der Geschichtsschreibung stehen. Der vehemente Widerstand von Wählern, die die Sozialversicherung (und Medicare und Medicaid) wirklich sehr mögen, hat viele selbst ernannte Politikexperten stark überrascht.

Wie wirkt sich diese Fehleinschätzung von Amerika als Mitte-rechts-Nation aus? Die Demokraten hat sie aus Furcht, man stünde zu weit links für die Wählerschaft, ganz klar daran gehindert, eine politisch mutigere Haltung einzunehmen. Angefacht wurde diese Furcht von Journalisten, die auf ihrer Ansicht bestanden, die Öffentlichkeit wolle Zentristen, die irgendwo zwischen den Parteien stehen. Erinnern wir uns an die „Bloomberg for President"-Kampagne, die aus einer Reihe prominenter Experten bestand und vielleicht drei Wählern, die keine Journalisten waren.

Aber die Republikaner sind sogar noch weiter von der Realität entfernt. Hertel-Fernandez et al. weisen zu Recht darauf hin, dass sich

Trumps Steuersenkung durch die Bank als unbeliebt erwiesen hat, aber worauf sie nicht hinweisen, ist, dass die Republikaner anfangs überzeugt waren, einen großen politischen Trumpf in Händen zu halten: „Wenn wir das dem amerikanischen Volk nicht schmackhaft machen können, sollten wir uns eine andere Beschäftigung suchen", erklärte Mitch McConnell. Aber sie konnten es nicht schmackhaft machen und die Steuersenkung findet in der Außendarstellung der Republikanischen Partei praktisch überhaupt nicht mehr statt.

Darüber hinaus scheint auch die heftige Reaktion der Öffentlichkeit auf die Versuche, den Versicherungsschutz für Menschen mit Vorerkrankungen abzuschaffen, die Republikaner komplett auf dem falschen Fuß erwischt zu haben – eigentlich erstaunlich, wenn man mal darüber nachdenkt. Wie konnte ihnen nicht klar sein, dass sich dies als wunder Punkt erweisen könnte?

Das bringt mich zu etwas, das David Roberts gestern schrieb und das zu einem Punkt passt, über den ich seit einiger Zeit nachdenke. Mit Blick auf das „Wir hängen [Sonderermittler Robert] Mueller etwas an"-Debakel hätten wir es mit „der zweiten Generation von *Fox News*-Konservativen zu tun", schreibt Roberts. „Sie sind voll und ganz in der rechten Blase groß geworden und begreifen nicht, wie Menschen außerhalb dieser Blase reden, denken und sich verhalten."

Ich würde behaupten, dass dies stärker auf Berufspolitiker der Republikaner zutrifft. Bei ihnen handelt es sich komplett um Apparatschiks. Sie sind innerhalb der neuen konservativen Bewegung aufgewachsen und aufrichtig davon überzeugt, dass bis auf einige wenige linke Verlierer alle anderen ihre Ideologie teilen. Dass der Erfolg ihrer Partei auf dem Anfachen von Rassenhass beruht und dass die meisten Menschen es gutheißen würden, die Reichen zu besteuern und soziale Leistungen zu erhalten, ist ihnen überhaupt nicht bewusst.

Hier ist Trump übrigens im Vorteil. Er ist nicht im konservativen Gewächshaus groß geworden. Gerade seine Unfertigkeit bedeutet, dass er begreift, dass seine Wahlchancen nicht davon abhängen, wie gut er den konservativen Kanon nachbetet, sondern von einer größtmöglichen Gemeinheit.

DIE LEERRÄUME DER US-POLITIK

4. Februar 2019

Howard Schultz, der Kaffeemilliardär, träumte davon, als „Zentrist" breiten Zuspruch finden zu können. Nun hat sich herausgestellt, dass seine Zustimmung bei vier Prozent liegt, die Ablehnung bei 40 Prozent.

Ralph Northam, ein Demokrat, der mit einem erdrutschartigen Sieg zum Gouverneur von Virginia gewählt wurde, sieht sich aus den eigenen Reihen einem Feuersturm der Vorwürfe ausgesetzt, weil man in seinem Jahrbuch von der medizinischen Fakultät rassistische Bilder gefunden hat.

Donald Trump versprach im Wahlkampf, die Krankenversicherung auszuweiten und die Reichen stärker zu besteuern. Im Augenblick seines Amtsantritts begann er, seine Anhängerschaft in der Arbeiterklasse zu betrügen, indem er massive Steuererleichterungen für die Reichen durchdrückte und versuchte, Millionen Menschen um ihre Krankenversicherung zu bringen.

Wie sich zeigt, hängen all diese Geschichten zusammen. Die verbindenden Elemente sind die beiden großen Lücken in der amerikanischen Politiklandschaft.

Lücke 1 ist das Fehlen sozialliberaler und wirtschaftlich konservativer Wähler. Das waren die Menschen, von denen Schultz dachte, er könne sie erreichen, aber sie existieren im Grunde gar nicht beziehungsweise machen halt nur etwa vier Prozent der Wählerschaft aus.

Lücke 2 ist das Fehlen von wirtschaftlich liberalen und sozialkonservativen Politikern oder sagen wir es ganz unverblümt: „rassistischen Populisten". Es gibt jede Menge Wähler, denen diese Mischung zusagen würde, und Trump tat so, als wäre er ihr Mann. Das war er aber nicht und es ist auch sonst keiner.

Um die Politik in den USA zu begreifen, muss man aus meiner Sicht diese Leerräume begreifen.

Früher einmal saßen rassistische Populisten im Kongress: Die Koalition, die den New Deal verabschiedete, verließ sich auf ein großes Kontingent von Dixiekraten, die für Rassentrennung eintraten. [Anm. d. Übers.: Als Dixiecrats wurden die Mitglieder der vor allem in den Südstaaten aktiven States' Rights Democratic Party bezeichnet, die sich 1948 auflöste.] Aber diese Koalition war stets instabil. In der Praxis schien eine Inklusion auf wirtschaftlicher Ebene dazu zu führen, dass man auch für eine rassenpolitische und gesellschaftliche Inklusion eintrat. In den 1940er-Jahren waren im Norden die Demokraten bereits offener für Bürgerrechte als die dortigen Republikaner, und wie die Northam-Affäre zeigt, bringt die Partei heutzutage für alles, dem auch nur ein leichter Beigeschmack von Rassismus anhängt, wenig Toleranz auf.

Der modernen Republikanischen Partei wiederum geht es vor allem um das Beschneiden – das Beschneiden der Steuerlast der Reichen und das Beschneiden der Sozialleistungen für die Armen und die Mittelklasse. Allem Wahlkampfgerede zum Trotz hat sich gezeigt, dass Trump da keine Ausnahme ist.

Insofern gelingt es unserem politischen System nicht, sozialkonservative/rassistische Wähler zu bedienen, die höhere Steuern für die Reichen und ein Weiterbestehen der Sozialversicherung wollen. Demokraten tolerieren den Rassismus nicht. Die Republikaner schon, derartige Zwänge sind ihnen fremd – wir erinnern uns, wie geschlossen das Partei-Establishment die Kandidatur von Roy Moore für den Senat guthieß –, aber sie werden die Programme nicht schützen, von denen die Rassisten abhängen. [Anm. d. Übers.: Der ehemalige Jurist und Richter Moore kandidierte 2017 für den Senat. Er hat sich wiederholt rassistisch und homophob geäußert.]

Aber warum gibt es so wenige Wähler am entgegengesetzten Ende, die gesellschaftlich und in Rassenfragen liberal denken, aber in Fragen der Wirtschaftspolitik konservativ sind? Für mich erklärt sich das dadurch, wie weit nach rechts die Republikanische Partei inzwischen gerückt ist.

Die Umfragen sind eindeutig, was diesen Punkt angeht. Definiert man „Zentrum" als Position irgendwo zwischen diesen beiden Parteien, steht die Öffentlichkeit in Wirtschaftsfragen zu überwältigenden Teilen links von der Mitte, möglicherweise sogar noch links von den Demokraten. Steuersenkungen für die Reichen sind das, was die Republikaner ausmacht, aber zwei Drittel der Wähler halten die Steuerlast der Reichen für zu gering, nur sieben Prozent sagen, sie sei zu hoch. Mit einer 3:1-Mehrheit unterstützten die Wähler den Vorschlag von Elizabeth Warren, große Vermögen zu besteuern. Nur eine kleine Minderheit hätte gern Einschnitte bei Medicaid, dabei sind derartige Maßnahmen doch zentraler Bestandteil jedes Vorschlags, den die Republikaner in den vergangenen Jahren zum Thema Gesundheitspolitik vorgelegt haben.

Warum aber haben sich die Republikaner so weit von den Präferenzen der Wählerschaft entfernt positioniert? Weil sie es können. Während die Demokraten zur Partei der Bürgerrechte wurden, konnten die Republikaner weiße Arbeiter anlocken, indem sie deren gesellschaftliche und rassenpolitische Engstirnigkeit bedienten – und das, obwohl sie gleichzeitig eine Politik betrieben, die den gewöhnlichen Arbeitern schadete. Die Folge: Um in Amerika in Wirtschaftsfragen konservativ zu sein, muss man sich für eine Politik starkmachen, die im Grunde nur eine kleine Elite anspricht. Praktisch niemand möchte diese Politik um ihrer selbst willen, sie lässt sich nur im Paket mit rassistischen Anfeindungen verkaufen.

Was bedeuten diese Leerräume der US-Politik für die Zukunft?

Zunächst einmal, dass Schultz ein Narr ist … genau wie jene, die von einer reformierten Republikanischen Partei träumen, die weiterhin konservativ ist, aber ihre Verbindungen zu Rassisten kappt. Es gibt praktisch niemand, der diesen Mix von Positionen haben möchte.

Zweitens: Bedenken, die Demokraten gefährden ihre Wählbarkeit, indem sie sich zu weit nach links bewegen und beispielsweise eine höhere Besteuerung der Reichen und eine Ausweitung von Medicare vorschlagen, sind stark übertrieben. Die Wähler wollen einen Linksruck in Wirtschaftsfragen – es gibt halt nur einige, die den Einsatz der Demokraten für die Bürgerrechte nicht mögen, aber die kann die Partei nicht aufgeben, ohne ihre Seele zu verlieren.

Weniger klar ist, ob es Raum für Politiker gibt, die bereit sind, als echte rassistische Populisten aufzutreten, im Gegensatz also zu Trump, der den zweiten Teil nur vortäuschte. Es gibt einen erheblichen Block rassistisch-populistischer Wähler und man sollte meinen, dass jemand versuchen wird, sie zu bedienen. Vielleicht ist aber auch die Verlockung des großen Geldes einfach zu stark – das große Geld hat die Republikaner völlig in Beschlag genommen und die Demokraten wohl daran gehindert, so weit nach links zu rücken, wie es die Wähler wollen.

In jedem Fall gilt: Wenn es eine echte Lücke für einen unabhängigen Kandidaten gibt, dann muss dieser Kandidat eher wie George Wallace sein als wie Howard Schultz. [Anm. d. Übers.: Der Demokrat Wallace war lange Jahre Gouverneur von Alabama und kandidierte in den 1960er- und 1970er-Jahren vier Mal für das Amt des Präsidenten. Nachdem er lange als beinharter Vertreter der Rassentrennung aufgetreten war, wandelte er seine Gesinnung in späteren Jahren völlig.] Milliardäre, die die althergebrachten Parteien verabscheuen, sollten vorsichtig sein mit dem, was sie sich wünschen.

14

IGITT! SOZIALISMUS!

SOZIALISTENHETZE IM 21. JAHRHUNDERT

Sollte Amerika allen Einwohnern mit legalem Aufenthaltsstatus ein Programm nach Art von Medicare anbieten? Das ist eine echte Frage, die man Wählern stellen kann und auf die man bedeutsame Antworten erhält. (Grundsätzlich gefällt den Menschen die Vorstellung, sich bei Medicare einkaufen zu können, aber nicht die Idee, wonach man seine private Krankenversicherung auch dann aufgeben müsste, wenn man damit zufrieden ist.)

Sollte Amerika den Sozialismus einführen? Das ist keine echte Frage, denn „Sozialismus“ bedeutet für unterschiedliche Menschen unterschiedliche Dinge. Die klassische Definition wäre „Der Staat besitzt die Produktionsmittel“ und das findet bei den Wählern keinen Anklang. Doch in der amerikanischen Politik versucht man seit Langem, Sozialismus in einen Topf mit dem zu werfen, was die Europäer als „Sozialdemokratie“ bezeichnen – freie Marktwirtschaft, aber mit einem starken sozialen Netz und Regulierung, die den Spielraum der Unternehmen bei ihrem Streben nach Gewinn beschneidet. Auch Medicare hat man, bevor es in Kraft trat und unglaublich beliebt wurde, als „sozialisiertes Gesundheitswesen“ angeprangert, das gewiss Amerikas Freiheit vernichten werde.

Oder anders formuliert: Wenn Sie der Meinung sind, wir sollten ein wenig mehr wie Dänemark sein – eine Marktwirtschaft, in der die soziale Absicherung deutlich stärker als bei uns ist –, werden Konservative behaupten, sie wollten uns in ein neues Venezuela verwandeln, wo man den Marktkräften mit Verachtung begegnete und dadurch eine wirtschaftliche Katastrophe heraufbeschwor.

Während ich dies schreibe, sind die Republikaner ganz offenkundig dabei, die Angst vor dem Sozialismus zu einem zentralen Baustein ihres Wahlkampfs 2020 zu machen. Sie hoffen damit zu punkten, dass in den Reihen der Demokratischen Partei – die zum jetzigen Zeitpunkt im Grunde sozialdemokratisch ist – Politiker zu finden sind, die sich selbst trotzig (aber aus meiner Sicht unzutreffend) als Sozialisten bezeichnen. Ich habe keine Ahnung, wie wirksam diese Panikmache sein wird, aber wo immer sie auf fruchtbaren Boden fallen wird, hängt das auch damit zusammen, dass zu wenige Menschen begreifen, wie eine Sozialdemokratie funktioniert oder wie es sich in Ländern lebt, die uns auf dem sozialdemokratischen Weg einige Schritte voraus sind.

Die Artikel in diesem Abschnitt versuchen, sich aus unterschiedlichen Betrachtungswinkeln mit diesem fehlenden Wissen zu befassen: Sie beschreiben, wie das Leben in Westeuropa tatsächlich ist, und sollen einige der Mythen rund um die Arbeitsweise unserer eigenen Gesellschaft vertreiben – vor allem die sich hartnäckig haltende falsche Behauptung, wonach freie Märkte stets die persönliche Freiheit beflügeln.

KAPITALISMUS, SOZIALISMUS UND UNFREIHEIT

26. August 2018

Auf der Homepage der *Times* stehen aktuell zwei Artikel, die man meiner Meinung nach im Zusammenhang lesen sollte. Der eine Artikel ist ein Kommentar von Corey Robin, der andere eine Analyse von Neil Irwin. In Kombination decken sie vieles von dem ab, was falsch ist an der neoliberalen Ideologie (ja, ich halte das an dieser Stelle für den korrekten Begriff), die seit den 1970er-Jahren den öffentlichen Diskurs derart stark unter Beschlag genommen hat.

Denn worin bestanden und bestehen die Argumente für niedrige Steuern und minimale Regulierung? Zum Teil ist da selbstverständlich die Behauptung, dass ein möglichst kleiner Staatsapparat Voraussetzung für große wirtschaftliche Leistungen sei, für eine steigende Flut, die alle Boote anhebt. Diese Behauptung hält sich, weil mächtige Interessengruppen es wollen, dabei war das Wirtschaftswachstum in den Zeiten der neoliberalen Dominanz so lala und drang auch nicht zu den gewöhnlichen Arbeitnehmern durch.

Der anderen Behauptung zufolge bewirken freie Märkte persönliche Freiheit, weil eine unregulierte Marktwirtschaft die gewöhnlichen Menschen von der Tyrannei der Bürokratie befreit. In einer freien Marktwirtschaft müsse man seinem Chef oder dem Unternehmen, das einem etwas andrehen möchte, nicht schmeicheln, denn sie wüssten, dass man jederzeit woanders hingehen kann.

Robin weist darauf hin, dass die Realität einer Marktwirtschaft mit diesem Bild nichts zu tun hat. In der täglichen Erfahrung Dutzender

Millionen Amerikaner – insbesondere, aber nicht ausschließlich, jener, die nicht viel Geld verdienen – ist man ständig abhängig vom guten Willen der Arbeitgeber und anderer mächtigerer wirtschaftlicher Akteure.

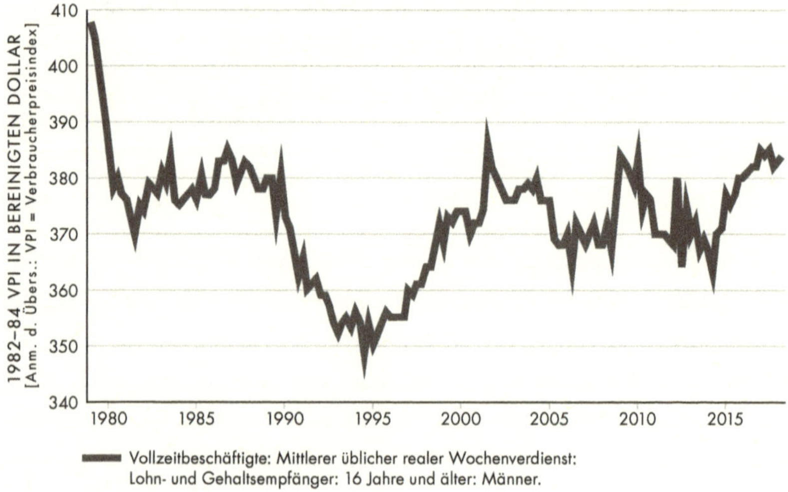

Quelle: U.S. Bureau of Labor Statistics

Brad DeLong hat recht mit seiner Aussage, dass viele Beispiele Robins auf jedes komplexe Wirtschaftssystem zutreffen würden. Ich habe Zeit damit verschwendet, mich sowohl mit Verizon als auch mit der Social Security Administration herumzuschlagen, und in beiden Fällen hat es mein sozioökonomischer Status zweifelsohne deutlich einfacher gemacht, als es für einen Mindestlohnempfänger der Fall gewesen wäre. (Andererseits habe ich wiederholt gute Erfahrungen mit der häufig gescholtenen Straßenverkehrsbehörde gemacht.) Aber zu glauben, freie Märkte würden Machtverhältnisse aus der Gleichung entfernen, ist schlicht naiv.

Und heutzutage ist dieser Glaube noch naiver als vor einigen Jahrzehnten, denn wie Irwin sagt, dominieren inzwischen große Wirtschaftsakteure immer größere Teile der Wirtschaft. Es wird immer deutlicher, dass die Macht der Monopole die Gehälter drückt, aber damit nicht genug. Wenn es nur einige wenige Firmen sind, die einstellen, wenn dazu Wettbewerbsverbote greifen und wenn stillschweigende Absprachen die Marktmacht der Unternehmen verstärken, dann sorgt das nicht nur für geringe Gehälter, wenn man den Job tatsächlich bekommt, es reduziert auch die Handlungsmöglichkeiten, sollte man schlecht behandelt werden, teilweise oder sogar völlig. Wer kündigt, weil der Boss sich wie die Axt im Wald aufführt oder weil man Probleme mit der Unternehmenspolitik hat, muss sich darauf einstellen, dass es sehr schwer werden könnte, eine neue Anstellung zu finden.

Aber was lässt sich dagegen tun? „Sozialismus", sagt Corey Robin, aber soweit ich das beurteilen kann, meint er in Wahrheit Sozialdemokratie, also Dänemark, nicht Venezuela. Verhängt der Staat Maßnahmen zum Schutz der Arbeitnehmer, schränkt das vielleicht die Möglichkeiten der Unternehmen ein, nach Belieben einzustellen und zu entlassen, aber es schützt die Arbeitnehmer auch vor einigen sehr realen Arten des Missbrauchs. Gewerkschaften schränken die Möglichkeiten der Arbeitnehmer etwas ein, aber sie stellen auch ein wichtiges Gegengewicht gegen die Monopolmacht der Firmen dar.

Ach, und ein soziales Sicherheitsnetz kann mehr leisten, als Leid zu lindern – es kann befreien. Ich habe viele Menschen kennengelernt, die in Jobs feststecken und sich nicht trauen zu kündigen, weil sie sonst ihre Krankenversicherung verlieren. Obamacare hat seine Fehler, hat aber diese Art von „Gefangenendasein" deutlich reduziert. Eine umfassende Garantie, in jedem Fall krankenversichert zu sein, würde unsere Gesellschaft spürbar freier machen.

Kürzlich hatte ich einigen Spaß mit dem Index, den das Cato-Institut zur wirtschaftlichen Freiheit der einzelnen Bundesstaaten erstellt hat. Danach ist Florida der freieste und New York der am wenigsten freie Bundesstaat. (Ist es okay, dass ich das schreibe, Genosse Kommissar?) Ich habe darauf hingewiesen, dass Freiheit in der Definition von Cato unter anderem mit einer hohen Kindssterblichkeit einherzugehen scheint. Lebe frei und stirb! (New Hampshire rangiert kurz hinter Florida.) [Anm. d. Übers.: „Lebe frei oder stirb" ist das Staatsmotto von New Hampshire.]

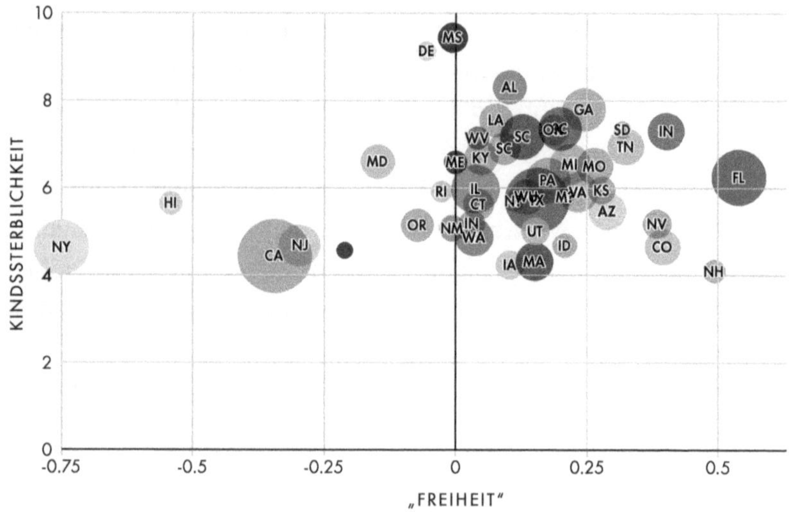

Quelle: William P. Ruger und Jason Sorens, „Freedom in the 50 States: An Index of Personal and Economic Freedom" (Cato Institute, 2018)

Aber im Ernst: Machen die realen Unterschiede, die es zwischen New York und Florida gibt, die New Yorker weniger frei? In New York sind Gewerkschaften stark vertreten (25,3 Prozent der Arbeitnehmer), während sich in Florida nur 6,6 Prozent der Arbeitnehmer gewerkschaftlich vertreten lassen. Macht das Lohnempfänger in New York weniger frei oder ermächtigt es sie, gegen die Macht der Konzerne aufzubegehren?

Zudem hat New York Medicaid ausgeweitet und daran gearbeitet, die Börsenplätze, an denen man sich Krankenschutz kaufen kann, zum Laufen zu bringen. Aus diesem Grund sind nur acht Prozent der Erwachsenen unterhalb des Rentenalters nicht versichert, während es in Florida 18 Prozent sind. Fühlen sich die New Yorker erdrückt von der harten Hand des Gesundheitsgesetzes oder fühlen sie sich freier, weil sie wissen, dass medizinische Notfälle sie nicht so schnell ruinieren und dass sie nicht gleich in einen Abgrund stürzen, sollten sie ihre Beschäftigung verlieren?

Für eine hoch bezahlte Fachkraft wird es vermutlich keinen allzu großen Unterschied machen, aber ich schätze, dass die meisten Arbeitnehmer sich in New York zumindest etwas freier fühlen als in Florida.

Wenn man in einer komplexen Gesellschaft lebt, ist es unvermeidlich, dass man einige Freiheiten aufgeben muss. Dieses Opfer zu bringen ist unvermeidlich und es gibt keine perfekte Antwort darauf. Utopia steht nicht zur Wahl. Aber den Befürwortern ungebremster Unternehmensmacht und möglichst geringem Schutz der Arbeitnehmer hat man schon viel zu lange durchgehen lassen, dass sie sich als Verteidiger der Freiheit gebärden dürfen. Und Freiheit ist nichts anderes als ein Wort dafür, nichts mehr zu verlieren zu haben. [Anm. d. Übers.: eine Zeile aus dem Song „Me and Bobby McGee".]

NICHT ALLES IST FAUL IM STAATE DÄNEMARK

16. August 2018

Ein sozialistisches Höllenloch zu sein oder nicht, das ist hier die Frage. Entschuldigung, das musste einfach raus.

Vergangenes Wochenende sorgte die *Fox Business*-Moderatorin Trish Regan für einen kleineren internationalen Vorfall, als sie Dänemark als Beispiel für die Schrecken des Sozialismus anführte und auf eine Stufe mit Venezuela stellte. Dänemarks Finanzminister empfahl ihr daraufhin, seinem Land einen Besuch abzustatten und sich einige Fakten anzueignen.

Tatsächlich hätte sich Regan wohl kein schlechteres oder aus Sicht der amerikanischen Progressiven kein besseres Beispiel aussuchen können.

Dänemark hat in den vergangenen Jahrzehnten in der Tat einen anderen Weg als die Vereinigten Staaten eingeschlagen und ist (leicht) nach links abgeschwenkt, während wir nach rechts abgebogen sind. Und wie ist es Dänemark damit ergangen? Ausgesprochen gut.

In Amerikas Politik dominiert ein Kreuzzug gegen Big Government; Dänemark hat sich für eine weitreichende Rolle des Staats im Leben seiner Bürger entschieden, die öffentlichen Ausgaben machen mehr als die Hälfte des BIP aus. Amerikas Politiker haben Angst, über eine Umverteilung von Einkommen zu sprechen, bei der Geld der Reichen an die weniger Wohlhabenden geht; in Dänemark hat die Umverteilung ein Ausmaß, das hier absolut unvorstellbar wäre. Amerikas Politik geht zunehmend feindselig mit Arbeitnehmervertretungen um, aus der Privatwirtschaft sind Gewerkschaften praktisch komplett verschwunden;

hingegen sind zwei Drittel der dänischen Arbeitnehmer gewerkschaftlich organisiert. Gemäß der Ideologie der Konservativen müssten Dänemarks politische Entscheidungen verheerende Folgen für das Land gehabt haben und in den Straßen Kopenhagens müsste das Unkraut sprießen. Was Regan beschrieben hat, ist tatsächlich das, was nach Auffassung ihrer Arbeitgeber dort passiert.

Aber sollte es sich bei Dänemark um ein Höllenloch handeln, bekommt das Land es sehr gut hin, diese Tatsache zu verbergen. Ich war gerade dort und das Land wirkt unglaublich wohlhabend.

Die Daten untermauern meinen Eindruck. Die Dänen sind mit höherer Wahrscheinlichkeit in Lohn und Brot als die Amerikaner und in vielen Fällen verdienen sie spürbar mehr. Das Pro-Kopf-BIP der Dänen ist ein wenig niedriger als das amerikanische, aber im Grunde liegt das daran, dass die Dänen mehr Urlaubstage nehmen. Die Einkommensungleichheit ist deutlich weniger stark ausgeprägt, die Lebenserwartung höher.

Es ist schlicht so, dass das Leben für die meisten Dänen besser ist als für ihre amerikanischen Pendants. Es gibt einen Grund dafür, dass Dänemark bei Umfragen, in denen es darum geht, wie glücklich und zufrieden die Menschen mit ihrem Leben sind, jedes Mal deutlich vor den USA rangiert.

Aber ist Dänemark sozialistisch?

Nein, sagt das libertäre Cato Institute: „Dänemark verfügt neben seinen Transferleistungen des Wohlfahrtstaats und einer hohen Staatsquote über eine ziemlich freie Marktwirtschaft." Das ist schon ein anständiges Lob.

Es stimmt: Dänemark entspricht überhaupt nicht der klassischen Definition des Sozialismus, wozu es gehören würde, dass der Staat sämtliche Produktionsmittel besitzt. Es handelt sich stattdessen um ein sozialdemokratisches Land, eine Marktwirtschaft, in der der Staat durch sein Handeln die Schattenseiten des Kapitalismus lindert, unter anderem durch ein sehr starkes soziales Sicherungsnetz.

Dennoch verwässern Amerikas Konservative – wie Regan von *Fox* – ständig und systematisch die Linie zwischen Sozialdemokratie und

Sozialismus. 2008 warf John McCain Barack Obama vor, den Sozialismus einführen zu wollen – weil Obama eine Ausweitung der Krankenversicherung forderte. 2012 erklärte Mitt Romney, Obama habe seine Ideen von „sozialistischen Demokraten aus Europa".

Oder anders gesagt: Wann immer im politischen Diskurs Amerikas jemand das Leben in der freien Marktwirtschaft weniger hässlich, weniger brutal und weniger unvollkommen gestalten möchte, wird er als Sozialist angeprangert.

Die Folgen dieser Schmierenkampagne waren absehbar: Wenn man alle Bemühungen, das Leben der Amerikaner zu verbessern, als „Sozialismus" darstellt, werden viele Leute früher oder später zu der Haltung gelangen, dass Sozialismus okay ist.

Eine neuere Umfrage von Gallup ergab, dass sowohl bei der jungen Wählerschaft wie auch bei denjenigen, die sich selbst als Demokraten bezeichnen, eine Mehrheit den Sozialismus dem Kapitalismus vorzieht. Das heißt nun aber nicht, dass Dutzende Millionen Amerikaner davon träumen, dass der Staat die Kommandohöhen der Wirtschaft erstürmt. Es heißt einfach nur, dass viele Leute den Sozialismus für eine gar nicht mal so schlechte Sache halten, wenn man ihnen wieder und wieder vorkaut, dass jeder ein Sozialist ist, der möchte, dass Amerika ein wenig mehr wie Dänemark wird.

Und dasselbe lässt sich auch über einige demokratische Politiker sagen. Viel wurde über Alexandria Ocasio-Cortez berichtet, nicht nur, weil sie sich in den Vorwahlen überraschend durchsetzen konnte, sondern weil sie sich selbst als Sozialistin bezeichnet. Legt man allerdings die traditionellen Maßstäbe an, ist ihre Wahlkampfplattform alles andere als sozialistisch, sondern schlichtweg sozialdemokratisch.

Und das bringt sie in Einklang mit dem Rest ihrer Partei. Wann immer in Artikeln die Frage gestellt wird, wofür die Demokraten stehen, frage ich mich, ob die Autoren sich überhaupt damit befasst haben, was die Kandidaten über ihre Politik geäußert haben. Die Demokratische Partei steht heutzutage auf beeindruckend geschlossene Weise hinter sozialdemokratischen Zielen, und zwar deutlich stärker als in der Vergangenheit.

Selbstverständlich gibt es politische wie rhetorische Meinungsverschiedenheiten. Sollte „Medicare für alle“ Teil des Strebens nach einer allgemeinen Krankenversicherung werden oder sollte es einzig um das Recht gehen, sich in ein erweitertes Medicare-Angebot einkaufen zu können? Wenn die Republikaner wieder einmal die sozialdemokratischen Ideen der Demokraten durch den Dreck ziehen, sollten die Demokraten das einfach ignorieren. Alternativ täten sie vielleicht besser daran, die Verleumdung („Sozialist!“) in ein Ehrenabzeichen zu verwandeln.

Aber das sind keine tiefen Gräben und kein Vergleich zu den Gräben, die vor einigen Jahrzehnten zwischen Liberalen und Zentristen aufklafften und die Partei zerrütteten.

Es ist schlicht so, dass es in Amerika deutlich mehr Leid gibt, als es der Fall sein müsste. Jede andere Industrienation verfügt über eine allgemeine Krankenversicherung und ein viel stärkeres soziales Netz als wir. Das muss nicht so sein.

TRUMP GEGEN DIE SOZIALISTISCHE GEFAHR

7. Februar 2019

1961 sah sich Amerika nach Auffassung der Konservativen einer tödlichen Gefahr ausgesetzt. Es waren nämlich Rufe laut geworden, man solle für ältere Mitmenschen eine landesweite Krankenversicherung auflegen.

Um dieses schreckliche Los abzuwenden, rief der amerikanische Ärzteverband AMA „Operation Kaffeetasse" ins Leben, einen frühen Versuch einer viralen Marketingkampagne.

Die Sache lief ab wie folgt: Arztfrauen (hey, wir reden über 1961) wurden gebeten, ihre Freundinnen einzuladen und ihnen eine Aufnahme vorzuspielen, auf der Ronald Reagan erklärte, ein „sozialisiertes" Gesundheitswesen werde Amerikas Freiheit zerstören. Die Hausfrauen wiederum sollten ihren Vertretern im Kongress schreiben, dass diese die Bedrohung durch Medicare abzuwenden hätten.

Offensichtlich ging die Strategie nicht auf – nicht nur wurde Medicare erschaffen, es wurde sogar auch noch dermaßen populär, dass die Republikaner heutzutage den Demokraten regelmäßig (und völlig unbegründet) vorwerfen, sie wollten dem Programm die Mittel kürzen. Was hingegen bis heute Bestand hat, ist die Strategie, gegen jede Bemühung, die soziale Absicherung zu stärken oder Ungleichheiten aus der Welt zu schaffen, die Behauptung ins Feld zu führen, man begebe sich auf einen Schlitterpfad, der direkt zum Totalitarismus führe. Und so war es dieser Tage Donald Trump, der in seiner Rede zur Lage der Nation einen Augenblick mal nicht vor Furcht einflößenden Menschen mit brauner Hautfarbe warnte, sondern stattdessen vor der Gefahr des Sozialismus.

Was meinen Trumps Leute – oder Konservative im Allgemeinen –, wenn sie von „Sozialismus" sprechen? Die Antwort darauf lautet: „Es kommt darauf an."

Manchmal ist damit jedwede Form von Wirtschaftsliberalismus gemeint. Kurz nach der Rede zur Lage der Nation lobte Finanzminister Steven Mnuchin die Konjunktur unter Trump und erklärte: „Wir werden nicht zum Sozialismus zurückkehren." Offensichtlich war also Amerika noch im Jahr 2016 ein sozialistisches Höllenloch. Hätten Sie das gedacht?

Bei anderer Gelegenheit ist eine Planwirtschaft sowjetischer Art oder eine Verstaatlichung der Industrie wie in Venezuela gemeint. Dass es im Grunde niemanden in der amerikanischen Politik gibt, der sich für derartige Dinge starkmacht, interessiert nicht. Der Trick (und „Trick" ist hier der richtige Begriff) besteht darin, zwischen diesen völlig unterschiedlichen Dingen hin und her zu springen und zu hoffen, dass es den Leuten nicht auffällt. Sie wollen, dass das Studium kostenlos wird? Denken Sie doch bloß an all die Menschen, die damals während der Hungersnot in der Ukraine gestorben sind! Und nein, das ist keine Karikatur – lesen Sie sich ruhig einmal den merkwürdigen, gefühlsduseligen Bericht durch, den Trumps Ökonomen vergangenen Herbst veröffentlicht haben. Sie haben dort mehr oder weniger genau dieses Argument angeführt.

Reden wir also darüber, worum es in Wahrheit geht.

Einige progressive US-Politiker beschreiben sich inzwischen als Sozialisten und eine beträchtliche Anzahl an Wählern – darunter eine Mehrheit von Wählern unter 30 – erklärt, sie würde den Sozialismus gutheißen. Aber weder die Politiker noch die Wähler rufen dazu auf, dass der Staat die Produktionsmittel an sich reißen solle. Stattdessen haben sie die konservative Rhetorik übernommen, wonach alles, was Marktexzesse einzudämmen versucht, sozialistisch ist. Sie erklären: „Wenn das so ist, bin ich Sozialist."

In Wirklichkeit wollen diejenigen Amerikaner, die den „Sozialismus" unterstützen, das, was der Rest der Welt als Sozialdemokratie bezeichnet: eine freie Marktwirtschaft, bei der ein starkes soziales Netz extreme Härten abgefedert und progressive Besteuerung extreme Ungleichheit begrenzt. Sie wollen nicht, dass wir mehr wie Venezuela werden, sondern mehr wie Dänemark oder Norwegen.

Falls Sie noch nicht dort gewesen sein sollten: Die Länder Nordeuropas sind keineswegs Höllenlöcher. Das Pro-Kopf-BIP mag etwas niedriger als unseres sein, aber das liegt vor allem daran, dass sie häufiger Urlaub machen als wir. Ihre Lebenserwartung ist höher als unsere, sie haben viel weniger Armut und eine deutlich höhere allgemeine Zufriedenheit mit ihrem Leben. Ach, und sie weisen ein hohes Maß an Unternehmertum auf. Wenn die Menschen wissen, dass sie in jedem Fall krankenversichert sein werden oder dass sie ein Scheitern nicht abgrundtief in die Schulden stürzt, sind sie eher bereit, das Risiko einer Unternehmensgründung einzugehen.

Trumps Ökonomen hatten offensichtlich hart damit zu kämpfen, die Realität der nordischen Gesellschaften in ihrem antisozialistischen Manifest unterzubringen. An einigen Stellen erklären sie, die Nordeuropäer seien gar keine echten Sozialisten, an anderen Stellen bemühen sie sich verzweifelt, zu zeigen, dass Dänen und Schweden allem Anschein zum Trotz in Wirklichkeit leiden – weil es für sie beispielsweise teuer ist, einen Pick-up-Truck zu steuern. Nein, das habe ich mir wirklich nicht ausgedacht.

Und was ist mit dem Schlitterpfad vom Liberalismus zum Totalitarismus? Es gibt absolut keine Beweise für seine Existenz. Medicare hat die Freiheit nicht zerstört. Das stalinistische Russland und das maoistische China sind nicht aus Sozialdemokratien erwachsen. Lange, bevor Hugo Chávez auf der Bildfläche erschien, war Venezuela bereits ein korrupter Ölstaat. Sollte es in der Tat einen Weg geben, der in die Knechtschaft führt, fällt mir keine Nation ein, die diesen Weg eingeschlagen hat.

Mit dem Schreckgespenst des Sozialismus zu hantieren ist also sowohl albern als auch unaufrichtig. Aber wird es auf politischer Ebene wirksam sein?

Möglicherweise nicht, schließlich stehen die Wähler mit überwältigender Mehrheit hinter den meisten politischen Maßnahmen, die Amerikas „Sozialisten“ anregen – auch hinter höheren Steuern für die

Reichen und einer Ausweitung des Medicare-Angebots auf alle (obwohl sie keine Pläne unterstützen, die Menschen zwingen würden, ihre private Versicherung aufzugeben – eine Warnung an die Demokraten, eine Bürgerversicherung nicht zum Lackmustest zu machen).

Andererseits sollten wir niemals unterschätzen, wie mächtig Unaufrichtigkeit sein kann. Wen auch immer die Demokraten ins Präsidentschaftsrennen entsenden, die rechten Medien werden die Person als wiedergeborenen Leo Trotzki hinstellen und Millionen Menschen werden ihnen glauben. Hoffen wir nur, dass die restlichen Medien über das saubere kleine Geheimnis des amerikanischen Sozialismus berichten werden. Und was ist dieses Geheimnis? Dieser Sozialismus ist nicht im Geringsten radikal.

15

KLIMA

DAS WICHTIGSTE ÜBERHAUPT

Manchmal frage ich mich, ob ich nicht meine Zeit verschwende, wenn ich über etwas anderes als den Klimawandel rede. Die Zivilisation steht vor einer existenziellen Bedrohung. Wenn wir nichts tun, um die Produktion von Treibhausgasen einzudämmen, wird auf lange Sicht nichts mehr von Bedeutung sein, keine Gesundheitsreform, keine Ungleichheit bei den Einkommen, nicht einmal Finanzkrisen.

Natürlich gibt es ziemlich gute Gründe dafür, nicht in jeder einzelnen Kolumne die Bedrohung durch den Klimawandel zum Thema zu machen. Das Leben muss weitergehen, ebenso die Politik, und wir müssen die Hoffnung bewahren, dass wir genug tun, um die Klimabedrohung abzuwenden, bevor es zu spät ist. Und die Wirkung des geschriebenen Worts besteht nicht nur in der Wirkung des gewählten Themas, sondern auch darin, ob man etwas Neues dazu beitragen kann. In seinem Essay *The Simple Art of Murder* schrieb Raymond Chandler: „Über Gott wurden einige sehr fade Bücher verfasst und einige sehr gute darüber, wie man seinen Lebensunterhalt verdient und halbwegs ehrlich bleibt."

Und ob es einem nun gefallen mag oder nicht – Klima wird mehr und mehr zum politischen Thema. Das bedeutet, um Zuspruch für bestimmte Maßnahmen zu erhalten, wird man die Klimapolitik mit anderen Dingen verknüpfen müssen, die den Menschen wichtig sind. Darauf gehe ich gleich näher ein.

Ich schreibe also nicht die ganze Zeit über den Klimawandel oder auch nur ansatzweise so viel, wie es der Bedeutung des Themas zukommen würde. Das allerdings wirft die Frage auf: Was hat denn ein Ökonom überhaupt zu diesem Thema beizutragen? Ich denke, es gibt drei Antworten auf diese Frage.

Erstens: Ich bin kein Klimaforscher, aber die politischen Debatten zum Klimawandel ähneln sehr stark den Diskussionen, die auf politischer Ebene zur Wirtschaftspolitik stattfinden. Ähnlich wie die Wirtschaft handelt es sich auch beim globalen Klima um ein komplexes System. Ähnlich wie die Wirtschaftspolitik gibt es auch bei der Klimapolitik Menschen, die aufrichtig versuchen zu begreifen, wie die Welt funktioniert, während andere ein verstecktes Interesse daran haben, ihre eigenen Ansichten zu verbreiten, unabhängig davon, ob ihre Ansichten von Fakten gestützt werden.

Ich weiß also aus jahrzehntelanger Erfahrung, wie ernsthafte Forschung und politisch motiviertes falsches Gelehrtentum aussieht. Wenn ich mir auf der einen Seite die Arbeit von Wissenschaftlern wie Michael Mann ansehe, der das berühmte „Hockeyschläger-Diagramm" zum Verlauf globaler Temperaturen entwickelte, und auf der anderen Seite die wütenden Versuche von Klimawandelleugnern, Mann zu verteufeln und zu diskreditieren, dann fällt es nicht schwer zu erkennen, wer hier was ist.

Zweitens: Das Lager derer, die nichts gegen den Klimawandel tun wollen, argumentiert unter anderem damit, dass jeder ernsthafte Versuch, die Treibhausgasemissionen zu deckeln, der Wirtschaft gewaltigen Schaden zufügen würde. Es gibt bei dieser Debatte also auch eine rein ökonomische Dimension.

Und drittens wiege ich mich in dem Glauben, dass ich, weil ich seit Jahren die Wirtschaftspolitik verfolge, einiges darüber gelernt habe, wie Politik insgesamt funktioniert. Insbesondere die Entwicklung der Gesundheitsreform scheint mir ein Musterbeispiel dafür gewesen zu sein, dass das Perfekte der Feind des Guten ist. Es gibt stichhaltige Argumente dafür, dass ein Single-Payer-„Medicare für alle"-Gesundheitssystem einem öffentlich-privaten Hybridmodell wie Obamacare überlegen ist. Aber als sich 2009 zum ersten Mal nach 15 Jahren die Gelegenheit für eine echte Reform des Gesundheitswesens eröffnete, war klar, dass das Land nicht für das auch Bürgerversicherung genannte Single-Payer-System bereit war (und es wohl auch immer noch nicht ist). Also entschieden wir uns für eine zweitbeste Lösung – und 20 Millionen Menschen bekamen eine Krankenversicherung.

Und was hat das mit Klimawandel zu tun? Wer Wirtschaftswissenschaften studiert, lernt im ersten Studienjahr, wie man wirksam mit Umweltverschmutzung umgeht: Man bepreist sie, etwa durch eine Kohlenstoffsteuer. Einige meiner Kollegen scheinen sich auf einen puristischen Ansatz eingeschossen zu haben – wir sollten eine Kohlenstoffsteuer haben und nur eine Kohlenstoffsteuer. Einige Progressive rufen unterdessen nach einem „Green New Deal", einer Mischung aus Klimapolitik und anderen Zielen, bei der man neben einer Kohlenstoffsteuer auch sehr stark auf andere politische Maßnahmen setzen würde. Im letzten Artikel in diesem Abschnitt argumentiere ich, dass in der Klimapolitik ein „Weihnachtsbaum-Ansatz" (viele Aspekte für unterschiedliche Interessenten) durchaus okay wäre.

TRUMP UND DIE TÖDLICHEN TOTALVERWEIGERER

15. Oktober 2018

Der Klimawandel ist Schwindel.

Klimawandel findet statt, aber der Mensch hat damit nichts zu tun.

Klimawandel wird vom Menschen verursacht, aber wenn wir etwas dagegen unternehmen, vernichten wir Arbeitsplätze und würgen das Wirtschaftswachstum ab.

Das sind die unterschiedlichen Phasen des Klimaleugnens. Vielleicht ist es auch falsch, sie als Phasen zu bezeichnen, denn die Leugner geben ein Argument niemals wirklich auf, egal wie gründlich es durch Fakten ad absurdum geführt wurde. Kakerlaken-Ideen trifft die Sache eher – man meint, man sei sie endlich losgeworden, aber sie tauchen immer wieder auf.

Wie dem auch sei, die Regierung Trump und ihre Verbündeten haben all diese faulen Argumente während der vergangenen Tage ins Feld geführt, nachdem sie der nächste tödliche, durch den Klimawandel verstärkte Wirbelsturm und ein bedrohlicher Bericht der Vereinten Nationen in die Defensive drängten. Ich würde den Auftritt des Trump-Lagers ja als schockierendes Spektakel bezeichnen, wenn es dieser Tage nicht so schwer wäre, noch schockiert zu werden. In jedem Fall war es eine Erinnerung daran, dass wir inzwischen von Leuten regiert werden, die bereit sind, die Menschheit zu gefährden, weil es politisch zweckdienlich ist … und ihren Freunden, die mit fossilen Brennstoffen ihr Geld verdienen, mehr Gewinn beschert.

Zu den Kakerlaken: Lassen wir die Einzelheiten außer Acht, spricht allein schon die Vielschichtigkeit der Argumente der Klimawandelleugner (die Geschichte ändert sich, aber das Fazit, wonach wir nichts unternehmen sollten, bleibt dasselbe) dafür, dass das Lager derer, die ein Aktivwerden in Klimafragen ablehnen, in böser Absicht argumentiert. Es geht diesen Menschen nicht darum, sich ernstlich mit der Realität des Klimawandels oder den wirtschaftlichen Folgen reduzierter Emissionen auseinanderzusetzen. Ihnen geht es darum, dass Umweltverschmutzer möglichst lang die Umwelt verschmutzen dürfen, und ihnen ist alles recht, was diesem Zweck dient.

Dennoch lohnt es sich, darauf hinzuweisen, wie gründlich all ihre Argumente in den vergangenen Jahren in sich zusammengefallen sind.

Mit Behauptungen, es sei doch eigentlich überhaupt nichts los, scheinen sich die Klimawandelleugner aktuell vorübergehend etwas zurückzuhalten. Die alte Nummer, wonach man Temperaturen mit dem ungewöhnlich warmen Jahr 1998 vergleicht, um zu bestreiten, dass der Planet wärmer wird, hat durch eine Reihe neuer Temperaturrekorde an Wirksamkeit verloren. Ohnehin wäre das so, als würde man frühe Julitage mit einem warmen Maitag vergleichen und davon ausgehend bestreiten, dass es so etwas wie Sommer gibt. Darüber hinaus hat der sich aufwärmende Ozean gewaltige Tropenstürme verursacht und damit die Folgen des Klimawandels immer stärker ins Bewusstsein der Öffentlichkeit gerückt.

Die neue Strategie besteht also darin, herunterzuspielen, was geschehen ist. Modellberechnungen zum Klimawandel „waren nicht sehr erfolgreich", verkündete Larry Kudlow, der Chefberater des Weißen Hauses in Wirtschaftsfragen. Tatsächlich jedoch waren sie es: Bislang liegt der Verlauf der globalen Erwärmung im Rahmen früherer Prognosen. „Etwas verändert sich und es wird sich wieder zurückverändern", beteuerte Donald Trump in der Fernsehsendung *60 Minutes* und belegte seine Behauptung mit … äh, nichts.

Nachdem sie widerwillig eingeräumt haben, dass der Planet möglicherweise tatsächlich ein wenig wärmer wird, behaupten die Klimawandelleugner nun, sie seien nicht davon überzeugt, dass Treibhausgase dafür verantwortlich seien. „Ich wüsste nicht, dass [der Klimawandel] menschengemacht ist“, so Trump. Und auch wenn er frühere Behauptungen, der Klimawandel sei nur ein Schwindel, den die Chinesen sich haben einfallen lassen, mittlerweile etwas zurückgenommen hat, beobachtet er dennoch gewaltige Verschwörungen seitens der Klimaforscher. Diese würden „eine sehr große politische Agenda verfolgen“.

Man stelle sich das vor. Vor Jahrzehnten sagten Experten unter Berufung auf Grundlagenforschungen voraus, dass die Emissionen zu einem weltweiten Anstieg der Temperaturen führen würden. Leute wie Trump höhnten. Jetzt bewahrheiten sich die Prognosen der Fachleute. Und was machen die Leugner? Sie beharren darauf, dass die Emissionen gar nicht schuld sind, dass ein anderer Faktor für die Veränderungen verantwortlich ist und dass es ohnehin alles eine große Verschwörung ist. Ach, kommt schon, Leute.

Das wäre so, als wenn Trump behaupten würde, dass die Saudis nichts damit zu tun hätten, dass Jamal Khashoggi nach dem Betreten einer saudi-arabischen Botschaft spurlos verschwand, und dass er in Wirklichkeit von irgendeiner mysteriösen dritten Partei umgebracht wurde. Äh, Moment mal …

Und schließlich noch der Punkt, was die Kosten der Klimapolitik anbelangt. Ich habe schon an anderer Stelle angemerkt, wie merkwürdig es doch ist, welch absoluten Glauben die Konservativen an die Macht und Flexibilität der freien Marktwirtschaft vor sich her tragen, dass sie aber eine vollständige Vernichtung derselben Wirtschaft aufziehen sehen, wenn der Staat Anreize erschafft, die Treibhausgasemissionen zu senken.

Ganz besonders abenteuerlich sind die Behauptungen über die Kosten der Emissionssenkung, wenn man sich den unglaublichen technischen Fortschritt ansieht, den die erneuerbaren Energien mit sich gebracht haben: Die Kosten für Wind- und Solarenergie sind eingebrochen, gleichzeitig haben Kohlekraftwerke derart stark an Wettbewerbsfähigkeit eingebüßt, dass die Regierung Trump sie auf Kosten sauberer Energiequellen subventionieren will. Selbst wenn die Argumente der Leugner Sie vor fünf oder zehn Jahren überzeugt haben sollten, müssten Sie angesichts der Entwicklungen, die seitdem stattgefunden haben, eigentlich ins Grübeln kommen.

In der Realität hatte das Zweifeln am Klimawandel natürlich nie etwas mit Logik oder Faktenlage zu tun. Wie ich bereits sagte, argumentieren die Klimawandelleugner ganz offensichtlich in schlechter Absicht. Sie selbst sind nicht einmal völlig überzeugt von dem, was sie behaupten, sie suchen bloß nach Vorwänden, die es Leuten wie den Koch-Brüdern ermöglichen, weiter Geld zu scheffeln. [Anm. d. Übers.: Charles und der 2019 gestorbene David Koch sind milliardenschwere Unternehmer, die zu den größten finanziellen Unterstützern der Republikaner zählen.] Abgesehen davon: Die Liberalen sind dafür, die Emissionen zu senken, und der moderne Konservativismus hat viel damit zu tun, den Liberalen eins auszuwischen. Wenn man so will, haben wir es hier mit dem ultimativen Beispiel trumpscher Korruption zu tun. Wir haben guten Grund zu der Annahme, dass Trump und seine Kumpane Amerika verkaufen, um sich dabei persönlich zu bereichern. Wenn es um das Klima geht, verkaufen sie allerdings nicht nur Amerika, sondern die ganze Welt.

DIE VERDERBTHEIT DER KLIMAWANDELLEUGNER

26. November 2018

Die Regierung Trump lehnt Wissenschaft aus tiefstem Herzen ab. Im Grunde lehnt sie alles ab, was mit objektiver Realität zu tun hat. Aber ihre Kontrolle über den Staat bleibt begrenzt. So konnte sie nicht verhindern, dass die vierte Ausgabe des Klimaberichts *National Climate Assessment* erschien, in der ausführlich darauf eingegangen wird, wie sich die globale Erwärmung auf die Vereinigten Staaten bislang auswirkt und sich künftig auswirken wird.

Es stimmt, der Bericht wurde am Black Friday veröffentlicht, offensichtlich in der Hoffnung, dass er im allgemeinen Aufruhr untergehen würde. [Anm. d. Übers.: Als Black Friday wird der Freitag nach Thanksgiving bezeichnet, einem traditionellen Familienwochenende. Gleichzeitig ist er der Auftakt in die Einkaufssaison zu Weihnachten.] Die gute Nachricht: Der Trick hat nicht geklappt.

Der Bericht bestätigt (mit sehr vielen zusätzlichen Details) im Grunde all das, was jeder, der die Nachrichten aus der Klimaforschung verfolgt, bereits wusste: Der Klimawandel stellt eine schwere Bedrohung für die Nation dar und einige der negativen Folgen bekommen wir bereits zu spüren. Der Bericht entstand vor der jüngsten Katastrophe in Kalifornien, geht aber auf die wachsende Gefahr von Flächenbränden im Südwesten des Landes ein. Dass diese Brände immer größer und immer gefährlicher werden, liegt nicht daran, dass es jemand versäumt hat, sein Laub zu harken, sondern an der globalen Erwärmung.

Aber die Regierung Trump und ihre Verbündeten im Kongress werden diese Analyse natürlich ignorieren. Den Klimawandel unabhängig von vorliegenden Beweisen zu ignorieren ist ein zentraler Grundsatz der Republikaner geworden. Es lohnt sich, der Frage nachzugehen, wie es dazu gekommen ist, und sich zu verdeutlichen, welches Ausmaß an purer Verderbtheit erforderlich ist, um hier und heute den Klimawandel zu leugnen.

Moment mal, „Verderbtheit" ist ja nun doch ein heftiger Vorwurf, oder? Darf man denn jetzt nicht einmal mehr von der gängigen Meinung abweichen, selbst wenn diese Meinung durch überwältigende wissenschaftliche Fakten gestützt wird?

Doch, darf man ... solange man seine Argumente in guter Absicht vorbringt. Nur gibt es fast überhaupt keine Klimawandelleugner, die in guter Absicht agieren. Und wenn sich jemand über wissenschaftliche Fakten hinwegsetzt, weil er nach Gewinn strebt, sich politische Vorteile verschaffen oder sein Ego befriedigen will, dann ist das nicht okay. Und wenn Inaktivität angesichts der wissenschaftlichen Fakten furchtbare Konsequenzen haben könnte, dann ist das Leugnen in der Tat verdorben, wie ich es gesagt habe.

Das beste aktuelle Buch, das ich zu dem ganzen Thema gelesen habe, ist *The Madhouse Effect*, [dt. Titel: *Der Tollhauseffekt: Wie die Leugnung des Klimawandels unseren Planeten bedroht, unsere Politik zerstört und uns in den Wahnsinn treibt,* Solare Zukunft, 2018] geschrieben von Michael Mann, einem der führenden Klimawissenschaftler, und ergänzt um Cartoons von Tom Toles. Mann legt dar, dass Klimawandelleugner auf den Spuren früherer Leugner wandeln, angefangen bei den langjährigen Bestrebungen der Tabakunternehmen, die Öffentlichkeit zu verwirren, was die Gefährlichkeit des Rauchens angeht.

Die schockierende Wahrheit ist die: Bereits in den 1950er-Jahren wussten diese Unternehmen, dass Rauchen Lungenkrebs verursacht, aber sie gaben gewaltige Summen dafür aus, den Eindruck zu erwecken, die Wissenschaft sei sich uneins, was den Zusammenhang zwischen Zigarettenkonsum und Lungenkrebs angeht. Oder anders formuliert:

Sie wussten, dass ihr Produkt Menschen umbringt, versuchten aber, diese Tatsache von der Öffentlichkeit fernzuhalten, um weiterhin Gewinn machen zu können. Hier kann man doch mit Fug und Recht von Verderbtheit sprechen, oder?

In vielerlei Hinsicht ähnelt Klimaleugnen dem Krebsleugnen. Unternehmen, die ein finanzielles Interesse daran haben, die Öffentlichkeit zu verwirren (in diesem Fall Produzenten fossiler Brennstoffe), laufen vorneweg. Meines Wissens hat von der Handvoll bekannter Wissenschaftler, die Zweifel am Klimawandel geäußert haben, jeder einzelne große Summen direkt von diesen Unternehmen erhalten oder indirekt über dunkle Kanäle wie Donors Trust – dieselbe Organisation übrigens, die den neuen amtierenden Generalstaatsanwalt Matthew Whitaker unterstützte, bevor er zur Regierung Trump stieß.

Aber die Klimawandelleugner haben viel stärker Wurzeln in der Politik geschlagen, als es den Krebsleugnern je gelungen ist. In der Praxis kann man unmöglich ein moderner und geschätzter Republikaner sein, ohne die Realität der globalen Erwärmung zu leugnen, sie durch natürliche Ursachen zu erklären oder darauf zu beharren, dass man nichts unternehmen könne, ohne die Wirtschaft zu zerstören. Außerdem gehört es dazu, dass man sich in wilden Behauptungen ergeht (oder diese zumindest akzeptiert), wonach die überwältigende Masse an Beweisen für den Klimawandel nichts als Schwindel ist und dass hier eine enorme, erdumspannende Verschwörung von Wissenschaftlern im Gange sei, die sich diese Fakten ausgedacht haben.

Warum sollte jemand dieses Spiel mitspielen? Geld ist weiterhin die zentrale Antwort. Fast alle prominenten Klimawandelleugner bekommen von den Produzenten fossiler Brennstoffe etwas zugesteckt. Aber auch die Ideologie ist ein Faktor: Nimmt man Umweltthemen ernst, führt das zur Notwendigkeit einer wie auch immer gearteten Regulierung durch den Staat. Insofern wollen beinharte Vorkämpfer für eine freie Marktwirtschaft gar nicht daran glauben, dass Umweltbedenken real sein könnten (obwohl sie scheinbar keine Probleme haben, den Verbrauchern Subventionen für den Kohlebergbau aufzuzwingen).

Und schließlich habe ich den Eindruck, dass da etwas vom Gebaren harter Kerle mitschwingt. „Echte Männer verwenden keine erneuerbaren Energien“ oder etwas in der Art.

Diese Motive sind wichtig. Wenn sich wichtige Akteure gegen Klimaschutz stellen, weil sie aus gutem Glauben heraus nicht einer Meinung mit der Wissenschaft sind, dann wäre das bedauerlich, aber keine Sünde. In diesem Fall müsste man daran arbeiten, überzeugender aufzutreten. Doch die Wurzeln des Klimaleugnens sind in der Gier, dem Opportunismus und dem Ego zu suchen, und wer sich aus diesen Gründen gegen Maßnahmen zum Schutz des Klimas stellt, verhält sich sündhaft.

Tatsächlich haben wir es mit Verderbtheit zu tun, und zwar in einem Ausmaß, das die Krebsleugner trivial erscheinen lässt. Rauchen tötet Menschen und diejenigen Tabakunternehmen, die versuchten, bei der Öffentlichkeit Zweifel an dieser Realität zu wecken, handelten bösartig. Aber der Klimawandel tötet nicht nur Menschen, er könnte durchaus unsere gesamte Zivilisation auslöschen. Wer bei diesem Punkt Zweifel sät, handelt auf einem ganz anderen Niveau bösartig. Haben diese Leute denn keine Kinder?

Und eines sei ganz klar gesagt: Donald Trump mag ein Musterbeispiel für die Verderbtheit der Klimawandelleugner sein, aber wir haben es hier mit einem Thema zu tun, bei dem seine gesamte Partei schon vor Jahren zur dunklen Seite der Macht übergelaufen ist. Republikaner haben nicht nur schlechte Ideen, sie sind zum jetzigen Zeitpunkt in letzter Konsequenz auch schlechte Menschen.

DIE KLIMAFRAGE WAR DIE FEUERPROBE FÜR DEN TRUMPISMUS

3. Dezember 2018

Viele Beobachter zeigen sich verblüfft, mit welcher Treue die Republikaner hinter Donald Trump stehen und mit welcher Bereitschaft sie ihn sogar nach schweren Niederlagen in den Zwischenwahlen an allen Fronten unterstützen. Was für eine Partei unterstützt einen Anführer, der nicht nur offenkundig korrupt und anscheinend eine Marionette ausländischer Diktatoren ist, sondern auch regelmäßig Fakten leugnet und versucht, alle zu kriminalisieren, die auf die Fakten hinweisen?

Die Antwort darauf: Es ist die Art Partei, die sich schon lange vor dem Auftauchen Trumps auf der Bildfläche dazu entschlossen hatte, die Fakten zum Klimawandel zu leugnen und die Wissenschaftler, die diese Fakten öffentlich machen, zu kriminalisieren.

Die Republikaner waren nicht immer eine Anti-Umwelt- und eine Anti-Wissenschaft-Partei. George H. W. Bush führte den Emissionsrechtehandel ein, der die Probleme mit dem sauren Regen größtenteils aus der Welt schaffte. Und noch 2008 forderte John McCain ein ähnliches Programm für die Treibhausgas-Emissionen, die für die globale Erwärmung verantwortlich sind.

Aber zu diesem Zeitpunkt entwickelte sich McCains Partei längst zu dem, was sie heute ist – eine Partei, in der nicht nur die Klimawandelleugner voll und ganz das Sagen haben, sondern die darüber hinaus der Wissenschaft im Allgemeinen feindselig gegenübersteht und die Wissenschaftler, die Parteidogmen hinterfragen, dämonisiert und zu zerstören versucht.

Was diese Denkweise angeht, passt Trump hervorragend hinein. Tatsächlich ähnelt die Geschichte des republikanischen Klimaleugnens sehr stark dem Trumpismus. Man könnte behaupten, den Klimawandel zu leugnen war die Feuerprobe, aus der die wesentlichen Elemente des Trumpismus entstanden.

Nehmen wir Trumps Umgang mit negativen Informationen über seine Handlungen und deren Folgen – alles wird entweder abgetan als Fake News, die von feindseligen Medien produziert wurden, oder als Taten eines zwielichtigen „Deep States". Diese Form von Verschwörungstheorien gehört seit Langem zum Standardrepertoire der Klimawandelleugner, die begannen, die Beweise für eine globale Erwärmung als „gigantischen Schwindel" abzutun – Beweise, die 97 Prozent der Klimaforscher überzeugt haben.

Und was waren die Belege für diese gewaltige Verschwörung? Viel basierte – richtig geraten – auf gehackten E-Mails. Die Leichtgläubigkeit, mit der viel zu viele Journalisten das angeblich durch „Climategate" enthüllte Fehlverhalten schluckten, diesen Pseudoskandal, der auf ausgewählte, aus dem Zusammenhang gerissene Zitate aus E-Mails einer britischen Universität setzte, war ein Vorgeschmack darauf, wie katastrophal die Medien im Wahlkampf 2016 mit den gehackten E-Mails der Demokraten umgehen sollten. (Was haben wir aus diesen E-Mails gelernt? Wissenschaftler sind auch nur Menschen – gelegentlich schnippisch und dazu neigend, in einer Fachsprache zu kommunizieren, die Außenstehende mit üblen Absichten vorsätzlich falsch interpretieren können.)

Ach, und welches Motiv treibt eigentlich die vielen Tausend Wissenschaftler um, die diesen Schwindel betreiben? Wir haben uns an das Spektakel gewöhnt, wie Donald Trump, der korrupteste Präsident der Geschichte, der an der Spitze der korruptesten Regierung der Moderne steht, seine Widersacher und Kritiker regelmäßig als „Betrüger" diffamiert. Ähnliches passiert in der Klimadebatte.

In Wahrheit ist es so, dass die prominentesten Klimawandelleugner im Grunde für ihre Haltung bezahlt werden und enorme Beträge von Produzenten fossiler Brennstoffe erhalten. Aber nachdem im jüngsten

National Climate Assessment ausführlich dargelegt wurde, welche Schäden wir aufgrund der globalen Erwärmung erwarten können, strömten Republikaner in Scharen ins Fernsehen und erklärten, die Wissenschaftler würden das nur „wegen des Geldes" sagen. Schon mal von Prognosen gehört?

Und schließlich hat Trump eine neue Ebene der Bedrohung in die amerikanische Politik eingebracht. Er rief seine Anhänger zu Gewalttaten gegen Kritiker auf und versuchte, dem Justizministerium Ermittlungen gegen Hillary Clinton und James Comey zu befehlen.

Aber Klimawissenschaftler sehen sich seit Jahren Nachstellungen und Bedrohungen bis hin zu Todesdrohungen ausgesetzt. Zudem hatten sie es mit Bemühungen von Politikern zu tun, ihre Arbeit im Grunde zu kriminalisieren. Insbesondere Michael E. Mann, der das „Hockeyschläger-Diagramm" entwickelte, stand jahrelang im Mittelpunkt eines Dschihad der Klimawandelleugner, angeführt von Virginias damaligem Bundesstaatsanwalt Ken Cuccinelli.

Und damit nicht genug. Ein Richter in Arizona (der offenkundig nicht begriff, wie Forschung funktioniert) gab der Klage einer Gruppe nach, die Verbindungen zu den Koch-Brüdern hat, und ordnete an, dass Klimaforscher der Universität Arizona sämtliche E-Mails herauszugeben haben. Um der unvermeidlichen selektiven Falschdarstellung vorzugreifen, hat Mann sämtliche E-Mails veröffentlicht, die er mit seinen Kollegen in Arizona gewechselt hat, und zwar mit begleitenden Erklärungen.

Diese Geschichte enthält drei wichtige moralische Lehren.

Erstens: Gelingt es uns nicht, die Herausforderungen des Klimawandels zu meistern, werden sich die allzu wahrscheinlichen katastrophalen Folgen nicht darauf zurückführen lassen, dass wir in unserer Unschuld nicht begriffen, was auf dem Spiel stand. Stattdessen werden uns Korruption, vorsätzliche Ignoranz, Verschwörungstheorien und Einschüchterungen in diese Katastrophe geführt haben.

Zweitens: Korruption ist kein Problem „der Politiker" oder „des politischen Systems". Es ist ganz speziell ein Problem der Republikanischen Partei, die sich immer tiefer in ihr Klimaleugnen eingegraben hat, obwohl gleichzeitig die Schäden immer offenkundiger werden, die der sich aufheizende Planet anrichtet.

Drittens: Den Klimawandel zu leugnen können wir inzwischen als Teil eines umfassenderen moralischen Verfalls ansehen. Donald Trump ist kein Sonderfall, sondern der Kulminationspunkt dessen, wohin seine Partei seit Jahren steuert. Man könnte sagen, Trumpismus bedeutet bloß, die Verderbtheit des Klimaleugnens auf sämtliche Aspekte der Politik anzuwenden. Und es ist kein Ende der Verderbtheit in Sicht.

HOFFEN WIR AUF EIN GRÜNES NEUES JAHR

31. Dezember 2018

Seien wir ehrlich: Die neue demokratische Mehrheit im Repräsentantenhaus wird es nicht schaffen, neue Gesetze zu verabschieden. Ich wäre schon sehr überrascht, wenn sich die Parteien überhaupt bei irgendeinem wichtigen Thema einigen könnten, selbst bei einem Thema wie der Infrastruktur, bei dem sich beide Seiten handlungsbereit geben. Doch was die Republikanische Partei in Wirklichkeit möchte, ist ein Vorwand, öffentliche Güter zu privatisieren.

Bei den eigentlichen politischen Entscheidungen wird sich nach der Machtverschiebung in Washington also nicht viel ändern. Die zentralen Änderungen werden darin bestehen, dass die Demokraten sich nun, mit der Macht, Vorladungen auszusprechen, im Rücken, den übel riechenden Sumpf trumpscher Korruption vornehmen können.

Das bedeutet jedoch nicht, dass die Demokraten politische Themen ignorieren sollten, ganz im Gegenteil: In den nächsten zwei Jahren sollte sich die Partei gründlich überlegen, was genau sie erreichen möchte, sollte sie 2021 an die Macht gelangen. Das führt mich zum großen politischen Slogan der Stunde, dem sogenannten Green New Deal. Handelt es sich dabei um eine gute Idee?

Ja, tut es, doch es ist wichtig, über den gefälligen Slogan hinauszudenken und viele der Einzelheiten herauszuarbeiten. Man sollte es nicht wie die Republikaner tun, die jahrelang vollmundig ankündigten, Obamacare zu kippen, sich aber nie die Zeit nahmen, eine realistische Alternative zu erarbeiten.

Was genau bedeutet der Green New Deal denn? Das ist nicht ganz klar, weshalb es ja auch ein so guter Slogan ist, denn er könnte eine ganze Reihe guter Dinge bedeuten. Die zentrale Ausrichtung, soweit ich sie verstehe, scheint allerdings eine große Anstrengung im Kampf gegen den Klimawandel zu sein, wobei dieser Schritt das Positive und nicht das Negative in den Mittelpunkt rücken sollte. Es sollten insbesondere Investitionen und Subventionen in den Vordergrund gerückt werden und nicht Kohlenstoffsteuern.

Nun mal halblang, sollten wir nicht über eine Kohlenstoffsteuer nachdenken? Grundsätzlich ja. Jeder ausgewiesene Ökonom wird Ihnen erklären, dass es große Vorteile mit sich bringt, Emissionen zu bepreisen und dadurch Umweltverschmutzung unattraktiv zu machen. Man kann zu diesem Zweck entweder eine Steuer auferlegen oder einen Emissionshandel einführen, bei dem die Menschen Emissionsgenehmigungen kaufen und verkaufen können.

Wir sprechen hier über einen Einführungskurs in Wirtschaftswissenschaften: Eine Umweltsteuer oder etwas Vergleichbares erschafft so breite Anreize, wie es eine weniger umfassende politische Maßnahme nicht kann. Warum ist das so? Weil diese Steuer die Menschen dazu ermuntert, auf alle möglichen Arten und Weisen ihren CO_2-Fußabdruck zu verringern – sei es, dass sie verstärkt erneuerbare Energien nutzen, mehr Strom sparen oder ihren Konsum weg von energieintensiven Produkten verlagern.

Doch auch eine Kohlenstoffsteuer ist eine Steuer – und das wird die Menschen verärgern, die sie bezahlen müssen. Ja, die Einnahmen aus der Kohlenstoffsteuer könnten dafür genutzt werden, andere Steuern zu senken, aber es dürfte schon sehr schwierig werden, genug Menschen davon zu überzeugen, dass sie unter dem Strich besser dastehen werden. Und Behauptungen, eine Kohlenstoffsteuer, die hoch genug ist, um einen bedeutsamen Unterschied zu machen, würde in beiden politischen Lagern signifikanten Zulauf erhalten, sind bestenfalls Tagträumereien und schlimmstenfalls Täuschungsmanöver der Branche für fossile Treibstoffe, die auf diese Weise ein hartes Durchgreifen abzuwenden sucht.

Was ich damit sagen will: Es ist – für den Anfang – besser, eine nicht zwingend ideale, aber verkaufbare Maßnahme anzustreben, als zuzulassen, dass das Beste zum Feind des Guten wird. Das war die Lehre aus der Reform des Gesundheitswesens: Ein Single-Payer-System hatte unter Präsident Barack Obama keine Chance auf Realisierung, dafür aber eine etwas ungewöhnliche öffentlich-private Hybridlösung, bei der die Betriebskrankenkassen erhalten blieben. So kamen 20 Millionen Amerikaner zusätzlich in den Genuss einer Krankenversicherung.

Jetzt, wo das Prinzip einer allgemeinen Krankenversicherung in Umlauf ist, erscheint auch ein schrittweiser Übergang hin zu einer wie auch immer gearteten Version von „Medicare für alle" politisch durchsetzbar. Es war aber wichtig, mit politischen Maßnahmen zu beginnen, die große Fortschritte erzielten, ohne das Leben der Menschen allzu sehr auf den Kopf zu stellen.

Lassen sich auf ähnliche Weise große Fortschritte beim Klimaschutz erreichen, ohne das Leben der Amerikaner zu stark zu stören? Meine Interpretation der Daten sagt: Ja.

Die Mehrheit der Treibhausgase, die die USA emittieren, stammen aus der Stromproduktion und dem Transportwesen. Wir könnten die Emissionen aus der Stromproduktion um zwei Drittel oder noch mehr senken, wenn wir nicht länger Kohle nutzen und stärker auf erneuerbare Energien zurückgreifen (deren Preise drastisch gefallen sind), und zwar ohne, dass die Amerikaner dafür weniger Strom verbrauchen müssten. Wir könnten durch einen besseren Benzinverbrauch und eine stärkere Nutzung von Elektrofahrzeugen die Emissionen im Transportsektor vermutlich in ähnlicher Größenordnung zurückfahren, selbst wenn wir die Menge an gefahrenen Meilen nicht reduzieren.

Diese Ziele ließen sich durch eine Kombination aus positiven Anreizen wie Steuervergünstigungen und einer nicht allzu belastenden Regulierung erreichen. Berücksichtigt man nun noch Investitionen in Technologie und Infrastruktur, die für alternative Energien ausgelegt sind, dann erscheint ein Green New Deal, der dafür sorgt, dass die Emissionen dramatisch zurückgehen, absolut machbar – und das sogar ohne Kohlenstoffsteuern. Zusätzlich würde diese Politik spürbar Arbeitsplätze im Bereich der erneuerbaren Energien erschaffen, wo bereits heute deutlich mehr Menschen arbeiten als im Kohlebergbau.

Natürlich würden einige Menschen leiden. Die 53.000 Amerikaner, die noch immer im Kohlebergbau arbeiten, müssten sich früher oder später eine andere Beschäftigung suchen (Hilfe für Arbeitnehmer in Branchen, die im Wandel begriffen sind, sollte Teil des Green New Deal sein). Auch die Gewinne der Hersteller fossiler Brennstoffe würden sinken, allerdings stecken diese Unternehmen ihr Geld nahezu komplett den Republikanern zu, warum also sollte das die Demokraten stören?

Alles in allem muss man sagen, dass die Demokraten beim Klima erreichen können, was ihnen im Gesundheitswesen gelungen ist: politische Maßnahmen zu entwickeln, die die Lage enorm verbessern und gleichzeitig deutlich mehr Gewinner als Verlierer produzieren. Noch können sie keinen Green New Deal in Gang setzen, aber sie sollten heute mit den Vorbereitungen beginnen, damit sie in zwei Jahren startbereit sind.

16

TRUMP

WARUM NICHT DAS SCHLIMMSTE?

Dass Donald Trump gewählt wurde, hat mich genauso schockiert wie viele andere, allerdings bereitete mir schon im Vorfeld Sorgen, wie höhnisch die Medien mit Hillary Clinton umgingen. Doch das ist ein Thema für den nächsten Abschnitt, da befasse ich mich mit den Problemen der Medien. Nicht schockiert hat mich, dass die Republikaner Trump überhaupt nominierten, ebenso wenig, dass sein Verhalten im Amt genauso schlimm wurde, wie die Pessimisten gewarnt hatten, oder dass die Republikaner im Kongress – die stets die Macht gehabt hätten, ihn an die kurze Leine zu nehmen – wirkungsvoll an seinem Gifthauch der Korruption und der Grausamkeit mitwirkten.

Denn es ist Tatsache, dass etwas in der Art des Trumpismus abzusehen war. Voraussetzung für Trumps Sieg war, dass eine Menge Dinge schiefgingen – vor allem die toxische Kombination aus dem Fehlverhalten von FBI-Direktor James Comey und der Kleinlichkeit der Medien, die Clinton in dem Glauben beharkten, dass sie ohnehin nicht verlieren könne. Dessen ungeachtet steuerte Amerikas rechter Flügel seit Langem auf eine Regierungsführung à la Trump zu.

Überlegen Sie nur: Wie könnte weißer Nationalismus nicht auf dem Vormarsch sein, wenn die neue konservative Bewegung, obwohl sie eine Politik betreibt, die eine reiche Elite auf Kosten der meisten Amerikaner begünstigt, die Ressentiments der Weißen benötigt, um Wahlen gewinnen zu können? Wie könnte aus einer politischen Bewegung, die alles, was nicht ihrer vorgefassten Meinung entspricht (von der Realität des Klimawandels bis hin zu niedriger Inflation), als Produkt riesiger Verschwörungen ansieht, nicht zu der Art paranoider Haltung führen, die Trump-Anhänger an den Tag legen? Und obwohl es die Menschen gern vergessen, zeichneten sich die Korruption und die Vetternwirtschaft, die wir heute bei der Regierung Trump beobachten, bereits während der Bush-Jahre ab. Was Trump seit 2016 Amerika angetan hat, ähnelt in vielerlei Hinsicht dem, was das Bush-Team dem Irak während des katastrophalen ersten Jahrs der Besatzung angetan hat.

Was ebenfalls hilft, ist eine internationale Perspektive. Ich hatte mitangesehen, wie mitten in Europa die weißen Nationalisten aufstiegen und wie in Ungarn und Polen die Demokratie praktisch kollabiert ist. Mir war nur zu gut bewusst, dass es hier ganz genauso geschehen könnte.

Die Kolumnen in diesem Abschnitt behandeln in erster Linie die US-Politik zwischen 2016 und 2018. Es geht vor allem um die schrecklichen Dinge, die geschehen sind, und darum, warum sie geschehen sind, aber nicht alle Kolumnen hier sind negativ. Ich denke, von allen Kolumnen hier hat vor allem diejenige über die unbesungene Großartigkeit Nancy Pelosis einen Nerv getroffen. Was sie erreicht hat, ist für alle deutlich zu erkennen, und selbst wenn man ihre politische Ausrichtung nicht mag, hätte ihre spektakuläre Leistungsfähigkeit doch offenkundig sein sollen. Dennoch sprach damals niemand darüber. Das änderte sich natürlich, nachdem die Demokraten 2018 bei den Zwischenwahlen 40 Sitze im Repräsentantenhaus hinzugewannen.

DAS PARANOIDE IN DER POLITIK DER REPUBLIKANISCHEN PARTEI

8. Oktober 2018

Viele Menschen fragen sich mit Sorge (und zu Recht), was die Berufung von Brett Kavanaugh an das Oberste Gericht langfristig für Amerika bedeuten wird. Er ist unverhohlen parteiisch und hat offenkundig unter Eid gelogen, was zahlreiche Aspekte seiner persönlichen Vergangenheit anbelangt. Das ist genauso wichtig wie die Frage (und hängt mit ihr zusammen), was er Christine Blasey Ford angetan hat. [Anm. d. Übers.: Ford wirft Kavanaugh vor, er habe sie 1982 zu vergewaltigen versucht.] Diese Frage bleibt unbeantwortet, denn die vermeintliche Untersuchung war nichts als ein fadenscheiniges Täuschungsmanöver. Dass ein derartiger Mann ins Oberste Gericht einzieht, hat auf einen Schlag und auf absehbare Zeit die moralische Autorität des Gerichtshofs zunichtegemacht.

Aber das sind Sorgen für die Zukunft und sollten für den Augenblick hintanstehen, denn die unmittelbarere Bedrohung ist das Verhalten des republikanischen Lagers während und nach der Anhörung: Es war nicht nur Verachtung für die Wahrheit zu beobachten, sondern auch das eilige Bestreben, jegliche Kritik zu verteufeln. Ein zutiefst Furcht einflößendes Alarmsignal ist dabei insbesondere die Bereitschaft, mit der ranghohe Republikaner verrückte Verschwörungstheorien übernahmen, was die Widerstände gegen die Ernennung Kavanaughs anbelangt. Das verheißt nichts Gutes dafür, wie es mit Amerika weitergehen könnte, und ich spreche nicht von „in einigen Jahren", sondern von „in einigen Wochen".

Und was die Verschwörungstheorien betrifft: Es begann in den ersten Momenten von Kavanaughs Aussage, als er seine Probleme auf einen „kalkulierten und abgestimmten politischen Angriff“ zurückführte, durchgeführt von Menschen, die „im Namen der Clintons Rache nehmen wollen“. Eine durch und durch falsche und hysterische Anschuldigung. Allein schon, dass er derartige Behauptungen überhaupt aufstellt, sollte Kavanaugh für das Gericht disqualifizieren.

Aber sehr rasch verschlimmerte Donald Trump alles zusätzlich, indem er von Protesten gegen Kavanaugh eine Verbindung zu George Soros zog und – fälschlich und ohne jedwede Beweise – behauptete, die Demonstranten würden für ihre Proteste Geld bekommen.

Doch der eigentliche Punkt ist der: Führungspersönlichkeiten der Republikaner sprangen Trump rasch bei. Charles Grassley, der Vorsitzende des Senatsausschusses, vor dem Blasey und Kavanaugh aussagten, behauptete hartnäckig, die Demonstranten würden in der Tat von Soros bezahlt. Senator John Cornyn erklärte: „Wir lassen uns nicht von den Schreien bezahlter Demonstranten unter Druck setzen.“ Nein, die Demonstranten werden für ihre Proteste nicht bezahlt und schon gar nicht von George Soros. Aber als guter Republikaner muss man inzwischen so tun, als ob dem so wäre.

Was geht da bloß vor sich? Auf der einen Ebene ist das nicht neu. Verschwörungstheorien gehören seit Anbeginn der amerikanischen Politik dazu. Richard Hofstadter veröffentlichte 1964 seinen berühmten Essay *The Paranoid Style in American Politics* [„Der paranoide Stil in der amerikanischen Politik“] und führte darin Beispiele an, die bis ins 18. Jahrhundert zurückreichten. Wenn Afroamerikaner protestierten, erklärten Anhänger der Rassentrennung immer wieder, die Demonstranten seien von „externen Agitatoren“ aufgestachelt worden, insbesondere von Juden aus den Nordstaaten.

Die Tragweite einer Verschwörungstheorie hängt jedoch stets davon ab, wer sie verbreitet.

Wenn Menschen, die politisch ganz am Rand stehen, im Schatten agierenden Mächten (häufig zwielichtige jüdische Bankiers) die Schuld an ihrer Frustration geben, kann man das getrost als Hirngespinst abtun. Handelt es sich jedoch dabei um Menschen, die an nahezu allen Hebeln der Macht sitzen, dann sind ihre Fantastereien keine Hirngespinste, sondern ein Werkzeug. Es geht darum, der Opposition ihre Legitimierung abzusprechen und Entschuldigungen dafür zu erschaffen, jeden, der Kritik äußert, nicht nur zu missachten, sondern zu bestrafen.

Aus diesem Grund stehen bei so vielen autoritären Regimen von Mussolinis Italien bis hin zu Erdogans Türkei Verschwörungstheorien im Mittelpunkt der Ideologie. Aus diesem Grund lieben es die Regierungen von Ungarn und Polen, ehemalige Demokratien, die sich de facto zu Einparteienstaaten entwickelt haben, Außenstehenden im Allgemeinen und Soros im Speziellen vorzuwerfen, sie würden die Opposition aufhetzen. Denn natürlich kann es keinerlei begründete Beschwerden geben, was ihr Handeln und ihre Politik anbelangt. Und jetzt klingen ranghohe Mitglieder der Republikanischen Partei, die alle drei Zweige der Bundesregierung kontrolliert (wer noch an die Überparteilichkeit des Obersten Gerichtshofs glaubte, dürfte diesen Glauben wohl mittlerweile abgelegt haben), wie die weißen Nationalisten in Ungarn und Polen. Was hat das zu bedeuten?

Meine These: Die Republikanische Partei ist ein angehendes autoritäres Regime.

Trump selbst verfügt augenscheinlich über dieselben Instinkte wie die ausländischen Diktatoren, die er so unverhohlen bewundert. Staatsdiener müssten ihm persönlich loyal ergeben sein, nicht dem amerikanischen Volk, fordert er. Politischen Widersachern droht er mit Vergeltung – zwei Jahre nach der letzten Wahl gibt er immer noch den Einpeitscher für „Lock her up"-Gesänge. [Anm. d. Übers.: Während des Wahlkampfs 2016 rief die Menge bei Trumps Wahlkampfveranstaltungen „Lock her up" („Sperr sie weg") als Aufforderung, Hillary Clinton hinter Gitter zu bringen.] Nachrichtenmedien greift er als Volksfeinde an.

Hinzu kommen die Ermittlungen, die sich immer stärker den zahlreichen Skandalen Trumps annähern, vom Steuerschwindel über Insich-Geschäfte im Amt bis hin zu möglichen Absprachen mit Russland.

Sie alle geben ihm jeden möglichen Anreiz, die Freiheit der Presse ebenso abzuschaffen wie die Unabhängigkeit der Strafverfolgung. Bezweifelt irgendjemand, dass Trump, hätte er die Möglichkeit dazu, gern den hundertprozentigen Autoritären geben würde?

Und wer sollte ihn aufhalten? Die Senatoren, die wie Papageien Verschwörungstheorien über auf der Gehaltsliste von Soros stehende Demonstranten nachplappern? Der Oberste Gerichtshof, den Trump sich gerade so schön zurechtmanipuliert hat? In den vergangenen Wochen haben wir gelernt, dass kein Blatt Papier zwischen Trump und seine Partei passt und dass niemand im Namen der amerikanischen Werte „Genug!" rufen wird.

Aber wie ich bereits sagte, ist die Republikanische Partei ein angehendes autoritäres Regime, kein bereits praktizierendes. Worauf wartet die Partei also?

Überlegen Sie sich nur einmal, was Trump und seine Partei alles anstellen könnten, wenn sie nach der kommenden Wahl beide Kammern des Kongresses kontrollieren. Sollten Sie keine Angst davor haben, wo wir in sehr naher Zukunft stehen könnten, dann haben Sie nicht aufgepasst.

TRUMP UND DIE ARISTOKRATIE DES BETRUGS

4. Oktober 2018

Ich war Donald Trump gegenüber möglicherweise nicht ganz fair.

Wissen Sie, ich hatte immer so meine Zweifel, was seine Behauptung anging, er sei ein großartiger Geschäftsmann. Aber wie wir gerade erfahren haben, zeigten sich seine herausragenden Fähigkeiten als Verhandlungspartner bereits sehr früh. So fantastisch war er, dass er bereits sehr früh in seinem Leben einen Jahresverdienst erzielte, der nach heutigem Wert 200.000 Dollar entspräche.

Mit „sehr früh in seinem Leben" ist hier ein Alter von drei Jahren gemeint. Mit acht Jahren war er bereits Millionär. Das Geld stammte natürlich von seinem Vater – der Jahrzehnte lang dagegen kämpfte, die Steuern zu bezahlen, die von Rechts wegen auf die Geldgeschenke an seine Kinder fällig gewesen wären.

Der Sensationsbericht der *New York Times* über die Familientradition des Betrugs bei den Trumps handelt in Wirklichkeit von zwei Arten der Betrügerei, wobei sie miteinander verwoben sind.

Auf der einen Seite ist die Familie an Steuerhinterziehung großen Stils beteiligt und arbeitet mit einer Vielzahl an Geldwäschemethoden, um nicht das bezahlen zu müssen, was sie dem Staat schuldet. Auf der anderen Seite ist da die Geschichte, die Donald Trump über sein Leben erzählt – der Selfmade-Geschäftsmann, der bescheiden anfing und später Milliarden machte –, seit jeher eine Lüge gewesen. Nicht nur hat er seinen Reichtum geerbt (von seinem Vater hat er das Äquivalent von über 400 Millionen Dollar bekommen), Fred Trump musste seinem

Sohn auch aus der Patsche helfen, nachdem dessen Geschäfte in die Binsen gegangen waren.

Was diese Enthüllungen zeigen, ist, dass diejenigen Trump-Anhänger, die glauben, sie hätten einen Vorkämpfer gefunden, der Tacheles redet und den Sumpf in Washington trockenlegt, während er seinen Geschäftssinn dazu einsetzt, Amerika wieder groß zu machen, hinters Licht geführt wurden, und zwar in großem Stil.

Aber die Geschichte von Trumps Geld ist nur Teil einer größeren Erzählung. Selbst unter denjenigen Menschen, die unzufrieden darüber sind, dass wir in einem Zeitalter explodierender Ungleichheit und zunehmender Konzentration des Wohlstands an der Spitze leben, gab es in der Vergangenheit viele, die glaubten, dass große Vermögen mehrheitlich doch mehr oder weniger ehrlich verdient wurden. Erst jetzt rückt in den Mittelpunkt des Interesses, welch gewaltiges Maß an blanker Korruption und ungesetzlichem Handeln die Grundlage für unseren Marsch hin zu einer Oligarchie bildete.

Ich würde schätzen, dass die meisten Ökonomen und sogar die meisten Steuerexperten bis vor Kurzem der Aussage zugestimmt hätten, dass die (legale) Steuervermeidung von Unternehmen und Reichen ein großes Thema ist, Steuerbetrug hingegen, also das Verstecken von Geld vor dem Steuereintreiber, im Vergleich dazu nicht so wichtig sei. Es war offensichtlich, dass einige Reiche legale, wenn auch moralisch fragwürdige Schlupflöcher der Steuergesetzgebung ausnutzten, aber es herrschte die Auffassung vor, dass es in den Industrienationen kein weitverbreitetes Phänomen sei, dass die Steuerbehörden (und damit die Allgemeinheit) betrogen werden.

Diese Meinung stand seit jeher auf wackligen Beinen, schließlich taucht Steuerhinterziehung quasi laut Definition natürlich in keinerlei offiziellen Statistiken auf und die Superreichen prahlen im Normalfall auch nicht damit, wie genial sie wieder einmal das Finanzamt hinters Licht geführt haben. Um sich ein belastbares Bild davon zu machen, wie groß das Ausmaß der Betrügereien ist, muss man es der *Times* gleichtun (und ausführlich die Finanzen einer bestimmten Familie unter die Lupe nehmen) oder auf glückliche Fügungen hoffen, die ans Tageslicht bringen, was zuvor versteckt war. Vor zwei Jahren kam es zu einer solchen glücklichen Fügung, und zwar enormen Ausmaßes. Die Rede ist von den Panama Papers, einem gewaltigen Schatz an Daten einer Kanzlei in Panama, die darauf spezialisiert war, Menschen dabei zu helfen, ihr Vermögen in Steueroasen zu verstecken. Hinzu kam noch ein kleineres Datenleck von HSBC. Die unappetitlichen Einzelheiten aus diesen Lecks machten unverzüglich Schlagzeilen, aber die wahre Bedeutung dieser Daten wurde erst durch die Arbeit von Gabriel Zucman aus Berkeley und seinen Mitstreitern in Zusammenarbeit mit skandinavischen Steuerbehörden deutlich.

Die Wissenschaftler haben Informationen aus den Panama Papers und anderen Enthüllungen mit staatlichen Steuerdaten abgeglichen und dabei festgestellt, dass offene Steuerhinterziehung an der Spitze durchaus ein großes Thema ist. Bei denen, die wirklich reich sind, ist unter dem Strich die effektive Steuerquote deutlich geringer als bei denen, die nur reich sind. Das liegt nicht an Schlupflöchern in den Steuergesetzen, sondern daran, dass sie das Gesetz brechen. Die reichsten Steuerzahler zahlen den Forschern zufolge im Schnitt 25 Prozent weniger als sie müssten – und natürlich zahlen viele Personen sogar noch weniger.

Wir reden hier von einer großen Zahl. Wenn Amerikas Wohlhabende in ähnlicher Größenordnung Steuern hinterziehen (was sie mit ziemlicher Gewissheit tun), bringen sie den Staat um einen Betrag, der vermutlich in etwa dem entspricht, was ihn das Lebensmittelhilfeprogramm kostet. Sie nutzen die Steuerhinterziehung zudem für den Zweck, ihre Privilegien zu etablieren und an ihre Erben weiterzugeben. Und das ist die wahre Trump-Story.

Es drängt sich die Frage auf, was unsere gewählten Volksvertreter gegen diese Epidemie des Betrugs unternehmen. Nun, die Republikaner im Kongress sind seit Jahren an dem Fall dran – systematisch haben sie der Steuerbehörde die Mittel gestrichen und sie dadurch in ihren Fähigkeiten beschränkt, wegen Steuerhinterziehung zu ermitteln. Wir haben nicht nur eine Regierung, die durch Steuerbetrüger in ihren Möglichkeiten eingeschränkt wird, wir haben auch Steuerbetrüger in der Regierung, die für andere Steuerbetrüger arbeiten. Die Lektion daraus:

Was mit unserer Gesellschaft geschieht, ist schlimmer, als wir gedacht hatten. Nicht nur, dass der Präsident der Vereinigten Staaten ein, wie der erfahrene Steuerreporter David Cay Johnston es nannte, „Finanzvampir" ist, er hat praktisch alle Menschen betrogen, mit denen er zu tun hat.

Abgesehen davon wirkt unsere Entwicklung hin zu einer Oligarchie (die Herrschaft einiger weniger) mehr und mehr wie eine Kakistokratie (die Herrschaft der Schlechtesten oder zumindest Skrupellosesten). Was an Korruption abläuft, ist nicht subtil, ganz im Gegenteil, sie ist viel primitiver, als es sich irgendjemand vorgestellt hätte. Hinzu kommt, dass sie sehr weit reicht und unsere Politik buchstäblich bis in die allerhöchsten Ebenen infiziert hat.

SCHLUSS DAMIT: TRUMP IST KEIN POPULIST

2. August 2018

Eine Botschaft an alle in den Nachrichtenmedien, die Donald Trump immer wieder als „Populisten" bezeichnen: Ich denke nicht, dass das Wort bedeutet, was Sie vermuten.

Es stimmt, dass sich Trump bei Gelegenheit weiterhin als jemand geriert, der sich gegen die Eliten stellt, um die Interessen der gewöhnlichen Arbeiter Amerikas zu vertreten. Und ich schätze, auf gewisse Weise verleiht sein weißer Nationalismus gewöhnlichen Amerikanern eine Stimme. Sie teilen seinen Rassismus, hatten aber das Gefühl, ihre Vorurteile nicht öffentlich äußern zu können.

Doch inzwischen ist er seit anderthalb Jahren im Amt, lang genug, um ihn nach seinen Handlungen beurteilen zu können und nicht nach seinen Aussagen. Und da zeigt sich, dass sich seine Regierung an sämtlichen Fronten unermüdlich gegen die Arbeiter stellt. Trump ist in etwa so populistisch, wie er gottgefällig ist – überhaupt nicht.

Beginnen wir bei der Steuerpolitik: Trumps großer legislativer Wurf ist eine Steuersenkung, von der hauptsächlich Konzerne profitieren (ihre Steuerzahlen sind komplett eingebrochen) und die nicht das Geringste zur Anhebung der Gehälter beigetragen hat. So wenig bringt der Steuerplan dem gewöhnlichen Amerikaner, dass die Republikaner ihn im Wahlkampf schon gar nicht mehr erwähnen. Dennoch spielt die Regierung mit der (vermutlich gesetzeswidrigen) Idee herum, die Steuern der Reichen per Durchführungsverordnung um weitere 100 Milliarden Dollar zu senken.

Dann haben wir die Gesundheitspolitik. Nachdem es Trump nicht gelungen ist, Obamacare zu kippen (was ein schwerer Schlag für Arbeiterfamilien gewesen wäre), hat er stattdessen einen Sabotagefeldzug geführt, infolgedessen die Beiträge um nahezu 20 Prozent höher liegen, als es anderenfalls vermutlich der Fall gewesen wäre. Am härtesten werden davon natürlich Familien in Mitleidenschaft gezogen, die etwas zu viel verdienen, um Anspruch auf Zuschüsse zu haben. Wir sprechen also von der oberen Arbeiterklasse.

Und dann haben wir die Arbeitsmarktpolitik. Hier hat sich die Regierung Trump an zahlreichen Fronten darangemacht, Regulierungen abzuschaffen, die Arbeitnehmer vor Ausbeutung, Verletzungen und anderen Dingen schützten.

Aber die unmittelbare Politik ist nur das halbe Bild, man sollte sich auch Trumps Personalentscheidungen ansehen. Wenn es um politische Maßnahmen geht, die sich auf Arbeitnehmer auswirken, hat Trump eine Truppe von Spießgesellen um sich geschart. Nahezu jeder wichtige Posten ist von einem Lobbyisten besetzt oder von jemand mit engen finanziellen Verbindungen zur Wirtschaft. Die Interessen der Arbeitnehmer vertritt niemand.

Besondere Aufmerksamkeit verdient die Nominierung Brett Kavanaughs für das Oberste Gericht. Wir wissen vieles nicht über Kavanaugh, was auch daran liegt, dass die Republikaner im Senat Anfragen der Demokraten nach weiteren Informationen blockieren. Wir wissen jedoch, dass er in einem extremen Maße arbeitnehmerfeindlich eingestellt ist. Er steht weit rechts vom Mainstream und sogar weiter rechts als die meisten Republikaner.

Das bekannteste Beispiel für seine radikal arbeitnehmerfeindlichen Ansichten ist ein Fall aus SeaWorld, wo ein gefangener Schwertwal eine Angestellte tötete. Kavanaugh sprach den Vergnügungspark von jeder Haftbarkeit mit der Begründung frei, das Opfer hätte sich bei Antritt des Postens der Risiken bewusst sein müssen. In seiner Vergangenheit findet sich weit mehr arbeitnehmerfeindlicher Extremismus.

Sollte Kavanaugh bestätigt werden, wird er dem Obersten Gericht lange Zeit angehören. Sein Extremismus allein reicht deshalb aus, seine

Nominierung abzulehnen – insbesondere dann, wenn man berücksichtigt, dass er für uneingeschränkte Macht des Präsidenten ist, und dass in seinen Unterlagen etwas schlummert, das die Republikaner um jeden Preis verbergen wollen.

Aber warum sollte Trump, der selbst ernannte Champion der amerikanischen Arbeiter, eine Person wie diese auswählen? Warum unternimmt er all diese Dinge, die doch ausgerechnet denjenigen Menschen schaden, die ihn überhaupt erst ins Weiße Haus gebracht haben?

Die Antwort darauf kenne ich nicht, aber ich denke, der herkömmliche Erklärungsansatz (der faule und bei politischen Einzelheiten extrem ignorante Trump hat sich gegen seinen Willen von der Lehrmeinung der Republikaner einfangen lassen) unterschätzt den Präsidenten und lässt ihn netter erscheinen, als er in Wirklichkeit ist.

Wer Trump beobachtet, kann sich nur schwerlich dem Eindruck entziehen, dass ihm sehr wohl bewusst ist, dass er seiner eigenen Wählerbasis Strafen auferlegt. Aber er ist ein Mann, der andere gern erniedrigt, im Kleinen wie im Großen. Und ich schätze, er findet tatsächlich Gefallen daran, zu beobachten, wie ihm seine Anhänger selbst dann folgen, wenn er sie verrät.

Seine Verachtung für die Arbeiterschicht scheint manchmal direkt an die Oberfläche zu drängen. Erinnern Sie sich noch an seine Aussage „Ich liebe die schlecht Gebildeten“? Erinnern Sie sich an seine Behauptung, er könne auf der Fifth Avenue in New York jemanden erschießen und es würde ihn keine Wählerstimmen kosten?

Unabhängig von seinen tatsächlichen Motiven ist das, was Trump tut, das Gegenteil eines Populisten. Und nein, auch sein Handelskrieg ändert nichts an diesem Urteil. William McKinley, der perfekte Gilded-Age-Präsident, besiegte einen populistischen Herausforderer und war ebenfalls ein Anhänger protektionistischer Maßnahmen. [Anm. d. Übers.: Als Gilded Age, „vergoldetes Zeitalter“, wird die Zeit nach dem Sezessionskrieg (1861–1865) bezeichnet. Die Wirtschaft boomte und es gab technischen Fortschritt, aber es herrschte auch noch viel Armut, deshalb nur „vergoldet“ und nicht „golden“. McKinley war von 1897 bis 1901 Präsident.] Hinzukommt, dass Trumps Handelskrieg auf eine Art und Weise ausgetragen wird, die größtmöglichen Schaden unter Amerikas Arbeitern anrichtet und dabei den geringstmöglichen Nutzen erzielt.

Trump ist kein Populist, aber er ist ein pathologischer Lügner, der unaufrichtigste Mann, der je ein hohes Amt in Amerika bekleidete. Und zu seinen größten Lügen gehört die Behauptung, er stehe auf der Seite der arbeitenden Amerikaner.

Was mich zum Begriff „Populist" zurückbringt. Beschreibt man Trump mit diesem Begriff, macht man sich letztlich zum Komplizen seiner Lüge, insbesondere dann, wenn man es im Zusammenhang mit einer vermeintlich objektiven Berichterstattung verwendet.

Sie müssen das nicht tun. Sie können Trump beschreiben, ohne Worte zu verwenden, die ihm etwas zusprechen, was er gar nicht verdient hat. Er zieht seine Anhänger über den Tisch. Sie müssen ihm dabei nicht helfen.

PARTEILICHKEIT, PARASITEN UND POLARISIERUNG

21. August 2018

Parasiten spielen in der Natur eine wichtige Rolle. Größtenteils ernähren sie sich einfach von ihren Wirten, aber es gibt auch einige Fälle, bei denen ihr Einfluss heimtückischer ist – sie verändern das Verhalten ihres Wirts auf eine Weise, dass die Parasiten davon profitieren, die Opfer aber Schaden nehmen und schlimmstenfalls sogar sterben.

Ich habe mich in letzter Zeit wiederholt gefragt, ob es das ist, was gerade in Amerika geschieht. Wie sehr ist unsere politische Krankheit das Ergebnis eines Parasitenbefalls? Ich denke dabei insbesondere an eine Plage von Direktmarketing-Schwindeln, die, größtenteils am rechten Flügel, die politische Parteinahme ausnutzen und verstärken, um auf diese Weise einfach gesagt Ware zu verkaufen.

Sie finden, das klingt absurd? Dann bitte ich Sie um ein klein wenig Geduld. Ich bin nicht der Erste, der diese These aufwirft – Rick Perlstein, unser führender Historiker des modernen Konservativismus, äußerte sich 2012 im Grunde identisch (wenn auch ohne die biologische Analogie). Wie ich gleich erklären werde, sind seitdem viele Dinge geschehen, die sein Argument untermauern.

Auf die Spur gebracht hat mich Ben Shapiro, der Intellektuelle *du jour* der jungen Konservativen. Mir kam nämlich zu Ohren, dass er seine Präsenz in den Talkshows dafür nutzt, Nahrungsergänzungsmittel zu vermarkten.

Später mehr dazu, zunächst einige Punkte zu politischer Ökonomie.

Versuche ich, politisches Verhalten zu begreifen, denke ich wie viele andere auch über Mancur Olsons Klassiker *The Logic of Collective Action* [dt. Titel: *Die Logik des kollektiven Handelns,* Mohr Siebeck, Tübingen, 1968] nach. Olson hatte eine simple, aber weitreichende Erkenntnis: Politisches Handeln für eine Gruppe ist aus Sicht der Mitglieder dieser Gruppe ein öffentliches Gut. Was meinen wir damit? Ein öffentliches Gut ist nach seiner Bereitstellung für viele Menschen von Nutzen, aber wer auch immer es bereitstellt, kann den Nutzen nicht auf sich allein beschränken und besitzt insofern auch keine Möglichkeit, Kapital aus dem Bereitstellen zu schlagen. Das klassische Beispiel ist ein Leuchtturm: Er hält die Schiffe von Untiefen fern, egal ob sie eine Gebühr dafür bezahlt haben oder nicht. In dieselbe Kategorie fallen Maßnahmen der öffentlichen Gesundheit, die Krankheiten eindämmen. Die Tatsache, dass es sich aus Sicht der Gesellschaft lohnt, ein öffentliches Gut bereitzustellen, ist keine Garantie dafür, dass es tatsächlich bereitgestellt wird. Dafür muss sich ein Individuum oder mehrere die Mühe machen wollen.

Olson verweist darauf, dass dasselbe für politisches Handeln gilt. Nur weil der Wahlsieg von Kandidat XY gut für beispielsweise Landwirte wäre, heißt das nicht, dass Landwirte ihm auch Geld geben werden. Jeder einzelne Landwirt hat den Anreiz, als Trittbrettfahrer von den Spenden der anderen zu profitieren. Insofern stehen hinter politischen Handlungen normalerweise Einzelpersonen oder kleine, organisierte Gruppen, die voraussichtlich direkt profitieren werden. Entweder das, oder es handelt sich um ein Nebenprodukt anderer Aktivitäten, die aus ihren jeweiligen Gründen vorteilhaft sind und sich für politisches Handeln nutzen lassen. Dazu zählen etwa Mitgliedschaften in Handelsverbänden oder Gewerkschaften.

Aber reiche Leute geben doch Geld, um die Interessen ihrer Klasse zu fördern, oder? Tatsächlich wird ein Großteil des Gelds, das in die Politik fließt, letztlich zum eigenen, persönlichen Interesse des Spenders ausgegeben. Das Geld, das beispielsweise die Koch-Brüder in die Politik stecken, kann man als Investition in sich selbst ansehen – sie haben von der jüngsten Steuersenkung immens profitiert und der Ertrag war deutlich höher als das, was sie für die Förderung der Steuersenkung ausgegeben haben.

Insofern stecken hinter vielen politischen Handlungen Personen, die die Politik in eine Richtung lenken wollen, von der sie persönlich profitieren. Aber was mir die Shapiro-Gehirnpillen-Geschichte verdeutlicht, ist, dass in unser derzeitigen politischen Landschaft ein anderer Faktor eine wichtige Rolle spielt – dass Leute, die etwas verkaufen wollen, was mit Politik im eigentlichen Sinne nichts zu tun hat, politisches Handeln als Vermarktungsmasche einsetzen.

Wie gesagt: Die Vorlage dazu hat Rick Perlstein verfasst. Er dokumentiert, dass Marketingzentren rechtsgerichtete Webseiten dazu nutzen, Zeug wie dieses unters Volk zu bringen:

> „Liebe Leser, ich möchte euch etwas verraten – aber Ihr dürft es nicht weitererzählen, denn die ‚Elite' fände es nicht sehr witzig, wenn sie wüsste, was ich Euch gleich enthüllen werde. Deshalb müssen wir besonders vorsichtig sein. Wisst Ihr, die meisten Leute achten auf die Börse, aber Banken, Brokerhäuser und große Konzerne haben ihr Geld ganz woanders geparkt … ich spreche in diesem Zusammenhang vom verborgenen Geldberg … Ihr braucht nur den Insidercode (den ich Euch gleich verraten werde) und schon könnt Ihr bis zu 6.000 Dollar zusätzlich verdienen – im Monat!"

Einige der einflussreichsten Stimmen der Rechten haben Werbeflächen an Quacksalber verkauft und sind zusätzlich gleich den nächsten Schritt gegangen - sie verkaufen jetzt ihre eigenen Quacksalberprodukte.

Beispiele gefällig?

- In seinen Glanzzeiten heizte Glenn Beck seinem Publikum ein, indem er erklärte, irgendwann in der allernächsten Zukunft werde Obama Hyperinflation über das Volk hereinbrechen lassen. Beck selbst kassierte ab, indem er überteuerte Goldmünzen verhökerte.

- Alex Jones sorgte für Schlagzeilen mit der Behauptung, Schulmassaker seien Fake News und bei den Opfern handele es sich in Wahrheit um Schauspieler. Geld aber machte er mit dem Verkauf von Nahrungsergänzungsmitteln.
- Ben Shapiro verfasst Kritiken zu liberalen Akademikern, Schriften, die Konservative für gelehrt halten. (Erinnern Sie sich daran, was Ezra Klein über die Vorstellung sagte, die sich eine dumme Person davon macht, wie eine kluge Person klingt?) Sein Geld verdient er aber auf dieselbe Weise wie Alex Jones.

Warum sollte ein Zusammenhang existieren zwischen Betrugsmaschen und politischem Extremismus? Das Stichwort hier ist Affinitätsbetrug. Hat man erst einmal eine Person etabliert, die zornige, alternde weiße Kerle anspricht, kann man ihnen auch Zeug verkaufen, das ihre Virilität bewahrt, ihre Taille und ihr Vermögen.

Und ist es, eine Nummer größer gedacht, nicht das, worum es bei *Fox News* in Wahrheit geht? Betrachten wir den Sender nicht als ideologische Organisation im eigentlichen Sinne, sondern als Geschäft: Die Programmgestaltung ist billig (es gibt nicht viel Berichterstattung) und spricht die Vorurteile zorniger alter weißer Männer an, die gern auf der Couch sitzen und ihr Fernsehgerät bepöbeln. Und es nutzt seine Zuschauer, um Werbetreibenden dabei zu helfen, ihre Diätmittel loszuwerden. Normalerweise betrachten wir die Ansichten und Interessen des Einzelnen als die Kräfte, die die Politik bewegen – bis hin zur hässlichen Polarisierung, die zunehmend das Bild bestimmt. Wenn überhaupt darüber gesprochen wird, dass diese Polarisierung kommerziell ausgenutzt wird, dann spricht man zumeist von einem Oberflächenphänomen, das sich aus der grundlegenden Dynamik speist.

Aber wie kommen wir darauf, dass das tatsächlich stimmt? Die Alex Jones', Ben Shapiros und *Fox News*' dieser Welt könnten kein Kapital aus dem Extremismus schlagen, wenn zornige alte weiße Männer nicht von Haus aus bereit wären, sich dieses Zeug anzuhören. Vielleicht liegt es an der kommerziellen Ausbeutung der politischen Wut, dass diese

Wut gebündelt und zur Waffe gemacht wurde. Anders gesagt (und damit komme ich zurück zum Beginn dieses Essays): Dass wir in einem politischen Albtraum stecken, liegt eventuell daran, dass Marketing-Algorithmen wie Parasiten unser politisches Verhalten befallen haben. Ich weiß, dass ich nicht als Einziger in diese Richtung denke. Charlie Stross hat die These aufgestellt, dass die „Büroklammer-Maximierer" – nicht Leute, sondern soziale Systeme und Algorithmen, die versuchen, Gewinne, Marktanteile oder was auch immer zu maximieren – immer stärker die Richtung vorgeben, in die sich die Gesellschaft entwickelt, und dass dies auf eine Weise geschieht, die der Menschheit schadet. Er konzentriert sich dabei in erster Linie auf den Einfluss, den Unternehmen auf die Politik nehmen, weniger darauf, wie im Dienste betrügerischer Direktvertriebe wütende Menschen mobilisiert werden, aber es kann beides funktionieren.

Sei es, wie es ist, ich finde, eines sollte man sich unbedingt klarmachen: Hinter dem Trommeln für politische Quacksalberprodukte (egal ob es um die Wirtschaft, Rassen, die Auswirkung der Einwanderung oder ein anderes Thema geht) steckt zu einem nicht unerheblichen Teil das Trommeln für tatsächliche Quacksalberprodukte – Zauberpillen, die ganz ohne Hungergefühle die Pfunde schmelzen lassen und Ihnen Ihre jugendliche Männlichkeit zurückgeben.

WARUM ES AUCH HIER GESCHEHEN KANN

27. August 2018

Ich habe diese Anekdote bereits an anderer Stelle erzählt. Kurz nach dem Fall der Berliner Mauer witzelte ein Freund von mir, ein Experte für Außenbeziehungen: „Jetzt, wo Osteuropa die ihm fremde Ideologie des Kommunismus abgeschüttelt hat, kann es auf seinen wahren historischen Pfad zurückkehren – den Faschismus." Schon damals haftete seiner Frotzelei eine echte Schärfe an.

Inzwischen schreiben wir 2018 und die Aussage wirkt überhaupt nicht mehr wie ein Witz. Was die Nichtregierungsorganisation Freedom House als Illiberalismus bezeichnet, ist in Osteuropa auf dem Vormarsch. Das gilt auch für Polen und Ungarn. Beide sind weiterhin Mitglied der Europäischen Union, aber die Demokratie nach unserer gängigen Definition ist dort bereits tot.

Die regierenden Parteien beider Länder – „Recht und Gerechtigkeit" in Polen und Fidesz in Ungarn – haben Staatsapparate aufgebaut, die der Form halber weiter Wahlen abhalten, die jedoch die Unabhängigkeit des Justizsystems zerstört haben, die Pressefreiheit unterdrücken, flächendeckend Korruption institutionalisierten und abweichende Meinungen praktisch zur Straftat erklärt haben. Das Ergebnis: Auf absehbare Zeit wird es dort wohl eine Einparteienherrschaft geben.

Und viel zu leicht könnte es auch bei uns so weit kommen. Es ist nicht allzu lange her, da erklärten die Menschen gern, unsere demokratischen Normen und unsere stolze Geschichte der Freiheit würden uns davor schützen, in eine Tyrannei abzurutschen. Tatsächlich sagen das einige Menschen bis zum heutigen Tag. Aber um das weiterhin glauben zu können, muss man schon vorsätzlich die Augen fest verschließen. Tatsache ist, dass die Republikanische Partei bereit, wenn nicht gar begierig ist, zur amerikanischen Version von „Recht und Gerechtigkeit" oder Fidesz zu werden und ihre aktuelle politische Macht dafür zu nutzen, sich dauerhaft zum Herrscher aufzuschwingen.

Man sehe sich nur an, was auf Ebene der Bundesstaaten geschehen ist.

Nachdem in North Carolina ein Demokrat zum Gouverneur gewählt wurde, haben die Republikaner die letzten Tage des alten Amtsinhabers dazu genutzt, Gesetze zu verabschieden, die die Machtbefugnisse des Gouverneurs massiv beschnitten.

In Georgia haben die Republikaner versucht, Wahllokale in einem überwiegend von Schwarzen bewohnten Bezirk zu schließen. Dazu griffen sie zu offensichtlich erfundenen Sorgen, was den Zugang für Wähler mit Behinderung anbelangt.

In West Virginia nahmen republikanische Parlamentarier Beschwerden über exzessive Ausgaben zum Anlass, den kompletten Obersten Gerichtshof des Bundesstaats seines Amts zu entheben und dort stattdessen Parteisoldaten zu installieren.

Und das sind nur Fälle, die landesweit für Aufmerksamkeit sorgten. Es gibt zweifelsohne Dutzende, wenn nicht Hunderte ähnlich gelagerte Fälle im gesamten Land. Sie alle spiegeln die Realität wider, dass sich die moderne Republikanische Partei nicht an die Ideale der Demokratie gebunden fühlt. Um ihre Macht zu festigen, wird sie alles unternehmen, mit dem sie ihrer Meinung nach durchkommen kann.

Und was geschieht auf der nationalen Ebene? Nun wird es wirklich unheimlich. Momentan steht alles auf Messers Schneide. Stürzen wir auf die falsche Seite – behalten die Republikaner also bei den Wahlen im November die Kontrolle über beide Kammern des Kongresses –, werden wir rascher, als Sie es sich vorstellen können, zum nächsten Polen oder Ungarn werden.

Diese Woche sorgte die Nachrichtenwebseite *Axios* mit einer Exklusivgeschichte für einigen Aufruhr. Es ging um eine Tabelle, die unter den Republikanern im Kongress kursierte. Darin wurde aufgeführt, welche Ermittlungen die Demokraten nach Einschätzung der Republikaner wohl in die Wege leiten würden, sollten sie die Mehrheit im Repräsentantenhaus erobern. Das Entscheidende ist, dass es sich bei jedem einzelnen Punkt – beginnend mit den Steuererklärungen von Donald Trump – um etwas handelt, das selbstverständlich Anlass zu Ermittlungen geben sollte und das unter jedem anderen Präsidenten auch Gegenstand von Ermittlungen gewesen wäre. Aber für die Leute, die dieses Dokument verschicken, ist völlig klar, dass die Republikaner nicht ein einziges dieser Themen angehen werden: Die Loyalität gegenüber der Partei sticht die Verantwortlichkeit gegenüber der Verfassung.

Viele Trump-Kritiker feierten vergangene Woche, als Donald Trumps Wahlkampfmanager Paul Manafort verurteilt wurde und sich Trumps Anwalt Michael Cohen schuldig bekannte. Für sie waren das Indizien dafür, dass die Luft für den obersten Gesetzesbrecher des Landes endlich dünner wird. Doch als ich mir die Reaktionen der Republikaner ansah, befiel mich ein Gefühl wachsenden Grauens: Angesichts unwiderlegbarer Beweise dafür, dass Trump ein Ganove ist, rückte seine Partei enger denn je um ihn zusammen.

Vor einem Jahr schien es möglich, dass die Komplizenschaft der Partei an Grenzen stoßen könnte, dass man an einen Punkt gelangen würde, an dem wenigstens einige Abgeordnete oder Senatoren „Es reicht!" sagen würden. Inzwischen jedoch ist klar, dass derartige Grenzen nicht existieren. Sie werden tun, was auch immer notwendig sein mag, um Trump zu verteidigen und ihre Macht zu festigen.

Und das gilt sogar für Politiker, die früher einmal Prinzipien zu besitzen schienen. Die Senatorin Susan Collins aus Maine war in der Debatte um die Gesundheitsreform eine Stimme der Unabhängigkeit. Heute kann sie darin nichts Problematisches erkennen, dass ein Präsident, der ein „nicht angeklagter Mitverschwörer" ist, einen Richter für das Oberste Gericht nominiert, der die Auffassung vertritt, Präsidenten seien immun gegenüber Strafverfolgung. Senator Lindsey Graham verurteilte Trump 2016 und bis vor Kurzem schien er die Idee abzulehnen, den Generalstaatsanwalt zu feuern, um die Mueller-Ermittlungen abzuwürgen. Mittlerweile signalisiert er, dass das okay für ihn wäre.

Amerika ist der Geburtsort der Demokratie. Wie kann es sein, dass das Land so kurz davorsteht, dem Beispiel anderer Staaten zu folgen und die Demokratie im eigenen Land zu zerstören?

Und kommen Sie mir jetzt bitte nicht mit „Angst wegen der Wirtschaft". Das war in Polen nicht der Fall, das Land ist während der Finanzkrise und im Anschluss beständig gewachsen. Und es ist auch nicht das, was 2016 hier geschehen ist. Studie um Studie zeigte, dass es ethnische Spannungen und nicht wirtschaftliche Not waren, die die Trump-Wähler an die Urnen trieben.

Was ich sagen will: Wir leiden an derselben Krankheit – weißer Nationalismus, der aus dem Ruder gelaufen ist –, die in einigen anderen westlichen Nationen die Demokratie praktisch abgetötet hat. Und wir stehen sehr, sehr kurz vor einem Punkt, an dem es keine Umkehr mehr gibt.

WER HAT ANGST VOR NANCY PELOSI?

13. August 2018

Eine Partei, die 2.000 Milliarden Dollar verschenkt, ohne sich Gedanken darum zu machen, wo das Geld herkommen soll, kann sich dadurch normalerweise wenigstens einige Stimmen erkaufen. Aber die Steuersenkung von Donald Trump bleibt überraschend unbeliebt und die Republikaner erwähnen das Thema im Wahlkampf kaum – tatsächlich spielt die Kritik der Demokraten an der Steuersenkung eher eine Rolle, als dass die Republikaner damit werben.

Auch über Trumps Handelskrieg, ebenfalls ein anhaltend unpopulärer Punkt, sprechen die Republikaner kaum.

Was also bleibt der Republikanischen Partei als Wahlkampfthema? Sie kann die vermeintliche Bedrohung hochspielen, die von illegalen Immigranten ausgeht, aber auch dieses Thema verfängt nicht so richtig. Stattdessen konzentrieren sich die Republikaner in ihren negativen Werbespots auf eines ihrer üblichen Schreckgespenster – Nancy Pelosi, die ehemalige und möglicherweise auch nächste Sprecherin des Repräsentantenhauses.

Insofern scheint jetzt ein guter Zeitpunkt zu sein, alle daran zu erinnern, dass Pelosi die mit Abstand großartigste Sprecherin der Neuzeit ist und zweifelsohne zu den beeindruckendsten Personen zählt, die jemals dieses Amt bekleidet haben. Es ist interessant, sich zu fragen, warum ihre Leistungen bei den Nachrichtenmedien und damit bei der breiten Öffentlichkeit so wenig gewürdigt werden.

Was hat Pelosi erreicht?

Erstens hat sie als Minderheitsführerin im Repräsentantenhaus entscheidend dazu beigetragen, George W. Bush an der Privatisierung der Sozialversicherung zu hindern.

Dann hat sie eine wichtige Rolle gespielt – möglicherweise sogar wichtiger als die von Präsident Barack Obama –, als es darum ging, den *Affordable Care Act* zu verabschieden. Das Gesetz reduzierte auf spektakuläre Weise die Zahl der Amerikaner ohne Krankenversicherung und hat sich angesichts aller Sabotagebemühungen Trumps als erstaunlich robust erwiesen. Pelosi hat bei der Umsetzung der Finanzreform mitgewirkt. Wie sich herausstellte, war diese Reform anfälliger dafür, ausgehöhlt zu werden, sie trug aber dennoch dazu bei, die Wirtschaft zu stabilisieren und viele Amerikaner vor Betrügereien zu schützen.

Pelosi spielte eine Rolle bei der Verabschiedung von Obamas Konjunkturpaket. Eine überwältigende Mehrheit der Ökonomen sagt, die Maßnahme habe den Arbeitsplatzverlust durch die Finanzkrise abgeschwächt und zum Grundgerüst der Grüne-Energie-Revolution beigetragen.

Das ist eine sehr anständige Leistung. Und übrigens: Wann immer die Republikaner behaupten, Pelosi sei eine Art durchgeknallte Linke, dann fragen Sie sich: Was ist so radikal daran, Renten schützen zu wollen, die Krankenversicherung ausweiten zu wollen und ungehemmt agierende Banker an die kurze Leine nehmen zu wollen?

Bemerkenswert zudem, dass es bei Pelosi nicht einmal den Hauch persönlicher Skandale gibt. Das ist geradezu verblüffend, wenn man bedenkt, wie leicht es der Rechten immer wieder fällt, sich derartige Vorwürfe aus den Fingern zu saugen.

Wie schneidet Pelosi im Vergleich zu den vier Republikanern ab, die seit 1994, als die Republikaner die Kontrolle im Repräsentantenhaus übernahmen, das Amt des Sprechers innehatten?

Newt Gingrich war ein Wichtigtuer, der die Regierung lahmlegte, als er vergeblich versuchte, Bill Clinton durch Erpressung zu Kürzungen von Medicare zu zwingen. Dann setzte er sich an die Spitze des Amtsenthebungsverfahrens, das der Kongress gegen Clinton wegen dessen Affäre führte, während er, Gingrich, gleichzeitig selbst seine Frau betrog.

Von Dennis Hastert wissen wir inzwischen, dass er Jungen im Teenageralter belästigt hat. Abgesehen von seinem Privatverhalten ermächtigte die „Hastert-Regel", wonach Republikaner nur solche Gesetzesentwürfe unterstützen dürfen, die von einer Mehrheit ihrer Partei abgesegnet wurden, Extremisten und machte Amerika unregierbarer.

John Boehner brachte nicht viel zustande, außer dass er alles ablehnte, was Obama vorschlug, darunter auch Maßnahmen, die wichtig dafür waren, die Folgewirkungen der Finanzkrise aufzufangen.

Und Paul Ryan, der amtierende, aber scheidende Sprecher, ist ein Trickbetrüger: Er gibt sich fälschlich als Falke in Defizitfragen aus, aber seine einzige Errungenschaft in der Legislative ist eine Steuersenkung, die das Defizit explodieren lässt. Er ist ein Wichtigtuer in Belangen einer falschen Politik und wirft mit Haushaltsvorschlägen um sich, die sich stets als offensichtlicher Lug und Trug erweisen. Vordergründig befassen sich seine Vorschläge mit dem Haushaltsdefizit, tatsächlich geht es jedoch nur darum, Einkommen von den Armen zu den Reichen umlenken zu wollen. Und im finalen Akt seiner politischen Karriere erwies er sich als Feigling, der absolut unwillig war, Trumps Amtsvergehen zu kritisieren.

Aus dem Kreis der modernen Sprecher des Repräsentantenhauses sticht Pelosi also wie eine Riesin aus einer Gruppe von Zwergen hervor. An der Presse, die sie bekommt, ist das jedoch nicht abzulesen.

Während seiner Amtszeit wurde Hastert allgemein dargestellt, als verkörpere er beharrlich die Werte des mittleren Amerikas. Vor Ryan krochen die Medien jahrelang und lobten ihn auch dann noch als absolut seriösen und aufrechten Konservativen, als seine Falschheit für jeden, der ihm etwas Aufmerksamkeit widmete, längst offenkundig war. Pelosi dagegen erhält üblicherweise den Zusatz „entzweiend". Warum ist das so?

Es stimmt, sie ist politisch eingenommen – aber doch nicht mehr als jeder der Republikaner, der vor ihr oder nach ihr im Amt war. Ihre politische Haltung deckt sich viel eher mit der Haltung der Öffentlichkeit als, um ein Beispiel zu nennen, Ryans Versuche, Medicare zu privatisieren und finanziell zurechtzustutzen. Was also macht sie „entzweiend"? Dass die Republikaner nicht aufhören, sie anzugreifen? Das wäre bei jedem anderen Demokraten genauso.

Oder ist es die Tatsache, dass sie eine Frau ist? Noch dazu eine Frau, die ihre Aufgabe deutlich besser erfüllt hat als jeder Mann in der jüngeren Vergangenheit?

Bedeutet all das, dass Pelosi erneut Sprecherin werden sollte, falls die Demokraten das Repräsentantenhaus zurückerobern? Nicht zwingend – man könnte auch argumentieren, dass trotz ihrer außergewöhnlichen Leistungen die Zeit für ein frisches Gesicht gekommen ist.

Aber was sie erreicht hat, war wirklich außergewöhnlich. Es sagt viel aus über die Republikaner, dass sie kein Wahlkampfthema haben, außer eine Politikerin zu verteufeln, die sie mit ihren Leistungen weit in den Schatten stellt. Und es sagt viel aus über die Nachrichtenmedien, dass sich so viel von den unbegründeten Angriffen in deren Berichterstattung niederschlägt.

WAHRHEIT UND TUGEND IN ZEITEN TRUMPS

12. November 2018

Erinnern Sie sich noch an die Zeiten, als es hieß, Freiheit sei bloß ein anderes Wort dafür, dass man nichts mehr zu verlieren habe? Dieser Tage ist es nur ein anderes Wort dafür, Donald Trump viel Geld zu geben.

Nun fanden gerade Zwischenwahlen statt – begleitet von unbegründeten republikanischen Behauptungen, es habe Wahlbetrug stattgefunden –, insofern weiß ich nicht, wie viele Menschen mitbekommen haben, dass Trump beschlossen hat, Miriam Adelson die Presidential Medal of Freedom zu verleihen. Miriam Adelson ist die Frau von Kasinobesitzer und Trump-Megaspender Sheldon Adelson. Die Medaille wird normalerweise als Anerkennung für außergewöhnliche Leistungen oder großen Dienst an der Öffentlichkeit verliehen, in seltenen Fällen erstreckt sich das auch auf Philanthropen. Aber glaubt wirklich irgendjemand, dass die wohltätigen Aktivitäten der Adelsons für diese Ehre verantwortlich waren?

Aber das ist doch eine triviale Geschichte, oder? Mag sein, aber sie erinnert uns daran, dass Trumps Haltung gegenüber der Wahrheit – laut Definition das, was Trump und seinen Freunden hilft, und nicht verifizierbare Fakten – dieselbe ist wie gegenüber Tugenden. Es gibt kein Heldentum, es gibt keine guten Werke, außer sie helfen Trump.

Und was die Wahrheit angeht: Trump lügt natürlich viel – im Vorfeld der Zwischenwahlen log er öffentlich über 100-mal pro Woche. Aber sein Angriff auf die Wahrheit reicht weit über das häufige Lügen hinaus, denn Trump und seine Verbündeten lehnen allein schon die Vorstellung objektiver Fakten ab. „Fake News“ bedeutet nicht, dass jemand etwas Falsches berichtet, es bezieht sich auf jeglichen Bericht, der Trump schadet, egal wie stichhaltig die Belege sind. Und im Umkehrschluss ist jede Behauptung, die Trump hilft, genau aus dem Grund wahr, weil sie ihm hilft, handelt es sich nun um neu geschaffene Arbeitsplätze oder um Wählerstimmen.

Dass Trump und seine Partei versuchen, die von Gesetzes wegen vorgeschriebene Neuauszählung in Florida mit der – durch nichts belegten – Behauptung zu verhindern, es habe Wahlbetrug in großem Stil stattgefunden, passt da haargenau in diese parteiliche Erkenntniskritik. Glauben Republikaner tatsächlich, dass es eine große Zahl betrügerischer oder gefälschter Wahlzettel gab? Allein schon durch das Stellen dieser Frage unterläuft Ihnen ein Kategorienfehler. Die Republikaner „glauben“ nicht wirklich etwas, außer, dass sie das bekommen sollten, was sie wollen. Jede Stimmenauszählung, die einen Demokraten begünstigen könnte, ist schlecht für sie und insofern betrügerisch. Beweise? Wer braucht Beweise?

Dieser Blick auf die Welt erklärt auch, warum die Republikaner dermaßen süchtig nach Verschwörungstheorien sind. Wenn am Ende doch die Leute auf einer Wahrheit beharren, die der Partei schadet, dann kann das nicht aus Respekt vor den Fakten geschehen, denn in ihrer Welt gibt es keine neutralen Fakten.

Wer unbequeme Behauptungen aufstellt, muss demzufolge auf dem Lohnzettel dunkler Mächte stehen. In Arizona gewann die Demokratin Kyrsten Sinema einen Senatssitz dank der als letztes ausgezählten Wahlzettel. Wussten Sie, dass die Republikanische Partei dieses Staats unter Berufung auf das Gesetz für Informationsfreiheit Auskünfte über Interaktionen zwischen Wahlleitern und – Sie ahnten es – George Soros eingefordert hat?

Übrigens lohnt sich der Hinweis, dass diese Zurückweisung objektiver Fakten und das Beharren darauf, dass jeder, der eine unbequeme Wahrheit äußert, Teil einer linken Verschwörung sein muss, die republikanische Psyche bereits lang vor dem Auftauchen Trumps fest im

Griff hatte. Insbesondere die Behauptung, dass die überwältigende Menge an Belegen für eine globale Erwärmung ein gewaltiger Schwindel ist, eine riesige Verschwörung, die von Tausenden von Wissenschaftlern rund um die Welt betrieben wird, gehört seit Jahren zum Kanon der Republikaner.

Natürlich traten die Präsidentschaftskandidaten der Partei früher eher wischiwaschi auf und nicht wie heute ungebremst durchgeknallt, wenn es darum ging, Fakten zu leugnen und Verschwörungstheorien anzuhängen. Aber Trump bewegt sich auch nur in Regionen, wo viele ranghohe Mitglieder seiner Partei bereits seit langer Zeit aktiv sind.

Wie auch immer, was ich damit sagen will: Dass man sämtliche Maßstäbe ablehnt bis auf den, ob es Trump hilft oder ihm schadet, erstreckt sich über wahr/falsch hinaus auf grundlegende Werte. In der Trump-Welt (die inzwischen von der Republikaner-Welt nicht mehr zu unterscheiden ist) definieren sich „Gut" und „Böse" allein danach, inwieweit damit den Interessen des Großen Führers gedient ist. Deshalb greift Trump unsere engsten Verbündeten an und beleidigt sie, während er gleichzeitig brutale Diktatoren, die ihm schmeicheln, in den Himmel lobt (und Neonazis zu „sehr netten Menschen" erklärt).

Und das trifft ganz genauso auf Heldentum und Feigheit zu. Wenn sich ein echter Held wie John McCain kritisch über Trump äußert, wird er als Versager abgetan: „Er ist kein Kriegsheld. Ich mag Leute, die sich nicht gefangen nehmen ließen." Gleichzeitig erhält Miriam Adelson, deren Dienst an der Nation in erster Linie daran stand, Trumps Wahlkampf zu unterstützen, die Presidential Medal of Freedom.

Übrigens gab es auch das schon vor Trump. Erinnern Sie noch daran, wie die Republikaner die militärischen Leistungen von John Kerry herabwürdigten? [Anm. d. Übers.: Kerry war von 2013 bis 2017 Außenminister.]

Wie so häufig im derzeit herrschenden politischen Klima muss man sich verdeutlichen und eingestehen, dass es sich hier nicht um eine symmetrische Situation („Aber die anderen tun es doch ganz genauso") handelt. Wenn Sie „Wahrheit und Tugend werden heute von der Parteizugehörigkeit definiert" oder etwas in der Art sagen, dann spielen Sie damit bloß den bösen Kerlen in die Karten, denn nur eine einzige Partei denkt auf diese Weise.

Demokraten sind auch bloß Menschen, soll heißen, auch sie sind gelegentlich voreingenommen und beschäftigen sich mit motivierten Denkspielen. Aber sie haben sich nicht vollständig von der Idee objektiver Fakten und unpolitischer Tugend verabschiedet, die Republikaner hingegen schon.

All das bedeutet, dass die derzeitigen Ereignisse in Amerika nichts mit einem normalen Politbetrieb zu tun haben. Es ist viel grundlegender als das. Man muss schon wirklich wahnsinnig sein, um die Reaktion der Republikaner auf ihren Rückschlag bei den Zwischenwahlen nicht als das zu sehen, was es ist – den Griff nach der Macht einer Möchtegern-autoritären Bewegung, die jedwede Opposition und sogar Kritik als unrechtmäßig zurückweist. Unsere Demokratie schwebt weiterhin in großer Gefahr.

DAS MONSTRÖSE ENDSPIEL DES KONSERVATISMUS

17. Dezember 2018

Die Zwischenwahlen waren im Wesentlichen auch ein Referendum zum *Affordable Care Act* – das Gesundheitswesen und nicht Donald Trump dominierte den Wahlkampf der Demokraten. Und die Wähler haben ein klares Votum abgegeben: Sie wollen, dass das, was Obamacare erreicht hat, bewahrt wird, also die Art und Weise, wie grob geschätzt 20 Millionen Menschen, die ansonsten weiterhin unversichert gewesen wären, in den Genuss einer Krankenversicherung gekommen sind. Am Freitag jedoch erklärte Reed O'Connor, ein parteiischer republikanischer Richter, der dafür bekannt ist, seine richterliche Macht als Waffe einzusetzen, den *Affordable Care Act* – inklusive Schutz bei Vorerkrankungen, Subventionen für bedürftige Familien und Ausweitung von Medicaid – für verfassungswidrig. Rechtsexperten vom linken wie vom rechten Flügel machten sich über seine Urteilsbegründung lustig und bezeichneten sein Urteil als „blanken politischen Aktivismus". Das Urteil dürfte höhere Instanzen vermutlich nicht überleben.

Aber seien Sie sich lieber nicht allzu sicher, dass sein Sabotageakt gekippt werden wird. O'Connors Machtmissbrauch mag auffallend plump gewesen sein, aber derartiges Benehmen wird immer alltäglicher, und es beschränkt sich nicht nur auf das Gesundheitswesen und nicht nur auf Gerichte. Was Nancy Pelosi als „monströses Endspiel" des republikanischen Frontalangriffs auf das Gesundheitswesen bezeichnete, ist nur die Speerspitze einer Attacke, die an mehreren Fronten erfolgt, während die Republikanische Partei versucht, den

Wählerwillen auszuhebeln und die Demokratie insgesamt zu untergraben.

Wir mögen uns zwar dafür gratulieren, wie stark unsere politischen Institutionen sind, aber letztlich bestehen Institutionen auch bloß aus Menschen und erfüllen ihre Rolle nur so lange, wie die Menschen in diesen Institutionen den vorgesehenen Zweck respektieren. Rechtsstaatlichkeit hängt nicht nur davon ab, was schriftlich fixiert worden ist, sondern auch vom Verhalten derjenigen, die diese Regeln auslegen und durchsetzen.

Sehen sich diese Menschen nicht an erster Stelle als Diener des Gesetzes und erst danach als einer Partei zugehörig, dann büßen Gesetze ihre Bedeutung ein und das Einzige, was zählt, ist Macht.

Was wir in Amerika erleben und was wir genau genommen seit Jahren erleben, obwohl sich die Nachrichtenmedien und das politische Establishment größtenteils weigern, es einzugestehen, ist ein Befall unserer Institutionen durch rechte Parteigänger, deren Loyalität der Partei gilt, nicht den Grundsätzen. Diese Invasion zersetzt den Staat und die Zerstörung ist bereits sehr weit vorangeschritten.

Ich sage „rechts“ mit Bedacht. Böse Menschen gibt es in beiden Parteien, wie es sie in allen Bereichen des Lebens gibt. Aber die Parteien unterscheiden sich doch grundlegend voneinander. Die Demokratische Partei ist ein loses Bündnis von Interessengruppen, aber die Republikanische Partei wird vom *movement conservatism* dominiert, einer monolithischen Struktur, die vom großen Geld (Geld, das oftmals nur verdeckt fließt) und dem geschlossenen intellektuellen Ökosystem aus *Fox News* und anderen parteiischen Medien zusammengehalten wird. Wer es innerhalb dieser Bewegung zu etwas bringt, ist zu einem viel größeren Ausmaß als jene auf der anderen Seite ein Apparatschik, ein politischer Loyalist, bei dem man sich sicher sein kann, dass er nicht von der Parteilinie abweichen wird.

Republikaner versorgen die Gerichte seit Jahrzehnten mit derartigen Leuten. O’Connor hat seine Ernennung George W. Bush zu verdanken, deshalb war sein Urteil keine große Überraschung, egal wie schlimm die Urteilsbegründung gewesen sein mag. Die Frage ist, ob er sich vorstellen konnte, mit einer derartigen Farce durchzukommen. Ganz offensichtlich konnte er und möglicherweise wird er recht behalten.

Aber wie bereits gesagt: Es sind nicht bloß die Gerichte. Während Trump und seine Verbündeten über Sabotage-Akte des „Deep State" fantasieren, wächst die Zahl der Stellen in Regierungsstellen, auf denen rechte Parteigänger sitzen, denen der Auftrag ihrer Behörde egal ist oder den sie sogar aktiv unterlaufen. Die Umweltschutzbehörde wird jetzt von Menschen geleitet, die nicht die Umwelt schützen wollen, und an der Spitze des Gesundheitsministeriums stehen Menschen, die Amerikanern ihre Krankenversicherung wegnehmen wollen.

Dieselbe Form von Machtergreifung durch Apparatschiks findet in der Politik statt. Erinnern Sie sich noch an die Zeit, als der Auftrag des Senats lautete, „zu beraten und zuzustimmen"? Unter republikanischer Kontrolle ist es reine Zustimmung – Trump kann praktisch nichts tun (bis hin zu stichhaltig bewiesener Korruption und kriminellem Verhalten), das die Senatoren seiner Partei dazu verleiten wird, in irgendeiner Weise ihrer Kontrollfunktion nachzukommen.

Und wie reagieren Menschen, die auf diese Weise denken und agieren, wenn die Öffentlichkeit ihre Vorhaben ablehnt? Sie versuchen, ihre Macht dafür einzusetzen, den demokratischen Prozess auszuhebeln. Drohen Demokraten eine Wahl zu gewinnen, manipulieren diese Menschen den Wahlprozess, so, wie sie es in Georgia getan haben. Gewinnen Demokraten allen Manipulationen zum Trotz, berauben sie die Ämter, die die Demokraten erobert haben, aller Macht, so geschehen in Wisconsin. Und wenn sich die demokratische Politik trotz allem durchsetzt, nutzen sie die mit Apparatschiks besetzten Gerichte, um mithilfe der fadenscheinigsten Begründungen Gesetze außer Kraft zu setzen.

David Frum, der Autor von *Trumpocracy*, warnte vor einem Jahr: „Sind die Konservativen erst einmal überzeugt, dass sie auf demokratische Weise nicht gewinnen können, werden sie nicht etwa den Konservatismus aufgeben – sie werden die Demokratie ablehnen." Genau das geschieht in diesem Augenblick.

Pelosi hatte also recht, dass Reed O'Connors Urteil ein Symptom eines „monströsen Endspiels" ist, aber bei diesem Spiel geht es nicht einfach nur darum, die Angriffe auf das Gesundheitswesen fortzusetzen, es geht darum, die Demokratie im Allgemeinen zu attackieren. Und was wir derzeit erleben, ist mutmaßlich nur der Anfang des Endspiels. Ich fürchte, das Schlimmste steht uns erst noch bevor.

MÄNNLICHKEIT, MONETEN, MCCONNELL UND TRUMPISMUS

13. Dezember 2018

Nachdem sich Donald Trump und die demokratische Führung am Dienstag einen gereizten Austausch lieferten, erscheint es durchaus denkbar, dass der Oberste Tweeter den Staatsapparat lahmlegen wird, um auf diese Weise Geld für den Bau einer Mauer entlang der mexikanischen Grenze zu erzwingen. Das Erstaunliche an dieser Geschichte: Die Mauer ist eine äußerst dumme Idee. Selbst wenn man Einwanderung, legal oder nicht, vehement ablehnt, ist es weder eine zwingend notwendige noch eine wirksame Maßnahme, zig Milliarden Dollar für eine protzige physische Barriere auszugeben, um Einwanderer am Kommen zu hindern.

Worum also geht es? Nancy Pelosi, mit größter Sicherheit die nächste Sprecherin des Repräsentantenhauses, erklärte Medienberichten zufolge gegenüber Kollegen, dass die Mauer für Trump ein „Männlichkeitsding" sei. Das klingt überzeugend, hat mich aber ins Grübeln gebracht: Welche anderen politischen Maßnahmen sind von Trumps Unsicherheit getrieben? Was ist überhaupt die allgemeine Motivation dieser Regierung?

Ich erkenne drei zentrale Motive hinter der trumpistischen Politik und würde sie als „Männlichkeit, McConnell und Moneten" bezeichnen. [Anm. d. Übers.: McConnell steht für Mitch McConnell, damals Mehrheitsführer der Republikaner im Senat.]

Mit „McConnell" meine ich die Standardagenda der Republikanischen Partei. Sie besteht im Wesentlichen darin, die Interessen der großen Geldgeber zu bedienen, sowohl der vermögenden Einzelpersonen als auch der Konzerne. Diese Agenda besteht vor allem darin, für die Klasse der Spender die Steuern zu senken und einige der dabei weggefallenen Einnahmen wieder hereinzuholen, indem man die Sozialprogramme beschneidet. Weiter gehört dazu Deregulierung, insbesondere für Umweltverschmutzer, aber auch für Finanzinstitutionen und fragwürdige Akteure wie gewinnorientiert arbeitende Hochschulen.

Während des Wahlkampfs 2016 gab sich Trump als eine andere Art von Republikaner aus, als jemand, der das Sicherungsnetz schützen und die Reichen stärker besteuern würde. Die Innenpolitik nach seinem Amtsantritt war allerdings völlig orthodox. Sein einziger nennenswerter legislativer Sieg in den ersten beiden Jahren war eine Steuersenkung, die die Reichen massiv begünstigte. Er hat alles in seiner Macht Stehende getan, die Gesundheitsversorgung von Amerikanern mit geringen und mittleren Einkommen zu untergraben. Er hat sowohl den Umweltschutz als auch die Finanzregulierung ausgehöhlt.

Ganz anders die Außenpolitik. Hier hat Trump nicht nur mit früherem republikanischem Gebaren gebrochen, sondern gleich mit allem, wofür Amerika einmal stand. Frühere Präsidenten mögen gegenüber missliebigen Regimen Zugeständnisse gemacht haben, die aufgrund der Realpolitik erforderlich waren, aber so etwas wie Trumps offenkundige Vorliebe für brutale Despoten anstelle der demokratischen Verbündeten haben wir nie zuvor erlebt. Dasselbe gilt für die Bereitwilligkeit, mit der er Entschuldigungen für die Taten von Leuten wie Wladimir Putin oder Mohammed bin Salman findet, selbst wenn zu diesen Taten Mord gehört.

Zum Teil mögen da persönliche Werte eine Rolle spielen: Putin, bin Salman und andere starke Männer sind einfach die Art Leute, die Trump mag. Aber man kann sich nur schwer von dem Verdacht befreien, dass „Moneten“ – Schmiergelder, die über die Trump-Organisation direkt an Trump gehen – ebenfalls eine wichtige Rolle spielen. Im Gegensatz zu Anführern demokratischer Staaten können Diktatoren und absolute Monarchen natürlich reichlich Geld in Trump-Immobilien pumpen und der Familie Trump Anlagemöglichkeiten anbieten, ohne nervigen gewählten Volksvertretern dafür Rede und Antwort stehen zu müssen.

Und wie passt „Männlichkeit“ in dieses Bild? Die Mauer ist ein offenkundiges Beispiel. Verräterisch in diesem Zusammenhang ist allein schon, wie sehr das Augenmerk der Regierung darauf liegt, wie die „große, wunderschöne Mauer“ aussehen wird, und nicht darauf, was sie tun wird. In ihren Ausschreibungen gab die Grenzschutzbehörde ausdrücklich an, die Mauer solle „physisch imposant“ sein und die nördliche Seite der Mauer, also die in Richtung der USA blickende, habe „ästhetisch ansprechend“ zu sein. Dass überall auf großen Schildern „Trump-Mauer“ zu lesen sein solle, stand dort nicht, aber das war wohl nur ein Versehen.

Dennoch würde ich behaupten, dass Trumps Wunsch, seine Männlichkeit unter Beweis zu stellen, auch in anderen Bereichen eine enorme Rolle spielt, insbesondere in der Handelspolitik.

Ich habe die Abenteuer des „Tariff Man“ [Anm. d. Übers.: Trump selbst bezeichnete sich als „Mann der Zölle“] mitverfolgt und was mir auffällt, ist nicht nur, dass die Ökonomen in überwältigender Mehrheit Trumps Strafzölle für eine schlechte Idee halten, sondern auch, dass die Zölle politisch ein Rohrkrepierer sind. Es gibt offenbar keine größere Wählergruppe, die eine Konfrontation mit unseren Handelspartnern einfordert.

Wer will einen Handelskrieg? Die Konzerne nicht – wann immer es in der Handelspolitik heißer hergeht, fallen die Aktienkurse und steigen erst wieder, wenn sich die Rhetorik normalisiert. Die Landwirte nicht, denn die Vergeltungs-Strafzölle des Auslands treffen sie hart. Die Arbeiter in den „Rust Belt“-Staaten, deren Stimmen bei der Wahl von 2016 so entscheidend waren, auch nicht – eine Vielzahl potenzieller Wähler in diesen Staaten sagt, dass Zölle ihren Familien schaden. [Anm. d. Übers.: Als „Rust Belt“, „Rostgürtel“, wird die Industrieregion im Nordosten der USA bezeichnet.] Wie sich zeigt, ist Aggressivität im Handel zu weiten Teilen ein Alleingang: Trump will es so und das reicht.

Stimmt. Wenn man bedenkt, wie das amerikanische Handelsgesetz funktioniert, kann ein Präsident ohne die Zustimmung des Kongresses einen Handelskrieg bekommen (im Gegensatz zu beispielsweise einem

Grenzwall). Aber welche Motivation treibt Trump an? Er hat den Handel zu seiner Priorität erkoren und er will behaupten können, dass er Großes erreicht hat. Bezeichnend dabei ist, dass er selbst dann, wenn er die frühere Politik größtenteils unverändert fortführt, auf einer Namensänderung besteht. So kann er weiter herumlaufen und tun, als wäre das „USA-Mexiko-Kanada-Abkommen" (Pelosi spricht vom „Handelsabkommen formerly known as Prince") etwas völlig anderes als das Nordamerikanische Freihandelsabkommen NAFTA und dass ihm ein großer Wurf gelungen sei.

Entscheidend für zentrale Angelegenheiten des Staats sind also nicht nationale Interessen oder auch nur Interessen wichtiger Gruppen dieser Nation, sondern finanzielle Interessen und/oder das Ego des Mannes im Weißen Haus. Ist Amerika nicht fantastisch?

17

ÜBER DIE MEDIEN

MEHR ALS FAKE NEWS

Nach der Wahl von 2016 fragten sich die Menschen, wie es zu einem derartigen Ergebnis hatte kommen können. Viel wurde damals über die Rolle von „Fake News" gesprochen, Verschwörungstheorien und Falschbehauptungen, die sich über die sozialen Medien verbreiteten. „Pizzagate" beispielsweise – die auf absolut gar nichts begründete Behauptung, ranghohe Demokraten stünden in Verbindung mit einem Kinderporno-Ring, in den auch eine Washingtoner Pizzeria verwickelt sei – schlug hohe Wellen im Internet und führte unter anderem dazu, dass Restaurantbesitzern mit Mord gedroht wurde.

Die überwältigende Mehrheit derartiger Falschbehauptungen war zum Vorteil von Donald Trump, aber weil die Zeiten nun mal sind, wie sie sind, haben Trump und seine Anhängerschaft den Begriff „Fake News" rasch für sich beansprucht und ihn auf sämtliche Berichterstattung angewendet, die unabhängig vom Wahrheitsgehalt die Regierung Trump in ein schlechtes Licht rückte. Und viele Leute haben sich davon überzeugen lassen – die Zahl der Menschen, die die großen Nachrichtenmedien für glaubwürdig halten, ist deutlich zurückgegangen. Das liegt vor allem daran, dass aufseiten der Republikaner das Vertrauen in die Medien in den Keller gestürzt ist.

In Wahrheit sind die großen Medien ziemlich bemüht, keine Falschinformationen zu verbreiten (ausgenommen diejenigen Medien, die Rupert Murdoch gehören), und der Dauerbeschuss, unter dem sie stehen, bloß weil sie einfach ihre Arbeit machen, ist durchaus angsteinflößend. Das bedeutet aber nicht, dass die Medien unvoreingenommen sind, ganz im Gegenteil: Es gibt starke Voreingenommenheit, wenn es darum geht, was gemeldet wird und wie es gemeldet wird. Diese Voreingenommenheit hat sehr dazu beigetragen, dass unsere politische Landschaft derart gestört ist.

Ich rede nicht von der direkten politischen Voreingenommenheit, ob also jemand liberal oder konservativ ist. Ich rede vielmehr über Dinge wie falsche Gleichgewichtung – dass man zwei Seiten eines Disputs gleichbehandelt, auch wenn die eine Seite ganz offensichtlich lügt. Nicht wenige Leute sagen inzwischen dazu: „Die Ansichten wechseln je nach Form des Planeten", bezugnehmend auf die erste Kolumne in diesem Kapitel. Ich habe sie während des 2000er-Wahlkampfs verfasst. Haben wir den seltenen Fall, dass sich die Medien nicht an falscher Ausgewogenheit beteiligen, liegt das meistens daran, dass die Very Serious People allesamt einer Meinung sind – und damit falschliegen.

Ein weiterer Punkt ist die Neigung, Politikdiskussionen durch Theaterkritik zu ersetzen – es geht weniger darum, was Kandidaten vorschlagen, sondern man konzentriert sich darauf, wie die Kandidaten vermeintlich beim Publikum ankommen. Mit diesem Aspekt befasse ich mich in „Triumph des Belanglosen". Und selbst faktisch korrekte Berichterstattung kann effektiv gegenüber einem Kandidaten eingenommen sein, den die Reporter, aus welchen Gründen auch immer, nicht mögen. So erging es sowohl Al Gore 2000 als auch Hillary Clinton 2016.

Die Kolumnen in diesem Abschnitt befassen sich mit echtem Versagen der Nachrichtenmedien und wie sie zu unserem politischen Niedergang beigetragen haben.

LOCKANGEBOTE

1. November 2000

Wir können gewiss sein, dass sich die Politiker die zentrale Erkenntnis aus dem diesjährigen Wahlkampf unbedingt zu Herzen nehmen werden, denn sie lautet: Ein Kandidat kann damit durchkommen, unwahre Dinge zu sagen, solange es dabei nur um große Zahlen geht.

George W. Bush hat unter anderem wiederholt erklärt, dass er etwa 1.000 Milliarden Dollar für neue Programme auszugeben beabsichtigt. In seinem Haushalt ist dafür in Wahrheit nicht einmal die Hälfte vorgesehen. Dass er seine Behauptung dessen ungeachtet wiederholt hat, ließ die Öffentlichkeit nicht an seiner Glaubwürdigkeit zweifeln.

Bush hat darüber hinaus versprochen, 1.000 Milliarden Dollar aus den Mitteln der Sozialversicherung für zwei Zwecke einzusetzen, die miteinander im Widerspruch stehen: Er will das Geld zum einen auf Privatkonten junger Arbeitnehmer einzahlen, aber gleichzeitig will er es dafür nutzen, Sozialleistungen für ältere Arbeitnehmer zu finanzieren. Und bei seinem Lieblingsargument für eine Privatisierung arbeitet er mit einer ähnlichen Form der „Doppelnutzung". Wenn er vergleicht, was für eine Rendite die Leute mit ihrem Geld erreichen können und wie die implizite Rendite der Beiträge zur Sozialversicherung aussieht, dann scheint er falsch verstanden zu haben, warum die Renditen bei der Sozialversicherung geringer sind: Das System muss die Beiträge junger Arbeitnehmer beiseitelegen, ansonsten ist das Geld aufgebraucht, bevor die Menschen, die heute mittleren Alters sind, in Rente gehen.

Aber es handelt sich nicht um ein Missverständnis. Inzwischen kommen aus zahlreichen Ecken Warnungen, was die Verlässlichkeit von

Bushs Rechnungen angeht, das reicht bis zum Berufsverband der amerikanischen Versicherungsfachleute. Dass er diesen Vergleich trotzdem weiterhin anstellt, ist kein Fehler – es ist ein Trick. Und dennoch hat dieser Fall doppelter Buchführung seinem Wahlkampf bislang erstaunlich wenig Probleme bereitet, dabei verspricht Bush, dass unter ihm „Ehre und Integrität" ins Weiße Haus zurückkehren werden.

Wie konnte er damit durchkommen? Eine Antwort darauf lautet, dass die Wähler kein Verhältnis zu großen Zahlen haben. Aber es trifft auch zu, dass die Medien ihnen nicht geholfen haben, diese Zahlen besser zu begreifen.

Zum Teil ist das eine Frage des Marketings – Insidergerüchte machen sich im Fernsehen nun einmal besser als Haushaltsmathematik. Aber es gibt auch einen politischen Aspekt: Die Mainstream-Medien sind auf fanatische Weise darauf aus, unbedingt den Eindruck von Gleichbehandlung zu vermitteln. Einer der großen Witze der amerikanischen Politik ist, dass die Konservativen darauf beharren, die Medien seien liberal voreingenommen. Tatsächlich haben die Reporter Bush nicht einmal bei den unverschämtesten Falschaussagen zur Verantwortung gezogen, möglicherweise aus der Angst heraus, man würde ihnen ansonsten vorwerfen, sie seien parteiisch. Sollte ein Präsidentschaftskandidat verkünden, dass die Erde eine Scheibe ist, dann kann man sich sicher sein, dass anschließend ein Analysestück unter der Überschrift „Form des Planeten: Die Argumente beider Seiten haben etwas für sich" erscheinen wird. Und schließlich ist die Erde ja auch keine perfekte Kugel.

Wir wissen allerdings nicht, wie die Geschichte ausgeht. Sollte Bush gewinnen, muss er einen echten Haushalt vorlegen, ganz zu schweigen von einem echten Plan für die Sozialversicherung. Blumige Reden werden ihm da nicht mehr helfen. Also, was würde er tatsächlich tun?

Viele Analysten hoffen (hoffen!) offenbar, dass Bush ein Lockangebot einsetzt. Sie hoffen, sollte er die Wahl gewinnen, werde er ein Programm vorstellen, das sich sehr von allem unterscheidet, was er im Wahlkampf angedeutet hat. Vor allem die Konservativen glauben insgeheim nicht wirklich, dass das eigentliche Programm vorsieht, die

Sozialausgaben drastisch zu beschneiden, um Platz für Senkungen der Einkommen- und der Immobiliensteuern zu schaffen, und dass die Leistungen der Sozialversicherung stark zusammengestrichen werden, um das Umlenken von Steuergeldern auf Privatkonten auszugleichen.

Aber was an Ausgabenkürzungen erforderlich würde, würde jedweden Anspruch, man betreibe einen mitfühlenden Konservatismus, ad absurdum führen. Zudem haben wir eine recht gute Vorstellung davon, wie ein realistischer Plan für eine Teilprivatisierung der Sozialversicherung aussehen würde. Es wäre eine Kombination aus einer deutlichen Anhebung des Renteneintrittsalters, einer deutlichen Kürzung der Anpassung der Lebenshaltungskosten und einer hohen Besteuerung dieser Privatkonten bei Einlösung. („Es ist Ihr Geld", erklärt Bush im Wahlkampf – aber bei dem Plan, den ein Bush-Berater vorgelegt hat, würde man gerade einmal 25 Prozent aller Gewinne behalten.)

Würde Bush sich, nachdem er im Wahlkampf Freifahrtscheine verteilt hat, tatsächlich trauen, einen derart ehrgeizigen Plan vorzulegen? Erinnern Sie sich, wie die Reaktionen auf Clintons ursprünglichen Plan für das Gesundheitswesen ausfielen. Meinen Sie, Bush wäre willens, sich einem ähnlichen Beschuss auszusetzen?

Ich schätze, sollte er gewählt werden, wird Bush versuchen, so zu regieren, wie er es im Wahlkampf versprochen hat. Die Konten werden einfach so lange manipuliert, bis von den Finanzmärkten angesichts des beunruhigenden Tempos, in dem sich Amerikas Finanzlage eintrübt, ein Warnsignal ausgeht, das sich nicht ignorieren lässt.

Vielleicht unterschätze ich aber auch, wie sehr Bush bereit ist, seine Wahlversprechen über Bord zu werfen. Es ist schlimm, das sagen zu müssen, aber sollte er gewinnen, müssen wir wirklich hoffen, dass es sich nur um ein Lockangebot handelte.

TRIUMPH DES BELANGLOSEN

30. Juli 2004

In einem Artikel mit der Überschrift „Wähler wollen Details von Kerry" zitierte die *Washington Post* kürzlich einen Wähler, der verlangte, dass „John Kerry und John Edwards darüber reden, was sie für Menschen mit mittleren und geringen Einkommen bei der Gesundheitsversorgung planen. Ich muss mich der Tatsache stellen, dass ich mir, so wie die Dinge jetzt liegen, niemals eine Krankenversicherung leisten kann. Und diese Millionäre scheinen sich damit nicht zu befassen." [Anm. d. Übers.: John Kerry trat 2004 zu den Präsidentschaftswahlen als demokratischer Kandidat gegen George W. Bush an. John Edwards war als sein Vizepräsident vorgesehen.]

Kerry schlägt vor, 650 Milliarden Dollar dafür auszugeben, den Versicherungsschutz auf Familien mit niedrigen und mittleren Einkommen auszuweiten. Egal ob Sie das nun gut finden oder nicht, Sie können nicht sagen, er habe sich damit nicht befasst. Warum hatte dieser Wähler davon nicht gehört? Nun, ich habe die Protokolle von 60 Tagen für die Orte gelesen, an denen vier von fünf Amerikaner nach eigenem Bekunden ihre Nachrichten herbekommen – den großen Kabel- und Breitband-TV-Netzwerken. Es geht hier nicht um die Details, der Punkt ist folgender: Ich fand nicht eine einzige klare Aussage, wonach Kerry die jüngsten Steuersenkungen für Gutverdiener aufheben und das Geld dafür nutzen möchte, dem Großteil der Unversicherten Versicherungsschutz zu bieten. Wenn der Kerry-Plan in den Berichten überhaupt eine Rolle spielte, dann handelte es sich in erster Linie um Analysen nach der Art von Pferderennen: Wichtig ist nicht, was drinsteht, sondern wie etwas ankommt.

Andererseits weiß jeder, dass Teresa Heinz Kerry zu jemandem gesagt hat, er könne sich etwas „sonst wohin schieben". Aber selbst da fehlt der Kontext. Bis auf einen kurzen Verweis auf *MSNBC* steht in keinem der Protokolle, die ich gelesen habe, dass das Ziel ihres Wutausbruchs Richard Mellon Scaife war, ein Milliardär, der Schmierenkampagnen gegen die Clintons finanzierte, in deren Verlauf sogar Mordvorwürfe erhoben wurden. (*CNN* erwähnt Scaife auf seiner Webseite, beschrieb ihn aber bloß als finanziellen Unterstützer „konservativer Interessen".) Und das Publikum erfuhr nichts über den langen persönlichen Rachefeldzug Scaifes gegen Heinz Kerry.

Hier greifen zwei miteinander verwandte Themen ineinander, Trivialisierung und Voreingenommenheit. Irgendwann haben die Fernsehnachrichten aufgehört, über die Politik der Kandidaten zu berichten. Sie befassen sich stattdessen mit Belanglosigkeiten, die vermeintlich etwas über die Persönlichkeit aussagen. So erfahren wir etwas über Kerrys Frisur, aber nicht über seine Vorschläge für das Gesundheitswesen. Wir erfahren etwas darüber, wie George W. Bush seine Hecken schneidet, aber nichts über seine Umweltpolitik. Und selbst unter diesen Bedingungen liegen Journalisten in ihrer Berichterstattung häufig falsch, denn sie sind nicht übermäßig gut darin, den Charakter einer Person zu beurteilen. („Er ist in allererster Linie ein Moralmensch", schrieb George Will über Jack Ryan, den Senator aus Illinois, der später aus dem Präsidentschaftsrennen ausstieg, als peinliche Fragen zu Sexklubs laut wurden.) Und die Charakterfragen, die die heutige Berichterstattung dominieren, hatten in der Geschichte keinerlei Auswirkungen auf die Führungsqualität einer Person. Während er die Invasion in der Normandie vorbereitete, führte Dwight Eisenhower eine enge, möglicherweise auch nur platonische Beziehung zu seiner Fahrerin. Hätte ihn das für das Amt des Präsidenten disqualifizieren sollen?

Und weil es keine Regeln gibt, wie Promi-Berichterstattung im Wahlkampf auszusehen hat, tun sich reichlich Möglichkeiten für tendenziöse Berichterstattung auf.

Nehmen wir beispielsweise das Zitat des Wählers. Er spricht von „diese Millionäre". Auf der Webseite campaigndesk.org des *Columbia*

Journalism Review heißt es, eine Analyse habe gezeigt, dass „die Presse dazu neige, die Senatoren Kerry und Edwards und Kerrys Frau Teresa Heinz Kerry unnötig als Millionäre oder Milliardäre zu beschreiben, ohne Präsident Bush oder Vizepräsident Cheney ähnlich zu benennen".

Das Bush-Lager habe der Webseite zufolge „immer wieder Kerry als jemanden hingestellt, der wegen seines Vermögens nicht zum Mainstream gehört, darauf hoffend, dass sich dies auf die Berichterstattung der Presse auswirkt". Das Wahlkampfteam behauptet nicht, dass Kerrys Politik die Reichen begünstige – das macht sie ausdrücklich nicht, während Bushs Politik es ausdrücklich tut. Stattdessen sollen wir Kerry allein aus dem Grund nicht mögen, dass er wohlhabend ist (und nicht bemerken, dass es sein Widersacher auch ist). Ausgerechnet Republikaner zetteln eine Neiddebatte an und die Medien ziehen brav mit.

Kurzum: Der Triumph des Belanglosen ist keine belanglose Angelegenheit. Dass Versagen der Fernsehnachrichten, die Öffentlichkeit über die politischen Programme der diesjährigen Präsidentschaftskandidaten aufzuklären, ist auf seine ganz eigene Weise ein genauso schwerer journalistischer Verrat wie das Unvermögen, kritische Fragen zu der Dringlichkeit zu stellen, mit der der Einmarsch im Irak vorangetrieben wurde.

Nachtrag: Eine weitere Geschichte, die Sie möglicherweise im Fernsehen nicht sehen werden: Jeb Bush beteuert, dass elektronische Wahlmaschinen absolut zuverlässig sind, aber die *St. Petersburg Times* berichtet, dass Floridas Republikanische Partei ein Flugblatt verschickt hat, auf der die Anhänger angehalten werden, ihre Stimme per Briefwahl abzugeben, da es für die Maschinen keine Papierbelege gebe und sie „Ihre Stimme nicht verifizieren können". [Anm. d. Übers.: Jeb Bush, Bruder von George W. Bush, war 2004 Gouverneur von Florida.]

Nachtrag 2: Vor drei Wochen berichtete *New Republic*, die Regierung Bush habe Pakistan bedrängt, während des Parteitags der Demokraten die Verhaftung eines wichtigen Terroristen bekannt zu geben. Stunden, bevor Kerry seine Dankesrede halten wollte, verkündete Pakistan, man habe (einige Tage zuvor) einen wichtigen Al-Kaida-Agenten festgesetzt.

ERFÜLLEN WIRTSCHAFTSANALYSEN ÜBERHAUPT EINEN ZWECK?

Blog der *New York Times*

4. August 2013

Ein paar weiterführende Gedanken, inspiriert von der traurigen Erkenntnis, dass die vorherrschende Meinung innerhalb des Washingtoner Beltways sich darauf festgelegt hat, hohe Arbeitslosigkeit sei struktureller und nicht zyklischer Natur. Dabei herrscht bei den Ökonomen mittlerweile parteiübergreifend Konsens, dass genau das Gegenteil richtig ist.

Klären wir zunächst einmal die Begrifflichkeiten: Wenn Ökonomen über eine zunehmende „strukturelle" Arbeitslosigkeit sprechen, meinen sie damit etwas sehr Spezifisches. Es handelt sich nicht um ein vages Herumlavieren, sondern um die Behauptung, dass die Schwelle für „Vollbeschäftigung" gestiegen ist, also das Maß an Arbeitslosigkeit, bei dem Preise und Löhne zu steigen beginnen und man Gefahr läuft, in eine Lohn-Preis-Spirale zu geraten. Wenn das geschieht, kann man das Problem der Arbeitslosigkeit nicht lösen, indem man jemanden dazu bringt, mehr auszugeben und auf diese Weise die Nachfrage zu erhöhen. Geschieht es nicht, kann man.

Und was ist mit all den anderen Dingen, über die wir reden, die Schwankungen der Arbeitslosigkeit je nach Region, Beruf oder Ausbildung? Wenn es um eine Zunahme der strukturellen Arbeitslosigkeit geht, spielt üblicherweise eine Art „Diskrepanz" zwischen Arbeitnehmern und Arbeitsplätzen eine Rolle, insofern würde man als „Kennzeichen“ dieser Diskrepanz eigentlich erwarten, dass es irgendwo oder in irgendeiner Form zu einer Knappheit an Arbeitskräften kommt. Dass sich dies nicht beobachten lässt, passt also nicht zu strukturellen Ursachen. Aber die entscheidende Frage lautet stets: Wie tief können wir die Arbeitslosigkeit drücken, bevor die Inflation zum Problem wird? Es gibt im Grunde nichts, was dafürspricht, dass dieser Wert seit 2007 gestiegen ist, ganz zu schweigen davon, dass er in der Nähe der aktuellen Arbeitslosenquote liegt.

Wie gesagt: Es herrscht inzwischen ein deutlich stärkerer Konsens als noch vor einigen Jahren, dass Arbeitslosigkeit zyklisch und nicht strukturell ist. In einem anderen Blogeintrag habe ich die Arbeit von Eddie Lazear in Jackson Hole erwähnt. Dann gab es noch den Sinneswandel von Narayana Kocherlakota (für den er sehr viel Respekt verdient – die Zahl der Wirtschaftsanalysten, die bereit ist, sich von Fakten zu einem Meinungswandel bewegen zu lassen, ist viel zu gering).

Wir haben hier also zum einen eine Wirtschaftsdiskussion, die so verläuft, wie die Dinge eigentlich laufen sollten – langsamer, als es mir lieb gewesen wäre, aber dennoch sind wir an einem Punkt, an dem die Fachleute zu dem Schluss kamen, dass eine populäre Geschichte über die Ursache unserer Schwierigkeiten falsch war.

Und die Fernsehexperten? Hörten nicht zu. Über „Strukturelles“ zu reden, das klingt doch seriös, also reden sie darüber, auch wenn die Faktenlage eine völlig andere ist. Und wir befinden uns nicht einmal im „Ansichten wechseln abhängig von der Form des Planeten“-Territorium: Das *PBS*-Publikum erhielt nicht einmal einen klitzekleinen Hinweis darauf, dass es so etwas wie einen professionellen Konsens überhaupt gibt. Das ist so, als würde man zu einer Sendung zum Thema Klima ausschließlich Klimawandelleugner einladen.

Und vielleicht sollten wir das in einen Zusammenhang mit einer anderen Debatte rücken, nämlich der großen Debatte über Austerität. Auch hier fand unter Fachleuten ein ziemliches Umdenken statt. Es gibt innerhalb des Berufsstands der Ökonomen viele Vertreter, die sich in eine Sackgasse manövriert haben, aber das ändert nichts daran, dass die beiden Eckpfeiler der Austerität-Befürworter (die These von *expansionary austerity* [Anm. d. Übers.: Demnach stößt eine starke Sparpolitik ein besonders hohes Wirtschaftswachstum an.] und die These, Furchtbares würde geschehen, wenn die Schulden eine gewisse niedrige Schwelle überschreiten) in sich zusammengebrochen sind, und zwar auf spektakuläre Art und Weise. Dennoch hat sich die Politik nicht im Mindesten verändert, bestenfalls gab es in Europa winzige Korrekturen an den Rändern, während wir in den USA weiter dabei sind, angesichts einer schwachen Konjunkturlage Ausgaben zu kürzen.

Das Ganze ist ziemlich deprimierend für alle, die gern glauben, dass Analysen und Fakten von Bedeutung sind. Die jüngsten Entwicklungen in der Politik und der gängigen Meinung zum Thema Makroökonomie scheinen eine andere Sprache zu sprechen.

EIN JAHR DER DUMMHEIT

Blog der *New York Times*

7. August 2013

Mir war es nicht klar, aber als ich meine Klageschrift darüber verfasste, wie stur die vorherrschende Meinung gegenüber Fakten ist, hatte kurz zuvor Simon Wren-Lewis ähnlich argumentiert, wenn auch breiter angelegt. Nachdem ich seinen Beitrag gelesen hatte, kamen mir einige weitere Gedanken. Bis heute ist es so: Hört man die TV-Experten und Leute vom Establishment im Allgemeinen reden, klingt das häufig so, als gebe es eine klare Trennlinie zwischen der Elite, die „weiß, wie die Welt tickt", und der großen unerfahrenen Menge, die der Anleitung durch die weise Elite bedarf. Das hat mit der Realität nicht das Geringste zu tun. Es stimmt, dass einige durchgeknallte Doktrinen in der öffentlichen Meinung eine wichtige Rolle spielen (die Versessenheit auf Gold, die Laffer-Kurve und so weiter), bei der Elite aber überhaupt nicht verfangen. Die Elite selbst wiederum hat den Großteil der letzten fünf Jahre mit Wirtschaftsdoktrinen verbracht, die vielleicht nicht ganz so abwegig sind wie das Schreckgespenst einer praktisch schon vor unserer Tür stehenden Hyperinflation, die aber auch ziemlich schlimm sind (die Vorherrschaft der strukturellen Arbeitslosigkeit, die Eile, die vermeintlich beim Abbau des Haushaltsdefizits und bei den Reformen der Leistungsansprüche geboten ist, die zerstörerische Wirkung der „Ungewissheit"). Am Einfluss dieser Doktrinen hat sich praktisch nichts geändert, dabei hätte das vergangene Jahr sie eigentlich aus sämtlichen respektablen Diskussionen verbannen sollen.

Es war schließlich ein ziemlich turbulentes Jahr. Da war nicht nur der Gezeitenwechsel, was die professionelle Haltung zu struktureller Arbeitslosigkeit anbelangt, sondern auch das Zerbrechen der Doktrin von *expansionary austerity*, die abgelöst wurde von der Auffassung, dass die Multiplikatoren ziemlich groß sind. Dann ist die These von der 90-Prozent-Grenze für Schulden zerfallen, das Defizit schrumpfte rasant, die Sorgen um die mittelfristige Verschuldung lösten sich in Luft auf und so weiter.

Und dennoch haben sich die Politik überhaupt nicht und die Ansichten der Elite nur wenig verändert. Wie kann das sein? Wren-Lewis nennt die wesentlichen Punkte: Politiker suchen sich Ökonomen, die ihre Vorurteile bestätigen; Nachrichtenmedien sind entweder Propagandaorgane oder versuchen es um jeden Preis zu vermeiden, Politikern geradeheraus Fehler vorzuwerfen, ganz egal, wie weit ihre Aussagen von der Wahrheit abweichen.

An dieser Stelle kommt übrigens auch die *PolitiFact*-Defizitstümperei ins Spiel. [Anm. d. Übers.: *PolitiFact* ist ein Projekt, bei dem Journalisten den Wahrheitsgehalt von Aussagen überprüfen, die Politiker gemacht haben.] Eric Cantor [Anm. d. Übers.: damals Mehrheitsführer der Republikaner im Repräsentantenhaus] erklärt, dass das Defizit wächst, während es in Wahrheit rasch fällt, und *PolitiFact* beurteilt dies als „halb wahr", weil das Defizit den Prognosen zufolge nach 2015 (leicht) steigen wird. Das ist so, als wenn die Sonne scheint, ich aber behaupten würde, dass es regnet, und Sie meine Aussage als „halb wahr" einstufen, weil (unzuverlässige) Wettervorhersagen im weiteren Verlauf der Woche mit Regen rechnen. Die Realität sieht sicherlich anders aus: Die sogenannten Faktenchecker dachten, sie gehen lieber auf Nummer sicher und kommen so darum herum, einen Spitzenpolitiker der Republikaner entweder als uninformiert oder als Lügner bezeichnen zu müssen. Wie sich jedoch herausstellte, beschert ihnen das von ganz anderer Seite Ärger und das ist gut so.

Zurück zu den Frustrationen der Politikanalysen. Natürlich müssen Ökonomen alles in ihren Kräften Stehende tun, um die Dinge zurechtzurücken und das Wissen in die Welt hinauszutragen, aber die vergangenen fünf Jahre haben zu einer enttäuschenden Erkenntnis geführt: Wissen ist offenbar nicht Macht und tatsächliche Macht ist nur allzu gern bereit, tatsächliches Wissen links liegen zu lassen, wenn sich etwas anderes auftut, das seriös klingt und/oder ihren Zielen hilft.

HILLARY CLINTON ERGEHT ES WIE GORE

5. September 2016

Politikinteressierte Amerikaner eines bestimmten Alters dürften sehr lebendige Erinnerungen an die Wahlen von 2000 haben – schlechte Erinnerungen, und zwar nicht nur deshalb, weil der Mann, der weniger Wählerstimmen erhielt, irgendwie trotzdem ins Weiße Haus einziehen durfte. Nein, auch der Wahlkampf, der zu diesem Finale führte, war der reinste Albtraum. Denn wissen Sie, der eine Kandidat, George W. Bush, war auf eine Art und Weise unaufrichtig, wie es die amerikanische Politik nie zuvor erlebt hatte. Insbesondere schlug er große Steuersenkungen für die Reichen vor, während er gleichzeitig sämtliche Regeln der Mathematik ignorierte und auf dem Standpunkt beharrte, die Steuersenkungen würden auf die Mittelschicht abzielen. Diese Wahlkampflügen waren ein Vorgeschmack darauf, was während seiner Amtszeit geschehen würde – wir wollen nicht vergessen, dass es diese Regierung war, die Amerika unter Vorspiegelung falscher Tatsachen in einen Krieg führte. Als Beleg für die vermeintliche Verlogenheit Gores wurden belanglose Anekdoten angeführt, nichts von Bedeutung und einige schlichtweg falsch. Nein, er hat niemals behauptet, dass er das Internet erfunden hat. Aber das Bild blieb hängen.

Und jetzt beschleicht mich und viele andere das unschöne Gefühl, dass sich die ganze Geschichte wiederholt.

Natürlich unternimmt niemand gewaltige Anstrengungen, Donald Trump als Musterbeispiel der Aufrichtigkeit hinzustellen, aber man kann sich nur schwer dem Eindruck entziehen, dass bei ihm andere

Maßstäbe angelegt werden. Schafft er es, seine Rede vom Teleprompter abzulesen, ohne dabei vom Text abzuweichen, dann gesteht man ihm gleich präsidiales Auftreten zu. Scheint er anzudeuten, dass er nach seinem Wahlsieg nicht unverzüglich alle elf Millionen Einwanderer ohne Papiere zusammentreiben will, dann gilt das bereits als Schritt in Richtung Mainstream. Und viele seiner zahlreichen Skandale – dass offenbar Generalstaatsanwälte von Bundesstaaten dafür bezahlt wurden, nicht gegen die Trump-Universität zu ermitteln – erhalten erstaunlich wenig Aufmerksamkeit.

Auf der anderen Seite nehmen wir gleichzeitig an, dass alles, was Hillary Clinton anpackt, korrupt sein muss. Am spektakulärsten zeigt das wohl die zunehmend bizarre Form der Berichterstattung über die Clinton Foundation.

Treten wir kurz einen Schritt zurück und überlegen, welchen Zweck diese Stiftung erfüllen soll. Als er aus dem Amt schied, war Bill Clinton eine beliebte und weltweit geachtete Persönlichkeit. Was sollte er nun mit diesem Ruf anfangen? Enorme Summen für eine wohltätige Einrichtung zu sammeln, die das Leben armer Kinder rettet, klingt nach einem ziemlich vernünftigen und lobenswerten Schritt. Und tatsächlich bewirkt die Clinton Foundation allen Berichten nach viel Gutes in der Welt. Die unabhängige Organisation Charity Watch beispielsweise, die Spendenorganisationen durchleuchtet, gibt der Clinton Foundation ein „A“ – eine bessere Note als das Amerikanische Rote Kreuz.

Nun ist klar, dass bei jeder Unternehmung, die Milliarden von Dollar einsammelt und ausgibt, das Potenzial für Interessenkonflikte gegeben ist. Man könnte sich vorstellen, dass die Clintons die Stiftung als schwarze Kasse dafür nutzen, ihre Freunde zu entlohnen, oder dass Hillary Clinton ihr öffentliches Amt dafür verwendet, Spendern etwas Gutes zu tun. Insofern war es richtig und angemessen, die Arbeitsweise der Stiftung auf den Prüfstand zu stellen und zu schauen, ob es unangemessene Gegenleistungen gab. Reporter sagen in diesem Zusammenhang gern: Allein schon die Größe der Stiftung „wirft Fragen auf“.

Aber niemand scheint bereit zu sein, die Antworten auf die Fragen zu akzeptieren, die ganz deutlich lauten: „Es ist alles in Ordnung.“

Nehmen wir den großen Bericht von *Associated Press*, in dem es über Treffen, die Clinton in ihrer Amtszeit als Außenministerin mit Geldgebern der Stiftung abhielt, heißt, allein diese Treffen schon sprächen für „ihre möglichen moralischen Probleme, sollte sie zur Präsidentin gewählt werden". Angesichts des Tons, der in diesem Bericht herrschte, hätte man glauben können, sie habe sich mit brutalen ausländischen Diktatoren getroffen oder mit Konzernbonzen, denen bereits die Staatsanwaltschaft wegen fragwürdigen Geschäftsgebarens im Nacken sitzt.

Doch Beweisstück A, das *AP* anbot, war Clintons Treffen mit Muhammad Yunus, Friedensnobelpreisträger und zufällig ein langjähriger persönlicher Freund. Wenn im Rahmen der Recherche nichts Besseres zutage gefördert werden könnte, dann ist das Ganze eine Luftnummer.

Insofern bitte ich die Journalisten dringend, sich zu fragen, ob sie Fakten berichten oder einfach nur mit Andeutungen um sich werfen möchten. Die Öffentlichkeit wiederum bitte ich, die Berichterstattung kritisch zu verfolgen. Wenn davon die Rede ist, dass bei einem Kandidaten etwas „Fragen aufwirft", „Zweifel weckt" oder etwas in der Art, dann machen Sie sich bewusst, dass es sich dabei meistens um schwammige Formulierungen handelt, die nur dazu dienen, den Anschein von Fehlverhalten zu erwecken, ohne dafür Belege vorlegen zu können.

Und hier noch ein Expertenrat: Der Charakter eines Kandidaten lässt sich am besten beurteilen, indem man sich ansieht, was er oder sie tatsächlich getan hat und was er oder sie vorschlägt. Trump hat in der Vergangenheit Studenten geprellt und Vertragspartner über den Tisch gezogen. Diese und weitere Handlungen sind ein guter Hinweis darauf, wie er als Präsident agieren würde. Wie Clinton spricht und was ihre Körpersprache ausdrückt, sind es nicht. Über George W. Bush habe ich viel mehr aus seinen politischen Lügen gelernt als aus allen persönlichen Reportagen und allen Charakterstudien, die 2000 über ihn angefertigt wurden. Heute spricht der Kontrast zwischen Trumps politischer Zusammenhanglosigkeit und Clintons Sorgfältigkeit Bände.

Anders gesagt: Konzentrieren Sie sich auf die Fakten. Amerika und die Welt insgesamt können es sich nicht leisten, dass Anspielungen und Andeutungen über eine weitere Wahl entscheiden.

18

GEDANKEN ZUR WIRTSCHAFT

DIE TROSTLOSE WISSENSCHAFT

Ich schreibe inzwischen seit fast zwei Jahrzehnten für die *New York Times*, aber auf eine gewisse Weise fühle ich mich bis heute wie ein Hochschulprofessor, der im Nebenjob als Journalist arbeitet. In diesem letzten Abschnitt des Buchs biete ich nun einige Kostproben dafür, wie ich mich eher wie ein Akademiker anhöre, als ich es auf den Seiten der *Times* normalerweise tue. Und was das angeht: Sogar wenn sich ziemlich gute akademische Autoren an eine breitere Öffentlichkeit wenden, besteht ihr größtes Problem darin, dass auch ein gut informiertes, aber diesbezüglich nicht spezialisiertes Publikum nicht den gemeinsamen Hintergrund mitbringt, den man voraussetzen kann, wenn man mit Menschen vom Fach spricht.

Wenn ich mit einer Gruppe Ökonomen spreche, kann ich einen Begriff wie „Skalenertrag“ verwenden und davon ausgehen, dass sie nicht nur wissen, was das bedeutet – je mehr man produziert, desto geringer sind die Stückkosten –, sondern dass sie sich auch der vage damit einhergehenden Themen bewusst sind. So werden sie beispielsweise wissen, dass Skalenerträge normalerweise zum Zusammenbruch der vollständigen Konkurrenz führen, ein Szenario, bei dem viele kleine Unternehmen dieselbe Sache herstellen. Sie wissen auch, welch wichtige Rolle die vollständige Konkurrenz bei gängigen Wirtschaftsmodellen spielt. Und so weiter. Es ist einfach, die Fachsprache zu verurteilen, aber wenn sie dazu genutzt wird, rasch auf ziemlich komplexe Konzepte zu verweisen, dann spielt sie bei der Kommunikation unter Fachleuten eine wichtige Rolle.

Leider bedeutet es aber auch, dass Leute, die nicht vom Fach sind, keine Ahnung haben, wovon man spricht, wenn man Fachsprache verwendet.

Wer gründlich ist und sich sehr bemüht, kann wichtige ökonomische Erkenntnisse oftmals in einfache Sprache übertragen und auch Menschen vermitteln, die bei diesem Thema bei null anfangen. So habe ich vor diesem Essay eine Kolumne über den Verfall des ländlichen Amerikas veröffentlicht. Diese Kolumne war im Grunde eine verkappte Umformulierung der These von „Increasing Returns and Economic Geography" von 1991, meiner am meisten zitierten wissenschaftlichen Arbeit. Ökonomie in gewöhnliche Sprache zu übertragen empfinde ich als gleichermaßen wichtige und erfüllende Arbeit.

Aber manchmal will ich auch gern etwas schreiben, das keine Forschungsarbeit ist, aber stärker Fachsprache einsetzt, als es ich es mir normalerweise zugestehe. Dieser Abschnitt enthält einige solche Beispiele.

Den Anfang macht ein Essay, mit dem man mich 1991 beauftragte. Thema sollte eigentlich meine „Lebensphilosophie" sein, aber ich kam zu dem Urteil, dass das albern sei und es viel sinnvoller wäre, über meine Strategie für die Wirtschaftsforschung zu sprechen. Wenn Sie bereit sind, ein wenig Fachsprache über sich ergehen zu lassen, denke ich, dass Sie einen ersten Eindruck davon bekommen können, wie die andere Seite meines Lebens aussah und was es an meiner Art und Weise der Forschung war, das mir dabei half, für ein Millionenpublikum zu schreiben.

Ein beträchtlicher Teil meiner Forschungsarbeit hat mit Makroökonomie zu tun, insbesondere mit Ideen rund um die Arbeit von John Maynard Keynes. Leider versagten Europa und Amerika angesichts einer Krise, die nach einer durch und durch keynesianischen Antwort verlangt hätte. Im Essay „Die Instabilität der Mäßigung" befasse ich mich damit, warum wir es bei den politischen Schritten vermasselt haben. Ich stelle zudem die These auf, dass die keynesianische Haltung – freie Marktwirtschaft schätzen, aber als Staat darauf vorbereitet sein, im Notfall stark zu reagieren – zwar klug sein mochte, aber sowohl intellektuell als auch politisch schwer umzusetzen war.

Und schließlich konnte man zu Beginn des 21. Jahrhunderts nicht über Ökonomie schreiben, ohne seine Meinung zu Bitcoin und anderen Kryptowährungen zu äußern. Ich verfolge dieses Thema mit viel Skepsis. Warum das so ist, erkläre ich in dem hier abgedruckten Essay.

WIE ICH ARBEITE

Sage

1. Oktober 1993

Offiziell lautet mein Auftrag für diesen Essay, über meine „Lebensphilosophie" zu reden. Ich möchte jedoch gleich zu Anfang klarstellen, dass ich nicht die Absicht habe, diese Anweisung zu befolgen, da ich über das Leben im Allgemeinen keine besonderen Erkenntnisse besitze. Ich glaube, es war Schumpeter, der für sich in Anspruch nahm, nicht nur der beste Ökonom zu sein, sondern gleich noch der beste Reiter und der beste Liebhaber seiner gesamten österreichischen Heimat dazu. Ich reite nicht und gebe mich auch in anderen Aspekten nicht allzu vielen Illusionen hin. (Allerdings bin ich ein recht guter Koch.)

Ich möchte in diesem Essay über etwas Spezifischeres reden: Über einige Gedanken zum Thema Nachdenken und insbesondere darüber, wie man interessante Ökonomie betreibt. Ich kann wohl behaupten, mich mit meinem intellektuellen Stil von den Ökonomen meiner Generation zu unterscheiden – der Stil ist nicht zwingend besser als der meiner Kollegen, denn es gibt viele gute Wege, ein guter Ökonom zu sein, aber es handelt sich um einen Stil, der mir gute Dienste geleistet hat. Zusammenfassen lässt sich dieser Stil als eine allgemeine Forschungsstrategie, die sich in einigen wenigen Regeln komprimieren lässt. Auch meine Schriften und Reden, die stärker in Richtung Politik gehen, basieren meiner Auffassung nach letztlich auf denselben Grundsätzen. Ich werde im weiteren Verlauf des Essays darauf eingehen, wie meine Forschungsregeln aussehen. Am besten einführen kann ich diese Regeln vermutlich, indem ich beschreibe, wie ich (scheinbar zufällig) zu der Art und Weise gelangt bin, wie ich arbeite.

URSPRÜNGE

Die meisten Jung-Ökonomen, die heute in diesen Forschungsbereich einsteigen, kommen von der technischen Seite. Sie hatten ursprünglich von einer Laufbahn in einer exakten Wissenschaft oder im technischen Bereich geträumt, rutschten aber die Leiter herab in die härteste aller Geisteswissenschaften. Die Vorteile, die es mit sich bringt, wenn man von dieser Seite zur Ökonomie kommt, liegen auf der Hand – man ist mathematisch bereits gut ausgebildet und mit dem Konzept der formellen Modellierung vertraut. Aus dieser Richtung komme ich nicht. Meine erste Liebe war die Geschichte. Ich habe wenig Mathematik studiert und mir das, was ich benötigte, unterwegs angeeignet.

Dennoch bin ich sehr früh in das Thema Ökonomie eingestiegen und habe noch als Junior in Yale bei William Nordhaus als Forschungsassistent (zu den globalen Energiemärkten) gearbeitet. [Anm. d. Übers.: William Nordhaus ist Professor für Volkswirtschaftslehre in Yale und erhielt 2018 den Nobelpreis für Wirtschaftswissenschaften.] Die Graduiertenschule war der nächste logische Schritt und meine erste wirklich erfolgreiche Arbeit – eine theoretische Analyse von Zahlungsbilanzschwierigkeiten – verfasste ich, als ich noch am MIT war. Ich stellte fest, dass mir kleine mathematische Modelle lagen und dass ich gut darin war, vereinfachende Annahmen zu finden, die diese Modelle nachvollziehbar machten. Und dennoch war ich, als ich die Graduiertenschule verließ, meiner Ansicht nach irgendwie orientierungslos. Ich wusste nicht, woran ich arbeiten wollte, ich war mir nicht einmal sicher, dass mir der Forschungsbereich wirklich gefiel.

Meine ersten intellektuellen Schritte machte ich ziemlich rasch im Januar 1978. Weil ich nicht recht wusste, wohin mit mir, suchte ich meinen alten Berater Rudi Dornbusch auf. Ich beschrieb ihm mehrere Ideen, darunter eine vage Ahnung, dass die monopolitischen Wettbewerbsmodelle, die ich in einem kurzen Kurs bei Bob Solow studiert hatte (insbesondere das hübsche kleine Modell von Dixit und Stiglitz), irgendeine Verbindung mit dem internationalen Handel haben könnten. Diese Idee sei möglicherweise sehr interessant, befand Rudi, also ging ich nach Hause und begann, mich ernsthaft damit zu befassen. Innerhalb weniger Tage war mir klar, dass ich da etwas am Wickel hatte, das den Kern meiner beruflichen Karriere bilden würde.

Was also hatte ich entdeckt? Der zentrale Punkt meiner Handelsmodelle war nicht sonderlich verblüffend, wenn man erst einmal darüber nachdachte – Größenvorteile konnten eine eigenständige Ursache für internationalen Handel sein, und zwar auch ohne Wettbewerbsvorteil. Für mich war diese Erkenntnis neu, aber wie ich schon bald feststellen sollte, hatten Kritiker der herkömmlichen Handelstheorie bereits viele Male zuvor darauf hingewiesen. Bei den von mir erstellten Modellen blieben einige lose Fäden übrig, insbesondere war vieles im Gleichgewicht. Um die Modelle nachvollziehbar zu machen, musste ich dennoch offenbar unrealistische Annahmen aufstellen. Hatte ich diese Annahmen erst einmal gemacht, waren die Modelle von trivialer Einfachheit. Beim Niederschreiben ergaben sich keine Gelegenheiten, irgendwelche leistungsstarken Techniken zur Schau zu stellen. Man hätte also meinen können, dass ich nichts besonders Aufregendes tat (und genau das erklärte mir auch der eine oder andere Kollege im Verlauf der nächsten Jahre wiederholt). Trotzdem: Was ich sah – und aus irgendeinem Grund praktisch sofort erkannte –, war, dass all diese Eigenschaften Vorteile und keine Nachteile waren und dass sich in Summe ein Programm abzeichnete, das möglicherweise zu jahrelanger produktiver Forschungsarbeit führen würde.

Natürlich wiederholte ich nur, was Kritiker der herkömmlichen Theorie bereits seit Jahrzehnten erklärt hatten, aber mein Punkt gehörte nicht zum Mainstream der internationalen Ökonomie. Warum nicht? Weil das Ganze niemals in ansehnlichen Modellen zum Ausdruck gebracht worden war. Dank der neuen Modelle zum monopolistischen Wettbewerb besaß ich ein Werkzeug, sauber zu öffnen, was bis dato als Büchse der Pandora gegolten hatte. Wichtiger noch: Mir wurde auf einen Schlag klar, wie erstaunlich stark die Methodik der Wirtschaftswissenschaften blinde Flecken hatte entstehen lassen. Was wir nicht formalisieren können, sehen wir nicht. Und der größte blinde Fleck von allen hatte mit Skalenerträgen zu tun. Somit eröffnete sich mir meine Mission: Ich musste die Dinge aus einem etwas anderen Blickwinkel betrachten und auf diese Weise das Offensichtliche enthüllen, Dinge, die wir die ganze Zeit über direkt vor unserer Nase gehabt hatten.

Was ich an Modellen in jenem Winter und Frühjahr niederschrieb, war unvollständig, sofern man von ihnen verlangte, dass sie exakt spezifizieren, wer was produziert. Und dennoch erzählten sie Geschichten voller Bedeutung. Ich habe lange gebraucht, bis ich deutlich erklären konnte, was ich tat, aber irgendwann erkannte ich, dass man an der Lösung für ein schwieriges Problem auch arbeiten kann, indem man die Frage ändert – insbesondere, indem man die Ebene wechselt. In manchen Fällen mag eine ausführliche Analyse eine ausgesprochen unangenehme Sache sein, während eine deutlich einfachere zusammenfassende oder systematische Beschreibung einem schon alles zu sagen vermag, was man wissen muss.

Um zu diesem System oder einer Beschreibung des Gesamtniveaus zu gelangen, musste man natürlich zunächst einmal die einfach nur albernen Symmetrieannahmen von Dixit-Stiglitz und ähnlicher Modelle akzeptieren. Und trotzdem: Eben diese albernen Annahmen erlaubten es mir, überzeugende Geschichten zu erzählen, die sich mithilfe der geheiligten Annahmen des herkömmlichen Wettbewerbsmodells nicht hatten erzählen lassen. Mir wurde langsam bewusst, dass wir in den Wirtschaftswissenschaften ständig alberne Annahmen aufstellten. Der Unterschied besteht einzig darin, dass einige so oft verwendet worden sind, dass sie einem inzwischen ganz natürlich vorkommen. Insofern sollte man kein Modell als albern ablehnen, bis man sich nicht angesehen hat, wohin es führt.

Und noch ein finaler Punkt: Die Einfachheit der Modelle lief vielleicht meinem unterschwelligen Wunsch zuwider, mit den technischen Fähigkeiten anzugeben, die ich mir so mühsam im Studium angeeignet hatte, aber wie mir bald bewusst wurde, war exakt jene Einfachheit ein zentraler Aspekt des ganzen Unterfangens. Handelstheoretiker hatten sich nicht mit der Rolle der Skalenerträge befasst, nicht aus Gründen der empirischen Überzeugung, sondern weil sie gedacht hatten, dass die Modelle zu schwierig herzustellen seien. Wie viel effektiver war es da, zu zeigen, dass es nahezu kinderleicht war?

Und so wusste ich im Grunde schon vor meinem 25. Geburtstag, was ich mit meinem Arbeitsleben anfangen würde. Ob es dazu gekommen wäre, wenn andere Ökonomen mein großes Projekt nicht gut gefunden hätten, weiß ich nicht. Vielleicht wäre ich verschroben geworden, vielleicht hätte ich auch den Glauben verloren und die Angelegenheit auf sich beruhen lassen. Tatsächlich jedoch verlief alles überraschend glatt. Wenn ich vor meinem inneren Auge die Kurve meiner zentralen Forschung Revue passieren lasse, dann verläuft sie seit jenem Januar 1978 erstaunlich beständig. Innerhalb weniger Monate hatte ich ein Grundmodell für monopolistische Konkurrenz entwickelt – wie sich zeigen sollte, zeitgleich und unabhängig von ähnlichen Modellen von Avinash Dixit und Victor zum einen und Kelvin Lancaster zum anderen. Ich hatte einige Mühe, die Arbeit veröffentlichen zu lassen – von einem führenden Journal (dem *Quarterly Journal of Economics*) erhielt ich die Ablehnung, die das Schicksal für alle Innovationen in der Ökonomie bereitzuhalten scheint –, ließ mich davon aber nicht beirren. Von 1978 bis etwa Ende 1984 konzentrierte ich praktisch meine gesamte Forschungsenergie auf die Rolle von Skalenerträgen und unvollkommenem Wettbewerb. (Ein Jahr lang nahm ich mir eine Auszeit, um in der amerikanischen Regierung zu arbeiten. Mehr dazu später.) Mein persönliches Anliegen wuchs sich zu einer Bewegung aus, als andere denselben Weg einschlugen. Insbesondere Elhanan Helpman steuerte anfänglich entscheidende Erkenntnisse bei und überredete mich dann zu einer Zusammenarbeit. (Elhanan ist ein scharfsinniger Denker, dessen Integrität und Selbstdisziplin ein nützliches Gegengewicht zu meiner eigenen Unzuverlässigkeit und meinem chaotischen Naturell darstellten.) Unser Hauptwerk *Market Structure and Foreign Trade* sorgte dafür, dass unsere Ideen nicht nur respektiert, sondern nahezu zum Standard wurden – vom Bildersturm zur Lehrmeinung binnen sieben Jahren.

Während der 1980er-Jahre ließ ich zu, warum auch immer, dass mein großes Projekt über Skalenerträge einige wenige Jahre lang brachlag. Stattdessen befasste ich mich mit dem internationalen Finanzwesen. Meine Arbeit auf diesem Gebiet bestand in erster Linie aus kleinen Modellen, zu denen mich aktuelle politische Themen inspiriert hatten. Diesen Modellen fehlte das übergeordnete Thema meiner Handelsmodelle, aber ich finde, meine Arbeit in diesem Bereich wird bis zu einem gewissen Grad durch ihren intellektuellen Stil zusammengehalten. Dieser Stil ähnelt meiner Arbeit zum Thema Handel sehr stark.

1990 kehrte ich zu den Skalenerträgen zurück und packte das Thema aus einer neuen Richtung an. Wie mir plötzlich klar wurde, konnte man die Methoden, mit denen wir die Rolle der Skalenerträge im Handel erkannt hatten, auch auf ein komplettes Gebiet anwenden, das bis dahin ausgegrenzt gewesen war – die Wirtschaftsgeografie, die Lokalisierung von Aktivitäten im Raum. Vielleicht mehr noch als beim Handel hatten wir es hier mit einem Gebiet voller empirischer Erkenntnisse, guter Geschichten und offensichtlicher praktischer Bedeutung zu tun, dennoch hatte dieser Bereich vernachlässigt direkt vor unserer Nase gelegen, weil niemand einen guten Weg erkannt hatte, ihn zur Formsache zu machen. Für mich war es, als würde ich die besten Augenblicke meiner intellektuellen Kindheit noch einmal durchleben. Geografie ist harte Arbeit, man muss sich sehr anstrengen, um die Modelle trivial erscheinen zu lassen. Ich stelle fest, dass ich den Computer dabei nicht länger nur als Hilfsmittel zur Datenanalyse benötige, sondern auch bereits zum Ausarbeiten von Theorien. Und dennoch ist es eine unglaublich lohnende Arbeit. Der größte Kick einer Theorie besteht für mich darin, dass mir mein Modell etwas verrät, was die ganze Zeit hätte naheliegend sein sollen und was ich sofort in Korrelation zu etwas setzen kann, das ich aus der realen Welt kenne, was uns bis zu diesem Augenblick aber gar nicht so bewusst gewesen war. Geografie bietet noch immer diesen Kick.

Meine Arbeit im Bereich Geografie scheint mich, zumindest zum jetzigen Zeitpunkt, weiter ab vom Weg zu bringen. Insbesondere scheinen offenkundige Geistesverwandtschaften zwischen den Konzepten zu bestehen, die sich auf natürliche Weise aus geografischen Modellen ergeben, und der Sprache der traditionellen Entwicklungsökonomie – der „Hochentwicklungstheorie", die in den 1940er- und 1950er-Jahren ihre Glanzzeit hatte und dann in sich zerfiel. Insofern gehe ich davon aus, dass sich die Bandbreite meiner Grundlagenforschung weiter ausweiten wird.

REGELN FÜR DIE FORSCHUNGSARBEIT

Als ich meinen prägenden Augenblick aus dem Jahr 1978 beschrieb, habe ich dabei stillschweigend auch gleich meine vier grundlegenden Regeln für Forschungsarbeit verraten. Ich möchte sie nun ausdrücklich vorstellen und im Anschluss erklären. Hier sind sie:

1. Hör auf die Heiden
2. Hinterfrage die Fragen
3. Trau dich: Sei auch mal albern
4. Vereinfachen, vereinfachen

Hör auf die Heiden

Mit dieser Regel möchte ich ausdrücken: „Achte darauf, was intelligente Menschen zu sagen haben, auch wenn sie nicht deine Gewohnheiten haben oder deine analytische Sprache verwenden." Am besten lässt sich dieser Punkt vielleicht durch ein Beispiel verdeutlichen. Als ich begann, neu über den internationalen Handel nachzudenken, gab es bereits reichlich Literatur, in der die herkömmliche Handelstheorie kritisiert wurde. Empiriker verwiesen darauf, dass Handel größtenteils zwischen Nationen mit scheinbar ähnlicher Faktorausstattung stattfand und dass bracheninterner Austausch scheinbar ähnlicher Produkte einen Großteil dieses Handels ausmachte. Scharfsinnige Beobachter sprachen über die Bedeutung von Skalierungseffekten und unvollkommenem Wettbewerb auf den internationalen Märkten. Aber der Mainstream der Handelstheoretiker ignorierte all diese intelligenten Anmerkungen, schließlich schienen die Kritiker häufig kein hundertprozentiges Verständnis von komparativen Kostenvorteilen zu haben und sie konnten keine stimmigen eigenen Modelle vorlegen. Warum also sollte man auf sie hören? Das Ergebnis: Der Berufsstand übersah, dass direkt vor der eigenen Nase nützliche Fakten und Geschichten zu finden gewesen wären.

Und dieselbe Geschichte wiederholt sich bei der Geografie. Geografen und Regionalwissenschaftler haben einen Berg an Fakten zum Wesen und der Bedeutung lokalisierter externer Skaleneffekte zusammengetragen und diese Fakten intelligent, wenn nicht gar sehr streng aufgearbeitet. Dennoch haben die Ökonomen ignoriert, was sie zu sagen hatten, denn diese Menschen sprechen die falsche Sprache.

Ich will nicht behaupten, dass eine förmliche Wirtschaftsanalyse wertlos sei und dass die Meinung eines jeden zu wirtschaftlichen Belangen gleich viel wert sei, ganz im Gegenteil! Ich bin sehr davon überzeugt, dass Modelle wichtig sind und dass sie für unseren Geist das sind, was Speerschleudern für die Arme der Steinzeitmenschen waren – sie verleihen deutlich mehr Kraft und Reichweite. Insbesondere habe ich kein Verständnis für Menschen, die unrealistische Vereinfachungen von Modellierern kritisieren und sich mehr Raffinesse dadurch verleihen wollen, dass sie um jeden Preis vermeiden, ihre Thesen klar auszudrücken. Das Wichtige hier ist, dass man sich verdeutlicht, dass Wirtschaftsmodelle nicht die Wahrheit sind, sondern Metaphern. Drücken Sie Ihre Gedanken unbedingt in Modellen aus, und zwar so charmant wie möglich (mehr dazu später). Vergessen Sie dabei aber auf keinen Fall, dass sie möglicherweise bei der Metapher falschliegen und jemand anderes mit einer anderen Metapher möglicherweise etwas erkennt, was Sie übersehen haben.

Hinterfrage die Fragen

Vor 1978 gab es zwar begrenzt Literatur zu externen Skaleneffekten und internationalem Handel, doch ihr Einfluss war nicht sonderlich groß. Der Bereich wirkte unendlich chaotisch. Selbst die allereinfachsten Modelle versanken in einer Taxonomie möglicher Ergebnisse. Inzwischen ist klar, dass dieses Chaos vor allem darauf zurückzuführen ist, dass die Modellierer ihren Modellen das abverlangen wollten, was sie von traditionellen Handelsmodellen erwarteten, dass sie nämlich ein präzises Muster von Spezialisierung und Handel prognostizierten. Aber warum sollte man ausgerechnet diese spezifische Frage stellen? Selbst beim Heckscher-Ohlin-Modell möchte man doch ein Argument anbringen wie „Ein Land neigt dazu, Güter zu exportieren, deren Produktion intensiv auf die Faktoren ausgerichtet ist, die in diesem Land reichlich vorkommen." Kommt Ihr spezielles Modell zu dem Ergebnis, dass das kapitalreiche Land „Heimat" die kapitalintensive Ware X exportiert, ist das wertvoll, weil es Ihr Verständnis dieser Erkenntnis verbessert, nicht weil Ihnen die speziellen Einzelheiten eines offenkundig übersimplifizierten Modells wichtig sind.

Eines hat sich gezeigt: Wenn Sie nicht nach der Art von Detail fragen, die Sie im klassischen Modell mit zwei Branchen und zwei Gütern erhalten, dann muss ein Modell überhaupt nicht chaotisch sein. Solange Sie dem „System" Fragen etwa nach der Verteilung von Sozialleistungen und globalem Einkommen stellen, können Sie sehr einfache und ordentliche Modelle erstellen. Und tatsächlich sind es diese Systemfragen, die uns interessieren. Diese exzessive Aufmerksamkeit für Details geht gelinde gesagt darauf zurück, dass man fest verankerte Vorurteile eines überstrapazierten Modells auf einen Bereich übertragen hat, wo sie einem nur das Leben erschweren.

Dasselbe gilt für einige andere Bereiche, in denen ich gearbeitet habe. Haben sich in einem bestimmten Bereich die Menschen in Fragen verrannt, die sehr schwierig zu sein scheinen, ist es im Allgemeinen eine gute Idee, zu hinterfragen, ob sie tatsächlich an den richtigen Fragen arbeiten. Häufig lässt sich eine andere Frage nicht nur einfacher beantworten, sie ist zudem interessanter! (Ein Nachteil dieses Tricks: Die Menschen werden häufig wütend. Ein Akademiker, der sich seit Jahren an einem kniffligen Problem die Zähne ausbeißt, ist nur selten dankbar für den Vorschlag, man könne seinem Arbeitsfeld neues Leben einhauchen, indem man das Problem links liegen lässt.)

Trau dich: Sei auch mal albern

Wenn Sie eine Arbeit in Wirtschaftstheorie veröffentlichen möchten, können Sie auf Nummer sicher gehen: Suchen Sie sich ein altbekanntes Modell und nehmen Sie eine vom Konzept her geringfügige, mathematisch aber anspruchsvolle Erweiterung vor. Die zentralen Annahmen des Modells sind bereits allen bekannt, insofern wird sie auch niemand als merkwürdig betrachten. Und weil Sie etwas technisch Schwieriges getan haben, wird man Sie für diese Zurschaustellung Ihrer Schlagkraft respektieren. Leider jedoch werden Sie nicht allzu viel dazu beigetragen haben, das Wissen der Menschheit zu mehren.

Mit der neuen Handelstheorie bin ich den mehr oder weniger entgegengesetzten Weg gegangen. Ich ertappte mich dabei, mit Annahmen zu arbeiten, die unbekannt waren, und mit diesen Annahmen sehr simple Dinge zu tun. Dafür bedarf es jeder Menge Selbstvertrauen, denn Menschen (insbesondere Sachverständige) werden sich anfangs mit ziemlich großer Wahrscheinlichkeit nicht darauf beschränken, Ihre Arbeit zu kritisieren. Nein, sie werden sie ins Lächerliche ziehen, schließlich dürften Ihre Annahmen eher merkwürdig aussehen: ein Kontinuum von Gütern mit identischer Produktionsfunktion, die symmetrisch in den Nutzwert eintreten? Länder mit identisch großen Volkswirtschaften und gespiegelten Faktorausstattungen? Warum, wird man Sie fragen, sollte man sich für ein Modell mit derart albernen Annahmen interessieren – insbesondere dann, wenn es offenbar viel klügere junge Menschen gibt, die ihre Qualität unter Beweis stellen, indem sie knifflige Probleme lösen?

Vielen Ökonomen tun sich unglaublich schwer damit, zu akzeptieren, dass all unsere Modelle mit albernen Annahmen arbeiten. Nach allem, was wir über kognitive Psychologie wissen, ist Nutzenmaximierung ein aberwitziges Konzept, ist ein Gleichgewicht außerhalb der Finanzmärkte ziemlich närrisch und vollkommener Wettbewerb in den meisten Industriezweigen ein absoluter Brüller. Wir machen diese Annahmen nicht, weil sie vernünftig sind, sondern weil sie uns offenbar helfen, Modelle zu entwickeln, die eine nützliche Metapher für Dinge sind, von denen wir glauben, dass sie in der echten Welt geschehen.

Nehmen wir das Beispiel, das für einige Ökonomen offenbar mehr als ein nützliches Modell ist, das geradezu eine göttliche Wahrheit ist, die uns enthüllt wurde: das Arrow-Debreu-Gleichgewichtsmodell des vollkommenen Wettbewerbs mit Nutzenmaximierung und Gesamtmärkten. Wir haben es dabei in der Tat mit einem wunderbaren Modell zu tun, aber nicht, weil seine Annahmen auch nur ansatzweise plausibel sind, sondern weil es uns hilft, klarer über das Wesen ökonomischer Effizienz nachzudenken und über die Aussichten, in einem Marktsystem Effizienz zu erzielen. Es handelt sich im Grunde um ein Beispiel für inspirierte und wunderbare Albernheit.

Ich glaube, das Zeitalter kreativer Albernheit ist nicht vorüber. Für einen Wirtschaftstheoretiker besteht Tugend nicht darin, aus Annahmen, die uns mittlerweile völlig natürlich erscheinen, weil sie in einigen Hundert früheren Arbeiten aufgegriffen wurden, den letzten Tropfen Blut herauszuquetschen. Scheinen neue Annahmen wertvolle Erkenntnisse ans Tageslicht zu fördern, dann ist es egal, ob sie seltsam erscheinen oder nicht.

Vereinfachen, vereinfachen

Wenn ich Sie auffordere, auch mal albern zu sein, dann ist das kein Freifahrtschein für Undiszipliniertheiten. Tatsächlich muss man, um wirklich innovative theoretische Arbeit zu leisten, viel mehr intellektuelle Disziplin aufbringen, als wenn man mit gut etablierter Literatur arbeitet. Der wirklich harte Teil besteht darin, auf Kurs zu bleiben: Man bewegt sich in unbekanntem Terrain, deshalb kann es rasch geschehen, dass man im Kreis läuft. Irgendwo hat Keynes mal geschrieben: „Es ist erstaunlich, was für einfältige Sachen man vorübergehend glauben kann, wenn man zu lange für sich allein denkt." [Quelle: *Allgemeine Theorie der Beschäftigung, des Zinses und des Geldes*, Übersetzung von Fritz Waeger, Duncker & Humblot, Berlin] Zudem ist es von zentraler Bedeutung, dass Sie Ihre Ideen so ausdrücken, dass andere Menschen – Menschen, die nicht die vergangenen Jahre mit Ihren Problemen gerungen haben und die auch keineswegs begierig darauf sind, die nächsten Jahre mit Ihren Antworten zu ringen – sie ohne allzu große Anstrengungen verstehen können.

Zum Glück gibt es eine Strategie, die zwei Aufgaben erledigen kann – sie kann Ihnen helfen, die Kontrolle über Ihre eigenen Erkenntnisse zu behalten, und sie macht diese Erkenntnisse anderen zugänglich. Worin besteht diese Strategie? Versuchen Sie stets, Ihre Ideen im einfachstmöglichen Modell auszudrücken. Um zu diesem minimalistischen Modell zu gelangen, sind Sie gezwungen, zum Punkt dessen vorzustoßen, was Sie ausdrücken möchten (gleichzeitig wird es Sie auf Situationen stoßen, in denen Sie eigentlich gar nichts zu sagen haben). Und dieses minimalistische Modell können Sie dann auch anderen Ökonomen leicht erklären.

Ich habe dieses „Modell des absolut Nötigsten" immer wieder verwendet – bei einem Modell mit einem Faktor und einer Branche, anhand dessen ich die grundlegende Rolle der monopolistischen Konkurrenz im Handel erklärte; indem ich zum Erklären des brancheninternen Handels branchenspezifische Arbeit annahm und nicht die volle Faktorsubstitution nach Heckscher/Ohlin; indem ich mit symmetrischen Ländern arbeitete, um die Rolle des reziproken Dumpings zu bewerten, und so weiter. In jedem dieser Fälle bekam ich ein Thema, das gemeinhin als ungeheuer schwierig galt, mit etwas zu packen, das auf den ersten Blick lächerlich einfach zu sein schien.

Der Nachteil dieser Strategie besteht natürlich darin, dass viele Kollegen eine entsprechende Erkenntnis für trivial und naheliegend halten werden, schließlich ließ sie sich ja in einem hübschen kleinen Modell ausdrücken. Es erfordert schon etwas Grips, um zu erkennen, dass hinter etwas Einfachem jahrelange schwere Gedankenarbeit stecken könnte. Ich habe gehört, als Yale darüber nachdachte, Joseph Stiglitz eine Professur anzubieten, setzte einer seiner älteren Kollegen Stiglitz' Arbeit herab und erklärte, es handele sich vor allem um geringfügige Modelle und nicht um tiefgründige Theoreme. Ein anderer Kollege fragte daraufhin: „Aber könntest du dasselbe nicht auch über Paul Samuelson sagen?" „Ja, könnte ich", sagte Joes Kritiker. [Anm. d. Übers.: MIT-Professor Samuelson (1915–2009) wurde 1970 mit dem Nobelpreis für Wirtschaftswissenschaften ausgezeichnet.] Ich weiß von ähnlichen Reaktionen auf meine eigene Arbeit. Zum Glück gibt es genügend Ökonomen mit Grips, sodass sich die intellektuelle Gerechtigkeit letztlich durchsetzt. Und es bereitet ein ganz spezielles Vergnügen, nicht nur ökonomisches Neuland zu betreten, sondern das auf eine Art und Weise zu tun, die es rückblickend wie ein Kinderspiel erscheinen lässt.

Ich habe Ihnen nun meine Grundregeln für die Forschungsarbeit vorgestellt und diese mit den Erfahrungen angereichert, die ich machte, als ich die „neue Handelstheorie" entwickelte und meine Arbeit auf das Feld der Wirtschaftsgeografie ausweitete, denn bei diesen Bereichen handelt es sich um den Kern meiner Arbeit. Doch ich habe auch eine ganze Menge anderes Zeug gemacht, das auf die eine oder andere Weise Teil desselben Unterfangens ist (zumindest scheint es mir so). Im Rest des Essays möchte ich deshalb über diese andere Arbeit sprechen und insbesondere darüber, wie der politische Ökonom und der analytische Ökonom in ein und derselben Person existieren können.

POLITISCH RELEVANTE ARBEIT

Die meisten Wirtschaftstheoretiker machen einen großen Bogen um politische Themen oder mischen sich erst in der zweiten Hälfte ihrer Karriere in politische Debatten ein, als müsse dieser Schritt auf kreatives Theorisieren folgen und könne nicht damit koexistieren. Es scheint Konsens zu herrschen, dass gute theoretische Arbeit ein Maß an Klarheit und Ausschließlichkeit erfordert, das inkompatibel mit dem Maß an Toleranz für unordentliche Themen ist, das es braucht, um sich in politische Debatten einmischen zu können. Auf mich traf das nie zu. Im Verlauf meiner akademischen Laufbahn habe ich immer wieder beratend für unterschiedliche staatliche und öffentliche Einrichtungen gearbeitet und stand darüber hinaus ein ganzes Jahr im Staatsdienst. Ich habe zudem ein Buch geschrieben (*The Age of Diminished Expectations*), das sich an eine breite Öffentlichkeit wandte. Und ich habe recht kontinuierlich viele Arbeiten verfasst, deren Motivation nicht die innere Logik meiner Forschungsarbeit war – es handelte sich vielmehr um den Versuch, aus einigen aktuellen politischen Debatten schlau zu werden, sei es das Thema Schuldenerlass für die Dritte Welt, Zielbereiche für Wechselkurse oder der Aufstieg regionaler Handelsblöcke. All das scheint meiner Forschungsarbeit nicht geschadet zu haben und tatsächlich stammen einige meiner Lieblingswerke aus dieser politisch ausgerichteten Arbeit.

Warum scheint es keinen Konflikt zwischen der politisch relevanten Arbeit auf der einen und meiner „echten" Forschungsarbeit auf der anderen Seite zu geben? Das liegt aus meiner Sicht daran, dass ich bei politischen Themen nahezu exakt dieselbe Methode anwenden konnte wie in meiner Grundlagenforschung. Zeitungsberichte zu beachten oder den Bedenken von Zentralbankern und Finanzministern zuzuhören ist auch nur eine andere Form von „Hör auf die Heiden". Wenn man versucht, ihre Probleme in eine nützliche Form zu gießen, ist das genauso, als hinterfrage man die Frage, um die es geht. Wer vermeintlich informierten Menschen eine ungewöhnliche Sichtweise vorsetzt, benötigt dazu natürlich den Mut, auch mal albern zu sein. Und selbstverständlich ist in politischen Diskussion die radikale Vereinfachung um ihrer selbst willen sogar mehr wert als in der Theorie.

Politisch relevante Wirtschaftswissenschaft zu betreiben bedeutet für mich also keine drastische Umstellung, was meinen intellektuellen Stil anbelangt. Und das hat seine Vorteile. Seien wir ehrlich: Man wird auf schickere Konferenzen eingeladen und wird für Vorträge deutlich besser vergütet, als es bei einem akademischen Puristen normalerweise der Fall sein dürfte. Und wenn wir schon ehrlich sind: Eine der Freuden der Politikforschung ist die Möglichkeit, die Bourgeoisie zu schockieren und das Nichtssagende oder die Blödsinnigkeit offizieller Positionen anzuprangern. Ein Beispiel: Ich weiß, ich war nicht der einzige internationale Ökonom, der Spaß dabei hatte, auf die Absurditäten in den Maastrichter Verträgen hinzuweisen, und ich war mir auch nicht zu vornehm für etwas spitzbübische Freude, als es im Herbst 1992 zur von mir und anderen seit Langem prognostizierten Krise des Europäischen Währungssystems kam. Die größte Freude bei der politischen Arbeit ist jedoch die intellektuelle Stimulation. Nicht alle Fragen der realen Welt sind interessant – fast alles, was mit Steuern zu tun hat, wirkt bei mir besser als jede Schlaftablette –, aber alle paar Jahre, wenn nicht sogar häufiger, wirft die internationale Wirtschaft eine Frage auf, die Anlass zu aufregender Forschungsarbeit bietet. Auslöser für Thesenpapiere waren für mich die Plaza und der Louvre, der Brady-Plan, NAFTA und die Europäische Währungsunion. Aus meiner Sicht haben all diese Arbeiten auch ohne den politischen Kontext Bedeutung.

Natürlich besteht stets die Gefahr, dass ein Ökonom, der sich in den Politikzirkus stürzt, keine Zeit mehr für echte Forschung findet. Ich für meinen Teil schreibe schrecklich viele Tagungsberichte. Nun schreibe ich sehr schnell, aber vielleicht überstrapaziere ich dieses Talent auch. Und trotzdem: Als große Gefahr bei der Politikforschung sehe ich weniger die zeitliche Belastung als vielmehr die Bedrohung, die sie für die eigenen Werte darstellt. Wie leicht gibt man sich dem Glauben hin, ein direkter politischer Einfluss könne wichtiger sein als das wissenschaftliche Arbeiten. Das habe ich bei vielen Kollegen beobachtet. Hat man erst einmal diesen Weg eingeschlagen und glaubt man erst einmal, David Mulford sei wichtiger als Bob Solow, und hängt man lieber mit dem Finanzminister von Ruritanien herum, als mit Avinash Dixit Theorien zu debattieren, ist man für die Forschungsarbeit vermutlich verloren. [Anm. d. Übers.: David Mulford war bis 1992 Staatssekretär im Finanzministerium. Robert Solow ist seit 1949 Professor für Ökonomie am MIT und erhielt 1987 den Nobelpreis in Wirtschaftswissenschaften. Ruritanien ist ein aus der Literatur stammendes hypothetisches Land, das in der Volkswirtschaft und im internationalen Recht als Platzhalter dient.] Schon bald wird man vermutlich über die „Auswirkungen" seiner Arbeit schwadronieren.

Ich spiele zwar gern mit politischen Themen herum, aber zum Glück konnte ich politische Entscheider nie sonderlich ernst nehmen. Dieser mangelnde Ernst bringt mich gelegentlich in Schwierigkeiten – einmal führte ein milder beiläufiger Witz über die Franzosen in einem Tagungsbericht zu einer endlosen Tirade des französischen Vertreters bei dieser Konferenz – und er könnte der Grund dafür sein, dass ich niemals ein bedeutsames politisches Amt bekleiden werde, aber das ist schon okay so. Letztlich würde ich lieber noch einige gute Arbeiten verfassen, als eine Position mit echter Macht zu haben. (Politik aufgepasst: Das heißt nicht zwingend, dass ich eine derartige Position, sollte man sie mir anbieten, ablehnen würde!)

BEDAUERN

In meinem Leben und in Bezug auf meine Person gibt es vieles, was ich bedauere. Professionell liefen die Dinge für mich erstaunlich gut, in anderen Bereichen war längst nicht alles einfach oder glücklich. Aber in diesem Essay möchte ich ausschließlich auf die Dinge in meinem Berufsleben eingehen, die ich bedauere.

Ein geringfügigeres Bedauern ist, dass ich mich niemals mit ernsthafter empirischer Arbeit befasst habe. Es ist nicht so, als würde ich Fakten oder echte Zahlen nicht mögen. Tatsächlich finde ich leichte empirische Arbeit in Form von Listen, Tabellen und vielleicht einigen wenigen Regressionen ausgesprochen angenehm. Aber aus irgendeinem Grund scheint es mir nie zu gelingen, die ernste Angelegenheit anzugehen, einen Datensatz aufzubauen und gründlich zu analysieren. Vielleicht hat es auch damit zu tun, dass viele meiner Ideen nicht einfach ökonometrischen Tests unterzogen werden können. In erster Linie liegt es jedoch daran, dass mir die Geduld fehlt und das organisatorische Talent. Jedes Jahr verspreche ich, dass ich versuchen werde, echte empirische Arbeit zu leisten. Nächstes Jahr klappt es ganz bestimmt!

Stärker bedauere ich, dass die Kursbewertungen des MIT mich als ziemlich guten Dozenten ausweisen, es mir aber bislang nicht gelungen ist, eine Reihe wirklich herausragender Studenten zu produzieren, die Sorte, deren Erfolge auf ihren Lehrer zurückstrahlen. Ich könnte Gründe dafür anführen, warum das nicht so ist – Studenten bevorzugen meist Mentoren, die methodischer und weniger intuitiv sind, und allzu oft verschrecke ich Studenten, indem ich von ihnen fordere, weniger Mathematik und mehr Ökonomie einzusetzen. Es stimmt aber auch, dass ich möglicherweise beschäftigt und abgelenkt wirke, vielleicht bin ich auch als Person schlicht nicht imposant genug, um inspirierend zu wirken (wäre ich doch bloß ein paar Zentimeter größer …). Woran auch immer es liegt – ich wünschte, ich wäre diesbezüglich besser. Ich werde mich weiter bemühen.

Alles in allem jedoch hatte ich sehr viel Glück. Vieles von diesem Glück hat mit den Zufällen zu tun, die dafür sorgten, dass ich mir unbeabsichtigt einen intellektuellen Stil angewöhnt habe, der mir außerordentlich gute Dienste geleistet hat. In diesem Essay habe ich versucht, diesen Stil zu definieren und zu erklären. Macht ihn das zur Lebensphilosophie? Natürlich nicht. Ich bin noch nicht einmal davon überzeugt, dass es sich überhaupt um eine Philosophie zur Ökonomieforschung handelt, denn nur weil es bei dem einen Ökonom funktioniert, muss es das nicht auch beim nächsten. Aber so betreibe ich nun einmal meine Forschung und für mich funktioniert es.

DIE INSTABILITÄT DER MODERATION

Blog der *New York Times*

26. November 2010

Brad DeLong schreibt darüber, wie sich nach der Großen Rezession unser Blick auf die Geschichte verändert hat. Früher blickten wir voller Mitleid auf unsere Großväter, denen es an Wissen und Mitgefühl fehlte, um die Weltwirtschaftskrise wirksam bekämpfen zu können, nun erleben wir, wie wir all die alten Fehler wiederholen. Ich teile seine Einschätzung.

Aber wenn ich mir ansehe, wie die Politik in den vergangenen drei Jahren gescheitert ist, dann wächst in mir die Überzeugung, dass dieses Versagen tief reichende Wurzeln hat und dass wir auf gewisse Weise dazu verdammt waren, dies durchzumachen. Insbesondere glaube ich, dass die Art moderater Wirtschaftspolitik, die Brad und ich unterstützen (eine Politik, die die Märkte im Großen und Ganzen machen lässt, bei der der Staat aber bereit ist, Exzesse zu zügeln und Flauten zu bekämpfen), von Natur aus instabil ist. Das System kann für etwa eine Generation Bestand haben, aber nicht viel länger.

Mit „instabil" meine ich nicht nur eine finanzielle Instabilität, wie Minsky sie beschreibt, wobei das aber auch Teil des Ganzen ist. Genauso entscheidend sind aber die intellektuelle und die politische Instabilität des Systems.

INTELLEKTUELLE INSTABILITÄT

Die Art von Ökonomie, mit der ich tagtäglich arbeite und die ich weiterhin als den mit Abstand vernünftigsten Ansatz erachte, den wir kennen, geht größtenteils auf Paul Samuelson zurück, der 1948 die erste Ausgabe seines klassischen Lehrbuchs *Volkswirtschaftslehre* veröffentlichte. Bei diesem Ansatz werden die großen Traditionen der Mikroökonomie (und ihrer Betonung darauf, wie die unsichtbare Hand zu allgemein unerwünschten Ergebnissen führt) verschmolzen mit der keynesianischen Makroökonomie, die darauf hinweist, dass eine Volkswirtschaft Probleme mit dem Anlasser bekommen kann und dass diese Probleme ein Eingreifen des Staats erfordern. In Samuelsons Synthese muss man sich, damit gewährleistet ist, dass mehr oder weniger Vollbeschäftigung herrscht, auf den Staat verlassen. Erst wenn dies als gegeben akzeptiert ist, können die üblichen Tugenden einer freien Marktwirtschaft in den Vordergrund treten.

Es handelt sich um einen zutiefst vernünftigen Ansatz – aber er ist intellektuell instabil, denn er verlangt eine strategische Widersprüchlichkeit beim Betrachten der Wirtschaft. Bei der Mikroökonomie geht man von rational handelnden Personen und einer raschen Markträumung aus, bei der Makroökonomie dagegen sind Unstimmigkeiten und Verhaltensprämissen für den Einzelfall unverzichtbar.

Na und? Unbeständigkeit bei der Verfolgung einer nützlichen Anleitung ist doch keine Sünde. Die Landkarte ist nicht das Territorium und es ist in Ordnung, unterschiedliche Landkarten je nachdem zu verwenden, was man zu erreichen versucht: Sind Sie mit dem Auto unterwegs, reicht eine Straßenkarte, aber brechen Sie zu einer Wanderung auf, ist Ihnen mit einer topografischen Karte eher gedient.

Aber es war klar, dass Ökonomen an der Trennlinie zwischen Mikro und Makro zerren würden. In der Praxis bedeutete dies, dass man versucht hat, Makro mehr wie Mikro zu machen und einen immer größeren Teil von Makro auf Optimierung und Markträumung zu basieren. Und wenn die Versuche, „Mikrofundierungen" zu liefern, scheitern sollten? Nun, mit Blick auf die menschlichen Neigungen und auf das

Gesetz, wonach die Zahl der Jünger mit der Zeit immer weiter abnimmt, war es wohl unvermeidlich, dass ein beträchtlicher Teil des Berufsstands einfach die Realitäten des Geschäftszyklus ausblenden würde, weil sie nicht zu den Modellen passten.

Das Ergebnis bezeichne ich als das „dunkle Zeitalter der Makroökonomie", in dem viele Ökonomen buchstäblich nichts von den Erkenntnissen wusste, die in den 1930er- und 1940er-Jahren so mühsam gewonnen worden waren. Und selbstverständlich tobten sie, als man sie auf ihre Ignoranz hinwies.

POLITISCHE INSTABILITÄT

Man kann gleichzeitig ein Konservativer und ein Keynesianer sein, schließlich beschrieb Keynes selbst seine Arbeit als „in ihren Auswirkungen moderat konservativ". In der Praxis allerdings erachteten Konservative die Annahme, der Staat könne eine wie auch immer geartete nützliche Rolle in der Wirtschaft übernehmen, als das dünne Ende eines sozialistischen Keils. Als William F. Buckley *God and Man at Yale* schrieb, war einer seiner zentralen Beschwerdepunkte der, dass an der Fakultät von Yale – Schockschwerenot! – keynesianische Ökonomie gelehrt wurde.

Ich habe Monetarismus stets als eine Art Versuch angesehen, konservative politische Vorurteile zu beschwichtigen, ohne dabei makroökonomische Realitäten zu leugnen. Friedman hat im Grunde gesagt: „Ja, wir benötigen die Politik, um die Wirtschaft zu stabilisieren – aber wir können diese Politik technisch und größtenteils mechanisch gestalten, wir können sie von allem anderen abriegeln. Sagt der Zentralbank einfach, sie soll [die mittlere Geldmenge] M2 stabilisieren, und abgesehen davon gilt: Lasst die Freiheit erschallen!"

Als der Monetarismus scheiterte – ja, ein Kampfbegriff, aber wissen Sie, er ist tatsächlich gescheitert –, wurde er abgelöst vom Kult um die unabhängige Zentralbank. Übertragen Sie einem Haufen Bankertypen die Verantwortung für die monetäre Basis, isolieren Sie sie von politischer Einflussnahme und lassen Sie sie mit dem Geschäftszyklus umgehen. Alles andere kann in der Zwischenzeit im Einklang mit den Grundsätzen der freien Marktwirtschaft weiterlaufen.

Für eine Zeitlang funktionierte das auch, in etwa von 1985 bis 2007, dem Zeitalter der „Great Moderation". Es funktionierte teils deshalb, weil die politische Abschottung der Zentralbanken sie auch intellektuell mehr als nur ein wenig abschottete. Wenn wir in einem dunklen Zeitalter der Makroökonomie lebten, dann waren die Zentralbanken die Klöster. Dort wurden die uralten Texte gehortet und gelesen, die der Rest der Welt verloren glaubte. Dann übernahm der echte Wirtschaftszyklus die Fachmagazine, und zwar in einem Ausmaß, dass es ausgesprochen schwierig wurde, Modelle zu veröffentlichen, in denen Geldpolitik eine wichtige Rolle spielte (von der Fiskalpolitik ganz zu schweigen). Aber selbst da beschäftigten sich die Forschungsabteilungen der Fed noch immer auf eine vergleichsweise realistische Weise mit antizyklischer Politik.

Aber auch dieser Zustand war instabil. Zum einen war abzusehen, dass es früher oder später einen Schock geben würde, mit dem die Zentralbanker ohne Unterstützung der allgemeineren Fiskalpolitik nicht fertigwerden würden. Außerdem würden die Barbaren früher oder später auch die Klöster stürmen. Wie der derzeitige Aufruhr zum Thema quantitative Lockerung zeigt, sind die Horden der Invasoren eingetroffen.

FINANZIELLE INSTABILITÄT

Zu guter Letzt haben wir da noch die Tatsache, dass eben jener Erfolg der Stabilisierungsmaßnahmen unter Führung der Zentralbank in Kombination mit der finanziellen Deregulierung (ihrerseits selbst ein Nebenprodukt des Freihandel-Fundamentalismus) einer Krise den Weg bereitete, die zu groß war, als dass die Zentralbankiers sie allein hätten in den Griff bekommen können. Das ist Minskyismus: Die lange Phase relativer Stabilität führte dazu, dass mehr Risiken eingegangen wurden, der Hebel größer wurde und es schließlich zu einem gewaltigen Entschuldungsschock kam. Und Milton Friedman lag falsch: Bei einem wirklich großen Schock, der die Wirtschaft in eine Liquiditätsfalle treibt, kann die Zentralbank eine Depression nicht abwenden.

Der große Schock kam und der Abstieg in ein intellektuell dunkles Zeitalter sorgte im Zusammenspiel mit dem politisch motivierten Nein zu einer politischen Intervention dafür, dass wir uns nicht auf eine umfassendere Reaktion verständigen konnten.

Ich fürchte, letztlich war die Ära der samuelsonschen Synthese von vornherein dazu verurteilt, zu einem hässlichen Ende zu kommen. Das Ergebnis sind die Trümmer um uns herum.

TRANSAKTIONSKOSTEN UND BINDUNGEN: WARUM ICH EIN KRYPTO-SKEPTIKER BIN

31. Juli 2018

Ich bin aktuell im Urlaub und wandere und radele durch verschiedene Teile Europas. Ich bleibe – mehr oder weniger – auf Stand, was die Nachrichtenlage anbelangt, bin aber nur gelegentlich und unvorhersehbar an einem Ort und in einem Zustand, der es mir ermöglicht, tatsächlich etwas zu schreiben und es zu posten.

Hier handelt es sich um eine dieser Gelegenheiten und ich dachte mir, ich nutze sie für einige Gedanken im Vorgriff auf etwas, das ich nach meiner Rückkehr angehen werde. So werde ich in einigen Wochen auf einer Konferenz, bei der es um die Blockchain und all die damit zusammenhängenden Themen geht, den Emmanuel Goldstein geben, also den designierten Feind. [Anm. d. Übers.: Emmanuel Goldstein ist der Staatsfeind Nummer 1 in George Orwells Roman *1984*.] Hey, wenn man ausschließlich vor Publikum spricht, das einem wohlgesonnen ist, dann fordert man sich nicht genug. Also fand ich es lohnend, zu erläutern, warum ich ein Zweifler bin, wenn es um Kryptowährungen geht.

Letztlich läuft es auf zwei Dinge hinaus – die Transaktionskosten und die fehlende Bindung. Lassen Sie es mich erklären.

Betrachtet man die Währungsgeschichte, erkennt man im Laufe der Zeit eine klare Entwicklung: Es ging stets darum, das Geschäftemachen möglichst einfach zu gestalten und die Menge an echten Ressourcen zu reduzieren, die für den Umgang mit den Spannungen im Geschäftsleben eingesetzt werden mussten.

Zunächst gab es Münzen aus Gold und Silber. Sie waren schwer, erforderten ein hohes Maß an Sicherheit und waren in der Herstellung sehr ressourcenintensiv.

Dann kamen Banknoten, abgedeckt durch Mindestreserven. Dass sie beliebt waren, liegt daran, dass man mit ihnen viel einfacher umgehen konnte als mit Säcken voller Münzen. Gleichzeitig verringerten sie den Bedarf an Edelmetallen und erschufen auf diese Weise, wie Adam Smith es [in *Der Wohlstand der Nationen*] formulierte, „eine Art Fördergleis durch die Luft", sie setzten also Ressourcen frei, die an anderer Stelle zum Einsatz kommen konnten.

Dennoch erforderte das System weiterhin beträchtliche Mengen an Warengeld. Das System der Zentralbanken, bei dem Privatbanken ihre Reserven nicht länger in Gold und Silber steckten, sondern bei der Zentralbank lagerten, reduzierte diese Notwendigkeit beträchtlich und nach dem Umstieg auf Giralgeld war sie nahezu vollständig verschwunden.

Gleichzeitig wandten sich die Menschen schrittweise von Bargeschäften ab, zunächst, indem sie per Scheck bezahlten, dann mit Kredit- und Debitkarten und anderen digitalen Methoden.

Vor dem Hintergrund dieser Geschichte erscheint die Begeisterung für Kryptowährungen sehr ungewöhnlich, denn sie geht in die exakt entgegengesetzte Richtung des langfristigen Trends. Anstelle nahezu reibungsloser Transaktionen haben wir es hier mit hohen Transaktionskosten zu tun, denn um einen Bitcoin oder eine andere Kryptowährung zu übertragen, muss eine vollständige Historie früherer Transaktionen vorliegen. Wir haben es nicht mit Geld zu tun, das per Mausklick generiert wird, sondern Geld, das geschürft werden muss – mithilfe ressourcenintensiver Berechnungen.

Und diese Kosten sind nicht nebensächlich, können also auch nicht durch Innovationen aus der Welt geschafft werden. Markus Brunnermeier und Joseph Abadi weisen darauf hin, dass die hohen Kosten, die das Erschaffen eines neuen Bitcoin oder den Transfer eines bestehenden Bitcoin so teuer machen, von zentraler Bedeutung für das Projekt sind, weil sie Vertrauen in ein dezentralisiertes System erzeugen. [Anm. d. Übers.: Brunnermeier ist Professor für Volkswirtschaftslehre in Princeton, Abadi war damals einer seiner Studenten. Gemeinsam haben sie das Arbeitspapier *Blockchain Economics* verfasst.] Banknoten funktionierten, weil die Menschen etwas über die Banken wussten, die das Geld ausgaben, und die Banken konnten es sich nicht leisten, ihren guten Ruf zu verlieren. Staaten haben gelegentlich das Privileg missbraucht, Giralgeld erschaffen zu können, aber größtenteils legen Regierungen und Zentralbanken Zurückhaltung an den Tag – auch hier, weil ihnen ihr Ruf wichtig ist. Beim Bitcoin hingegen sollen Sie davon ausgehen, dass er real ist, obwohl Sie nicht wissen, wer ihn ausgegeben hat. Hat man sich früher von der Echtheit einer Goldmünze durch einen Biss überzeugt, benötigt man heute ein digitales Äquivalent, und die Kosten, etwas zu produzieren, das diesen Test befriedigend besteht, müssen so hoch sein, dass Betrüger abgeschreckt werden.

Anders gesagt: Die begeisterten Anhänger von Kryptowährungen feiern, dass hochmoderne Technologie dafür genutzt wird, das Währungssystem um 300 Jahre zurückzuwerfen. Warum sollte man etwas Derartiges tun wollen? Welches Problem wird dadurch gelöst? Noch fehlt mir eine klare Antwort auf diese Frage.

Vergessen wir nicht: Herkömmliches Geld erledigt seine Arbeit im Allgemeinen sehr gut. Die Transaktionskosten sind gering. Es lässt sich mit hoher Wahrscheinlichkeit vorhersagen, wie groß die Kaufkraft eines Dollar in einem Jahr sein wird – die Wahrscheinlichkeit lässt sich jedenfalls um mehrere Größenordnungen besser abschätzen als bei Bitcoin. Um mit einer Bank zu arbeiten, muss man ihr vertrauen, aber im Großen und Ganzen rechtfertigen Banken dieses Vertrauen, und zwar deutlich mehr als die Firmen, die Token von Kryptowährungen besitzen. Warum also zu einer Form des Geldes wechseln, die deutlich weniger gut funktioniert?

Tatsächlich haben Kryptowährungen in den acht Jahren seit dem Start des Bitcoin im realen Handel nur sehr wenige Spuren hinterlassen. Einige wenige Firmen akzeptieren Bitcoin als Zahlungsmittel, aber meiner Wahrnehmung nach hat das mehr mit der Signalwirkung zu tun („Schaut her, ich bin ganz vorn mit dabei!") als mit tatsächlichem Nutzen. Der Marktwert von Kryptowährungen ist hoch, aber sie werden zum überwältigenden Teil als spekulative Anlage gehalten und nicht, weil sie als Tauschmedium nützlich sind.

Soll das heißen, Kryptos sind bloß eine Blase, die sich irgendwann in Luft auflösen wird? Es sei an dieser Stelle darauf hingewiesen, dass es andere währungsähnliche Werte gibt, die kaum als Geld genutzt werden, von den Menschen aber trotzdem gesammelt werden. Als eigentliches Geld wurde Gold nicht sehr lange genutzt, aber dennoch behält es seinen Wert.

Dasselbe lässt sich in hohem Maße über Bargeld sagen. Bargeschäfte sind weit verbreitet, machen aber nur einen kleinen und stetig schrumpfenden Anteil am Wert der Käufe aus. Dennoch haben seit den 1980er-Jahren die Dollar-Barbestände als Anteil am BIP zugenommen – ein Wachstum, das ausschließlich auf die 50- und 100-Dollar-Scheine zurückzuführen ist.

Nun werden große Scheine üblicherweise nicht regelmäßig zum Bezahlen verwendet – tatsächlich weigern sich viele Geschäfte, sie überhaupt anzunehmen. Was hat es also mit diesen Barbeständen auf sich? Wir alle kennen die Antwort: Steuerhinterziehung, illegale Aktivitäten et cetera. Und ein Großteil davon findet außerhalb der USA statt. Schätzungen zufolge ist mehr als die Hälfte der amerikanischen Währung im Besitz von Ausländern.

Offensichtlich zielen Kryptowährungen letztlich auf einen Teil dieser Geschäfte ab: Nur sehr wenige Menschen verwenden ihre Bitcoin dafür, ihre Rechnungen zu bezahlen, aber einige kaufen damit Drogen, untergraben Wahlen und so weiter. Und die Beispiele von Gold und Banknoten mit hohem Nennwert legen nahe, dass diese Art von Nachfrage einen Großteil des Wertes stützen könnte. Bedeutet das also, dass Kryptos möglicherweise nicht die transformative Technologie darstellen, als die sie ihre Anhänger hinstellen, aber trotzdem mehr als eine Blase sind?

Tja, an diesem Punkt kommt die Bindung – oder genauer gesagt das Fehlen einer Bindung bei Kryptowährungen – ins Spiel.

Im normalen Leben fragen sich die Menschen nicht, woher die grünen Stücke Papier mit dem Porträt toter Präsidenten darauf ihren Wert beziehen. Wir akzeptieren Dollarscheine, weil andere Menschen Dollarscheine akzeptieren werden. Doch der Wert eines Dollar entspricht nicht ausschließlich sich selbst erfüllenden Erwartungen. Letztlich steht dahinter die Tatsache, dass die Regierung der Vereinigten Staaten Dollar zum Begleichen von Steuerschulden akzeptieren wird – Schulden, die sie als Regierung einzutreiben verpflichtet ist. Wenn Sie so wollen, verfügt Papiergeld über einen Basiswert, weil Leute mit Waffen sagen, dass es einen Wert hat. Und das wiederum bedeutet, dass sein Wert keine Blase ist, die platzen kann, sollten die Menschen ihren Glauben in das Geld verlieren.

Und der Wert dieser 100-Dollar-Scheine wiederum, die ein Drogenbaron in seinem Unterschlupf bunkert, ist an den Wert kleiner gestückelter Geldscheine in Amerika gekoppelt. Bei Gold ist die Situation gewissermaßen ähnlich. Das meiste Gold liegt einfach herum und hat Wert, weil die Menschen glauben, es habe Wert. Aber Gold erfüllt einen Zweck in der echten Welt, etwa im Schmuckbereich oder als Zahnfüllung, und besitzt somit eine Bindung an die reale Wirtschaft, schwach zwar, aber immerhin.

Kryptowährungen hingegen haben keinen Rückhalt, keine Bindung an die Realität. Ihr Wert hängt einzig von sich selbst erfüllenden Erwartungen ab, was bedeutet, dass ein vollständiger Kollaps eine echte Möglichkeit darstellt. Sollten die Spekulanten kollektiv ins Zweifeln kommen und auf einmal befürchten, dass Bitcoin keinen Wert haben, dann würden Bitcoin in der Tat wertlos werden.

Wird es dazu kommen? Ich halte es für wahrscheinlicher als unwahrscheinlicher, zum Teil auch wegen der Kluft zwischen der messianischen Rhetorik, die Kryptos begleitet, und den deutlich schnöderen realen Möglichkeiten. Was ich damit sagen will: Es könnte ein mögliches Gleichgewicht geben, bei dem Bitcoin (aber wahrscheinlich keine anderen Kryptowährungen) vor allem für Schwarzmarktgeschäfte und zur Steuerhinterziehung genutzt werden, aber dieses Gleichgewicht wäre, sofern es überhaupt dazu kommen könnte, von hier aus wohl nur schwer zu erreichen. Sobald der Traum einer Blockchain-Zukunft stirbt, dürfte die Enttäuschung gleich die ganze Sache zum Absturz bringen.

Aus diesem Grund stehe ich Kryptowährungen skeptisch gegenüber. Könnte ich mich irren? Selbstverständlich. Aber wenn Sie mir erklären wollen, warum ich falschliege, dann beantworten Sie bitte diese Frage: Welches Problem löst eine Kryptowährung? Versuchen Sie bitte nicht einfach, die Skeptiker mit einer Mischung aus Technik-Blabla und libertärem Geschwafel niederzuschreien.

ANHANG

Anfragen zum Abdruck der nachfolgenden Artikel richten Sie bitte an: The New York Times Company, c/o Pars International, 253 West 35th Street, 7th Floor, New York, NY 10001, USA oder an: NYTPermissions@Parsintl.com.

Social Security Scares
Inventing a Crisis
Buying into Failure
Social Security Lessons
Privatization Memories
Where Government Excels
Ailing Health Carea
Health Care Confidential
Health Care Terror
The Waiting Game
Health Care Hopes
Fear Strikes Out
Obamacare Fails to Fail
Imaginary Health Care Horrors
Three Legs Good, No Legs Bad
Obamacare's Very Stable Genius
Get Sick, Go Bankrupt, and Die
How Democrats Can Deliver on Health Care
Running Out of Bubbles
That Hissing Sound
Innovating Our Way to Financial Crisis
The Madoff Economy
The Ignoramus Strategy
Nobody Understands Debt
Depression Economics Returns
IS-LMentary
Stimulus Arithmetic (Wonkish but Important)
The Obama Gap
The Stimulus Tragedy
The Mythical Seventies
That Eighties Show
How Did Economists Get It So Wrong?
Bad Faith, Pathos, and G.O.P. Economics
What's Wrong with Functional Finance? (Wonkish)

Myths of Austerity
The Excel Depression
Jobs and Skills and Zombies
Structural Humbug
The Spanish Prisoner
Crash of the Bumblebee
Europe's Impossible Dream
What's the Matter with Europe?
The Flimflam Man
The Hijacked Commission
What's in the Ryan Plan?
Melting Snowballs and the Winter of Debt
Democrats, Debt, and Double Standards
On Paying for a Progressive Agenda
The Twinkie Manifesto
The Biggest Tax Scam in History
The Trump Tax Scam, Phase 2
Why Was Trump's Tax Cut a Fizzle?
The Trump Tax Cut: Even Worse Than You've Heard
The Economics of Soaking the Rich
Elizabeth Warren Does Teddy Roosevelt
Oh, What a Trumpy Trade War!
A Trade War Primer
Making Tariffs Corrupt Again
Graduates versus Oligarchs
Money and Morals
Don't Blame Robots for Low Wages
What's the Matter with Trumpland?
Same Old Party
Eric Cantor and the Death of a Movement
The Great Center-Right Delusion
The Empty Quarters of U.S. Politics
Capitalism, Socialism, and Unfreedom
Something Not Rotten in Denmark
Trump versus the Socialist Menace
Donald and the Deadly Deniers
The Depravity of Climate-Change Denial
Climate Denial Was the Crucible for Trumpism
Hope for a Green New Year
The Paranoid Style in G.O.P. Politics
Trump and the Aristocracy of Fraud
Stop Calling Trump a Populist
Partisanship, Parasites, and Polarization
Why It Can Happen Here
Who's Afraid of Nancy Pelosi?
Truth and Virtue in the Age of Trump
Conservatism's Monstrous Endgame
Manhood, Moola, McConnell, and Trumpism
Bait-and-Switch
Triumph of the Trivial
Is There Any Point to Economic Analysis?
The Year of Living Stupidly
Hillary Clinton Gets Gored
The Instability of Moderation
Transaction Costs and Tethers: Why I'm a Crypto Skeptic

Alle anderen Anfragen bezüglich einer Abdruckerlaubnis richten Sie bitte an:

W. W. Norton & Company, Inc.